# MANUEL DES ŒUVRES

INSTITUTIONS

RELIGIEUSES ET CHARITABLES

DE PARIS

ET PRINCIPAUX ÉTABLISSEMENTS DES DÉPARTEMENTS

POUVANT RECEVOIR DES ORPHELINS

DES INDIGENTS ET DES MALADES DE PARIS

1894

PARIS

LIBRAIRIE CH. POUSSIELGUE

RUE CASSETTE, 15

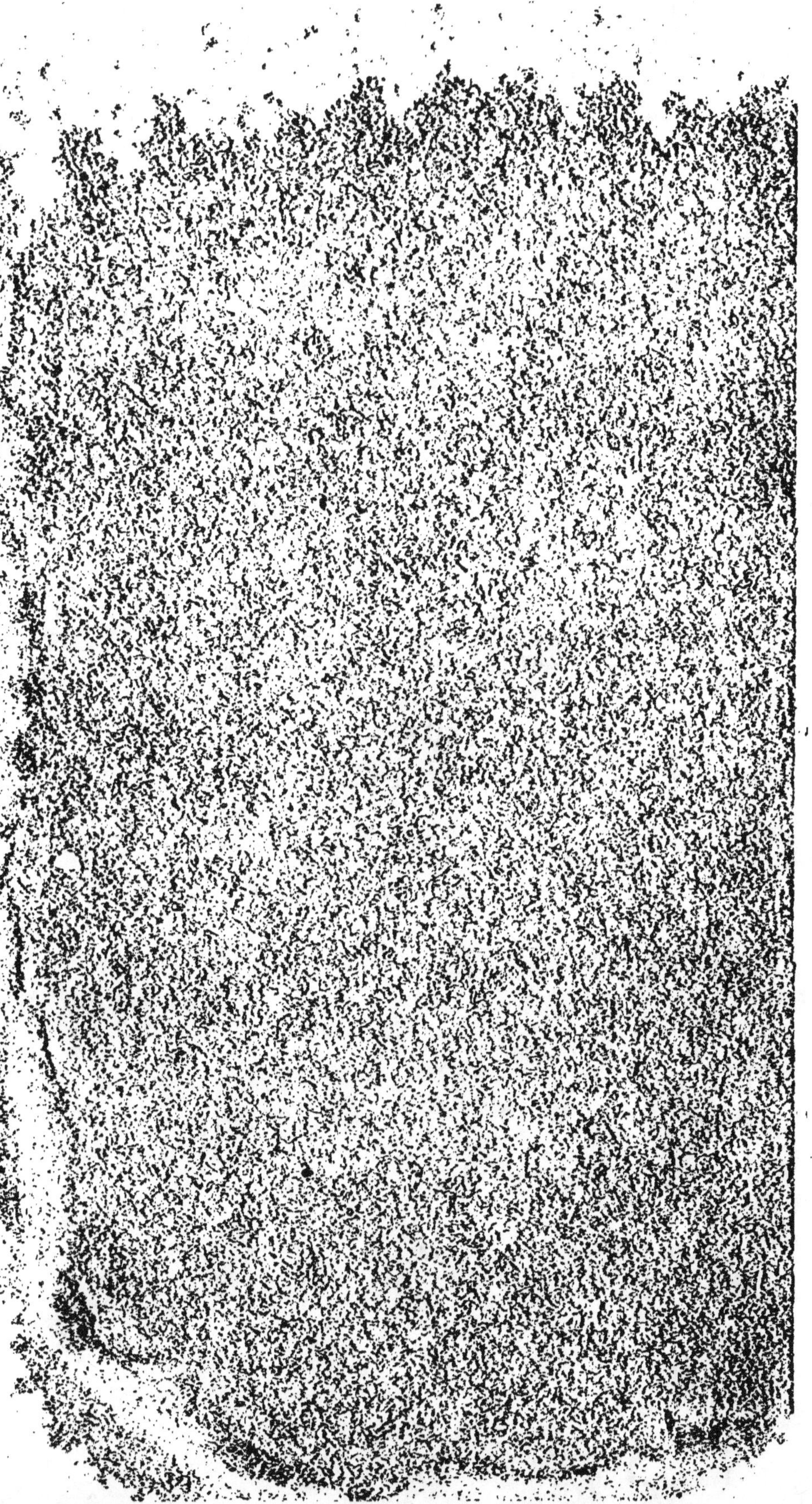

# MANUEL DES ŒUVRES

1894

PROPRIÉTÉ DE

# MANUEL

# DES ŒUVRES

INSTITUTIONS

RELIGIEUSES ET CHARITABLES

DE PARIS

ET PRINCIPAUX ÉTABLISSEMENTS DES DÉPARTEMENTS
POUVANT RECEVOIR DES ORPHELINS
DES INDIGENTS ET DES MALADES DE PARIS

1894

PARIS
LIBRAIRIE CH. POUSSIELGUE
RUE CASSETTE, 15

# PRÉFACE

## DE L'ÉDITION DE 1891

Jamais, à aucune époque, le sort de ceux qui souffrent n'a été l'objet d'une sollicitude plus ardente qu'il ne l'est de nos jours; jamais les œuvres destinées à les secourir n'ont été plus nombreuses; et jamais, en même temps, la misère croissante n'a fait plus vivement sentir la nécessité d'une intervention immédiate, éclairée et dévouée.

C'est cette intervention que le *Manuel des Œuvres* est appelé à faciliter.

La première idée de ce livre appartient à M. le vicomte Armand de Melun. On sait avec quelles lumières et quel zèle il s'est occupé des Œuvres et de toutes les questions relatives à l'assistance. Il avait voulu rassembler et faire connaître « les ressources que la charité met à la disposition de ses auxiliaires aussi bien que de ses protégés », et il pensait que le *Manuel* serait un intermédiaire nécessaire entre les uns et les autres.

Depuis sa mort, en 1877, plusieurs éditions successives de ce livre ont prouvé l'utilité du guide charitable qu'il avait créé.

Mais, en restant fidèlement dans la voie tracée par M. de Melun, chaque édition du *Manuel* est cependant presque en entier différente de celle qui l'a précédée. Le temps apporte de si rapides modifications dans la constitution des Œuvres, la charité est si ingénieuse à susciter de nouveaux modes de secours ou à améliorer les anciens, que ce livre, pour être exact, doit être fait à l'aide des renseignements les plus récents, sans tenir compte des notices antérieures.

L'examen de la table analytique, où sont groupées les diverses catégories de secours, suivant l'âge et la situation, rendra les recherches plus faciles et présentera, dans son ensemble, une liste, aussi complète qu'il a été possible de la faire, des institutions charitables de notre temps.

On a ajouté aux Œuvres de Paris l'indication d'un grand nombre de maisons de province qui peuvent recevoir des enfants, des vieillards, des infirmes de Paris. Cette condition a fait laisser de côté des établissements dignes du plus grand intérêt, mais dont l'action, purement locale, ne peut être utilisée au loin.

Sans prétendre juger les Œuvres dont on mentionne l'existence, ni jeter un doute défavorable sur celles qui sont omises, les institutions dont on donne la nomenclature ont, pour la plupart, une notoriété et une organisation qu'il peut être opportun de connaître, en présence des nombreux appels faits chaque année à la charité publique. Sous ce rapport, le *Manuel* sera utilement consulté.

Il ne faut pas l'oublier, sa mission n'est pas de *recommander*, mais de *renseigner*.

En matière de renseignements on ne saurait être trop complet, et ce point de vue a fait insérer, à côté d'Œuvres tout imprégnées de l'esprit de l'Évangile, d'autres Œuvres purement philanthropiques, séparées des premières par leur origine différente, mais animées du désir sincère du bien.

C'est, en un mot, la statistique générale des efforts de la charité et des moyens dont elle dispose pour adoucir les souffrances physiques et morales des indigents et des malades.

On voudrait remercier ici toutes les personnes qui ont fourni avec tant d'obligeance des renseignements sur les Œuvres qu'elles dirigent. C'est leur concours qui rend ce livre précis et profitable. Elles seront récompensées par les services que, grâce à elles, il a l'espérance de rendre, en favorisant l'extension du bien et en faisant aimer de plus en plus les pauvres et les Œuvres qui leur sont consacrées. Puisse, avec l'aide de Dieu, le *Manuel des Œuvres* atteindre ce double but!

Paris, 15 avril 1894.

En reproduisant la préface de la dernière édition du *Manuel des Œuvres* (1891), on tient à prouver que rien n'est changé au programme que ce livre s'est depuis longtemps tracé. Mais un grand nombre de créations nouvelles ont dû être mentionnées ; un chapitre consacré aux Asiles temporaires a été ajouté, et les Œuvres d'assistance par le travail, qui ont pris un grand développement, ont été réunies sous une rubrique spéciale. La lecture de la table analytique, placée à la fin du volume, facilitera les recherches et donnera un aperçu général de ce qui a été fait pour rendre cette édition exacte et complète.

# ERRATA

---

Page 57, ligne 10, lire : XVIe arrondissement.

Page 292, chap. V, ajouter la notice suivante :

**DÉPOTS DE MENDICITÉ**

A Villers-Cotterets (Aisne) et à Nanterre (Seine).

Préfecture de police.

Une section est réservée, dans les dépôts de mendicité, pour les vieillards des deux sexes, dépourvus de moyens d'existence, et que l'administration de l'Assistance publique ne peut recevoir dans les hôpitaux ou hospices.

Le dépôt de Nanterre a remplacé celui de Saint-Denis. Il possède aussi un quartier cellulaire pour les femmes condamnées pour délits de droit commun, et pour les jeunes filles envoyées en correction paternelle.

Page 329. Rayer le nom de M. l'abbé LE REBOURS, décédé.

Page 388, ajouter la notice suivante :

**SAINT BARTHELMY, près Marseille (Bouches-du-Rhône).**

**Maison hospitalière pour les hommes.**

Frères de Saint-Jean de Dieu.

1000 et 1200 francs par an. Prix moins élevé en logeant en dortoir.

Page 475, ligne 1re, lire : **DÉFENSE.**

Page 503, ligne 10, lire : **MARCQ-EN-BARŒUL.**

Page 589. **Fondation Isaac Pereire.** Au lieu de chap. VI, lire : chap. IV.

---

# CHAPITRE I

## ŒUVRES POUR LES ENFANTS

---

## PREMIÈRE SECTION

### Premier âge. — Crèches. — Écoles.

---

### SOCIÉTÉ DE CHARITÉ MATERNELLE DE PARIS

**Reconnue d'utilité publique par décret du 25 juillet 1811.**

La Société de Charité maternelle, fondée en 1784 par Mme de Fougeret et mise, en 1788, sous la haute protection de la reine Marie-Antoinette, fut dissoute pendant la révolution et réorganisée par les décrets du 5 mai 1810 et du 25 juillet 1811.

La Société vient en aide aux mères de famille indigentes, sans distinction de nationalité ni de religion. Elle encourage le mariage en ne secourant que des femmes mariées, et elle préserve de l'abandon les nouveau-nés, en imposant aux mères le devoir de nourrir elles-mêmes leurs enfants ou de les élever près d'elles pendant la première année.

L'Œuvre secourt au moment de l'accouchement : 1° les femmes qui, ayant perdu leur mari pendant leur grossesse, ont au moins un enfant vivant, et les femmes abandonnées de leur mari, sauf à en justifier; 2° celles qui, ayant un enfant vivant, ont un mari estropié ou atteint de maladie chronique; 3° celles qui, étant infirmes elles-mêmes, ont deux enfants vivants; 4° celles dont les maris sont en état de travailler, mais qui ont au moins trois enfants vivants dont l'aîné est au-dessous de treize ans. On compte les enfants de différents lits. Si l'aîné des enfants a treize ans et qu'il soit infirme, il est compté comme enfant en bas âge. On exige, dans ce cas, un certificat du médecin de l maison de charité.

Pour être admises aux secours, les mères doivent, dans les deux derniers mois de leur grossesse, se présenter à la dame de leur quartier, qui prendra les renseignements nécessaires.

Elles fourniront les extraits de leur mariage civil et religieux devant un ministre de leur culte, les actes de naissance et de baptême des trois enfants à leur charge et un certificat spécial d'indigence.

Les veuves ajouteront un extrait de l'acte de décès de leur mari, et les infirmes un certificat du médecin du bureau de charité.

On exige, pour l'admission aux secours, six ans de domicile à Paris, et trois enfants au-dessous de treize ans, dont les deux derniers seraient nés à Paris. Toutefois, si l'un de ces deux derniers enfants était décédé, son acte de naissance pourrait servir à démontrer le temps de séjour à Paris.

Chaque femme secourue reçoit une somme de 90 francs qui se divise ainsi :

10 francs au moment de l'accouchement;

20 francs en objets de layette;

50 francs, à raison de 5 francs par mois, pour dix mois d'allaitement;

10 francs pour un habillement du premier âge.

Les femmes qui, ayant été admises aux secours de l'Œuvre, accouchent à l'hospice, ne reçoivent pas les 10 francs de frais de couches.

Les femmes qui accouchent de deux jumeaux reçoivent un supplément de secours.

Pendant l'année 1892, l'Œuvre a secouru 2668 femmes et 2708 enfants.

La Société est administrée par un comité composé des Vice-Présidentes, de la Secrétaire et des dames qui, dans chaque arrondissement, ont pour mission de recevoir, d'examiner les demandes concernant le quartier dont chacune d'elles est chargée, et de provoquer, s'il y a lieu, l'admission aux secours. Cette admission est prononcée selon la décision du comité. Les dames surveillent ensuite l'emploi du secours, visitent elles-mêmes les mères de famille et les encouragent par leurs conseils.

Les ressources de la Société se composent de fonds placés, allocations du ministère de l'intérieur, souscriptions particulières, dons et legs, etc.

Un grand nombre de villes de France sont dotées également de Sociétés de Charité maternelles approuvées et subventionnées par l'État.

Les demandes en vue d'obtenir l'autorisation de former une Société de Charité maternelle, doivent être adressées au préfet du département. (Décret du 20 avril 1815.)

### CONSEIL D'ADMINISTRATION

*Vice-Présidentes :* Mme la duchesse DE MOUCHY, château de Mouchy (Oise).

Mme la marquise DE LILLERS, avenue Montaigne, 15.

Mme LEBAUDY, place Vendôme, 20.

Mme la duchesse DE TRÉVISE, avenue Friedland, 18.

Mme la vicomtesse D'HARCOURT, rue de Constantine, 9.

*Secrétaire :* Mme ESTAVE-RAIMBERT, rue de Marignan, 3.

*Vice-Secrétaires :* Mme Ch. RICHEFEU, rue Méchain, 3.

Mme A. ÉVETTE, rue Saint-Lazare, 23.

*Trésorière :* Mme MAGNE, avenue Montaigne, 31.

*Secrétaire-Trésorier :* M. L. METMAN, rue de Marignan, 16.

*Agent de la Société :* M. MASSENET, Cours Marigny, 7, à Vincennes.

## LISTE DES DAMES ADMINISTRANTES CHARGÉES DE DISTRIBUER LES SECOURS DANS LES VINGT ARRONDISSEMENTS DE PARIS

### *Ier Arrondissement.* — LOUVRE

| Quartiers. | Mmes |
|---|---|
| St-Germain-l'Aux. | BÉCHET, rue Lincoln, 6. |
| Les Halles . . . . | MARTIN-LE ROY, rue de Lisbonne, 60. |
| Palais-Royal . . . | H. GIRARD, rue Marengo, 4. |
| Place Vendôme . . | FIRMIN-DIDOT, boulevard Saint-Germain, 272. |

### *IIe Arrondissement.* — BOURSE

| | |
|---|---|
| Gaillon. . . . . .<br>Vivienne. . . . . | Comtesse DE PUYSÉGUR, rue de Marignan, 5. |
| Mail . . . . . . . | HUSSENOT, rue Saint-Lazare, 74. |
| Bonne-Nouvelle. . | BERTRAND-TAILLET, boulev. Malesherbes, 50. |

### *IIIe Arrondissement.* — TEMPLE

| | |
|---|---|
| Arts-et-Métiers. . | Armand ÉVETTE, rue Saint-Lazare, 23. |
| Enfants-Rouges. . | Joseph AUBRUN, rue Charles V, 15. |
| Archives . . . . . | Édouard SALMON, boulevard des Filles-du Calvaire, 20. |
| Sainte-Avoye . . . | Georges SALMON, boulevard Malesherbes, 93. |

### *IVe Arrondissement.* — HOTEL-DE-VILLE

| | |
|---|---|
| Saint-Merri. . . . | Duchesse D'ISLY, rue Dumont-d'Urville, 2. |
| Saint-Gervais. . . | Robert DE BONNIÈRES, avenue Bosquet, 15.<br>Eugène DESOUCHES, rue de Birague, 11 *bis*. |
| Arsenal. . . . . . | Paul DE CHARNACÉ, rue Saint-Dominique, 13. |
| Notre-Dame . . . | Vicomtesse A. DE L'ESCALOPIER, quai de Béthune, 26. |

### *Ve Arrondissement.* — PANTHÉON

| | |
|---|---|
| Saint-Victor . . . | COTTIN, boulevard Saint-Germain, 28.<br>BOSCHER, rue d'Alençon, 6. |
| Jardin-des-Plantes. | PAVET DE COURTEILLE, rue Cuvier, 14. |
| Val-de-Grâce. . . | DE DARTEIN, boulevard Saint-Germain, 189. |
| Sorbonne. . . . . | BLONDEAU, rue Sainte-Beuve, 5. |

### VIe *Arrondissement.* — LUXEMBOURG

| Quartiers. | Mmes |
|---|---|
| Monnaie . . . . . <br> Odéon . . . . . . | HATZFELD, rue de l'Odéon, 7. |
| N.-D.-des-Champs. | VALENTIN, rue du Bac, 7. |
| St-Germain-des-Pr. | DESBORDES, rue d'Assas, 22. |

### VIIe *Arrondissement.* — PALAIS-BOURBON

| | |
|---|---|
| St-Thomas-d'Aquin. | Baronne LEJEUNE, rue François Ier, 35. |
| Invalides. . . . . | Duchesse D'ESTISSAC, rue St-Dominique, 28. |
| École-Militaire . . | P. PINGAULT, boul. la Tour-Maubourg, 86 *bis*. |
| Gros-Caillou . . . | Baronne DE GARTEMPE, quai d'Orsay, 45. |

### VIIIe *Arrondissement.* — ÉLYSÉE

| | |
|---|---|
| Champs-Élysées . | Comtesse MOLITOR, rue de la Baume, 10. |
| Faub.-du-Roule. . | Comtesse DE MAUPEOU, rue de la Boëtie, 77. |
| Madeleine. . . . . | GUILHERMOZ, rue de l'Université, 104. |
| Europe. . . . . . | Maurice COTTIER, rue de la Baume, 11. |

### IXe *Arrondissement.* — OPÉRA

| | |
|---|---|
| Saint Georges. . . | ARÈNE-AUDIFFRET, à Bry-sur-Marne (Seine). |
| Chaussée-d'Antin. | Henri CHAUCHAT, boulevard Haussmann, 121. |
| Faub.-Montmartre. | Philippe HOTTINGUER, rue Laffitte, 14. |
| Rochechouart. . . | Hubert HUSSENOT, rue de Phalsbourg, 10. <br> Édouard HUSSENOT, rue de Phalsbourg, 4. |

### Xe *Arrondissement.* — ENCLOS-SAINT-LAURENT

| | |
|---|---|
| St-Vincent-de-Paul. | BÉCHET, rue de Marignan, 3. |
| Porte-St-Denis. . | ESTAVE-RAIMBERT, rue de Marignan, 3. |
| Porte-St-Martin . | DELORE, rue de la Boëtie, 33. |
| Hôpital-St-Louis . | BACHIMONT, boulevard de Strasbourg, 19. |

### XIe *Arrondissement.* — POPINCOURT

| | |
|---|---|
| Folie-Méricourt. . | CULLERIER, rue Bonaparte, 20. |
| Saint-Ambroise. . | Duchesse DE TRÉVISE, avenue Friedland, 18. |
| Roquette . . . . . | ISRAEL, boulevard Voltaire, 7. <br> CHENNEVIÈRE, boulevard Voltaire, 83. |
| Sainte-Marguerite. | SAUSSINE, rue d'Athènes, 9. <br> G. GERMAIN, rue du Général-Foy, 24. |

### *XIIe Arrondissement.* — Reuilly

| Quartiers. | Mmes |
|---|---|
| Bel-Air. . . . . . | Aubert, rue de Charenton, 226. |
| Picpus . . . . . . | Degroux, boulevard Henri IV, 2.<br>J. Bédhet, boulevard Henri IV, 2. |
| Bercy. . . . . . . | A. Fortier-Beaulieu, rue Matignon, 22. |
| Quinze-Vingts . . | Bohlmann, rue Saint-Antoine, 209. |

### *XIIIe Arrondissement.* — Gobelins

| | |
|---|---|
| Salpêtrière . . . | Léon Desmarais, rue du Banquier, 10. |
| Gare. . . . . . . | Paymal, quai de la Gare, 19.<br>Ruppert, impasse des Hautes-Formes, 12. |
| Maison-Blanche. . | Bouvery, rue de Phalsbourg, 4.<br>Jules Nolleval, rue de l'Échelle, 9. |
| Croulebarbe. . . . | Guilmin, boulevard Saint-Marcel, 8. |

### *XIVe Arrondissement.* — Observatoire

| | |
|---|---|
| Montparnasse. . . | Marchal, rue Denfert-Rochereau, 79. |
| La Santé. . . . . | Léonce Lafarge, rue de Rennes, 43. |
| Petit-Montrouge . | Charles Richefeu, rue Méchain, 3.<br>Princesse de Poix, rue Paul-Baudry, 6. |
| Plaisance. . . . . | Jules Piault, rue de Sèvres, 91.<br>Magny, rue de la Pépinière, 23. |

### *XVe Arrondissement.* — Vaugirard

| | |
|---|---|
| Saint-Lambert . . | Baranton, rue d'Alleray, 7. |
| Necker. . . . . . | Fauvage, avenue du Maine, 19. |
| Grenelle . . . . . | Vicomtesse de Gouy d'Arsy, r. de Traktir, 11. |
| Javel. . . . . . . | Mlle Addenet, avenue d'Orléans, 8. |

### *XVIe Arrondissement.* — Passy

| | |
|---|---|
| Auteuil. . . . . . | Braun, rue du Ranelagh, 98.<br>Foucher, rue du Point-du-Jour, 66. |
| Muette . . . . . | Beaurain, avenue Ingres, 3. |
| Porte-Dauphine. . . | Baronne F. Bartholdi, rue Raynouard, 21. |
| Les Bassins. . . . | A. Peghoux, aven. du Bois-de-Boulogne, 23. |

### *XVIIe Arrondissement.* — Batignolles

| | |
|---|---|
| Les Ternes . . . . | De Saint-Senoch, rue Demours, 19. |
| Plaine de Monceau. | Duchesse de Mouchy, chât. de Mouchy (Oise). |
| Batignolles . . . . | Léon Droux, boulevard des Batignolles, 50. |
| Épinettes . . . . . | Bunoux, rue Lacroix, 34. |

### *XVIIIe Arrondissement.* — Butte-Montmartre

| Quartiers. | Mmes |
|---|---|
| Grandes-Carrières. | Jules Legrand, rue Laffitte, 49. |
| | Galand, rue de la Victoire, 86. |
| Clignancourt . . . | Baronne Michel de Tretaigne, rue Marcadet, 112. |
| Goutte-d'Or. . . . | Bassery, avenue des Champs-Élysées, 119 |
| La Chapelle. . . . | Martin-Sabon, rue Mansart, 5 *bis*. |

### *XIXe Arrondissement.* — Buttes-Chaumont

| | |
|---|---|
| La Villette . . . . | P. Lebaudy, place Vendôme, 20. |
| Pont-de-Flandre . | Hersent, rue de Londres, 60. |
| Amérique. . . . . | Comtesse Robert de Fitz-James, rue des Écuries-d'Artois, 41. |
| | Ch. de Rouvre, place Vendôme, 8. |
| Combat. . . . . . | Glandaz, rue de Miromesnil, 59. |

### *XXe Arrondissement.* — Ménilmontant

| | |
|---|---|
| Belleville. . . . . | Comtesse de Caraman, avenue Montaigne, 13. |
| Saint-Fargeau . . | Vicomtesse E. d'Harcourt, rue de Constantine, 9. |
| Père-Lachaise . . | Thellier, rue de Bagnolet, 135. |
| Charonne. . . . . | Genet, rue de Terre-Neuve, 58. |

## SOCIÉTÉ DES BERCEAUX

Dans le but de venir en aide à la Société de Charité maternelle, et pour ajouter aux secours dont elle dispose un supplément utile, une association nouvelle et indépendante a été formée sous le nom de *Société des berceaux*.

Les femmes admises à la Société de Charité maternelle peuvent, s'il est nécessaire, recevoir un bon spécial, qui leur donne droit au secours supplémentaire du berceau.

Sur la présentation du bon de l'Œuvre, la maison du *Gagne-Petit* délivre un berceau complet [1].

[1] Le magasin du *Gagne-Petit*, avenue de l'Opéra, 23, vend aussi des bons de berceau, au prix de 5 francs. Contre la remise de ce bon, il est délivré un berceau complet (berceau, pied, paillasse, couverture), semblable à ceux que la Société accorde à ses protégées.

On peut s'associer à cette Œuvre par une cotisation annuelle de 5 francs ou par la confection de petites couvertures. La réunion de dix souscriptions, soit 50 francs en argent ou 40 francs et dix couvertures, donne le titre de dame adjointe à la Société de Charité maternelle.

Les enfants et les jeunes filles sont admises comme *Protectrices des berceaux,* en payant la souscription de 5 francs par an.

*Présidente-Trésorière :* Mme la marquise DE MAUPEOU, boulevard Malesherbes, 60.

*Dames déléguées :* Mme la comtesse DE MAUPEOU, rue de la Boëtie, 77.

Mme RICHEFEU, rue Méchain, 3.

## ASSOCIATION DES MÈRES DE FAMILLE

Cette Association, fondée en 1836 par Mme Badenier, a pour but de venir en aide aux pauvres femmes en couches domiciliées à Paris, qui ne sont pas dans les conditions exigées par la Société de Charité maternelle, ou qui sont dans la catégorie des pauvres honteux.

Elle est administrée par un conseil composé d'une présidente-trésorière, d'une secrétaire et de présidentes chargées chacune d'un arrondissement.

Pour être admises aux secours, les mères doivent présenter leur demande à la présidente de leur arrondissement avec l'acte de leur mariage civil et religieux, ou la preuve de leurs démarches auprès de la Société de Saint-François-Régis pour la célébration de leur mariage, l'acte de baptême de leurs enfants et une attestation des Sœurs de leur quartier constatant que leur situation réclame des secours.

Nulle demande n'est reçue six semaines après l'accouchement.

Les secours consistent ordinairement en une layette pour l'enfant, en vêtements pour la mère, et en bons de pain, viande, sucre et chauffage.

L'Œuvre se soutient au moyen de quêtes et de souscriptions dont le minimum est fixé à 5 francs.

*Secrétaire générale honoraire :* Mme Frédéric LAURAS, rue de Sèvres, 85.

*Présidente-Trésorière :* Mme PLOCQUE, boulevard Poissonnière, 10.

*Secrétaire :* Mme DANLOUX-DUMESNIL, rue de Londres, 52.

*Vice-Secrétaire :* Mme Alfred LE ROUX, rue Saint-Honoré, 364.

### LISTE DES PRÉSIDENTES ET VICE-PRÉSIDENTES

#### *Ier Arrondissement.*

| Quartiers. | Mmes |
|---|---|
| St-Germain-l'Aux. | BONVALLET, *Présidente*, rue J.-J.-Rousseau, 19. |
| | CHAMAIL, rue de Berri, 50. |

#### *IIe Arrondissement.*

| | |
|---|---|
| Bonne-Nouvelle. . | BERTRAND-TAILLET, boulev. Malesherbes, 50. |

#### *IIIe Arrondissement.*

| | |
|---|---|
| Archives . . . . . | DESMAREST, rue des Arquebusiers, 11. |

#### *IVe Arrondissement.*

| | |
|---|---|
| Arsenal. . . . . . | LECOQ, *Présidente*, r. Vieille-du-Temple, 47. |
| Notre-Dame . . . | SANTERRE, rue de Harlay, 20. |
| Saint-Gervais. . . | GARNIER, quai de Béthune, 28. |
| Saint-Merri. . . . | BUCQUET, boulevard Beaumarchais, 47. |

#### *Ve Arrondissement.*

| | |
|---|---|
| Val-de-Grâce. . . | ORCIBAL, *Présidente*, boul. Haussmann, 73. |
| | PIEL, boulevard Saint-Michel, 73. |
| Jardin-des-Plantes. | PAVET DE COURTEILLE, rue Cuvier, 14. |
| | THOMAS, quai des Orfèvres, 6. |

### VIe Arrondissement.

| Quartiers. | Mmes |
|---|---|
| Odéon . . . . . . | BIOCHE, *Présidente*, rue de Grenelle, 96.<br>DE FOURCY, rue de Tournon, 21. |
| St-Germain-des-Pr. | ALBAN-DOSSEUR, quai Malaquais, 1.<br>BOUDET, rue Jacob, 30. |
| Monnaie . . . . . | BOURUET, boulevard Saint-Michel, 1.<br>FEUGÈRES DES FORTS, rue de Rennes, 46. |
| N.-D.-des-Champs. | HUET, boulevard Raspail, 12.<br>PIAULT, rue de Sèvres, 91. |

### VIIe Arrondissement.

| | |
|---|---|
| St-Thomas-d'Aquin. | PRÉVOST, rue de Varennes, 26. |
| Invalides. . . . . | Vicomtesse DE SEMALLÉ, boulevard de la Tour-Maubourg, 3. |
| Gros-Caillou . . . | DE MARGERIE, rue de Grenelle, 132.<br>L. RIVIÈRE, rue de Verneuil, 47.<br>DE MONTGOLFIER, rue Amélie, 13. |

### VIIIe Arrondissement.

| | |
|---|---|
| Europe. . . . . . | E. HUSSON, boulevard Haussmann, 82.<br>TEYSSIER, boulevard Saint-Germain, 203.<br>Paul RHONÉ, rue Saint-Florentin, 9. |
| Madeleine . . . . | FAVART, rue Pierre-Charron, 45.<br>AUOIT, place de la Madeleine, 8. |
| Roule . . . . . . | DUCLOS, rue de la Boëtie, 12. |

### IXe Arrondissement.

| | |
|---|---|
| Rochechouart. . . | DEVÈS, rue de Miromesnil, 64.<br>J. MARCOTTE, rue du Cirque, 9. |
| Chaussée-d'Antin . | MORILLON, avenue du Bois-de-Boulogne, 62. |

### Xe Arrondissement.

| | |
|---|---|
| Porte Saint-Martin. | DE LA MARNIERRE, boulevard Magenta, 91. |
| Porte Saint-Denis. | DAUMON, passage Chausson, 3.<br>DUPONT-JOURNET, rue Albouy, 2. |
| St-Vincent-de-Paul. | CROUET, rue de Maubeuge, 73. |

### XIe Arrondissement.

| | |
|---|---|
| Folie-Méricourt. . | MINORET, rue Laffitte, 15.<br>FORTIN, rue Demours, 17. |
| Roquette . . . . . | LEGRAND, boulevard Voltaire, 279.<br>PETIT, avenue de la Roquette, 4. |

## XIIᵉ Arrondissement.

| Quartiers. | Mmes |
|---|---|
| Bercy. . . . . . . | A. Moreau, avenue Marceau, 43. |
| Quinze-Vingts . . | Le Roux, rue Saint-Honoré, 304. |

## XIIIᵉ Arrondissement.

| | |
|---|---|
| Croulebarbe. . . . | Jules Molleval, *Présidente*, r. de l'Échelle, 9.<br>Guibourt, rue Lhomond, 56. |

## XIVᵉ Arrondissement.

Les Sœurs de l'*Assistance maternelle*, rue Cassini, 3 (Voir *Sœurs Gardes-malades*), visitent et secourent les femmes en couches du xivᵉ arrondissement dans les mêmes conditions que l'Association des Mères de famille.

## XVᵉ Arrondissement.

| | |
|---|---|
| Saint-Lambert . . | Becquet, boulevard Saint-Germain, 232.<br>Baranton, rue de Vaugirard, 274. |

## XVIᵉ Arrondissement.

| | |
|---|---|
| La Muette . . . . | Hemmet, *Présidente*, r. Desbordes-Valmore, 11. |
| Les Bassins. . . . | Comtesse de Beaurepaire, aven. Bugeaud, 55. |
| Auteuil. . . . . . | V. Lefranc, boulevard Suchet, 67. |
| Porte-Dauphine. . | Dupoirieux, square Lamartine, 5. |
| Chaillot. . . . . . | Du Peloux-Papot, rue de Longchamp, 29. |

## XVIIᵉ Arrondissement.

| | |
|---|---|
| Ternes. . . . . . . | Labois, *Présidente*, boulevard Péreire, 232.<br>Dumoulin, rue des Acacias, 20. |
| Plaine Monceau. . | L. Adam, avenue de Villiers, 112.<br>Chéronnet, boulevard Péreire, 54.<br>Henry, rue Rennequin, 62. |
| Batignolles . . . . | De Sarny Le Bel, rue Nollet, 7.<br>C. Breton, rue Legendre, 25. |
| Épinettes. . . . . | Bunoux, rue Lacroix, 34. |

## XVIIIᵉ Arrondissement.

| | |
|---|---|
| Grandes-Carrières. | H. Desprez, *Présidente*, rue de Prony, 8.<br>Mangin, rue Affre, 14. |
| Goutte-d'Or. . . . | Guy, rue Marie-Antoinette, 24. |
| Clignancourt . . . | E. Clerc, boulevard Haussmann, 104. |
| La Chapelle. . . . | Ducoin, rue de la Chapelle, 104.<br>Debrise, rue de la Chapelle, 107. |

### *XIXe Arrondissement.*

| Quartiers. | Mmes |
|---|---|
| La Villette . . . . | GAMARD, *Présidente*, faub. Saint-Honoré, 25. |
| Petite-Villette. . . | DE LA MARNIERRE, boulevard Magenta, 91. |

### *XXe Arrondissement.*

| | |
|---|---|
| Belleville. . . . . | O'CONOR, *Présidente*, boulevard Raspail, 14.<br>DEBOST, rue du Cherche-Midi, 92. |
| Charonne. . . . . | BRUN, rue de la Croix-Saint-Simon, 29. |

## ENFANTS ASSISTÉS

### SECOURS AUX ORPHELINS

Avenue Victoria, 3 (IVe arrond.).

Assistance publique.

Les enfants du premier âge peuvent recevoir des secours soit par l'entremise des bureaux de bienfaisance, soit directement par l'Assistance publique.

L'Assistance publique (bureau des Enfants assistés) donne des secours selon diverses catégories.

1° Elle place à ses frais en nourrice, en province, l'enfant que la mère indigente est dans l'impossibilité absolue de nourrir, et elle lui donne une layette. Cette organisation a remplacé le service du bureau municipal de nourrices, supprimé en 1877. (Décret du 26 novembre 1876.)

2° Elle accorde des secours en layette et en argent aux mères indigentes qui allaitent elles-mêmes leurs enfants.

Le secours varie de 15 à 20 francs par mois, pendant cinq, trois ou deux mois. Un crédit spécial est alloué dans ce but, afin de prévenir les abandons d'enfants et d'encourager l'allaitement maternel, plus favorable que tout autre à la santé des nouveau-nés; ce crédit est supporté par égales parties par le budget départemental et le budget hospitalier.

Par un arrêté préfectoral du 31 mai 1878, il a été organisé un service de dames chargées de visiter chaque mois les mères nourrices, et de s'assurer si elles remplissent les conditions déterminées et donnent à l'enfant les soins nécessaires.

3° Enfin l'Assistance publique accorde un secours spécial, dit *Secours d'orphelin*, aux orphelins de père et de mère, nés dans le département de la Seine et placés chez des parents ou des étrangers. Ce secours varie de 6 à 15 francs par mois, suivant l'âge, et il cesse lorsque l'enfant a atteint l'âge de douze ans.

### Enfants moralement abandonnés.

Depuis 1881, a été rattaché au service des Enfants-Assistés celui des Enfants moralement abandonnés. Ce service recueille les enfants de douze à seize ans *laissés par leur famille sans éducation morale.* Ils sont placés, soit isolément, soit par groupes, dans des fabriques ou usines. Indépendamment des placements de toute nature dont dispose l'Assistance publique tant à Paris qu'en province, elle a été autorisée par le conseil général à créer deux écoles professionnelles de garçons : l'une, d'horticulture, à Villepreux (Seine-et-Oise); l'autre, d'ébénisterie, à Montevrain, près Lagny (Seine-et-Marne).

## HOSPICE DES ENFANTS ASSISTÉS

Rue Denfert-Rochereau, 74 (XIVe arrondissement).

503 lits, 289 berceaux. — Assistance publique.

Cet hospice est un lieu de dépôt, de passage ou de traitement. Il est desservi par un personnel laïque.

Les enfants peuvent être reçus depuis le jour de leur naissance; après douze ans, ils ne sont plus admis. Aussitôt après leur réception, ils sont envoyés à la campagne; les nouveau-nés sont confiés à des nourrices, et les plus âgés sont placés chez des artisans ou des cultivateurs. Ils ne reviennent à l'hospice que lorsqu'ils voyagent.

Les enfants sont présentés à un bureau dans l'intérieur de l'hospice. La personne qui les accompagne est interrogée sur toutes les circonstances qui peuvent faire connaître l'enfant.

Les enfants admis à l'hospice se divisent en deux catégories : les enfants abandonnés et les enfants au dépôt.

### Enfants abandonnés reçus à l'hospice.

1° Les enfants qui ont été exposés dans un lieu quelconque sont reçus sur la remise d'un procès-verbal délivré à Paris par le commissaire de police, dans les départements par l'officier de l'état civil;

2° Les enfants portés directement à l'hospice sont reçus sur la présentation de l'acte de déclaration de naissance faite par l'officier de l'état-civil, constatant qu'ils sont nés de père et de mère inconnus;

3° Les enfants abandonnés par leurs parents;

4° Les enfants abandonnés par suite de condamnation judiciaire de leur père ou de leur mère (ils sont admis sur l'ordre du commissaire de police);

5° Les orphelins de père et de mère sont admis sur la production de leur acte de naissance et des actes de décès de leurs parents.

### Enfants au dépôt.

6° Sont admis au dépôt les enfants des individus arrêtés sous la prévention de crimes ou de délits;

7° Les enfants des personnes reçues dans les hôpitaux.

Les enfants de ces deux catégories ne sont gardés que jusqu'à la sortie des parents de l'endroit où ils étaient internés. S'ils ne sont pas repris à ce moment, ils passent dans la catégorie des enfants abandonnés.

L'hospice des Enfants-Assistés a une succursale à Thiais (Seine), où l'administration envoie par mesure d'hygiène des enfants sevrés au dépôt. Cette succursale compte cent lits.

Les enfants placés à la campagne sont conduits à la messe, au catéchisme, à l'école, et occupés à différents travaux.

Ils sont confiés à la surveillance d'inspecteurs qui examinent s'ils sont convenablement traités, et, au besoin, signent pour eux des contrats d'apprentissage.

Les nouvelles que peuvent obtenir les parents qui en font la demande à l'Administration se bornent à l'indication pure et simple de l'existence ou du décès de l'enfant; elles peuvent être renouvelées tous les trois mois et sont données gratuitement au bureau des Enfants-Assistés, avenue Victoria, 3, du 15 au 28 février, du 15 au 31 mai, du 15 au 31 août, et du 15 au 30 novembre.

## PROTECTION DES ENFANTS DU PREMIER AGE

### ET EN PARTICULIER DES NOURRISSONS

Une loi du 23 décembre 1874 a pour but de protéger la vie et la santé de l'enfant âgé de moins de deux ans, placé, moyennant salaire, hors du domicile de ses parents, en nourrice, en sevrage ou en garde.

Cette surveillance est confiée, dans le département de la Seine, au préfet de police, et dans les autres départements, aux préfets, assistés d'un comité de neuf membres choisis parmi les personnes qui offrent le plus de garanties au point de vue de l'hygiène de l'enfance.

Un comité supérieur de protection est institué auprès du Ministre de l'Intérieur, et des médecins inspecteurs sont chargés, par les préfets, de surveiller les personnes ayant un ou plusieurs nourrissons, ainsi que les bureaux de placement et autres intermédiaires.

Le refus de recevoir les délégués pour cette inspection est puni d'une amende.

Toute personne qui place un enfant en nourrice, en sevrage ou en garde, est tenue, sous les peines portées par l'article 346 du code pénal, d'en faire la déclaration à la mairie où a été faite la déclaration de naissance de l'enfant, ou à la mairie de sa résidence actuelle (art. 7).

Les personnes qui désirent prendre des nourrissons ou se placer comme nourrices, doivent se conformer aux règlements spéciaux et se munir, à la mairie de leur résidence, des certificats nécessaires.

Toute déclaration reconnue fausse est punie.

Les bureaux de placement et les intermédiaires (sages-femmes ou autres) ne peuvent exercer sans autorisation, et sont l'objet de la surveillance de l'administration.

Si, par suite de la contravention ou par suite d'une négligence de la part d'une nourrice ou d'une gardeuse, il est résulté un dommage pour la santé de l'enfant, un emprisonnement de un à cinq jours peut être infligé.

En cas de décès de l'enfant, l'application des peines portées à l'article 319 du code pénal peut être prononcée (art. 11).

Le service de la protection du premier âge a été réglementé par un décret du 27 février 1877, et fonctionne actuellement dans presque tous les départements.

Les frais du service (fournitures et imprimés, rétribution des médecins inspecteurs, etc.) sont avancés par les départements; l'État leur rembourse une partie de la dépense totale.

## LOI SUR LA PROTECTION DES ENFANTS MALTRAITÉS

### OU ABANDONNÉS MORALEMENT

(Loi du 24 juillet 1889.)

Sans énumérer tous les articles de cette loi qui se répartit en deux titres, il parait utile d'en faire connaître ici les principales dispositions.

Le titre Ier traite de la protection des enfants dont les parents ont été déclarés déchus.

Sont déclarés *déchus de plein droit* de la puissance paternelle et des droits qui s'y rattachent, les père, mère et ascendants, s'ils sont condamnés comme ayant excité, favorisé ou facilité la débauche des mineurs confiés à leurs soins;

S'ils sont condamnés comme auteurs ou complices d'un crime commis sur un de leurs enfants ou par un de leurs enfants (chap. 1er, art. 2);

S'ils sont condamnés deux fois pour excitation habituelle à la débauche (art. 4);

Les père et mère *peuvent être déchus* des mêmes droits s'ils sont condamnés aux travaux forcés à temps ou à perpétuité, ou à la réclusion comme auteurs ou complices de crimes; s'ils sont condamnés deux fois pour séquestration, suppression, exposition ou abandon d'enfants ou pour vagabondage, et, en dehors de toute condamnation, si par leur ivrognerie habituelle, leur inconduite notoire et scandaleuse ou par de mauvais traitements, ils compromettent soit la santé, soit la sécurité, soit la moralité de leurs enfants (art. 2, § 6).

L'action en déchéance est intentée devant la chambre du conseil du tribunal du domicile du père ou de la mère, par un ou plusieurs parents du mineur au degré de cousin germain, ou à un degré plus rapproché, ou par le ministère public (art. 3).

Le jugement est prononcé en audience publique. Lorsque la déchéance est prononcée, la loi précise les conditions dans lesquelles la tutelle des enfants est instituée...

Pendant l'instance en déchéance, toute personne peut s'adresser au Tribunal par voie de requête, afin d'obtenir que l'enfant lui soit confié. Elle doit déclarer qu'elle se soumet aux obligations prévues par le § 2 de l'art. 364 du code civil, au titre de la tutelle officieuse.

Le tribunal, après avoir recueilli tous les renseignements, et pris, s'il y a lieu, l'avis du Conseil de famille, accueille ou repousse la demande (art. 13).

Les père et mère frappés de déchéance ne peuvent être admis à se faire restituer la puissance paternelle qu'après avoir obtenu leur réhabilitation, et après un délai de trois ans entre la déchéance et la réhabilitation.

Le titre II traite de la protection des mineurs placés avec ou sans l'intervention des parents. C'est surtout des enfants de ce titre que les œuvres de la charité privée peuvent avoir à s'occuper, puisque les enfants des parents déchus ont presque tous pour tuteur l'Assistance publique (représentée dans les départements par l'inspecteur des Enfants Assistés, à Paris par le directeur de l'Assistance publique) et qui est *obligée légalement* de les recueillir.

Lorsque des administrations d'Assistance publique, des associations de bienfaisance régulièrement autorisées à cet effet, des particuliers jouissant de leurs droits civils, ont recueilli des enfants mineurs de 16 ans, que des pères, mères ou tuteurs leur ont confiés, le tribunal du domicile des pères, mères ou tuteurs peut, à la requête des parents intéressés, *agissant conjointement,* déléguer à l'Assistance publique les droits de puissance paternelle et remettre l'exercice de ses droits à l'établissement ou particulier gardien de l'enfant.

Si le mineur a été recueilli sans intervention des père, mère ou tuteur, une déclaration doit être faite dans les trois jours au maire de la commune sur le territoire de laquelle l'enfant aura été recueilli et à Paris au commissaire de police, sous peine d'amende (art. 19).

Si dans les trois mois, à dater de la déclaration, les père, mère ou tuteur n'ont point réclamé l'enfant, ceux qui l'ont recueilli peuvent adresser au président du tribunal de leur domicile une requête, afin d'obtenir que, dans l'intérêt de l'enfant, l'exercice de tout ou partie des droits de la puissance paternelle leur soit confié (art. 20).

Les enfants confiés à des particuliers ou à des associations de bienfaisance, dans les conditions de cette loi, sont sous la surveillance de l'État, représenté par le préfet du département (art. 22).

Les infractions audit règlement sont punies d'une amende de 25 fr. à 1000 fr.

## SOCIÉTÉ PROTECTRICE DE L'ENFANCE

Secrétariat : rue des Beaux-Arts, 4 (VIe arrondissement).

Reconnue d'utilité publique par décret du 15 mai 1869.

Cette Société, fondée en 1865, a pour objet d'encourager les mères à nourrir elles-mêmes leurs enfants, et de faire surveiller par des médecins inspecteurs, délégués par elle, les enfants envoyés en nourrice.

Elle donne des secours aux mères indigentes, mariées ou non mariées, sans distinction de culte.

La souscription est de 10 francs par an pour les membres titulaires de la France et de l'étranger.

Une cotisation de 3 francs par an donne le titre de membre bienfaiteur aux enfants âgés de moins de seize ans.

Ces cotisations peuvent être rachetées moyennant un versement, une fois effectué, de 100 francs pour les membres titulaires, et de 25 francs pour les bienfaiteurs.

Un *Bulletin*, publié par la Société, est envoyé gratuitement aux souscripteurs.

*Président :* M. le docteur MARJOLIN.

*Secrétaire général :* M. le docteur BLACHE.

*Trésorier :* M. PETIBON.

## SOCIÉTÉ DE L'ALLAITEMENT MATERNEL

### ET DES REFUGES-OUVROIRS POUR LES FEMMES ENCEINTES

Siège social : rue de Sèvres, 45 (VIIe arrondissement).

Reconnue d'utilité publique par décret du 29 juillet 1880.

La Société de l'Allaitement maternel, fondée en 1876, a pour but de propager l'allaitement maternel par tous les moyens possibles et principalement à l'aide de secours donnés aux mères pauvres. (Ces secours sont toujours remis en nature, pain, viande, vêtements, soins médicaux, médicaments, etc.)

Leur durée est limitée à une année, à moins que les médecins ne jugent utile de les prolonger.

Cette Société se définit elle-même de la manière suivante : « La Société ne tient compte d'aucune considération de croyance ou d'opinion; qu'une femme soit mariée ou célibataire, pourvu qu'elle soit bonne mère et élève elle-même son enfant, elle peut faire appel à son assistance. »

Les cotisations, souscriptions et dons sont reçus au siège social.

*Fondatrice :* Mme Béquet de Vienne, avenue Victor-Hugo, 14.

*Président :* M. le docteur Cadet de Gassicourt, boulevard Haussmann, 40.

(Voir *Refuge-ouvroir,* chap. v).

## SOCIÉTÉ MATERNELLE PARISIENNE

### *LA POUPONNIÈRE*

Siège social : à la Mairie du VIIe arrondissement.

Cette Société recueille et soigne dans son établissement dit la Pouponnière, à Porchefontaine, près Versailles, les enfants dont les mères travaillent et sont dans l'impossibilité de nourrir elles-mêmes.

Les enfants de nationalité française sont reçus, sans distinction de culte, depuis la naissance jusqu'à deux ans. Ils ne peuvent être menés hors de l'établissement sous aucun prétexte, sauf pour être baptisés.

Le prix de la pension est de 40 francs par mois (soins médicaux et lingerie compris) pour la première année, et 30 francs la seconde, plus une entrée de 20 francs à payer.

Les demandes d'admission doivent être adressées à la Secrétaire générale et remises à Mme Lemaire, secrétaire adjointe, rue du Bac, 30.

*Présidente :* Mme Georges Charpentier, rue de Grenelle, 11.

*Secrétaire générale :* Mme Philippe Dussaud.

*Trésorière :* Mme Ad. Rocher.

## CRÈCHES

Les Crèches ont pour but d'aider les ouvrières à nourrir et à élever elles-mêmes leurs enfants. Le premier établissement de ce genre a été fondé par M. Marbeau, et ouvert à Paris, rue de Chaillot, le 14 novembre 1844.

La Crèche garde pendant les heures de travail, sans distinction de religion, l'enfant de 15 jours à 3 ans, dont la mère travaille au dehors et se conduit bien.

Elle est fermée les dimanches et jours fériés. Aucun enfant n'y passe la nuit; aucun n'y est admis quand il est malade.

La Crèche est inspectée chaque jour par un médecin.

Le public est toujours admis à la visiter.

Les enfants sont reçus à la Crèche sur le vu d'un bulletin d'admission, signé par la présidente ou la directrice, et visé par un des médecins de l'Œuvre.

La mère paye une rétribution, qui est en général, pour chaque jour de présence, de 20 centimes pour un enfant et de 30 centimes pour deux ou plusieurs; elle vient allaiter deux fois par jour l'enfant non sevré. La plupart des crèches fournissent aux enfants sevrés les aliments nécessaires. Chaque enfant coûte, en moyenne, 70 centimes à l'Œuvre.

### ORGANISATION DES CRÈCHES

La salle ou les salles doivent contenir au moins huit mètres cubes d'air par chaque enfant.

Elles doivent être éclairées par des fenêtres qui se correspondent, à châssis mobiles, en tout ou en partie, ou offrir des renouvellements d'air artificiels.

Toute crèche doit être pourvue d'un promenoir à ciel découvert ou au moins d'une cour, d'un balcon ou d'une terrasse.

Nulle crèche ne peut être ouverte avant que le Préfet du département ait fait constater qu'elle réunit les conditions de salubrité ci-dessus prescrites. L'arrêté préfectoral, qui en autorise l'ouverture, fixe le nombre d'enfants qui pourront y être admis.

Toute crèche qui désire obtenir l'approbation du Ministre de l'Intérieur devra faire parvenir à cet effet une demande au Ministère de l'Intérieur par l'intermédiaire du Préfet.

A l'appui de cette demande doivent être joints :

1° Un avis du conseil municipal;

2° Deux copies du règlement de l'Œuvre;

3° Les comptes rendus des deux derniers exercices;

4° Le budget de l'année courante;

5° Une notice indiquant les dimensions des salles, le nombre d'enfants qui fréquentent habituellement la crèche, etc.

(*Règlement général sur l'organisation des crèches. — Arrêté ministériel du* 30 *juin* 1862.)

## SOCIÉTÉ DES CRÈCHES

Siège social : rue de Londres, 27 (IX$^e$ arrond.).

**Reconnue d'utilité publique par décret du 17 juillet 1869.**

Cette Société a pour but : 1° d'aider à fonder et à soutenir les crèches; 2° de perfectionner et de propager l'institution.

Elle accorde des subventions aux crèches dont les statuts et les règlements lui ont été communiqués. Toute demande de subvention doit être accompagnée d'un état de situation.

Le minimum de la souscription est de 6 francs par an. Toute souscription de 10 francs donne droit à recevoir le *Bulletin de la Société*, qui paraît quatre fois par an.

Les souscriptions à la Société des Crèches sont distinctes des souscriptions particulières à chaque crèche; chaque crèche constitue une Œuvre indépendante, et la Société n'administre aucun de ces établissements.

*Président :* M. Eugène MARBEAU, rue de Londres, 27.

*Trésoriers :* M. BAUSSAN, rue Saint-Sauveur, 89, et M. MANSAIS, rue Fortuny, 16.

*Secrétaires :* M. DURNERIN, avocat à la Cour de cassation, quai du Marché-Neuf, 4, et M. Albert SALLE, avocat à la Cour d'appel, rue de Berlin, 37.

## LISTE GÉNÉRALE DES CRÈCHES DU DÉPARTEMENT DE LA SEINE

### Paris.

Arrondissements.

Ier *Saint-Roch*, rue Saint-Hyacinthe-Saint-Honoré, 4.
*Crèche municipale*, rue de l'Arbre-Sec, 17.

IIe *Bonne-Nouvelle*, rue Saint-Denis, 218.

IIIe *Crèche des Archives*, rue de Saintonge, 43.

IVe *Sainte-Philomène*, rue Ste-Croix-de-la-Bretonnerie, 20.
*Saint-François-de-Sales*, rue Poulletier, 5.
*Crèche municipale du IVe arrondissement*, rue Saint-Antoine, 164.

Ve *Sainte-Geneviève*, rue de la Montagne-Sainte-Geneviève, 34.
*Crèche du Ve arrondissement*, place Monge, 3.

VIe *Bethléem (Saint-Sulpice)*, rue de Mézières, 6.
*Crèche du VIe arrondissement*, rue Jacob, 11.

VIIe *Saint-Pierre-du-Gros-Caillou*, rue de Grenelle, 182.
*Saint-Vincent-de-Paul*, rue Oudinot, 3.
*Saint-Thomas-d'Aquin*, rue Perronet, 9.

VIIIe *Saint-Philippe*, rue de Monceau, 13.
*Sainte-Madeleine*, rue de la Ville-l'Évêque, 14.

IXe *Saint-Louis-d'Antin*, rue de la Chaussée-d'Antin, 27.
*Notre-Dame-de-Lorette*, rue Rodier, 60.
*Crèche laïque du IXe arrond.*, rue de Larochefoucauld, 25.

Arrondissements.

X<sup></sup>e *Crèche du Xe arrond.*, rue Saint-Maur-Popincourt, 185.
*Crèche du Faubourg-Saint-Martin*, rue du Faubourg-Saint-Martin, 122.

XIe *Crèche laïque du XIe arrond.*, passage Lechevin (avenue Parmentier).
*Saint-Joseph*, rue des Trois-Couronnes, 21.

XIIe *Sainte-Marie-des-Quinze-Vingts*, passage Gatbois, 8 (avenue Daumesnil).
*Saint-Joseph (Bercy)*, rue des Meuniers, 63.
*Crèche de Picpus*, ruelle des Tourneux, 4.

XIIIe *Saint-Marcel (Maison-Blanche)*, rue Vandrezanne, 42.
*Sainte-Rosalie*, rue de la Glacière, 35.
*Marie-Louise*, rue Jenner, 39.
*Crèche laïque du Berceau de l'Enfance*, passage Ricaut, 7.

XIVe *Crèche municipale laïque de Plaisance*, rue de l'Ouest, 115.

XVe *Sainte-Marguerite*, rue Ginoux, 6.
*Crèche municipale laïque du XVe arrond.*, rue Violet, 69.
*Crèche municipale laïque du quartier Saint-Lambert*, rue d'Alleray, 13.

XVIe *L'Annonciation*, rue Singer, 8.
*Sainte-Marie*, avenue Victor-Hugo, 117.

XVIIe *Saint-Joseph (Ternes)*, rue Bacon, 11.
*Crèche de la Compagnie de l'Ouest*, avenue de Clichy, 163.
*Petite crèche des Batignolles*, avenue de Clichy, 47 *bis*.
*Crèche municipale des Épinettes*, rue Berzélius-prolongée, 8 *bis*.
*Crèche Madeleine-Brès*, rue Nollet, 86.

XVIIIe *Crèche de Clignancourt*, rue Damrémont, 93.
*Crèche de la Chapelle et de la Goutte-d'Or*, rue Cavé, 5.
*Notre-Dame-des-Anges*, rue Caulaincourt, 39.

XIXe *Sainte-Eugénie (la Villette)*, rue de Crimée, 146.
*Crèche laïque du quartier d'Amérique*, rue de Belleville, 18.

XXe *Saint-Jean-Baptiste (Belleville)*, rue de la Mare, 73.
*Sainte-Amélie*, fondation Wion-Pigalle, rue de Bagnolet, 63.
*Crèche laïque du XXe arrond.*, rue de Bagnolet, 121.
*Crèche laïque du quartier Saint-Fargeau*, rue du Télégraphe, 33.

**Banlieue.**

| | |
|---|---|
| Boulogne . . . . . | *Crèche municipale,* rue de Paris, 105. |
| Cachan . . . . . . | *Saint-Raphaël,* rue des Tournelles, 7. |
| Châtillon . . . . . | *Crèche municipale,* passage Charlot, 2. |
| Choisy-le-Roi. . . | *A la manufacture de porcelaines,* rue du Pont, 3. |
| Clamart. . . . . . | *Sainte-Émilie,* rue du Trosy. |
| Clichy. . . . . . . | *Saint-Vincent-de-Paul,* rue Marthe, 84. |
| Courbevoie . . . . | *Crèche municipale,* square de la Mairie. |
| Créteil . . . . . . | *Crèche municipale,* Grande-Rue. |
| Gentilly. . . . . . | |
| Issy. . . . . . . . | *Crèche du Centre,* place de la Mairie. |
| id. . . . . . . . | *Crèche des Moulineaux,* cité Gévelot. |
| Levallois-Perret. . | *Crèche municipale,* rue Marjolin, 2. |
| Montreuil-sous-Bois. | Rue Victor-Hugo, 83. |
| Nanterre . . . . . | *Crèche communale de Sainte-Geneviève,* rue de la Mairie. |
| Neuilly . . . . . . | *Sainte-Amélie,* rue des Poissonniers, 24. |
| Nogent-sur-Marne. | Avenue du Marché, 3. |
| Pantin . . . . . . | *Sainte-Élisabeth,* rue Thiers, 3. |
| id. . . . . . . | *Crèche municipale,* rue du Commerce. |
| Puteaux. . . . . . | *Crèche municipale,* rue des Écoles, 59. |
| Saint-Denis. . . . | *Crèche municipale,* rue Compoise, 59. |
| Sceaux . . . . . . | *Crèche municipale,* rue Picpus, 1. |
| Suresnes . . . . . | *Crèche,* rue de Neuilly, 19. |
| Vanves . . . . . . | *Sainte-Geneviève,* route de Montrouge, 41. |
| Vincennes. . . . . | Rue des Carrières, 5. |

## ŒUVRE MATERNELLE DE SAINTE-MADELEINE

**Crèche. — Asile. — Ouvroir.**

rue de la Ville-l'Évêque, 14 (VIIIe arrond.).

**Reconnue d'utilité publique par décret du 20 juillet 1869.**

Cette Œuvre a été fondée en 1846 par M. Marbeau, et se soutient par les soins d'un comité de dames au moyen de quêtes et de souscriptions.

Les enfants sont reçus à la crèche et à l'asile à l'âge et dans les conditions ordinaires.

La directrice de l'ouvroir se procure de l'ouvrage dans les grands magasins; elle le confie, après une enquête constatant leur moralité et leur indigence, aux femmes pauvres qui ne pourraient en obtenir directement. Le prix du travail leur est payé intégralement, et l'Œuvre leur fournit gratuitement le fil et les aiguilles.

*Présidente :* Mme la marquise de NADAILLAC, rue Duphot, 18.

*Vice-Présidentes :* Mme la marquise DE BEAUFFORT, rue de la Ville-l'Évêque, 25.

Mme E. HÉBERT, rue du Cirque, 8.

*Trésorière :* Mlle MEISSONNIER, rue Royale, 7.

## ŒUVRE DE LA CRÈCHE A DOMICILE

rue de Rocroy, 6 (x[e] arrond.).

Sœurs de Saint-Vincent-de-Paul.

Cette Œuvre a pour but d'assurer aux mères qui gardent leurs enfants nouveau-nés des secours de diverse nature. Pour suppléer au gain que pourrait faire la mère si elle travaillait au dehors, l'Œuvre lui délivre, chaque semaine, des bons de pain, viande et chauffage, depuis la naissance de l'enfant jusqu'à ce qu'il ait atteint l'âge de dix-huit mois.

## ÉCOLES MATERNELLES ET CLASSES ENFANTINES

Ces établissements ont été institués pour recevoir les enfants des deux sexes, de deux à sept ans, pendant que leurs parents travaillent. Cette œuvre fait suite à celle des crèches.

On donne aux enfants les premières notions de lecture, d'écriture, de calcul, de couture, de chant, de dessin et d'éducation morale. Dans les écoles maternelles privées, on y ajoute l'instruction religieuse; dans les écoles maternelles communales, l'instruction religieuse est omise et laissée aux soins des familles.

A Paris, l'admission des enfants dans ces écoles est gratuite; ils y passent toute la journée, et doivent être conduits le matin et ramenés le soir par leurs parents; ils apportent leur nourriture, ou la trouvent à l'école gratuitement ou moyennant une légère rétribution.

Pour faire admettre un enfant, il suffit de demander à la mairie de l'arrondissement une carte d'admission, en produisant un acte ou un bulletin de naissance, ainsi qu'un certificat de médecin constatant qu'il a été vacciné et qu'il n'a pas de maladie contagieuse. Les mêmes pièces doivent être présentées pour l'admission dans les écoles privées, dont on trouvera l'adresse chez les Sœurs dans chaque paroisse.

Les écoles maternelles sont ouvertes tous les jours, excepté le dimanche, du 1er mai au 1er novembre, de 7 heures du matin à 7 heures du soir; et du 1er novembre au 1er mai, de 8 heures du matin à 6 heures du soir.

La première idée des écoles maternelles, appelées d'abord *écoles à tricoter, salles d'hospitalité* et *salles d'asile,* est due à Oberlin, pasteur du ban de la Roche (1770).

En 1801, la marquise de Pastoret entreprit de fonder, rue de Miromesnil, la première salle d'*hospitalité*. L'œuvre fut continuée par Mme Jules Mallet, puis régularisée et définitivement constituée, sous le nom de *salles d'asile,* par M. Cochin, avec le concours de Mme Millet, en 1828. Ces établissements se sont rapidement multipliés, et ils ont été rangés parmi les institutions publiques par l'ordonnance du 22 décembre 1837.

La loi du 30 octobre 1886, le décret et l'arrêté du 18 janvier 1887, ont réglé l'organisation et les programmes des écoles maternelles et des classes enfantines. Tout ce qui concerne ces établissements est contrôlé à la préfecture de la Seine, à la direction de l'enseignement primaire.

On trouvera dans chaque mairie l'adresse des écoles maternelles communales et des classes enfantines qui en sont la suite et qui préparent l'enfant à entrer dans les écoles proprement dites.

## ÉCOLES COMMUNALES DE LA VILLE DE PARIS

Les écoles primaires sont ouvertes aux enfants des deux sexes, de six ans révolus à treize ans révolus.

Aucune instruction religieuse n'est donnée dans les écoles communales de Paris, qui sont exclusivement laïques.

On peut avoir dans les mairies les adresses des écoles du quartier et les renseignements nécessaires pour y faire admettre les enfants.

## ŒUVRE DIOCÉSAINE

### DES ÉCOLES CHRÉTIENNES LIBRES

A l'archevêché de Paris, rue de Grenelle, 127 (VIIe arrond.).

Un comité diocésain, placé sous le haut patronage de S. Ém. le cardinal archevêque de Paris, a été formé en 1879, au moment de la laïcisation des écoles communales, dans le but de favoriser la création des écoles libres et de constituer au profit des paroisses pauvres un fonds commun pour l'établissement et l'entretien de leurs écoles.

Il existait à Paris, avant la laïcisation, 136 écoles congréganistes communales qui comptaient 40,000 élèves. En 1893, le nombre des écoles chrétiennes libres est de 201, comptant 76,000 élèves.

De 1879 à 1893, les dépenses faites pour la fondation et l'entretien de ces écoles se sont élevées à 28 millions, pour lesquels on a fait appel à la charité privée. Leur entretien annuel coûte environ 2 millions 800,000 francs.

La plupart des écoles sont soutenues par un comité spécial au moyen de quêtes, souscriptions, etc.

Quelques-unes appartiennent à des sociétés civiles qui les louent selon diverses conditions aux comités. D'autres enfin sont entièrement à la charge du curé de la paroisse ou des personnes qui les dirigent.

Le comité diocésain examine les demandes qui lui sont adressées et répartit, selon les besoins les plus urgents, les fonds qui sont mis à sa disposition. Il transmet aussi, suivant les intentions des souscripteurs, les sommes versées à sa caisse avec affectation spéciale.

On peut contribuer à l'Œuvre des Écoles chrétiennes en adressant son offrande soit à MM. les Curés, soit aux Directeurs et Directrices des écoles, soit aux membres des comités spéciaux qui les soutiennent, soit enfin à *M. le Trésorier* du comité diocésain des Écoles chrétiennes libres ou à l'archevêché, rue de Grenelle, 127.

*Président du comité diocésain :* M. CHESNELONG, sénateur, rue de la Bienfaisance, 16.

*Vice-Présidents :* M. l'abbé GAYRARD, curé de Saint-Louis-d'Antin ;

M. le duc DE BROGLIE, ancien ministre, rue Solférino, 10.

*Secrétaires :* M. le baron COCHIN, député, rue de Babylone, 53;

M. Amédée DUFAURE, avenue Percier, 11.

*Trésorier :* M. Maurice AUDRY, avenue d'Antin, 1.

## LISTE DES ÉCOLES CHRÉTIENNES LIBRES [1]

### Paris.

Garçons. — Filles.

#### *Ier Arrondissement.*

**Garçons.**

Place de l'École, 3. *Frères des Écoles chrétiennes.*

Rue St-Roch, 37. *Fr. des Éc. ch.*

École commerciale. Même adresse.

Église Saint-Roch (maîtrise). *Fr. des Éc. chrét.*

Rue J.-J. Rousseau, 68. *Direct. laïque.*

**Filles.**

Rue du Bouloi, 20. *Sœurs de Saint-Vincent-de-Paul.*

Rue Saint-Hyacinthe, 4. *Srs de S.-V.-de-P.*

Rue du Roule, 13. *Srs de S.-V.-de-P.*

Rue Saint-Roch, 35. *Srs de la Providence de Portieux.*

#### *IIe Arrondissement.*

**Garçons.**

Rue des Petits-Carreaux, 14. *Fr. des Éc. chrét.*

Rue Saint-Denis, 226. *Fr. des Éc. chrét.*

Rue de la Banque, 8. *Fr. de la Sainte-Famille.*

**Filles.**

Rue Thévenot, 25. *Srs de S.-V.-de-P.*

#### *IIIe Arrondissement.*

**Garçons.**

Rue de Béarn, 4. *Fr. des Éc. ch.*

Rue Vieille-du-Temple, 106. *Direct. laïque.*

Rue Saint-Martin, 186. *Fr. de Ploërmel.*

**Filles.**

Rue des Arquebusiers, 15. *Srs de S.-V.-de-P.*

Rue Charlot, 58. *Srs de St-Charles.*

Rue Montgolfier, 22. *Srs de S.-V.-de-P.*

#### *IVe Arrondissement.*

**Garçons.**

Rue de Turenne, 23 (école et maison de famille). *Fr. des Éc. chrét.*

Rue de la Verrerie, 85. *Fr. des Éc. chrét.*

Rue Bretonvilliers, 4. *Fr. des Éc. chrét.*

Rue des Rosiers, 14. *Fr. des Éc. chrét.*

**Filles.**

Rue Saint-Louis-en-l'Ile, 22. *Srs de S.-V.-de-P.*

Rue Geoffroy-Lasnier, 32. *Srs de S.-V.-de-P.*

Rue Chanoinesse, 10. *Srs de S.-V.-de-P.*

Rue des Guillemites, 10. *Srs de S.-V.-de-P.*

Rue du Fauconnier, 13. *Srs de S.-V.-de-P.*

Rue du Cloître-Saint-Merri, 8. *Srs de S.-V.-de-P.*

[1] Dans cette liste sont comprises les écoles commerciales où l'on n'est reçu qu'après examen, et les écoles maternelles pour les très jeunes enfants.

| Garçons. | Filles. |
|---|---|
| | |

## Ve *Arrondissement.*

| Garçons. | Filles. |
|---|---|
| Rue Valette, 7. *Fr. des Éc. chrét.* | Rue du Cardinal-Lemoine, 69. *Srs de S.-V.-de-P.* |
| Rue de Jussieu, 37. *Fr. des Éc. chrét.* | Rue des Irlandais, 8. *Srs de S.-V.-de-P.* |
| Église Saint-Jacques (maîtrise). *Fr. des Éc. chrét.* | Rue Nicole, 9 et 11. *Srs de S.-V.-de-P.* |
| | Rue Geoffroy-Saint-Hilaire, 32. *Srs de S.-V.-de-P.* |
| | Rue des Bernardins, 15. *Srs de S.-V.-de-P.* |
| | Rue de la Harpe, 47. *Srs de S.-V.-de-P.* |
| | Rue Rollin, 8. *Srs de Sainte-Marie.* |

## VIe *Arrondissement.*

| Garçons. | Filles. |
|---|---|
| Rue Gît-le-Cœur, 8. *Fr. des Éc. chrét.* | Rue Bara, 8. *Srs de Sainte-Marie.* |
| Rue d'Assas, 68. *Fr. des Éc. ch.* | Rue d'Assas, 26. *Srs de S.-V.-de-P.* |
| Rue Furstemberg, 7. *Fr. des Éc. chrét.* | Rue de l'Abbaye, 4. *Srs de S.-V.-de-P.* |
| Boulevard Montparnasse, 90. *Fr. des Éc. chrét.* | Boulevard Montparnasse, 92. *Srs de S.-V.-de-P.* |
| | Rue de l'Abbé-Grégoire, 8. *Srs de l'Enfant-Jésus.* |

## VIIe *Arrondissement.*

| Garçons. | Filles. |
|---|---|
| Rue de Grenelle, 44. *Fr. des Éc. chrét.* | Rue Oudinot, 3. *Srs de S.-V.-de-P.* |
| Rue de Grenelle, 121. *Fr. des Éc. chrét.* | Rue de Sèvres, 84. *Srs de N.-D. dites des Oiseaux.* |
| École commerciale. Même adresse. | Rue de Grenelle, 77. *Srs de S.-V.-de-P.* |
| Rue Saint-Dominique, 90 *bis. Fr. des Éc. chrét.* | Rue de Grenelle, 182. *Srs de S.-V.-de-P.* |
| Avenue Duquesne, 40. *Fr. des Éc. chrét.* | Rue de Sèvres, 16. *Srs de l'Abbaye-aux-Bois.* |
| | Rue de Sèvres, 90. *Srs de Saint-André.* |
| | Rue Perronet, 7. *Srs de S.-V.-de-P.* |
| | Rue de Babylone, 76 *bis. Dames du Sacré-Cœur.* |
| | Rue Saint-Simon, 12. *Srs de la Compassion.* |

| Garçons. | Filles. |
|---|---|

### VIIIe Arrondissement.

| Garçons. | Filles. |
|---|---|
| Rue de Suresnes, 14. *Fr. des Éc. chrét.* | Rue de Monceau, 11. Srs *de S.-V.-de-P.* |
| Église Sainte-Madeleine (maîtrise). *Fr. des Éc. chrét.* | Rue de Monceau, 95. Srs *de S.-V.-de-P.* |
| Rue de Courcelles, 34. *Fr. des Éc. chrét.* | Rue de la Ville-l'Évêque, 14. Srs *de S.-V.-de-P.* |
| Rue de Moscou, 12. *Fr. des Éc. chrét.* | Rue Beaujon, 20. Srs *de N.-D.* |
| Rue de la Bienfaisance, 7 (maîtrise). *Fr. des Éc. chrét.* | |
| Avenue de l'Alma, 32. *Fr. des Éc. chrét.* | |
| Église de Saint-Pierre-de-Chaillot (maîtrise). *Fr. des Éc. ch.* | |

### IXe Arrondissement.

| Garçons. | Filles. |
|---|---|
| Rue de la Tour-d'Auvergne, 18. *Fr. des Éc. chrét.* | Rue Chaptal, 29. Srs *de Sainte-Marie de la Famille.* |
| Rue de la Trinité, 3. *Fr. de la Sainte-Famille de Belley.* | Rue de Milan, 16. Srs *de l'Immac.-Concept.* |
| Rue Sainte-Cécile, 6 (maîtrise). *Fr. de la Sainte-Famille de B...* | Rue de Douai, 60. Srs *Zélatrices de la Sainte-Eucharistie.* |
| | Rue de Clichy, 50. Srs *de la Présentation.* |
| | Rue Rodier, 60. Srs *de S.-V.-de-P.* |
| | Rue de la Chaussée-d'Antin, 27. Srs *de la Présentation.* |

### Xe Arrondissement.

| Garçons. | Filles. |
|---|---|
| Rue du Buisson-Saint-Louis, 12. *Fr. des Éc. chrét.* | Rue de Rocroy, 6. Srs *de S.-V.-de-P.* |
| Rue du Faub.-Poissonnière, 138. *Fr. des Éc. chrét.* | Rue du Canal-Saint-Martin, 10. Srs *de S.-V.-de-Paul.* |
| Rue Lafayette, 228. *Fr. des Éc. chrét.* | Rue Lafayette, 184. Srs *de Saint-Charles.* |
| | Rue Hauteville, 56. Srs *de S.-V.-de-Paul.* |

| Garçons. | Filles. |
|---|---|
| **XI^e Arrondissement.** | |
| Impasse Saint-Ambroise, 11. *Fr. des Éc. chrét.* | Rue Oberkampf, 142. *Srs de S.-V.-de-P.* |
| École commerciale. Même adresse. | Rue St-Maur, 64. *Srs de Ste-Marie.* |
| Rue de Malte, 63 *bis. Fr. des Éc. chrét.* | Impasse Saint-Ambroise, 5. *Srs des Éc. chrét.* |
| Impasse Franchemont. *Fr. des Éc. chrét.* | Rue des Trois-Couronnes, 21. *Srs de S.-V.-de-P.* |
| | Rue Alibert, 10 *bis. Srs de S.-V.-de-P.* |
| | Rue Basfroy, 16. *Srs de S.-V.-de-P.* |
| | Rue de Malte, 65. *Srs de St-André.* |
| **XII^e Arrondissement.** | |
| Rue Wattignies, 32. *Fr. des Éc. chrét.* | Avenue Daumesnil, 59. *Srs de la Charité de Nevers.* |
| Rue de Reuilly, 81. *Directeur laïque.* | Faubourg-Saint-Antoine, 210. *Srs de la Charité de Nevers.* |
| Rue Michel-Bizot, 137. *Direct. laïque.* | Rue de Reuilly, 77. *Srs de S.-V.-de-P.* |
| | Rue du Rendez-vous, 38. *Srs de S.-V.-de-P.* |
| | Rue Sibuet, 60. *Srs de S.-V.-de-P.* |
| | Rue des Meuniers, 63. *Srs de S.-V.-de-P.* |
| | Rue de Picpus, 60. *Srs des Éc. chrét.* |
| **XIII^e Arrondissement.** | |
| Rue Domremy, 20. *Fr. des Éc. chrét.* | Rue Jenner, 37 et 39. *Srs de S.-V.-de-P.* |
| Rue du Banquier, 16. *Fr. des Éc. chrét.* | Rue Vandrezanne, 44. *Srs de S.-V.-de-P.* |
| Avenue de Choisy, 91. *Fr. des Éc. chrét.* | Rue Dunois, 19, et place Jeanne-d'Arc, 26. *Srs de S.-V.-de-P.* |
| Rue Corvisart, 67. *Fr. Maristes.* | Rue de la Glacière, 41. *Srs de S.-V.-de-P.* |
| | Boulevard d'Italie, 48. *Srs de S.-V.-de-P.* |
| | Rue du Chevaleret, 108. *Srs de S.-V.-de-P.* |

| Garçons. | Filles. |
|---|---|

## *XIVe Arrondissement.*

| Garçons. | Filles. |
|---|---|
| Rue du Moulin-Vert, 16. *Fr. des Éc. chrét.* | Rue Vercingétorix, 66. *Srs des Éc. chrét.* |
| Rue du Château, 86 *bis. Fr. Maristes.* | Rue des Croisades, 12. *Srs des Éc. chrét.* |
| Rue Vercingétorix, 55. *Fr. Maristes.* | Rue Gassendi, 29. *Srs de S.-V.-de-P.* |
| | Rue de la Tombe-Issoire, 78. *Srs de S.-V.-de-P.* |
| | Rue de la Voie-Verte, 27. *Srs de Saint-Joseph de Cluny.* |
| | Rue de Vanves, 169. *Laïque.* |

## *XVe Arrondissement.*

| Garçons. | Filles. |
|---|---|
| Rue de l'Abbé-Groult, 82. *Fr. des Éc. chrét.* | Rue Rouelle, 40. *Srs de Saint-Paul de Chartres.* |
| Rue des Fourneaux, 40. *Fr. des Éc. chrét.* | Rue de l'Abbé-Groult, 82 *bis. Srs de Saint-André.* |
| Rue du Pourtour-de-l'Église, 5 *bis. Fr. des Éc. chrét.* | Rue de Vaugirard, 233. *Srs de la Croix.* |

## *XVIe Arrondissement.*

| Garçons. | Filles. |
|---|---|
| Rue Raynouard, 50. *Fr. des Éc. chrét.* | Rue Singer, 8. *Srs de S.-V.-de-P.* |
| Rue Boissière, 79. *Fr. des Éc. chrét.* | Rue des Marronniers, 4. *Srs de la Providence.* |
| Église Saint-Honoré (maîtrise). *Fr. des Éc. chrét.* | Avenue Victor-Hugo, 154. *Srs de S.-V.-de-P.* |
| | Rue Boissière, 75. *Srs de la Sagesse.* |
| | Rue Boileau, 80. *Srs de Sainte-Marie.* |
| | Rue Christophe-Colomb, 10. *Srs de la Sagesse.* |

Garçons. | Filles.

### *XVII<sup>e</sup> Arrondissement.*

Rue Émile-Allez, 4. *Fr. des Éc. ch.*
Rue Truffaut, 77. *Id.*
Avenue de Saint-Ouen, 27. *Fr. des Éc. chrét.*
Avenue de Saint-Ouen, 35. *Fr. des Éc. chrét.*
École commerciale. Même adresse.

Rue Bacon, 5. *S[rs] de S.-V.-de-P.*
Rue de Tocqueville, 87. *S[rs] de la Présentation.*
Rue Salneuve, 21 *bis. S[rs] de Sainte-Marie.*
Avenue de Clichy, 163 *bis. S[rs] de S.-V.-de-P.*
Rue Lacaille, 3. *S[rs] des Éc. ch.*
Rue Dautencourt, 32. *S[rs] du Sacré-Cœur de Coutances.*
Avenue de Saint-Ouen, 39. *S[rs] du Sacré-Cœur de Coutances.*
Rue Bridaine, 3. *S[rs] de Sainte-Marie de la F...*

### *XVIII<sup>e</sup> Arrondissement.*

Rue Saint-Luc, 6. *Fr. des Éc. chrét.*
Rue Boucry, 1. *Fr. des Éc. chrét.*
Rue Hermel, 41. *Direct. laïque.*
Passage de l'Élysée-des-Beaux-Arts, 14. *Direct. laïque.*
Rue Championnet, 172 *bis. Dir. laïque.*

Rue Stephenson, 48. *S[rs] de S.-V.-de-P.*
Rue Riquet, 68. *S[rs] de S.-V.-de-P.*
Rue Championnet, 8. *S[rs] de S.-V.-de-P.*
Rue Caulaincourt, 39. *S[rs] de S.-V.-de-P.*
Rue Championnet, 172. *S[rs] du Sacré-Cœur de Coutances.*

### *XIX<sup>e</sup> Arrondissement.*

Rue de l'Ourcq, 75. *Fr. des Éc. chrét.*
Rue Bouret, 19. *Fr. des Éc. ch.*
Rue des Fêtes, 19. *Id.*

Rue Bouret, 20. *S[rs] de S.-V.-de-P.*
Rue de Crimée, 146. *S[rs] de S.-V.-de-P.*
Rue de la Mare, 73. *S[rs] de S.-V.-de-P.*
Rue Compans, 13 et 15. *S[rs] de Saint-Charles.*

### *XX<sup>e</sup> Arrondissement.*

Rue de Bagnolet, 124. *Fr. des Éc. chrét.*
Rue Ménilmontant, 40. *Direct. laïque.*
Rue Boyer, 28. *Prêtres salésiens.*

Rue Fontarabie, 29. *S[rs] de la Providence.*
Rue du Retrait, 9. *S[rs] du T.-S.-Sauveur.*
Rue Ménilmontant, 119. *S[rs] de S.-V.-de-P.*

## Banlieue.

| | Garçons. | Filles. |
|---|---|---|
| Antony | | *Srs de Saint-André.* |
| Asnières | *Direct. laïque* | *Srs de Saint-Régis.* |
| Arcueil | | *Srs de S.-V.-de-P.* |
| Aubervilliers | *Fr. des Écoles chrét.* | *Id.* |
| *Id.* | | *Srs de Saint-Charles.* |
| Bagnolet | | *Srs de la Prov. de Port.* |
| Billancourt | | *Srs de Sainte-Marie.* |
| Bois-Colombes | | *Srs de la Prov. de Port.* |
| Bonneuil | | *Id.* |
| Boulogne-sur-Seine | *Fr. de Ploërmel.* | *Srs de Saint-Joseph.* |
| Le Bourget | | *Srs de S.-V.-de-P.* |
| Bourg-la-Reine | | *Id.* |
| *Id.* | | *Srs de N.-D.-du-Calv.* |
| Bry-sur-Marne | | *Srs de S.-V.-de-P.* |
| Champigny | | *Id.* |
| Charenton-le-Pont | *Fr. de S.-Viateur.* | *Id.* |
| *Id.* | | *Srs du Sacré-Cœur.* |
| Châtenay | | *Srs de S.-V.-de.P.* |
| Choisy-le-Roi | | *Srs de Saint-André.* |
| Clamart | *Fr. Maristes* | *Srs de S.-V.-de-P.* |
| Clichy-la-Garenne | *Fr. des Écoles chrét.* | *Id.* |
| Colombes | *Fr. Maristes* | *Srs de la Prov. de Port.* |
| Courbevoie | | *Srs de la Prov. de Port.* |
| Créteil | *Direct. laïque* | *Srs de S.-V.-de-P.* |
| Drancy | | *Id.* |
| Dugny | *Fr. de la Ste-F. de B.* | *Id.* |
| Fontenay | | *Id.* |
| Épinay | | *Id.* |
| Gennevilliers | | *Srs de la Prov. de Port.* |
| Gentilly | | *Srs de S.-V.-de-P.* |
| *Id.* | | *Srs Fid. Comp. de Jés.* |
| L'Hay | | *Srs de S.-V.-de-P.* |
| Ile Saint-Denis | | *Srs de S.-Jos. de Cluny.* |
| Issy | *Fr. des Écoles chrét.* | *Srs de la Retraite chrét.* |
| *Id.* | | *Srs des Écoles chrét.* |
| *Id.* | | *Srs de Saint-André.* |
| Ivry | *Fr. des Éc. chrét.* | *Id.* |
| *Id.* | | *Srs de S.-V.-de-P.* |
| Les Lilas | *Direct. laïque* | *Srs de la Prov. de Port.* |

| | Garçons. | Filles. |
|---|---|---|
| Levallois-Perret . . . | *Fr. des Écoles chrét.* | *Srs de la Prov. de Port.* |
| Maison-Alfort . . . . . . . . . . . . . . . . . | | *Srs de S.-Jos. de Cluny.* |
| Malakoff. . . . . . . . . . . . . . . . . . | | *Srs de la Prov. de R.* |
| Montreuil . . . . . . | *Direct. laïque . . .* | *Srs de S.-V.-de-P.* |
| Grand-Montrouge . . . . . . . . . . . . | | *Id.* |
| Nanterre. . . . . . . | *Fr. Maristes . . . .* | *Id.* |
| Neuilly . . . . . . . | *Fr. des Écoles chrét.* | *Id.* |
| Nogent-sur-Marne . . . . . . . . . . . . . | | *Srs de Saint-André.* |
| Pantin . . . . . . . | *Fr. des Écoles chrét.* | *Srs de S.-Ch.* |
| Pierrefitte. . . . . . . . . . . . . . . . . | | *Srs de la Prov. de Port.* |
| Puteaux. . . . . . . | *Fr. de la Doctr. ch.* | *Srs de S.-V.-de-P.* |
| Rosny. . . . . . . . . . . . . . . . . . | | *Srs de la Prov. de Port.* |
| Saint-Denis . . . . . | *Fr. des Écoles chrét.* | *Srs de S.-V.-de-P.* |
| *Id.* | . . . . . . . . . . | *Srs de la Compassion.* |
| Saint-Mandé. . . . | *Fr. de S.-Viateur. .* | *Srs de S.-V.-de-P.* |
| St-Maur-les-Fossés. . | *Direct. laïque . . .* | *Srs de Saint-André.* |
| *Id.* | . . . . . . . . . . | *Srs du T.-S.-Sacrem.* |
| Saint-Maurice . . . . | *Direct. laïque . . .* | *Srs de S.-V.-de-P.* |
| Ste-Marthe (Quatre Ch.) . . . . . . . . . . . | | *Srs de S.-Ch. de Nancy.* |
| Saint-Ouen . . . . . . . . . . . . . . . | | *Srs de S.-V.-de-P.* |
| Ste-Genev.-de-la-Pl. . | *Id.* | *Id.* |
| Sceaux . . . . . . . | *Fr. des Écoles chrét.* | *Srs de Saint-André.* |
| Stains. . . . . . . . . . . . . . . . . . | | *Srs de S.-V.-de-P.* |
| Suresnes . . . . . . . . . . . . . . . . | | *Srs de la Prov. de Port.* |
| Thiais. . . . . . . . . . . . . . . . . . | | *Srs de Saint-André.* |
| Villejuif. . . . . . . . . . . . . . . . . | | *Srs de S.-Jos. de Cluny.* |
| Villemonble . . . . . . . . . . . . . . . | | *Srs de l'Enfant-Jésus.* |
| Vincennes. . . . . . | *Fr. de Ploërmel . .* | *Srs de la Prov. de Port.* |
| Vitry . . . . . . . . . . . . . . . . . . | | *Srs de Sainte-Marie.* |

# DEUXIÈME SECTION

## Œuvres pour les Enfants et les Orphelins.

---

### SOCIÉTÉ GÉNÉRALE

#### D'ÉDUCATION ET D'ENSEIGNEMENT

Autorisée le 13 mars 1868.

Secrétariat : rue de Grenelle, 35 (VII$^e$ arrond.)

Cette Société a été fondée, en 1867, dans le but de travailler à la propagation et au perfectionnement de l'instruction basée sur l'éducation religieuse.

Elle étudie toutes les questions qui se rattachent à l'enseignement, et se partage en trois comités permanents : comité de l'enseignement primaire, comité de l'enseignement secondaire et supérieur et comité du contentieux. Des jurisconsultes autorisés donnent des consultations gratuites sur les cas litigieux qui leur sont soumis (questions relatives aux écoles libres, etc.).

Toutes les ressources disponibles de la Société sont employées en subventions aux écoles libres les plus nécessiteuses, à Paris et hors Paris.

La Société se compose de membres actifs et de membres correspondants, qui payent une cotisation de 10 francs par an ; ils reçoivent le *Bulletin* de la Société.

Une souscription annuelle de 5 francs donne droit à recevoir seulement le compte rendu des assemblées générales.

Le *Bulletin* de la Société paraît tous les mois, et publie les travaux élaborés par les comités permanents et les solutions d'intérêt général données par les jurisconsultes qui forment son comité du contentieux.

La Société est administrée par un conseil résidant à Paris.

*Président :* M. Chesnelong, sénateur.

*Vice-Présidents :* M. l'abbé Connelly ; M. Ernoul ; M. Keller.

*Secrétaire :* M. Édouard Pontal, archiviste-paléographe.

*Trésoriers :* M. E. Cauchy ; M. H. Laurent.

## ŒUVRE DES FAUBOURGS

### Enfants des Écoles.

Cette Œuvre a pour but d'entretenir ou de ramener l'esprit d'ordre et les sentiments religieux dans les familles pauvres agglomérées dans les faubourgs de Paris.

Elle s'occupe spécialement d'assurer aux enfants la fréquentation régulière des écoles et des catéchismes de leur quartier, et elle donne des secours aux familles les plus malheureuses.

Les dames de l'Œuvre visitent et patronnent environ 2,000 familles et plus de 8,000 enfants.

Les souscriptions, dont le minimum est de 10 francs pour les membres actifs et 20 francs pour les membres honoraires, et les dons en nature et en argent peuvent être adressés à l'un des membres du conseil.

*Président :* Le R. P. Lescœur, de l'Oratoire, rue d'Orsel, 49.

*Vice-Président :* Le R. P. Nouvelle, de l'Oratoire, quai des Célestins, 2.

*Présidente :* Mme la marquise de Ganay, rue Jean-Goujon, 37.

*Vice-Présidente :* Mme Gamard, rue du Faubourg-Saint-Honoré, 25.

*Trésorière :* Mlle Roland-Gosselin, rue d'Athènes, 16.

*Secrétaire générale :* Mlle Valette, avenue Wagram, 84.

## ŒUVRE DE SAINTE-GENEVIÈVE

Maison des Lazaristes, rue de Sèvres, 95 (VIe arrond.).

Cette Œuvre a été fondée dans le but de former et de soutenir, dans les paroisses pauvres de la banlieue, des établissements à la fois religieux et charitables, tenus par les sœurs de Saint-Vincent-de-Paul.

Un grand nombre d'écoles et d'œuvres ont été créées et soutenues par elles.

Le minimum de la cotisation des membres souscripteurs est de 5 francs par an. Les dames trésorières s'engagent à recueillir au moins 50 francs chaque année.

En 1892, l'Œuvre de Sainte-Geneviève s'est fusionnée avec l'Œuvre des Pauvres Malades (voir chap. IV), dont elle forme à présent une section spéciale.

## ŒUVRE DE L'ADOPTION

Bureaux : rue Casimir-Delavigne, 9 (VIe arrond.).

Reconnue d'utilité publique par décret du 26 février 1870.

L'Œuvre de l'adoption, fondée en 1859 par l'abbé Maitrias, a pour but de recueillir en France le plus grand nombre possible d'orphelins et d'orphelines de père et de mère. Elle les adopte depuis l'âge de 5 ans jusqu'à 10 ans accomplis, et garde les garçons jusqu'à 18 ans, et les filles jusqu'à 21 ans. A Paris, on ne les admet qu'à 7 ans accomplis.

On considère comme orphelin l'enfant dont le père ou la mère survivant a disparu depuis deux ans au moins, sans qu'on en puisse suivre la trace, ou a été condamné par la justice criminelle à un emprisonnement qui a encore plus de deux ans à courir. Les enfants naturels sont admis.

Toute demande d'adoption est considérée comme non avenue quand elle n'est pas accompagnée de toutes les pièces devant former le dossier, savoir : 1° l'acte de naissance ; 2° l'extrait de baptême ; 3° les actes de décès du père et de la mère ; 4° le certificat de vaccination, de bonne constitution et de bonne santé ; 5° l'acte de cession (le modèle peut en être donné par l'Œuvre) pour les garçons jusqu'à 18 ans, pour les filles jusqu'à 21 ans, par le tuteur ou, à son défaut, par le plus proche parent.

L'acte de cession doit être sur papier timbré.

La personne qui présente un enfant s'engage à payer 50 francs pour son trousseau.

Une indemnitée sera due, si l'on retire l'enfant avant l'époque convenue.

Tout enfant vicieux, insubordonné ou atteint d'une maladie chronique ou incurable, est rendu à sa famille ou à ses protecteurs, sans aucun remboursement de la part de l'Œuvre.

Les ressources de l'Œuvre se composent d'une souscription annuelle de 50 centimes par associé, de dons annuels, de legs testamentaires, de quêtes, de loteries, etc.

Tout membre de l'Œuvre qui se charge de réunir 10 francs, produit d'une série de vingt associés, ou les verse seul, est zélateur ou zélatrice et reçoit les *Annales de la Société*, qui paraissent tous les deux mois sous le titre de l'*Ange de la famille, Annales de l'Œuvre d'adoption.*

L'Œuvre a pour président d'honneur S. Ém. le cardinal Richard, archevêque de Paris.

Elle est administrée par un conseil présidé par S. Ém. le cardinal Thomas, archevêque de Rouen. Elle a des directeurs diocésains dans un grand nombre de diocèses de France.

Les demandes d'adoption et de renseignements doivent être adressées à M. l'abbé OUTHENIN-CHALANDRE, chanoine honoraire de Reims, de Rouen, etc., *directeur général* de l'Œuvre, ou à M. LEROY, *secrétaire* et *vice-trésorier,* rue Casimir-Delavigne, 9.

## SOCIÉTÉ
### DE PATRONAGE DES ORPHELINATS AGRICOLES ET DES ORPHELINS ALSACIENS-LORRAINS

Siège social : rue Casimir-Périer, 2 (VIIe arrond.).

Cette Société, fondée en 1868, sur l'initiative de M. le marquis de Gouvello, a pour but la création et le développement des institutions destinées à donner aux orphelins et aux enfants pauvres l'instruction primaire, religieuse et agricole.

1° Elle protège et soutient les asiles ruraux qui reçoivent les garçons depuis le premier âge jusqu'à l'âge de 13 ans.

2° Elle facilite la création d'orphelinats agricoles, destinés à recueillir les garçons de 13 à 20 ans.

3° Elle encourage l'établissement à la campagne d'orphelinats de filles fondés pour élever, dans des conditions morales et pratiques, des orphelines ou enfants indigentes, en les exerçant à tous les travaux que comporte pour une femme une exploitation rurale.

4° Elle s'occupe d'une façon toute particulière du développement des congrégations pouvant seconder les personnes qui désirent installer chez elles des orphelinats agricoles.

5° Elle adopte des orphelins, qu'elle place dans des orphelinats ruraux, et sert d'intermédiaire entre les directeurs de ces maisons et les parents ou bienfaiteurs voulant y faire élever des enfants à leurs frais.

Les cotisations annuelles de *fondateur* sont de 100 francs; celles de *souscripteur*, de 20 à 100 francs; une somme d'au moins 500 francs une fois donnée confère le titre d'*insigne bienfaiteur*.

La Société a pour Présidents d'honneur S. Ém. le cardinal Desprez, archevêque de Toulouse, et S. Ém. le cardinal Richard, archevêque de Paris.

Elle est administrée par un conseil qui se réunit à Paris, rue Casimir-Périer, 2.

*Président :* M. le marquis DE GOUVELLO, rue de l'Université, 80.

*Trésorier :* M. BETTEMBOURG, rue de Sèvres, 95.

*Présidente des dames patronnesses :* Mme la duchesse DE REGGIO, rue de Bourgogne, 44.

*Agent général :* M. DUMAS, rue Casimir-Périer, 2.

C'est à cette adresse que se trouvent les bureaux de la Société et du journal publié par elle; c'est là où doivent être adressées les souscriptions et les demandes de subventions ou d'admission.

Les demandes d'admission d'enfants doivent être faites avant le 1er mars de chaque année, et être présentées par une dame patronnesse.

L'Œuvre des Orphelinats agricoles a pris la suite de la Société de patronage des Orphelins alsaciens-lorrains (voir chap. XVI). Les deux Sociétés sont réunies sous la même direction, et leur mode d'action est le même.

## SOCIÉTÉ GÉNÉRALE DE PROTECTION
### POUR L'ENFANCE ABANDONNÉE OU COUPABLE

**Autorisée par arrêté ministériel du 9 septembre 1880.**

Administration centrale : rue de Lille, 47 (VIIe arrond.).

Cette Société, fondée par M. Bonjean, a pour but la protection des enfants orphelins, abandonnés ou insoumis des deux sexes. Elle fait élever ses pupilles sous sa surveillance, soit dans des établissements qu'elle crée et administre elle-même, soit dans des établissements privés déjà créés, soit enfin chez des particuliers.

L'agriculture est la base principale de l'enseignement professionnel donné aux pupilles, qui néanmoins, suivant leurs aptitudes, peuvent être appliqués à un apprentissage industriel ou commercial.

Les enfants, filles ou garçons, lorsqu'ils se trouvent

dans les conditions de la Société, peuvent être reçus en principe à partir de 12 ans, et leur adoption est entièrement gratuite, sauf dans certains cas, où les familles non-indigentes doivent rembourser à la caisse de l'Œuvre la dépense journalière de l'enfant.

L'établissement-modèle de la Société est situé à Villepreux (Seine-et-Oise), voir chap. II, 3e section, *Orphelinats de garçons hors Paris*.

La Société continue son patronage sur les élèves qu'elle a placés, lors même que leur âge les rend indépendants. Les pupilles sur lesquels s'est étendue sa protection sont actuellement au nombre de plus de 4,000.

*Président :* M. Georges Bonjean, juge suppléant au tribunal de la Seine.

*Administrateur général :* M. Maurice Bonjean, avocat à la Cour d'appel.

*Secrétaire :* M. Jules Bonjean, docteur en droit.

*Trésorier :* M. le baron Alphonse de Rothschild.

Les souscriptions et les demandes doivent être adressées à l'administration centrale, rue de Lille, 47.

## ŒUVRE DES ENFANTS PAUVRES ET DES ORPHELINS DE PARIS

Bureau : rue de l'Abbé-Groult, 74 (xve arrond.).

### Garçons et filles.

Cette Œuvre reçoit les enfants sans conditions restrictives. Elle les fait élever dans des orphelinats de province sous une direction religieuse, les garçons jusqu'à 18 ans, les filles jusqu'à 21 ans.

Après leur sortie, elle continue à les protéger jusqu'à leur établissement définitif.

Sauf certains cas prévus par le règlement, les admissions ne sont pas gratuites; mais le prix en est peu élevé.

Les ressources de l'Œuvre sont fournies par une quête à domicile, des dons et souscriptions.

Le bureau est ouvert tous les jours, dimanche excepté, de 9 heures à midi.

*Directeur-Fondateur :* Mgr DE FORGES, évêque de Ténarie.

L'Œuvre a des *places gratuites* pour des jeunes filles honnêtes et bien portantes, âgées de 12 ans au moins.

## ASSOCIATION DES JEUNES ÉCONOMES

Reconnue d'utilité publique par décret du 6 novembre 1849.

### Ouvroir.

Rue de l'Université, 159 (VIIe arrond.).

L'Association des jeunes Économes a pour but de réunir, dans un esprit de charité, le plus grand nombre possible de jeunes personnes, et de soulager, par le concours de leurs efforts, la misère des enfants pauvres.

L'Association se propose de pourvoir gratuitement à l'éducation morale et religieuse, à l'instruction, à l'apprentissage et au placement des jeunes filles pauvres de Paris, autres que les orphelines et les enfants abandonnées.

Elles sont admises dès l'âge de 8 ans.

Les demandes d'admission doivent être faites par les parents avant le 1er mars de chaque année; elles sont soumises à une commission nommée par le conseil et chargée de visiter les familles.

Ces demandes doivent être accompagnées des actes de baptême et de naissance, du certificat de vaccine de l'enfant et de la justification du mariage religieux de ses parents.

Les jeunes filles admises sont placées soit à l'ouvroir, dirigé par les sœurs de Saint-Vincent-de-Paul, soit en apprentissage. L'ouvroir entreprend toute espèce d'ouvrages de lingerie; la supérieure, avertie par une lettre, envoie immédiatement prendre les commandes.

Les enfants qui sont restées à l'ouvroir jusqu'à 21 ans, et dont la conduite est satisfaisante, reçoivent à leur sortie un petit trousseau et une somme d'argent.

Les parents qui, sous quelque prétexte que ce soit, retirent leurs enfants avant l'âge de 21 ans, ne peuvent rien réclamer à l'Œuvre.

Pour faire partie de l'Association, il faut payer une souscription au moins de 30 centimes par mois, et de 60 centimes pour le mois de janvier.

Tout le monde indistinctement peut faire partie de l'Œuvre à titre d'abonné; on peut inscrire les enfants dès leur naissance.

L'Association, fondée en 1823, à Conflans (Seine), a été transférée à Paris en 1884.

*Président du conseil et du comité :* M. l'abbé E. Pousset, archiprêtre de Notre-Dame.

*Directrice-Trésorière :* Mlle J. Lauras, rue de Sèvres, 85.

*Secrétaire :* Mlle B. Passy, rue Pigalle, 69.

*Vice-Secrétaire :* Mlle M. d'Emiéville, rue Lavoisier, 10.

S'adresser à la Supérieure, rue de l'Université, 159, ou à Mlle J. Lauras.

## ŒUVRE DE SAINTE-ANNE

Reconnue d'utilité publique par décret du 13 avril 1859.

L'association de Sainte-Anne, fondée en 1824 par Mme la comtesse de la Bouillerie, est destinée à pourvoir gratuitement à l'instruction, à l'éducation religieuse, au placement et à l'entretien de jeunes filles pauvres, abandonnées ou orphelines de la ville de Paris. Les jeunes filles sont adoptées dès l'âge de 11 ans.

On fait partie de cette œuvre moyennant une cotisation annuelle dont le minimum est fixé à 6 francs.

*Présidente :* Mme Bassery, avenue des Champs-Élysées, 119.

*Vice-Présidente :* Mme la baronne Le Lasseur, place des États-Unis, 10.

*Secrétaire-Trésorier :* M. Buffet, rue Saint-Pétersbourg, 43.

## ŒUVRE DES ENFANTS DÉLAISSÉES

Rue Notre-Dame-des-Champs, 33 (VIe arrond.).

**Jeunes filles.**

Cette Œuvre a été fondée, en 1803, par Mme la comtesse de Carcado et par Mme la comtesse de Saisseval.

Son but est l'adoption entièrement gratuite de jeunes orphelines de mère, restées sans protection et sans appui; elles sont reçues de 8 à 12 ans. Elles sont gardées jusqu'à 21 ans.

L'acte de décès de la mère est exigé pour l'admission.

Au moment de la sortie, l'Œuvre s'occupe du placement des orphelines, leur donne un trousseau et les suit avec sollicitude, surtout pendant les premières années. Un second trousseau est donné pour leur mariage. Une fête les réunit tous les ans; celles qui sont mariées y amènent leurs enfants, et l'Œuvre étend son patronage sur les familles chrétiennes de ses anciennes orphelines.

Les souscriptions en faveur de l'Œuvre et les demandes d'admission doivent être adressées à la *Directrice* de l'établissement, rue Notre-Dame-des-Champs, 33.

## ŒUVRE DE L'ADOPTION

### DES PETITES FILLES ABANDONNÉES

Autorisée par un arrêté du ministre de l'intérieur du 8 juin 1885.

Secrétariat : rue de Ponthieu, 12 (VIIIe arrond.).

Cette Œuvre, fondée en 1879 par Mme Tarbé des Sablons, a pour but de recueillir les petites filles abandonnées et dénuées de toutes ressources. Elle les admet gratuitement de 6 à 12 ans, et les place jusqu'à 21 ans dans des maisons religieuses où elles sont instruites et où elles apprennent un état.

L'Œuvre subsiste au moyen de dons et de quêtes.

*Présidente :* Mme la duchesse DE LESPARRE, née DE CONEGLIANO, rue de Ponthieu, 62.

*Secrétaire :* Mlle CAUCHY, rue de Ponthieu, 12.

## UNION FRANÇAISE

### POUR LE SAUVETAGE DE L'ENFANCE

Reconnue d'utilité publique par décret du 28 février 1891.

Direction : rue Pasquier, 10 (VIIIe arrond.).

L'Union française, fondée en 1888, a pour but de rechercher et de signaler à qui de droit, ou de recueillir, sans distinction d'origine, les enfants maltraités ou en danger moral.

Sont considérés comme *enfants* les mineurs de 16 ans.

Sont considérés comme *maltraités*, les enfants qui sont l'objet de mauvais traitements habituels ou excessifs; qui sont habituellement privés des soins indispensables; qui se livrent habituellement à la mendicité ou au vagabondage; qui sont employés à des métiers dangereux; qui sont matériellement abandonnés.

Sont considérés comme en *danger moral*, les enfants dont les parents vivent dans une inconduite notoire et scandaleuse, se livrent habituellement à l'ivrognerie, vivent de mendicité, ont été condamnés pour crimes, vol, excitation habituelle de mineurs à la débauche, outrage public à la pudeur, outrage aux bonnes mœurs.

La Société s'occupe, sans distinction de religion, de tous les enfants qui sont dans les conditions de son programme. Les enfants recueillis sont élevés dans la religion de leurs parents, et placés dans des familles sûres ou dans des établissements spéciaux. L'Union possède à Neuilly-sur-Seine, rue Perronet, 28, un asile temporaire où elle reçoit, en attendant leur placement, les enfants admis par elle, ou avant leur admission, ceux dont la situation exige une intervention immédiate.

Pour être membre titulaire de la Société, il faut payer une cotisation annuelle de 12 francs (réduite à 5 francs pour les instituteurs, institutrices, professeurs).

*Président :* M. Jules SIMON, sénateur, membre de l'Académie française, place de la Madeleine, 10.

*Trésorier :* M. Ch. GOUDCHAUX, rue de Richelieu, 102.

*Administrateur-Délégué :* M. A. GRAS, rue de la Boëtie, 41.

*Directeur :* M. C. GAYTE, rue Pasquier, 10.

Les bureaux sont ouverts tous les jours de 9 heures à 5 heures.

## PATRONAGE DE L'ENFANCE ET DE L'ADOLESCENCE

Société autorisée par arrêté ministériel du 17 mars 1891.

Direction : rue Herschel, 6 (VIe arrond.).

Cette Société s'efforce de protéger les enfants en *danger moral*, c'est-à-dire les garçons ou filles âgés de 7 à 18 ans qui, pour des causes dépendant ou non de la volonté de leurs parents ou tuteurs, se laissent entraîner ou risquent d'être entraînés au vagabondage, au vol ou à la débauche.

L'Œuvre place ses pupilles, soit chez des particuliers, soit dans des établissements à Paris ou dans les départements, suivant leur âge, leur caractère et leurs aptitudes.

Pour être membre sociétaire du Patronage, il faut verser une cotisation de 20 francs par an, ou 200 francs une fois donnés.

Le journal *l'Enfant* publie le bulletin de l'Œuvre, et est envoyé gratuitement aux sociétaires ou donateurs.

*Président d'honneur :* M. MAZEAU, sénateur, premier président de la Cour de cassation.

*Président du comité de Paris :* M. Henri JOLY, rue de Rennes, 106 *bis*.

*Directeur :* M. Henri ROLLET, avocat à la Cour d'appel, rue Herschel, 6.

*Président du comité de Nancy :* M. GERMAIN, conseiller à la Cour d'appel.

*Directeur :* M. Henri DÉGLIN, avocat à la Cour d'appel de Nancy, rue Saint-Georges, 79, à Nancy.

L'Œuvre a des correspondants dans un grand nombre de localités.

## PREMIÈRE COMMUNION

---

### CATÉCHISME DANS LES PAROISSES

Dans un grand nombre de quartiers, il a été établi des catéchismes particuliers pour les enfants des écoles qui ne peuvent suivre les catéchismes des paroisses.

Des quêtes sont faites pour fournir l'habillement des enfants pauvres de la première communion.

Dans quelques catéchismes, on s'occupe du placement en apprentissage d'un certain nombre d'enfants indigents; d'autres catéchismes ont constitué de petites conférences de Saint-Vincent-de-Paul pour la visite des pauvres et des malades.

S'adresser, pour les renseignements, au clergé des paroisses.

### ŒUVRE DES CATÉCHISMES

Maison des religieuses de Notre-Dame-du-Cénacle.

Rue de la Chaise, 7 (VII^e arrond.).

Les membres de cette Œuvre vont, sur la demande de MM. les curés, se mettre à leur disposition, pour enseigner le catéchisme aux enfants qui ne peuvent suivre le catéchisme paroissial.

Le centre de l'Œuvre est chez les dames de la Retraite (Notre-Dame-du-Cénacle), où l'on peut se faire inscrire, soit comme dame zélatrice, soit comme dame catéchiste.

## ŒUVRE DE LA PREMIÈRE COMMUNION

Rue de la Fontaine, 40 (XVIe arrond.), Auteuil-Paris.

### Garçons.

L'Œuvre de la Première Communion, fondée par M. l'abbé Roussel, reçoit les jeunes garçons, âgés de 12 ans et plus, qui n'ont pas été au catéchisme et n'ont pu faire leur première communion; elle les garde pendant 3 mois environ. Les premières communions se font quatre fois par an: le 19 mars, à la Fête-Dieu, le 8 septembre et le 8 décembre.

Le prix est de 25 à 30 francs par mois de séjour; les enfants nécessiteux sont admis gratuitement.

L'élève doit avoir : 1° son acte de baptême, s'il est baptisé; 2° son acte de naissance; 3° une lettre de recommandation de M. le curé de sa paroisse; 4° un certificat de médecin constatant qu'il n'est atteint d'aucune maladie contagieuse.

Les demandes d'admission doivent être adressées, quelques mois à l'avance, à M. l'abbé Roussel, rue de la Fontaine, 40, à Paris.

A la même adresse se trouve l'Œuvre des apprentis-orphelins (voir chap. II, 1re section).

### Filles.

M. l'abbé Roussel a fondé à Billancourt (Seine) une Œuvre pour la première communion des filles, analogue à celle d'Auteuil pour les garçons (voir *Orphelinats de filles hors Paris*, chap. II, 4e section).

## ŒUVRE DE L'ENFANT-JÉSUS

### Convalescence et première communion des jeunes filles pauvres.

Rue Dombasle, 30, avenue Sainte-Eugénie, 5 (xv^e^ arrondissement).

Le but de cette Œuvre est :

1° D'offrir pour le temps de la convalescence un asile aux jeunes filles pauvres sortant de l'hôpital des Enfants malades et de l'hôpital Trousseau;

2° De recevoir gratuitement les jeunes filles qui, ayant au moins 13 ans, n'ont pas fait leur première communion. L'Œuvre les garde le temps nécessaire pour les instruire et les préparer, c'est-à-dire environ trois mois.

A leur sortie, on pourvoit à leur placement et à celui des convalescentes. Un patronage les réunit chaque dimanche dans la maison de l'Œuvre.

Les premières communions ont lieu trois fois par an. Les admissions se font ordinairement au commencement de février, mai et octobre; mais il est utile de retenir les places quelque temps d'avance.

Les frais de séjour et de première communion de chaque jeune fille s'élèvent en moyenne à 120 francs. Des zélatrices, prises spécialement parmi les jeunes personnes qui se préparent à la première communion ou qui viennent de la faire, recueillent les souscriptions et les dons.

Pour tout ce qui intéresse l'Œuvre, on s'adresse à la Directrice, rue Dombasle, 30, avenue Sainte-Eugénie, 5.

## ŒUVRE DE LA PREMIÈRE COMMUNION

### DES RAMONEURS ET DES FUMISTES

L'Œuvre des Ramoneurs de Paris existe depuis plus de deux siècles. Elle a pour but de préparer à la première communion les petits ramoneurs et autres apprentis qui, en raison de leur travail ou pour tout autre motif, ne peuvent suivre les catéchismes de leur paroisse.

Les membres de l'Œuvre font le catéchisme aux enfants plusieurs fois par semaine dans une salle de l'Institut catholique, rue de Vaugirard, 74. Ils réunissent aussi les enfants le dimanche pour les conduire à la messe.

Les catéchismes commencent au mois de novembre et se terminent dans le courant de mai. La première communion et la confirmation ont lieu à l'église des Carmes.

Les enfants sont préparés par une retraite de huit jours, à laquelle assistent les parents et les patrons.

L'Œuvre est sous la haute direction de Mgr d'Hulst, recteur de l'Institut catholique.

*Président :* M. Fiot, rue de Vaugirard, 98.

*Vice-Présidents :* M. Félix Bonnet, boulevard Saint-Germain, 198.

M. Noël Bion, rue du Cherche-Midi, 28.

*Secrétaire :* M. Bernard de Vaux, rue Saint-Guillaume, 14.

Pour les renseignements et les dons, on peut s'adresser aux membres du bureau de l'Œuvre.

## PATRONAGE DES RAMONEURS

### ET AUTRES OUVRIERS DES RUES DE PARIS

(Voir chap. III.)

## PREMIÈRE COMMUNION

Providence du Prado, rue Sébastien-Gryphe, 75, à Lyon.

Cette Œuvre a été fondée par le Père Chevrier, dans le but de préparer les enfants à leur première communion.

Elle est dirigée par des prêtres du diocèse de Lyon pour les garçons, et l'annexe, consacrée aux filles, est tenue par des religieuses.

Les garçons sont admis à 14 ans, et les filles à 13 ans.

Ils sont reçus gratuitement et gardés pendant six mois environ.

Après la première communion, les enfants sont rendus aux parents qui les réclament, ou bien on cherche à leur procurer de bonnes places.

Une *Œuvre de persévérance*, établie dans la maison, reçoit un certain nombre de jeunes orphelins. Ils travaillent au dehors comme ouvriers ou apprentis, et sont nourris et logés par l'Œuvre.

S'adresser pour les renseignements au Directeur de la Providence du Prado.

(Voir chap. XIV : *Vocations religieuses.*)

## PREMIÈRE COMMUNION

Rue d'Angleterre, 26, à Lille (Nord).

Sœurs de Notre-Dame-de-la-Treille.

Catéchisme et préparation à la première communion pour les enfants des bateliers, des forains, des marchands ambulants, etc.

## HOPITAUX POUR LES ENFANTS

(Voir chap. VI : *Hôpitaux spéciaux.*)

## DISPENSAIRES POUR LES ENFANTS

(Voir chap. IV : *Dispensaires.*)

## MAISONS DE CONVALESCENCE POUR LES ENFANTS

(Voir chap. VI : *Convalescence.*)

## ŒUVRE FORAINE

Siège de l'œuvre : rue du Rocher, 50 (VIIIe arrond.).

Cette Œuvre a pour but de s'occuper des personnes exerçant les professions ambulantes, telles que marchands forains, bateleurs, saltimbanques (baptêmes, mariages, etc.).

Le catéchisme est fait aux enfants pendant la fête de Neuilly, et la première communion a lieu également dans l'église de Neuilly (par autorisation de l'archevêché, du 16 novembre 1887).

*Présidente :* Mme TRESCA, rue du Rocher, 77.

## ŒUVRE DES FORAINS

La vie nomade étant un obstacle à l'éducation régulière des enfants de cette profession, Mlle Bonnefois, foraine elle-même, a eu la pensée de leur faire faire l'école et donner l'instruction religieuse par deux institutrices installées dans des voitures qui accompagneront les forains dans leurs principaux déplacements.

Adresser les offrandes à M. l'abbé GARNIER, rue Saint-Joseph, 5, à Paris.

# CHAPITRE II

## ORPHELINATS

---

### OBSERVATIONS GÉNÉRALES

Tous les orphelinats mentionnés dans ce chapitre assurent à leurs élèves une éducation morale et religieuse, et une instruction primaire plus ou moins développée, suivant leur âge.

Il a paru inutile de le rappeler pour chaque établissement, et l'on s'est borné à indiquer d'une manière sommaire, outre le nom de la communauté religieuse et les conditions de l'admission, la principale direction de l'enseignement professionnel.

Un grand nombre d'orphelinats renferment des ateliers d'apprentissage, où les enfants âgés de plus de 13 ans sont préparés à l'exercice d'une profession.

Quelques grands industriels, préoccupés du désir de moraliser leurs ateliers, ont établi, sous la direction des Sœurs, de véritables orphelinats où les enfants, après les classes, sont employés aux travaux des manufactures.

Ces diverses catégories d'orphelinats, y compris les orphelinats agricoles, sont spécialement indiquées.

Indépendamment des orphelinats de filles contenus dans ce chapitre, on en trouvera quelques-uns annexés aux Refuges (voir chap. XII); ils y forment une section distincte, où sont reçues des enfants dont la conduite a toujours été sans reproche.

On a dû, avec regret, omettre de signaler un grand nombre d'orphelinats en province qui méritent toute confiance, mais qui sont des œuvres purement locales, ouvertes seulement aux enfants du pays; de ce nombre sont les hospices qui, dans presque toutes les villes, reçoivent des enfants ainsi que des vieillards.

---

# PREMIÈRE SECTION

## Institutions charitables et Orphelinats dans Paris pour les garçons.

---

### ŒUVRE DE SAINT-NICOLAS

Rue de Vaugirard, 92 (VIe arrond.).

Reconnue d'utilité publique par décret du 27 août 1859.

**Internat et école professionnelle.**

Cette Œuvre, fondée en 1827 par Mgr de Bervanger et M. le comte Victor de Noailles, est dirigée par les Frères des Écoles chrétiennes; elle reçoit les jeunes garçons de la classe ouvrière et leur donne, avec une éducation religieuse, l'instruction primaire et industrielle.

L'Œuvre se compose de membres fondateurs s'engageant à payer une cotisation annuelle de 50 francs au moins, ou donnant une somme de 200 francs, ou de membres souscripteurs payant une cotisation annuelle inférieure à 50 francs.

Elle est administrée par un conseil de trente membres, choisis parmi les fondateurs, sous la présidence de Mgr l'archevêque de Paris.

Cette Œuvre a trois maisons : l'une à Paris, rue de Vaugirard, 92; la deuxième à Issy, Grande-Rue, 70; la troisième à Igny, par Bièvres (Seine-et-Oise).

Les enfants sont reçus de 7 à 14 ans. La pension est de 32 francs par mois, 35 francs avec le vin; 50 francs d'entrée et 30 francs de frais divers pour le premier mois qui se paye, tout compris, 112 francs, 115 avec le vin. Les autres mois sont de 32 francs, plus le vin et les frais scolaires.

Pour être admis, il faut : être de Paris ou des environs, ou avoir à Paris des parents ou correspondants ; savoir lire et écrire et les éléments de calcul; n'avoir aucune infirmité ni aucune maladie chronique ou contagieuse.

La maison d'Igny est plus spécialement affectée aux travaux agricoles.

Il y a dans l'établissement de Paris des ateliers internes, dirigés par d'habiles contremaîtres, où les enfants peuvent faire leur apprentissage aux mêmes conditions que leurs classes. L'apprentissage dure trois ans pour les marbriers, relieurs, tourneurs en optique, opticiens, horlogers-mécaniciens, monteurs en bronze, ciseleurs sur métaux, facteurs d'instruments de musique en cuivre, doreurs sur bois, menuisiers, selliers, malletiers, layetiers; quatre ans pour les sculpteurs sur bois, graveurs sur bois, facteurs d'instruments de précision, graveurs géographes.

S'adresser, pour les admissions, au Frère Directeur de chacun de ces établissements.

*Président :* Le Cardinal archevêque de Paris.

*Vice-Présidents :* MM. le duc de Noailles et Housset.

*Trésorier :* M. Jules Gouin.

### VIIe Arrondissement.

### Orphelinat Saint-Louis, rue de Sèvres, 67.

Sœurs de Saint-Vincent-de-Paul.

360 francs par an. 50 francs d'entrée.

S'adresser pour les souscriptions et les admissions à la Sœur supérieure, rue de Sèvres, 67.

### XIIe Arrondissement.

### Providence Sainte-Marie, rue de Reuilly, 79.

Sœurs de Saint-Vincent-de-Paul.

Admission de 6 à 12 ans. Sortie à 13 ou 14 ans. Par exception, on les garde pendant l'apprentissage.

420 francs par an.

### XVe Arrondissement.

### Orphelinat de Saint-Vincent-de-Paul, rue Dombasle, 58.

Frères de Saint-Vincent-de-Paul.

Admission de 7 à 12 ans. Sortie de 13 à 14 ans.

384 francs par an. 40 francs d'entrée.

Après la première communion, les enfants sont placés en apprentissage, sous la surveillance de l'Œuvre.

### Orphelinat Saint-Charles, rue Blomet, 147.

Sœurs de Notre-Dame-des-Anges.

Admission de 2 à 7 ans. Sortie après la première communion.

360 francs par an. 50 francs d'entrée.

(Voir *même Œuvre pour les garçons à Saint-Aile et Morangis; pour les filles, à Paris, Clamart, Digne*).

## XII^e Arrondissement.

### Œuvre des Apprentis orphelins.
### École professionnelle, rue de la Fontaine, 40, Auteuil-Paris.
### Éducation et apprentissage des enfants pauvres, orphelins ou abandonnés.

Dirigée par M. l'abbé Roussel, avec le concours de plusieurs prêtres et religieuses.

Les jeunes garçons sont partagés en deux sections :

1° Section de 10 à 12 ans.

Instruction primaire. 480 francs par an. 60 francs d'entrée, tous frais compris. Pensionnat.

2° Section admissible de 12 à 14 ans, après la première communion.

Apprentissage des états suivants : imprimerie, fonderie, composition, typographie, brochure, menuiserie, cordonnerie, serrurerie, moulage, jardinage, comptabilité, tailleurs, peinture.

50 francs d'entrée. La 1re année, la pension est de 30 francs par mois; la 2e, 25 fr.; la 3e, 20 fr.; la 4e, 15 fr.

On peut fonder un lit à perpétuité en versant une somme de 8000 francs, ou entretenir un lit par le payement chaque année d'une somme de 500 francs.

On peut aussi ne souscrire que pour un demi-lit ou un quart de lit.

Ce sont ces fondations qui permettent de recevoir gratuitement un certain nombre d'enfants. La même disposition est applicable à l'Œuvre de Billancourt pour les filles.

Voir *Œuvre de la première communion,* chap. 1er.

**Fleix**, *Orphelinat de garçons,* et **Billancourt**, *Orphelinat de filles,* chap. II.

Adresser les offrandes et les demandes d'admission à M. l'abbé Roussel, rue de la Fontaine, 40.

## XXe Arrondissement.

### Asile des Petits Orphelins, rue Ménilmontant, 119.

Sœurs de Saint-Vincent-de-Paul.

Fondé, en 1853, pour les orphelins des deux sexes nés dans le département de la Seine.

Admission de 3 à 7 ans. Sortie à 13 ans.

180 francs par an. 100 francs d'entrée.

Chaque demande d'entrée doit être signée par un répondant, à qui l'Œuvre demande une cotisation de 20 francs par an.

On peut fonder un lit moyennant un legs ou une donation de 6000 francs, ou la constitution d'une rente perpétuelle de 300 francs.

L'Œuvre est administrée par un conseil dont le supérieur général des Lazaristes est *Président.*

*Vice-Présidente :* Mme VUITRY, rue de Téhéran, 13.

*Secrétaire :* M. SAVOURÉ, rue Ménilmontant, 83.

*Trésorier :* M. DESCHARS, avenue Hoche, 14, à Versailles.

Les offrandes et les demandes d'admission doivent être adressées à la Supérieure de l'Asile, rue Ménilmontant, 119.

### Orphelinat de Dom Bosco.

### Rue Boyer, 28, et rue du Retrait, 29.

Prêtres Salésiens.

Admission de 11 à 15 ans, à la condition d'être orphelin, de naissance légitime, sans infirmité.

Pension ordinaire : 300 francs par an, 25 fr. d'entrée, 25 fr. pour le costume.

Trousseau à fournir. Pour les réductions de pension, on traite de gré à gré.

L'école professionnelle comprend des ateliers de tailleurs, cordonniers, menuisiers, mécaniciens, serruriers, relieurs et imprimeurs.

S'adresser au Supérieur de l'Orphelinat.

---

## DEUXIÈME SECTION

### Institutions charitables et Orphelinats dans Paris pour les filles.

---

#### Ier Arrondissement.

#### Rue du Roule, 13.

Sœurs de Saint-Vincent-de-Paul.

Admission de 3 à 11 ans. Sortie à 21 ans.

360 francs par an jusqu'à 16 ans; 300 francs de 16 à 18 ans. 50 francs d'entrée.

De préférence pour les orphelines de mère du quartier.

#### Orphelinat Saint-Roch, place du Marché-Saint-Honoré, 32.

Sœurs de Saint-Vincent-de-Paul.

Admission de 6 à 12 ans, gratuite pour les orphelines de père et de mère du quartier.

300 francs par an pour les autres, 100 francs d'entrée.

Succursale à la campagne pour les plus jeunes élèves.

Broderie et lingerie fine. Classes jusqu'au brevet. Dessin. Musique.

#### Orphelinat, rue du Bouloi, 20.

Sœurs de Saint-Vincent-de-Paul.

Admission de 8 à 10 ans. Sortie à 21 ans.

Le prix varie selon les circonstances.

Lingerie.

#### IIe Arrondissement.

#### Orphelinat de Bonne-Nouvelle, rue Thévenot, 25.

Sœurs de Saint-Vincent-de-Paul.

Admission dès 6 ans. Sortie à 21 ans.

300 francs par an. 50 francs d'entrée.

Couture. Soins du ménage.

### IVe Arrondissement.

### Rue du Fauconnier, 11.

Sœurs de Saint-Vincent-de-Paul.

Admission à 7 ou 8 ans. Sortie à 21 ans.

240 à 300 francs par an. 50 à 100 francs d'entrée.

Lingerie.

### Orphelinat Saint-Merri, rue du Cloître-Saint-Merri, 8.

Sœurs de Saint-Vincent-de-Paul.

Admission depuis 5 ans, principalement pour la paroisse. Sortie à 21 ans.

300 ou 360 francs par an selon l'âge. 50 francs d'entrée et un trousseau.

Lingerie. École professionnelle.

### Orphelinat Saint-Louis, rue Poulletier, 7.

Sœurs de Saint-Vincent-de-Paul.

Admission de 6 à 12 ans. Sortie à 21 ans.

360 francs par an jusqu'à 15 ans.

Lingerie fine. Raccommodage. Fleurs. Broderies en or et en soie.

### Orphelinat Saint-Gervais, rue Geoffroy-l'Asnier, 32.

Sœurs de Saint-Vincent-de-Paul.

Admission à 8 ans, principalement pour la paroisse. Sortie à 21 ans.

École professionnelle. 360 francs par an. 50 francs d'entrée.

Robes. Manteaux. Lingerie.

### Ve Arrondissement.

### Orphelinat de la Sœur Rosalie, rue Geoffroy-Saint-Hilaire, 32.

Sœurs de Saint-Vincent-de-Paul.

Admission de 6 à 12 ans. Sortie à 21 ans.

300 francs par an jusqu'à 16 ans. 50 francs d'entrée.

Lingerie fine. Soins du ménage.

### Orphelinat Bonar.

### Rue de la Parcheminerie, 15. Succursale à Coubron, par Montfermeil (Seine-et-Oise).

Sœurs de Saint-Vincent-de-Paul.

Admission dès 5 ans. Sortie à 21 ans, avec un trousseau et 200 francs, si la conduite a été satisfaisante.

Lingerie.

Au nº 14 de la même rue, **Ouvroir Sainte-Geneviève**, dirigé par les mêmes Sœurs. On reçoit les enfants après leur première communion, moyennant l'engagement de rester quatre années et de payer 5 francs par mois pour la literie. L'apprentissage des externes n'est que de 2 ans. Elles ne sont ni nourries ni logées.

### Orphelinat, rue des Bernardins, 15.

Sœurs de Saint-Vincent-de-Paul.
Admission depuis 6 ans. Sortie à 21 ans.
360 francs par an. 50 francs d'entrée.
École professionnelle.

### Orphelinat Saint-Étienne-du-Mont,
### Rue du Cardinal-Lemoine, 69.

**Fondé, en 1832, par Mgr de Quélen, pour les orphelines du choléra.**

Sœurs de Saint-Vincent-de-Paul.
Admission dès 6 ou 7 ans. Sortie à 21 ans.
Le prix varie, il est en général de 360 francs par an. 50 francs d'entrée et un trousseau. On ne reçoit que les enfants légitimes.
On donne un trousseau, au moment de la sortie, à celles dont la conduite a été satisfaisante.
École professionnelle. Confection de costumes de garçons. Lingerie. Blanchissage.

### Orphelinat de la Sainte-Famille, rue Lhomond, 41.

Sœurs Servantes du Saint-Cœur de Marie.
Admission à 12 ans. Sortie à 18 ou 21 ans.
120 à 180 francs par an jusqu'à 15 ans. Trousseau et literie à fournir.
Succursale à la Rue, près Bourg-la-Reine (Seine).
Admission dès 3 ou 4 ans. 300 ou 360 francs par an. Trousseau et literie à fournir.

### Petit Pensionnat, rue Lhomond, 27 et 29.

Religieuses de l'Immaculée-Conception.
Admission à tout âge.
360 francs par an. Trousseau et literie à fournir.
Instruction complète. Couture. Raccommodage. Repassage.

**Orphelinat de l'Enfant-Jésus, rue Rataud, 3; fondé en 1715.**

Religieuses de Saint-Thomas de Villeneuve.
Admission dès 6 ans.
360 francs par an. 20 francs d'entrée et un trousseau.
Lingerie.

### VIe Arrondissement.

**Œuvre de l'Immaculée-Conception, rue Saint-André-des-Arts, 39; fondée en 1842.**

Sœurs de Saint-Vincent-de-Paul.
Admission à 9 ou 10 ans. Sortie à 21 ans.
240 à 300 francs par an. 50 francs d'entrée.
Lingerie.

**Orphelinat, rue Saint-Benoît, 14.**

Sœurs de Saint-Vincent-de-Paul.
Exclusivement pour les orphelines de la paroisse de Saint-Germain-des-Prés.
Elles sont admises gratuitement et gardées jusqu'à 21 ans.

**Maison des Enfants de la Providence, rue du Regard, 13.**

**Fondée, en 1822, par Mlle Buchère.**

Sœurs de Notre-Dame-de-Bon-Secours.
Admission à 10 ou 11 ans, pour les orphelines seulement. Sortie à 21 ans.
On s'occupe à leur sortie de les placer.
300 francs par an.

**École professionnelle, rue d'Assas, 26.**

Sœurs de Saint-Vincent-de-Paul.
360 francs par an.
Admission à 12 ou 13 ans.
Broderie d'ornements. Blanchissage. Repassage.

**Petite Œuvre du Catéchisme de Saint-Sulpice.**
**Pensionnat à Montrouge (Seine).**
**École professionnelle, rue Cassette, 25.**

A Montrouge, admission dès 6 ans. 360 francs par an. L'Œuvre du catéchisme paye à Montrouge la moitié de la pension d'un certain nombre d'enfants de la paroisse.

A 13 ou 14 ans, après l'obtention du certificat d'études, elles reviennent à Paris, à l'École professionnelle. (Robes, manteaux, raccommodage de dentelles, etc.). Deux années d'apprentissage sont exigées; la première se paye 360 francs, la seconde 300 francs. Le prix diminue ensuite si l'on veut rester.

### Orphelinat, rue de Vaugirard, 106.

Sœurs de la Présentation de la Sainte-Vierge, de Tours.
Admission dès 5 ans. Sortie à 14 ans.
400 francs par an.
Couture.

### Orphelinat, rue de Vaugirard, 82.

Sœurs de Saint-Vincent-de-Paul.
Principalement pour la paroisse de Saint-Sulpice, mais sans exclusion des autres.

## VIIe Arrondissement.

### Orphelinat du Gros-Caillou, rue Saint-Dominique, 105.

Sœurs de Saint-Vincent-de-Paul.
Principalement pour la paroisse. Les conditions varient; les plus habituelles sont 360 francs par an, 60 francs d'entrée.
Lingerie. École professionnelle.

### Orphelinat Saint-Guillaume, rue Perronet, 9.

Sœurs de Saint-Vincent-de-Paul.
Les jeunes filles du catéchisme de Saint-Thomas-d'Aquin payent dans cette maison la pension d'un certain nombre d'orphelines de la paroisse.
S'adresser à la Supérieure.

### Orphelinat Sainte-Clotilde, rue de Grenelle, 77.

Fondé par M. Hamelin, ancien curé de Sainte-Clotilde.
Sœurs de Saint-Vincent-de-Paul.
Les jeunes filles du catéchisme de Sainte-Clotilde payent dans cette maison la pension d'un certain nombre d'orphelines de la paroisse. 300 francs par an pour les autres.
S'adresser à la Supérieure.

### Providence, rue Oudinot, 3.

Fondé, en 1820, par M. l'abbé Desgenettes, alors curé des Missions.
Sœurs de Saint-Vincent-de-Paul.
La maison renferme environ 200 jeunes filles ou orphelines.
360 francs par an. 50 francs d'entrée.
Lingerie. Ouvroir spécial pour la confection des ornements d'église : on y exécute les commandes de tous les travaux de ce genre. Les orphelines qui restent jusqu'à 21 ans reçoivent à leur sortie un petit trousseau, et on s'occupe de leur placement.
S'adresser à la Supérieure.

### Pensionnat, rue de Sèvres, 90.

Sœurs de la Croix, dites de Saint-André.
Admission de 6 à 14 ans. 20 francs d'entrée.
500 francs par an. Trousseau à fournir.

## VIIIe Arrondissement.

### Rue de Monceau, 11.

Sœurs de Saint-Vincent-de-Paul.
Admission dès 8 ans, exclusivement pour les enfants de la paroisse de Saint-Philippe-du-Roule. Sortie à 21 ans.
Le prix varie selon les circonstances.
A leur sortie, elles peuvent être reçues au Patronage interne. (Voir chap. III.)

### Orphelinat Saint-Augustin, Rue de Monceau, 95, et boulevard de Courcelles, 9.

Sœurs de Saint-Vincent-de-Paul.
Les orphelines de la paroisse sont reçues gratuitement dès l'âge de 8 ans et gardées jusqu'à 21 ans.
Pour les autres, la pension est de 360 francs par an. 80 francs d'entrée.
S'adresser à la Supérieure, boulevard de Courcelles, 9.

### Orphelinat, rue de la Ville-l'Évêque, 14.

Sœurs de Saint-Vincent-de-Paul.
Réservé exclusivement pour les jeunes filles de la paroisse de la Madeleine.
S'adresser à la Supérieure.

### Cours la Reine, 20.

### École professionnelle.

Sœurs Oblates de l'Assomption.

Atelier de typographie : entrée de 12 à 15 ans.

Atelier d'expédition et de brochure : entrée après 15 ans.

Les enfants sont externes et sont payées dès que l'apprentissage est terminé.

## IXe Arrondissement.

### Institution Saint-Louis, rue de Clichy, 50.

Sœurs de la Présentation de la Sainte-Vierge.

Admission dès 9 ans. Sortie à 21 ans.

480 francs par an. 30 francs d'entrée. Les orphelines peuvent être reçues moyennant une somme de 600 francs une fois donnée.

Études complètes lorsqu'on le désire.

Cette maison, fondée en 1813, par Mme de Barthélemy, renferme une école professionnelle, un externat gratuit et un patronage. Elle a une annexe pour les plus jeunes enfants à **La Celle-Saint-Cloud (Seine-et-Oise).**

Les dons et les demandes d'admission doivent être adressées à Mme la marquise de Dampierre, *Présidente* de l'Œuvre, rue de Grenelle, 45, ou à la Supérieure, rue de Clichy, 50.

## Xe Arrondissement.

### Rue Hauteville, 56.

Sœurs de Saint-Vincent-de-Paul.

Les orphelines de la paroisse de Saint-Eugène sont reçues de préférence.

Lingerie fine.

### Orphelinat, rue du Canal-Saint-Martin, 10.

Sœurs de Saint-Vincent-de-Paul.

Admission à 8 ans. Sortie à 21 ans.

300 francs par an jusqu'à 15 ans. 50 francs d'entrée.

Quelques places gratuites pour la paroisse de Saint-Laurent.

Lingerie fine.

### Orphelinat, rue de Rocroy, 6.

Sœurs de Saint-Vincent-de-Paul.

Gratuit pour les enfants de la paroisse de Saint-Vincent-de-Paul.

## XIe Arrondissement.

### Orphelinat Saint-Ambroise, rue Oberkampf, 142.

Sœurs de Saint-Vincent-de-Paul.

Admission à 6 ou 7 ans. Sortie à 21 ans.

300 francs par an jusqu'à 15 ans, si l'enfant doit rester jusqu'à 21 ans. 50 francs d'entrée.

Couture. Blanchissage. Ménage. Broderie, etc.

### Orphelinat, rue Basfroy, 16.

Sœurs de Saint-Vincent-de-Paul.

Admission de 5 à 12 ans. Sortie à 21 ans.

Le prix varie selon les circonstances.

Spécial pour la paroisse de Sainte-Marguerite.

Lingerie. Ménage.

### Ouvroir, rue des Trois-Couronnes, 21.

Sœurs de Saint-Vincent-de-Paul.

Admission de 7 à 12 ans. Sortie à 21 ans.

Prix variant suivant les circonstances.

Lingerie. Soins du ménage.

## XIIe Arrondissement.

### Orphelinat du faubourg Saint-Antoine, 254. Maison Eugène-Napoléon.

Reconnu d'utilité publique par décret du 28 octobre 1858.

Sœurs de Saint-Vincent-de-Paul.

Cette maison a été fondée sur le désir exprimé par l'impératrice Eugénie d'employer à une œuvre charitable une somme votée par le conseil municipal de Paris pour lui offrir un collier de diamants à l'occasion de son mariage.

L'établissement est destiné à recevoir au moins 300 jeunes filles qui lui sont confiées par leurs familles, par plusieurs grandes administrations ou par des bienfaiteurs, pour leur donner, en même temps que l'instruction primaire, une éducation morale et religieuse et essentiellement professionnelle.

Admission de 8 à 12 ans.

La pension, fixée à 500 francs par an, peut être diminuée par une décision du conseil d'administration.

Les jeunes filles qui restent après 18 ans n'ont à payer aucune pension depuis cet âge jusqu'à leur majorité : elles forment une division supérieure et peuvent recevoir, selon leur travail, quelques gratifications. Un trousseau leur est donné à la sortie de l'orphelinat.

Toutes les élèves sont formées aux soins et aux travaux du ménage; la tenue des livres est enseignée aux élèves de la première division.

L'enseignement professionnel comprend, au choix des jeunes filles et selon leurs aptitudes :

1° Lingerie fine;

2° Blanchissage, raccommodage, travaux sur la dentelle noire et blanche;

3° Confections pour dames et enfants;

4° Broderies en or et en soie pour équipements militaires, ornements d'église, etc.;

5° Fleurs artificielles fines;

6° Repassage perfectionné.

Un conseil d'administration statue sur les demandes d'admission.

S'adresser à la Supérieure, à l'Orphelinat.

## Œuvre du Saint-Cœur de Marie.
## Internat professionnel pour les jeunes filles, rue Picpus, 60, 62 et 64.

Reconnu d'utilité publique par décret du 10 janvier 1853.

Sœurs des Écoles chrétiennes de la Miséricorde.

Admission de 5 à 14 ans. Sortie selon la volonté des parents.

360 francs par an. 50 francs d'entrée. 5 francs par mois pour l'entretien.

Enseignement primaire très soigné. Tenue des livres.

Enseignement professionnel pour la lingerie, la broderie (fantaisie et uniformes), confections, blanchissage et raccommodage des dentelles, gilets, etc.

Succursale à **Fontenay-Trésigny.**

(Voir même chap., 4e section.)

## Providence Sainte-Marie, rue de Reuilly, 77.

Sœurs de Saint-Vincent-de-Paul.

Admission de 6 à 12 ans. Sortie à 21 ans.

300 à 400 francs par an. Couture.

École professionnelle pour la lingerie, la broderie, l'imagerie religieuse, les fleurs.

### Orphelinat Sainte-Élisabeth.

### Rue du Faubourg-Saint-Antoine, 210.

Sœurs de la Charité, de Nevers.
Admission dès 6 ans. Sortie à 21 ans.
300 francs par an. 50 francs d'entrée.
Classes jusqu'au certificat d'études.
Lingerie.

### Orphelinat, rue des Meuniers, 63.

Sœurs de Saint-Vincent-de-Paul.
Admission depuis 7 ans. Sortie à 21 ans.
Prix suivant les circonstances. Exclusivement pour le quartier.
Lingerie. Broderie.

## XIIIe Arrondissement.

### Classes et ouvroirs pour les jeunes filles.

### Rue du Chevaleret, 108.

Établissement fondé par la Compagnie du chemin de fer d'Orléans en faveur de ses ouvriers et employés.

Sœurs de Saint-Vincent-de-Paul.

Elles sont chargées :

1° De la réfection des employés;

2° De la pharmacie et de la visite des malades;

3° Des classes pour les enfants;

4° De la direction d'un ouvroir externe comprenant des ateliers de blanchissage, couture, fleurs, confection de gilets, etc.

Les employés de la Compagnie et leurs enfants sont seuls admis.

### Orphelinat, place Jeanne-d'Arc, 26.

Sœurs de Saint-Vincent de-Paul.

L'âge et les conditions ne sont pas déterminés.

Principalement pour les jeunes filles de la paroisse de Notre-Dame-de-la-Gare.

École professionnelle. Lingerie. Confection des gilets.

### Orphelinat, rue Jenner, 37 et 39.

Sœurs de Saint-Vincent-de-Paul.

Pour les jeunes filles de la paroisse de Saint-Marcel de la Salpêtrière.

L'âge et les conditions ne sont pas déterminés.

École professionnelle. Robes, confections, costumes d'enfants. Lingerie fine, trousseaux. Broderies or et soie pour uniformes, ornements d'église, ameublements. Blanchisserie et repassage : on va chaque semaine porter et chercher le linge.

### Orphelinat, rue Vandrezanne, 44.

Sœurs de Saint-Vincent-de-Paul.

École professionnelle. Admission à 13 ans. Conditions diverses.

### Maison Marie-Joseph, rue de la Glacière, 35.

Sœurs de Saint-Vincent-de-Paul.

École professionnelle interne.

Places gratuites pour les orphelines du quartier; 20 places payantes pour les autres, reçues depuis l'âge de 10 ans, à des prix divers.

Lingerie fine. Fleurs artificielles. Blanchissage et repassage.

## XIVe Arrondissement.

### Orphelinat, rue Gassendi, 29.

Sœurs de Saint-Vincent-de-Paul.

360 francs par an. Quelques places gratuites pour les orphelines du quartier.

Lingerie. École professionnelle.

### Orphelinat, rue de la Tombe-Issoire, 78.

Sœurs de Saint-Vincent-de-Paul.

Admission à 6 ans. Sortie à 21 ans.

360 francs par an. 50 francs d'entrée.

Principalement pour les jeunes filles de la paroisse de Saint-Pierre de Montrouge.

### Orphelinat de Notre-Dame-de-Plaisance, Rue Vercingétorix, 59.

Sœurs des Écoles chrétiennes.

Admission depuis l'âge de 2 ans. Sortie à 21 ans.

360 francs par an jusqu'à 15 ans. 100 francs d'entrée.

Couture. Ménage. Atelier de brochage.

### Orphelinat, rue Perceval, 22.

Sœurs du Saint-Cœur de Marie, de Nancy.
300 francs par an. 400 francs pour un cours supérieur.
Les fournitures de classe et le blanchissage se payent à part.
Lingerie. Broderie. Ornements d'église, etc.

### Pensionnat et Orphelinat de l'Immaculée-Conception, Rue de la Voie-Verte, 27.

Sœurs de Saint-Joseph de Cluny.
Admission depuis 8 ans. Sortie de 18 à 21 ans, pour les orphelines.
300 francs par an. 100 francs d'entrée pour lit et trousseau.
Dans la même maison, *Pensionnat*, 500 francs par an; *Externat* complètement séparé, pour les filles, 30 ou 50 francs par an suivant l'âge; pour les garçons, jusqu'à 7 ans, 40 francs par an.

## XVe Arrondissement.

### Orphelinat des Saints-Anges, rue de Vouillé, 8.

Reconnu d'utilité publique en 1861.

Sœurs de la Sagesse.
Cet établissement, fondé en 1844 par Mme la baronne Paul Dubois, reçoit les orphelines de père ou de mère de 2 à 8 ans et les garde jusqu'à 21 ans. A cette époque elles sont placées par les soins des dames de l'Œuvre, qui continuent leur patronage aussi longtemps que les jeunes filles en sont dignes.
300 à 400 francs par an jusqu'à 15 ans. 100 francs d'entrée pour le trousseau.
Couture. Blanchissage. Repassage.
L'Œuvre est dirigée par un conseil de dames.
On peut associer à cette Œuvre les enfants moyennant 1 franc 25 centimes par an.
*Présidente :* Mme la baronne DE SAINT-DIDIER, rue de la Ville-l'Évêque, 10.
*Vice-Présidente :* Mme PICARD, rue de Suresnes, 37.
*Secrétaire :* Mlle B. DE BAILLEHACHE, boulevard Malesherbes, 155
Les demandes d'admission doivent être adressées à la présidente ou à la vice-présidente de l'Œuvre.

### Orphelinat, rue de Vaugirard, 149.

Sœurs de Saint-Vincent-de-Paul.
Admission depuis 8 ans. Sortie à 21 ans.
Principalement pour les enfants de la paroisse de Notre-Dame-des-Champs et de l'arrondissement.
300 francs par an. Réduction de 16 à 18 ans, gratuit ensuite. 100 francs d'entrée.
Couture. Blanchissage. Ménage.

### Orphelinat Saint-Charles, rue Blomet, 147.

Sœurs de Notre-Dame-des-Anges.
Admission de 2 à 9 ans. Sortie à 21 ans.
360 francs par an. 50 francs d'entrée.
(Voir *Clamart, Digne,* pour les filles; *Paris, Saint-Aile, Morangis,* pour les garçons.)

### Orphelinat, rue Violet, 44.

Sœurs de Saint-Paul, de Chartres.
Admission depuis 5 ans. Sortie à 21 ans.
300 francs par an jusqu'à 14 ans. 100 francs d'entrée.
Couture. Ménage. Cuisine.

## XVIe Arrondissement.

### Orphelinat de Notre-Dame-de-Grâce, rue Raynouard, 60.

Sœurs de Saint-Vincent-de-Paul.
Admission dès 6 ans. Sortie à 21 ans.
Les conditions se traitent de gré à gré avec la Supérieure pour les enfants de la paroisse. Le prix est de 400 francs par an pour les autres. Trousseau à fournir.
Lingerie. Blanchissage. Ménage.

### Orphelinat de la Présentation, rue Nicolo, 10.

Très peu de places à donner.

### Orphelinat, avenue Victor-Hugo, 117.

Sœurs de la Sagesse.
Admission depuis 8 ans. Sortie à 21 ans.
300 francs par an jusqu'à 17 ans. 100 francs d'entrée.
Lingerie. Repassage.

## XVIIe Arrondissement.

### Asile-Ouvroir, avenue de Clichy, 163 bis.

Fondé, en 1875, par la Compagnie des chemins de fer de l'Ouest, en faveur des enfants des employés.

Sœurs de Saint-Vincent-de-Paul.

La maison comprend :

Une crèche; une école maternelle; six classes; la visite à domicile des employés malades; un ouvroir, où l'on distribue aux femmes des employés l'ouvrage à faire.

La demande d'admission à l'Asile doit être adressée à la Supérieure, après avoir été visée par le chef immédiat de l'agent. Il faut y joindre l'acte de naissance et le certificat de vaccine de l'enfant.

### Internat de Sainte-Marie des Batignolles, rue Salneuve, 19.

Sœurs de Sainte-Marie.

Admission de 6 à 12 ans. Sortie selon les conditions.

360 francs par an, sans l'entretien; 420 francs avec l'entretien. 50 francs d'entrée et un trousseau de 50 francs.

Lingerie. Confections. Raccommodage. Repassage. Ménage.

### Orphelinat, rue Gauthey, 43.

Sœurs de Sainte-Marie.

Admission depuis 6 ans. Sortie selon les conditions.

300 francs par an. 30 francs d'entrée.

Couture. Lingerie fine. Raccommodage.

### Internat Sainte-Mathilde, rue Lemercier, 57.

Sœurs de Sainte-Marie.

500 francs par an.

Préparation spéciale au commerce et à l'enseignement.

### Internat et externat de Saint-François-de-Sales, Rue de Tocqueville, 87.

Sœurs de la Présentation de la Sainte-Vierge.

Les orphelines de la paroisse de Saint-François-de-Sales sont admises dès 6 ans à des prix qui varient selon les circonstances. 400 ou 480 francs par an pour les autres. 40 francs d'entrée.

Couture. Soins du ménage.

### Orphelinat dit la Petite-Œuvre des jeunes filles du catéchisme de la Madeleine, rue Jouffroy, 46.

Sœurs de la Sainte-Enfance de Jésus.

Les jeunes filles pauvres peuvent être reçues dès l'âge de 7 ans. Sortie à 21 ans.

300 francs par an jusqu'à 12 ans. 150 francs d'entrée.

Lingerie. Confections. Robes.

L'Œuvre est administrée par un Conseil, sous la direction de M. le Curé.

### Ouvroir Sainte-Geneviève, rue Guersant, 15.

Sœurs de Saint-Vincent-de-Paul.

Les orphelines de père ou de mère sont reçues de 7 à 9 ans. Sortie à 21 ans.

250 à 300 francs par an. 50 francs d'entrée.

Lingerie. Soins du ménage.

## XVIIIe Arrondissement.

### Rue Caulaincourt, 37 et 39.

Sœurs de Saint-Vincent-de-Paul.

Pour les orphelines de la paroisse de Saint-Pierre de Montmartre de préférence, mais sans exclusion des autres.

Admission à dix ans. Sortie à 21 ans.

360 francs par an. 100 francs d'entrée.

École professionnelle. Lingerie fine. Confection. Blanchisserie et repassage. On va chaque semaine, chez les personnes qui en font la demande, chercher et rapporter le linge.

### Orphelinat, rue Championnet, 8.

Sœurs de Saint-Vincent-de-Paul.

Pour les orphelines de la paroisse de Notre-Dame de Clignancourt, de préférence.

Admission dès 4 ans. Sortie à 21 ans.

Le prix varie selon les circonstances.

Couture. Ménage.

### Orphelinat, rue Riquet, 68.

Sœurs de Saint-Vincent-de-Paul.

Admission dès 5 ou 6 ans. Sortie à 21 ans.

360 francs par an. 50 francs d'entrée.

Lingerie. Robes. Blanchissage. École professionnelle.

### XIXe Arrondissement.

#### Orphelinat, rue de Crimée, 160.

Sœurs de Saint-Vincent-de-Paul.

Admission de 3 à 12 ans. Sortie à 21 ans.

Exclusivement pour la paroisse de Saint-Jacques-Saint-Christophe de la Villette. Le prix varie; il est habituellement de 300 francs par an et 50 francs d'entrée.

Lingerie.

#### Orphelinat, rue Bouret, 20.

Sœurs de Saint-Vincent-de-Paul.

Admission de 7 à 10 ans. Sortie à 21 ans.

Conditions particulières pour les enfants de la paroisse Saint-Georges.

En dehors de la paroisse, 300 francs par an. 100 francs d'entrée (le trousseau compris).

École professionnelle interne et externe. Ateliers de chaussures, gilets, broderies sur étoffe. Costumes de garçons.

#### Orphelinat Saint-Joseph, rue Clavel, 8.

Sœurs de Saint-Joseph-de-Bon-Secours.

Admission de 4 à 11 ans. Sortie à 18 ans.

250 francs par an. 50 francs d'entrée.

Couture. Repassage. Ménage.

### XXe Arrondissement.

#### Rue du Retrait, 9 (Ménilmontant).

Sœurs du Très-Saint-Sacrement de Niederbronn (Alsace).

Admission de 8 à 14 ans. Sortie selon la volonté.

Les conditions se traitent de gré à gré avec la Supérieure.

Couture. Blanchissage. Couture.

#### Asile des Petits-Orphelins, rue de Ménilmontant, 119.

Les filles y sont admises aux mêmes conditions que les garçons. (Voir même chap., 1re Section.)

# TROISIÈME SECTION

## Institutions charitables et Orphelinats hors Paris pour les garçons.

---

## ENFANTS DE TROUPE

### ÉCOLES MILITAIRES PRÉPARATOIRES

**Ministère de la Guerre.**

**Décrets du 24 avril et du 23 juillet 1875; loi du 19 juillet 1884; décret du 3 mars 1885.**

L'école d'essai des enfants de troupe créée, en 1875, à Rambouillet, dans le but d'élever et de diriger vers l'état militaire les élèves qui y sont admis, a été, en 1885, constituée en École militaire préparatoire d'infanterie.

Depuis 1885, il a été créé cinq nouvelles Écoles militaires préparatoires: trois de ces Écoles préparent les enfants au service de l'infanterie, comme celle de Rambouillet; elles ont leur siège à Montreuil-sur-Mer (Pas-de-Calais), à Saint-Hippolyte-du-Fort (Gard) et aux Andelys (Eure).

L'École militaire préparatoire de cavalerie a son siège à Autun (Saône-et-Loire); celle de l'artillerie et du génie, à Billom (Puy-de-Dôme).

Les écoles militaires d'infanterie reçoivent les enfants de troupe inscrits sur les contrôles des corps d'infanterie et des sections d'administration; l'école de cavalerie reçoit les enfants de troupe des régiments de cavalerie et des compagnies de cavalerie de remonte; celle de l'artillerie reçoit les enfants de troupe des corps de l'artillerie et des escadrons du train des équipages militaires et des régiments du génie.

Les enfants de troupe de la gendarmerie et de la marine et un certain nombre de fils de militaires, non enfants de troupe, sont aussi admis dans ces écoles.

Les enfants doivent avoir 13 ans révolus et moins de 14 ans au 1er août de l'année de leur admission.

Ne peuvent être admis dans l'école que les fils de soldats, caporaux ou brigadiers, sous-officiers, officiers, jusqu'au grade de capitaine inclusivement ou assimilés, ou d'officiers supérieurs ou assimilés décédés.

Les fils de militaires retirés du service ne sont aptes à concourir qu'autant que leur père est ou a été en possession d'une pension de retraite intégrale ou proportionnelle, d'une pension de retraite pour infirmités ou blessures, ou qu'il a contracté un réengagement de 5 ans au moins.

Une commission spéciale est chargée, dans chaque corps d'armée, d'examiner et de classer les demandes d'admission.

Les élèves sont assimilés, pour la solde et les prestations de toute nature, aux soldats de 2e classe d'infanterie. A sa sortie, l'élève engagé entre dans l'armée active comme soldat.

Les pièces à joindre à la demande sont :

1° L'acte de naissance;

2° Une déclaration de médecin militaire constatant que l'enfant a été vacciné et jouit d'une bonne santé;

3° Un certificat de bonne conduite et un certificat d'instruction primaire;

4° Un état des services du père;

5° Un certificat délivré par le maire du lieu de domicile des parents, énonçant les moyens d'existence, le nombre d'enfants et les charges des parents, et donnant des renseignements précis sur la moralité de la famille et de l'enfant.

On exige de plus des parents ou tuteurs la déclaration signée de consentir à l'engagement ultérieur de leur enfant et de rembourser, en cas de retrait de l'enfant avant l'engagement, la moitié des frais occasionnés à l'État par son éducation.

Les enfants peuvent être renvoyés par décision du Ministre pour cause d'inaptitude ou de mauvaise conduite.

L'effectif des enfants de troupe de 2 à 13 ans est fixé au chiffre maximum de 5,000, répartis entre les différentes armes.

Ils sont laissés dans leurs familles jusqu'à leur entrée dans les écoles. Ils ne touchent aucune ration de vivres, mais les familles reçoivent une allocation annuelle qui varie de 100 à 180 francs suivant l'âge.

Le commandement de chaque école est confié à un commandant ou à un capitaine ayant sous ses ordres un personnel militaire.

Les soins de l'infirmerie, de l'habillement et de la nourriture des élèves, sont confiés dans les Écoles militaires préparatoires aux Sœurs de Saint-Vincent-de-Paul.

L'orphelinat Hériot (voir ci-dessous *Orphelinat de garçons hors*

*Paris, la Boissière*) a été classé comme annexe aux écoles militaires préparatoires, et toutes les dispositions qui régissent ces écoles sont applicables à cet orphelinat. (Décret du 3 novembre 1884 et 14 décembre 1886. Loi du 12 février 1887.)

## PUPILLES DE LA MARINE

**Ministère de la marine.**

L'établissement des Pupilles de la Marine a été fondé à Brest en 1862, pour recueillir, élever et diriger vers une profession, des orphelins légitimes de gens de mer, et a été réorganisé par décret du 2 août 1884.

L'effectif maximum des Pupilles est fixé au chiffre de 500.

Les orphelins de père et de mère peuvent être admis dès l'âge de 7 ans; les orphelins de père ou de mère ne sont reçus qu'à partir de 9 ans.

L'admission a lieu dans l'ordre des catégories suivantes :

1° Les orphelins des officiers mariniers, maîtres au cabotage et marins de l'inscription maritime qui servaient à l'État ou au commerce, ou qui étaient titulaires, soit d'une pension de retraite, soit d'une pension dite de demi-solde;

2° Les orphelins des sous-officiers et soldats des corps de troupe de la marine, morts en activité de service ou sont titulaires d'une pension de retraite sur la caisse des Invalides de la Marine;

3° Les orphelins des maîtres entretenus, des ouvriers et journaliers employés dans les divers services des ports ou établissements de la marine qui sont morts par suite d'accidents ou de blessures reçues dans un service commandé.

Les orphelins de ces diverses catégories dont les pères ont été tués à l'ennemi, ou sont morts des suites de leurs blessures, ou en accomplissant un acte de dévouement, sont reçus en première ligne.

La disparition à la mer, l'aliénation mentale, l'amputation de deux membres, la cécité complète, donnent aux enfants les mêmes droits que la mort du père ou de la mère.

Les Pupilles peuvent, en raison de leur inconduite ou d'affections contagieuses ou incurables, être renvoyés dans leur famille, ou rendus à leur tuteur.

A 14 ans, ils cessent d'appartenir à l'établissement. Ils peuvent alors entrer à l'école des mousses, ou se faire admettre dans les ateliers des arsenaux, ou prendre ultérieurement du service dans les équipages de la flotte. Dans certains cas, ils peuvent rester, jusqu'à 16 ans révolus, sous le patronage de la Marine, et être placés au dehors en apprentissage.

Les Pupilles reçoivent une instruction primaire et professionnelle. L'instruction religieuse est donnée par un aumônier. L'infirmerie et divers services intérieurs sont confiés aux soins de religieuses.

Les demandes d'admission faites en faveur d'enfants dont les familles sont domiciliées dans les cinq arrondissements maritimes sont reçues par les commissaires de l'inscription maritime de la circonscription. Les demandes qui concernent les enfants domiciliés dans l'intérieur, doivent être adressées au Préfet maritime du 2e arrondissement (Brest).

Chaque demande doit être accompagnée :

1° De l'acte de naissance de l'enfant;

2° D'un certificat délivré par un médecin de la marine ou de l'armée, ou par un médecin civil désigné par l'inscription maritime, constatant la bonne constitution de l'enfant, qu'il n'est atteint d'aucune maladie contagieuse, qu'il n'a aucune trace ni aucun germe de scrofule, et qu'il a été vacciné;

3° Des actes de l'état civil constatant sa position de famille;

4° Des états de service du père;

5° Des certificats et autres pièces devant servir au classement de l'enfant (degré d'instruction, moralité, conduite de l'enfant, position de la famille, charges, ressources, etc.).

Les mauvais sujets susceptibles d'être envoyés dans des maisons de correction ne sont pas acceptés.

Lorsque la limite d'âge fixée pour la sortie est atteinte, les familles ou tuteurs sont prévenus un mois à l'avance de la date du départ. Un certificat est délivré à l'élève sortant, et les frais de route pour rentrer dans ses foyers lui sont accordés.

## ÉCOLE DES MOUSSES

### Établie sur un vaisseau en rade de Brest.

**Fondée par décret de 1856. Réorganisée par décret du 5 juin 1883.**

**Ministère de la marine et des colonies.**

Cette école est destinée à recevoir les mousses qui antérieurement étaient répartis entre les cinq divisions des équipages de la flotte.

Les candidats doivent présenter les meilleures garanties d'aptitude, d'intelligence, de conduite et de moralité.

Les enfants sont admis, à égalité d'aptitude, dans l'ordre des catégories suivantes :

1° Les fils des officiers mariniers, quartiers-maîtres et marins, et de toute personne à la solde du département de la marine;

2° Les fils de militaires de l'armée de mer ou de l'armée de terre;

3° Les fils des habitants du littoral;

4° Les enfants de l'intérieur de la France.

Les candidats doivent avoir 14 ans accomplis et 15 ans au plus, au jour de l'admission. Le minimum de la taille est de 1 mètre 41 centimètres; celui du poids est de 35 kilogrammes.

Les demandes doivent être adressées par les familles, soit au Commissaire de l'inscription maritime pour les enfants du littoral, soit au Préfet maritime le plus rapproché de la résidence pour les enfants de l'intérieur, soit au ministre de la Marine pour les enfants résidant dans le département de la Seine.

Elles doivent être accompagnées :

1° De l'acte de naissance de l'enfant;

2° D'un certificat de vaccine;

3° D'un certificat du maire ou du commissaire de police constatant sa bonne conduite et des certificats légalisés de l'instituteur, constatant le degré d'instruction, la conduite, l'aptitude au travail, etc.;

4° D'un consentement des parents ou tuteur, acte de décès des parents et autorisation du conseil de famille, s'il est orphelin, et d'un engagement de rembourser les journées de présence si l'enfant est retiré par sa famille;

5° Un état des services du père;

6° Un certificat de visite d'un médecin de la marine ou médecin militaire, constatant que l'enfant n'est atteint d'aucune infirmité ou maladie contagieuse ou scrofuleuse et que sa vue est normale. Ce certificat doit, en outre, contenir une appréciation générale de l'aptitude physique;

7° Un certificat indiquant le nombre d'enfants et les ressources des parents.

Les admissions ont lieu tous les trois mois.

## ÉCOLE DES MOUSSES

Établie à Marseille à bord de la corvette *la Mégère.*

**Fondée par la Chambre de commerce de Marseille, en 1839.**

L'admission à cette école est entièrement gratuite; elle exige les conditions suivantes :

1° Être Français;

2° Être âgé de 12 ans au moins et de 15 ans au plus;

3° Avoir une bonne santé et remplir les conditions de taille qui suivent : à 12 ans, 1 mètre 33 centimètres; à 13 ans, 1 mètre 35 centimètres; à 14 ans, 1 mètre 38 centimètres;

4° Adresser une demande écrite à M. le Président de la commission administrative, membre délégué de la Chambre de commerce (à la Chambre de commerce, palais de la Bourse, à Marseille), et y joindre : l'acte de naissance de l'enfant; le certificat de vaccine; l'extrait de baptême, s'il est catholique, et s'il n'a pas fait sa première communion; le certificat de bonne vie et mœurs; l'acte de notoriété constatant l'absence du père, s'il y a lieu; les actes de décès du père et de la mère, en cas de mort.

Toutes ces pièces doivent être délivrées en due forme; elles seront soumises au timbre et à la légalisation lorsqu'elles ne proviendront pas de Marseille même.

Épreuve de 15 jours avant l'admission définitive.

Séjour de 6 mois à l'école, consacré à l'éducation morale, religieuse et professionnelle. Cette éducation tend surtout à moraliser les enfants et à les rendre aptes au métier de la mer. Dans ce double but, une discipline juste, mais sévère, est exercée à bord de la corvette : on exige rigoureusement une bonne conduite. L'instruction est confiée aux Frères des Écoles chrétiennes.

La désertion de l'élève équivaut au retrait volontaire des parents et est passible des mêmes remboursements.

Tout élève insubordonné ou vicieux est renvoyé.

Embarquement des élèves aptes au service sur les bâtiments de l'État ou du commerce; deux tiers des salaires sont attribués à la Chambre de commerce, afin d'alléger les sacrifices qu'elle s'impose pour l'École; l'autre tiers est placé à la caisse d'épargne au nom de l'élève, qui en recouvre le montant à sa sortie définitive.

Après chaque embarquement l'élève revient à l'École à laquelle il appartient jusqu'à l'âge de 18 ans.

On exige que les élèves dont les parents n'habitent pas Marseille aient un correspondant dans la ville.

Un prix annuel de 120 francs, légué par M. Courtot, est attribué à l'élève le plus méritant.

Les jeunes gens sortant à 18 ans des écoles des mousses de Marseille et de Cette peuvent entrer immédiatement dans la marine militaire, alors même que les admissions ne sont pas autorisées pour les autres candidats.

## ENSEIGNEMENT PROFESSIONNEL DE L'AGRICULTURE

**Ministère de l'Agriculture.**

Ces établissements sont destinés à former des agriculteurs éclairés, des cultivateurs instruits, des aides ruraux adroits et intelligents.

L'enseignement professionnel comprend :

2 écoles de bergers; 17 fermes-écoles; 23 écoles pratiques d'agriculture.

Les demandes d'admission doivent être adressées au Directeur de chaque Ferme-École, et être accompagnées de l'acte de naissance du candidat et d'un certificat de moralité.

La pension est de 400 francs par an.

Les jeunes gens sont reçus à l'âge de 16 ans; ils doivent posséder leur certificat d'études. On tient compte des aptitudes physiques.

Les Écoles nationales d'agriculture, d'un ordre plus élevé que les Fermes-Écoles, reçoivent des candidats mieux préparés au point de vue de l'instruction. Elles sont situées à Grignon (Seine-et-Oise), au Grand-Jouan (Loire-Inférieure), à Montpellier (Hérault). La pension est de 1 200 francs à Grignon, 1 000 francs dans les deux autres. On peut obtenir des bourses et des demi-bourses.

Les élèves dont le classement de sortie est satisfaisant jouissent du bénéfice de l'art. 23 de la loi du 15 juillet 1889, et n'ont qu'un an à passer sous les drapeaux.

On peut avoir des renseignements sur ces Écoles au ministère de l'Agriculture.

## ÉCOLES NATIONALES DES ARTS-ET-MÉTIERS

**Écoles à Aix, à Angers, à Châlons-sur-Marne.**

**Ministère du Commerce.**

Ces Écoles sont destinées à former des chefs d'ateliers et des ouvriers instruits et habiles pour les industries du fer et du bois.

On est admis par un concours. Il faut, pour y prendre part, être inscrit à la préfecture de son département et avoir de 15 à 17 ans au 1er octobre de l'année du concours.

600 francs par an. 300 francs en entrant pour le trousseau. La durée du cours est de 3 ans.

Bourses et fractions de bourses, si les parents ne peuvent payer.

Les élèves diplômés peuvent ne passer qu'un an sous les drapeaux (art. 23 de la loi du 15 juillet 1889).

On peut avoir des renseignements sur ces Écoles au ministère du Commerce.

### AGDE (Hérault).

### Orphelinat agricole.

Sœurs de Saint-Vincent-de-Paul.
Admission à 13 ans. Sortie à 21 ans.
200 francs une fois donnés. Trousseau et literie.
Travaux d'une ferme.
A leur sortie, ils reçoivent une prime de 500 francs comme récompense.

### ALLERET, par Paulhaguet (Haute-Loire).

Frères de Saint-François-Régis.
Admission à partir de 13 ans.
240 francs par an jusqu'à 16 ans.
Agriculture.

### AMIENS (Somme).

### Orphelinat du Petit-Saint-Jean-lès-Amiens.

Frères de Saint-Vincent-de-Paul.
Admission de 8 à 12 ans. Sortie selon la volonté des parents.
300 francs par an. 50 francs d'entrée.
On les place lorsqu'ils sont en état de gagner leur vie.

### ANNECY (Haute-Savoie).

### Orphelinat de l'Immaculée-Conception, aux Salomons.

Sœurs de l'Immaculée-Conception, dites *Petites-Sœurs des Orphelins*.
Admission dès 6 ans. Sortie à 13 ans.
240 francs par an. 50 francs d'entrée.
Jardinage.
S'adresser à la Société de patronage des Orphelinats agricoles, rue Casimir-Périer, 2, à Paris.

### ARNIS, près Cahors (Lot).

### Orphelinat agricole et viticole de Saint-Joseph.

Frères de Saint-Gabriel.
Admission à 10 ans. Sortie à 18 ans.
200 francs par an. 50 francs pour le trousseau.
Grande culture. Exploitation de vignes françaises et américaines. Vente de plants, de vin, etc.

## ARRAS (Pas-de-Calais).

### Orphelinat de l'Immaculée-Conception, rue de Beaufort. Œuvre des Apprentis.

Fondé en 1848 et dirigé par le R. P. Halluin et les Pères de l'Assomption.

Admission depuis 7 ans. Jusqu'à 10 ans les enfants sont tenus par les Sœurs. Après la première communion, les enfants sont mis en apprentissage, logés et surveillés par l'Œuvre.

180 francs par an les premières années. 50 francs d'entrée.

Peu de places pour Paris.

## AULNAY-LÈS-BONDY, par le Bourget (Seine).

Sœurs du Protectorat de Saint-Joseph.

360 francs par an. 30 francs d'entrée.

Admission à 5 ans. Sortie à 13 ou 14 ans; les enfants peuvent alors être placés dans un autre établissement à Aulnay, en apprentissage au même prix. La maison fait partie du département de Seine-et-Oise.

La même communauté dirige d'autres orphelinats et une maison de retraite.

## AUXERRE (Yonne).

### Rue de la Madeleine, 3.

Petites-Sœurs de Jésus Franciscaines.

Admission de 3 à 5 ans des orphelins délaissés. Sortie à 13 ou 14 ans.

200 francs d'entrée. Peu de places pour Paris.

## AVERNES, par Moulins (Allier).

Même communauté et mêmes conditions qu'à Seillon.

## AVIGNON (Vaucluse).

### Orphelinat Sainte-Anne de Bompas.

Communauté de Saint-Pierre-ès-Liens.

Admission à 8 ans. Sortie à 16 ou 17 ans.

180 à 240 francs par an. 50 francs d'entrée pour le trousseau.

Exploitation de 60 hectares. Jardins. Vignes. Prairies. Labours.

### BAILLEUL (Nord).

#### Orphelinat Saint-Joseph.

Sœurs de Saint-Vincent-de-Paul.
Admission de 2 à 8 ans. Sortie à 18 ans.
300 francs par an. 50 francs d'entrée.

### BAPAUME (Pas-de-Calais).

#### Orphelinat de Notre-Dame-de-Pitié.

Sœurs Servantes de Marie.
Admission de 2 à 10 ans. Sortie après la première communion.
250 francs par an. 50 francs d'entrée et un trousseau.
La maison s'occupe du placement des enfants à leur sortie de l'orphelinat.

#### Orphelinat Saint-Joseph, faubourg de Cambrai.

Frères de Saint-François-d'Assise, dits Frères agriculteurs.
Admission à 13 ans. Sortie à 18 ans.
200 francs par an jusqu'à 16 ans accomplis. 30 francs d'entrée et trousseau.
Soins d'une ferme, de la basse-cour, du jardin.

### BEAUPONT, par Coligny (Ain).

Petites-Sœurs de Jésus Franciscaines.
Admission de 3 à 5 ans. Sortie de 13 à 14 ans.
50 francs par an. 150 francs d'entrée.
Jardinage. Agriculture.

### BEAURECUEIL, par Aix (Bouches-du-Rhône).

#### Pensionnat Notre-Dame.

Frères de Saint-Pierre-ès-Liens.
Admission de 6 à 13 ans. 252 francs par an. 300 francs au-dessus de 13 ans. 50 francs d'entrée et un trousseau.
Agriculture. Horticulture.

### BÉDARIEUX (Hérault).

#### Orphelinat agricole de Notre-Dame-de-la-Salette.

Voir *Grèzes*, même communauté et mêmes conditions.

## BERCEAU DE SAINT-VINCENT-DE-PAUL, par Dax (Landes).

Prêtres de la Mission et Sœurs de Saint-Vincent-de-Paul.
Admission de 6 à 11 ans. Sortie à 16 ans.
250 francs par an. 100 francs d'entrée.
(Voir chap. III : *Berceau de Saint-Vincent-de-Paul*. École professionnelle.)

## BEUVRY (Pas-de-Calais).

### Orphelinat Sainte-Léonie, fondé et dirigé par M. l'abbé Vallage.

Sœurs du Très-Saint-Sauveur, de Niederbronn.
Admission de 3 à 7 ans. A 13 ans, le Directeur remet les enfants à leur famille, s'il le juge convenable, ou les place, selon leurs aptitudes.
200 francs par an. 50 francs d'entrée.

## BLANCOTTE, par Cazères-sur-Garonne (Haute-Garonne).

### Orphelinat agricole.

Fondé par le Cardinal Desprez, archevêque de Toulouse.
Frères de Saint-Viateur.
Admission de 8 à 12 ans.
200 francs par an. 50 francs d'entrée et un trousseau.
Agriculture. Viticulture.

## BLÉVILLE, par le Havre (Seine-Inférieure).

Religieuses Franciscaines.
Admission à 3 ou 4 ans. Sortie à 12 ans.
250 francs par an. 50 francs d'entrée.
Classes. Jardinage.

## BOIS-D'ESTAIRES (Nord).

### Orphelinat Saint-Mauront.

Pères du Saint-Esprit et du Saint-Cœur-de-Marie.
Admission de 12 à 14 ans. Sortie à 18 ou 20 ans.
300 francs par an. 25 francs d'entrée.
Agriculture, horticulture, et métiers divers.

### BOISGUILLAUME, par Rouen (Seine-Inférieure).

### Route de Neufchâtel, 103.

Sœurs de Saint-Vincent-de-Paul.
Admission de 6 à 9 ans. Sortie à 13 ans.
300 francs par an. 50 francs d'entrée.
L'entretien est à la charge des familles.
(Voir même chap., 4e section.)

### LA BOISSIÈRE (Seine-et-Oise), par Épernon (Eure-et-Loir).

### Orphelinat Hériot.

Cet orphelinat a été classé comme annexe aux écoles militaires préparatoires. (Voir ci-dessus *Enfants de troupe.*)

Les candidats sont choisis parmi les enfants de troupe orphelins de l'armée de terre. Ils doivent être fils de soldats, caporaux ou brigadiers, ou sous-officiers, et être âgés de 5 ans au moins, et de 13 ans au plus.

Les demandes d'admission sont adressées au Conseil d'administration du corps auquel appartient l'enfant de troupe, par ses parents ou tuteurs.

Ceux-ci, dans leurs demandes, doivent déclarer qu'ils ont connaissance des dispositions suivantes :

1° Le secours annuel qu'ils reçoivent cessera de leur être payé à partir de la mise en route de l'enfant sur l'orphelinat;

2° A l'âge de 13 ans, l'enfant sera admis dans une école militaire préparatoire. Un certificat d'aptitude physique sera joint à la demande.

Les conseils d'administration établissent, après enquête, un rapport individuel sur la situation de l'enfant dans sa famille.

Les mémoires de proposition sont envoyés le 1er juillet de chaque année aux commandants de corps d'armée et sont examinés par la commission régionale chargée de classer les demandes pour l'admission dans les écoles militaires préparatoires.

Le ministre prononce l'admission.

Les enfants, désignés pour être placés à l'orphelinat Hériot, entrent dans cet établissement dans le courant d'octobre.

L'admission est gratuite.

Les Sœurs de Saint-Vincent-de-Paul sont chargées du soin de la lingerie, de l'infirmerie, de la nourriture et de la classe enfantine.

Le commandement est exercé par un capitaine, ayant sous ses ordres un personnel militaire.

## LE BOURGET (Seine).

### Orphelinat industriel (Saint-Joseph) à la cristallerie et émaillerie de M. E. Paris.

Fondé par M. Paris. Dirigé par les Sœurs de Saint-Vincent-de-Paul.

Admission gratuite moyennant 100 francs d'entrée, à l'âge de 13 ans. Sortie à 18 ans, à moins que par leur bonne conduite les apprentis verriers n'obtiennent de rester comme ouvriers.

Il faut, pour l'admission, présenter un livret signé par le maire du lieu de la naissance.

Instruction primaire et travail à la cristallerie.

## BOUVELINGHEM, par Lumbres (Pas-de-Calais).

Fondé en souvenir de M. le vicomte de Melun.

Sœurs de Sainte-Anne, de Saumur.

Admission de 3 à 7 ans. Sortie à 12 ans.

250 francs par an. 50 francs d'entrée et un trousseau.

## LA BREILLE, par Allonnes (Maine-et-Loire).

### Orphelinat agricole. École de jardinage.

Dirigé par M. l'abbé Mondain, avec lequel se traitent les conditions d'admission.

## BRIVES (Corrèze).

### Hospice Dumyrat.

Sœurs de la Charité, de Nevers.

Admission dès 5 ans. Sortie à 14 ans.

216 francs par an.

(Voir même chap., 4e section.)

## CAEN (Calvados).

### Rue de Bayeux, 71.

Sœurs de Saint-Vincent-de-Paul.

Admission de 6 à 8 ans. Sortie selon la volonté des parents.

300 francs par an jusqu'à 15 ans. 50 francs d'entrée.

Jardinage, etc.

(Voir même chap., 4e section.)

## CALAIS (Pas-de-Calais), quartier Saint-Pierre.
### Orphelinat Saint-Joseph.

Sous la direction de M. l'abbé Boudringhin.

Admission de 5 à 10 ans des orphelins de père et de mère. Sortie après le tirage au sort.

250 francs par an. 50 francs d'entrée et un trousseau.

Les enfants les plus jeunes sont élevés à Lauwin-Planques, près Douai, sous la direction des Sœurs. A 12 ans, ils viennent à Calais se perfectionner dans leurs études et suivre les divers ateliers d'apprentissage : imprimerie, reliure, menuiserie, cordonnerie, tailleur, horticulture, boulangerie.

Une ferme située à Coulogne (à 3 kil. de Calais) est annexée à l'orphelinat. Les orphelins qui le désirent y font l'apprentissage de la culture maraîchère et des travaux agricoles.

## CELLULE, par Riom (Puy-de-Dôme).
### Orphelinat agricole de Saint-Sauveur.

Pères du Saint-Esprit et du Saint-Cœur-de-Marie.

Admission de 9 à 13 ans. Sortie à 20 ans.

250 francs jusqu'à 16 ans.

Trousseau à fournir.

Agriculture. Horticulture. Menuiserie. Cordonnerie.

L'orphelinat est annexé à un petit séminaire important.

## CHADENAC, par le Puy (Haute-Loire).

Même communauté et mêmes conditions qu'à la Roche-Arnaud.

## CHAMBÉRY (Savoie), au Bocage.
### Orphelinat Costa-de-Beauregard.

Fondé par M. l'abbé Costa de Beauregard.

Sœurs de Saint-Vincent-de-Paul.

Admission de 3 à 7 ans. Sortie à la fin de l'apprentissage.

240 francs par an. 100 francs d'entrée.

Exclusivement consacré à l'horticulture.

## CHAMPAGNOLE (Jura).
### Orphelinat du Sacré-Cœur.

Fondé et dirigé par M. le curé de Champagnole.

Admission dès 6 ans. Sortie à 20 ans.

240 francs par an jusqu'à 16 ans. Il faut apporter un trousseau.

Travaux agricoles et industriels. Menuiserie. Cordonnerie. Reliure, etc.

École normale apostolique d'instituteurs chrétiens.

Outre l'orphelinat, la maison renferme une école secondaire dont l'enseignement suit les programmes officiels, au prix de 480 francs par an, et une section spéciale pour des enfants ou jeunes gens retardés dans leurs études.

Pour ceux-ci, le prix de la pension se règle d'après les soins demandés.

## CHATILLON-SOUS-BAGNEUX (Seine).

### Orphelinat du Sacré-Cœur, rue de Bagneux, 12.

Sœurs de Notre-Dame-du-Calvaire, de Grèzes.

Admission très jeune. Sortie à 15 ou 21 ans, suivant les conventions.

300 francs par an, ou une somme une fois donnée.

## CHENS, par Douvaine (Haute-Savoie).

### Orphelinat agricole de Saint-Joseph du Lac.

Fondé par le R. P. Joseph. Dirigé par les Pères du Saint-Esprit et du Saint-Cœur-de-Marie.

Admission à 13 ans, à la sortie de Douvaine ou d'autres établissements. Sortie à 18 ans.

180 francs par an.

Agriculture. Horticulture.

## CHERBOURG (Manche), rue Notre-Dame-du-Vœu.

Frères de la Miséricorde, de Montebourg.

Admission de 7 à 10 ans. Sortie à 13 ans.

Prix peu élevé. S'adresser au Frère Directeur.

## LES CHOISINETS, par Langogne (Lozère).

Frères des Écoles chrétiennes.

Admission à 7 ans. Sortie à 17 ans.

150 francs par an. Un trousseau ou 80 francs d'entrée.

Jardinage. Culture. Arboriculture.

**CIBOURE, par Saint-Jean-de-Luz (Basses-Pyrénées).**

**Orphelinat de Béthanie, fondé par Mme Dupont-Delporte.**

Frères de l'Instruction chrétienne, de Ploërmel.

Admission des orphelins de père ou de mère dès 9 ans, avec engagement de rester jusqu'à 21 ans.

180 francs par an jusqu'à 15 ans. Trousseau.

Horticulture. Agriculture.

**CLERMONT-FERRAND (Puy-de-Dôme).**

**Orphelinat Saint-André, avenue de l'Observatoire.**

Frères des Écoles chrétiennes.

Admission à 7 ans. Il n'y a pas d'âge fixé pour la sortie.

300 francs par an. Trousseau à fournir. 40 francs par an pour le blanchissage et l'entretien.

Instruction jusqu'au brevet. Jardinage, divisé en 3 années d'apprentissage.

Cours divers.

**COUBEYRAC, par Pessac de Gensac (Gironde).**

**Orphelinat agricole de Saint-Joseph.**

Société de Marie, de Paris.

Admission dès 6 ans. Sortie de 18 à 21 ans.

240 francs par an jusqu'à 15 ans. 50 francs d'entrée.

Agriculture. Horticulture. Viticulture.

**COULANGE-SUR-YONNE (Yonne).**

**Orphelinat Millet.**

Sœurs de Saint-Vincent-de-Paul.

Admission dès 5 ans. Sortie à 14 ans.

Principalement pour le département.

**COURBESSAC-LES-MINES (Gard).**

Sœurs de Saint-Joseph, d'Aubenas (Ardèche).

Admission dès 6 ans. Sortie à 18 ans.

150 francs par an.

Cordonnerie. Couture.

**CRABITEY, par Portets (Gironde).**

Même communauté et mêmes conditions qu'à Seillon.

### DIEPPE (Seine-Inférieure).

### Notre-Dame-des-Flots, rue d'Écosse, 41.

Sœurs de Saint-Vincent-de-Paul.

Admission gratuite à 4 ans. Sortie à 14 ans.

Réservé presque exclusivement aux orphelins des marins de la ville et du littoral. Classes. Cours de langue anglaise.

### DINAN (Côtes-du-Nord).

### Orphelinat de Jésus-Ouvrier, rue Beaumanoir, 25.

Prêtres salésiens.

Admission à 12 ou 13 ans, spécialement pour les Bretons.

Le prix varie selon les circonstances.

Ateliers divers.

### DOMOIS-DIJON (Côte-d'Or).

Dirigé par des prêtres du diocèse.

Admission de 5 à 11 ans. Sortie à 19 ans.

240 francs par an jusqu'à 12 ans. De 12 à 16 ans, 180 francs par an.

Trousseau ou entrée à payer.

Agriculture. Horticulture. Viticulture. Imprimerie à Dijon. Typographie à Domois. Divers ateliers.

### DOUVAINE (Haute-Savoie).

### Asile rural.

Fondé et dirigé par le R. P. Joseph, avec le concours d'aumôniers et de religieuses.

Admission dès 6 ans. Sortie à 13 ans pour aller à Chens (Voir *Chens*).

180 francs par an. 50 francs d'entrée.

Agriculture. Horticulture.

### DUCHERAIS-EN-CAMPBON (Loire-Inférieure).

### Agricole.

Dirigé par l'abbé Dabin.

Admission de 5 à 10 ans. Sortie à 18 ans.

200 francs par an. 50 francs d'entrée.

Jardinage. Agriculture.

### ÉCOLE, par Besançon (Doubs).

Frères de Marie.
Admission de 9 à 12 ans.
400 à 450 francs par an.
Ateliers de tailleurs. Jardinage. Agriculture.
Cet établissement dépend de l'hôpital de Besançon.
Les demandes d'admission doivent être adressées à MM. les administrateurs de l'hôpital de Besançon.

### ÉLANCOURT, par Trappes (Seine-et-Oise).

Sœurs de Saint-Vincent-de-Paul.
Admission de 2 à 7 ans. Sortie à 12 ou 13 ans.
250 francs par an. 50 francs d'entrée.
A leur sortie, ils peuvent passer dans une section spéciale consacrée à l'horticulture et y rester jusqu'à leur placement.
L'orphelinat est sous la direction de M. le curé d'Élancourt.

### ESTAIRES (Nord).

Sœurs de Saint-Vincent-de-Paul.
Admission dès l'âge de 3 ans. Sortie à 21 ans.
300 francs par an. A 13 ans, placement en apprentissage. (Voir *Orphelinats de filles.*)

### FERNEY (Ain).

#### Orphelinat Saint-Pierre.

Petites-Sœurs-de-Jésus, de Saint-Sorlin (Rhône).
Admission de 3 à 5 ans. Sortie à 13 ans.
100 francs d'entrée, et un petit trousseau.

### LA FERTÉ-SAINT-AUBIN (Loiret).

#### Orphelinat Saint-Léon, fondé par Mme Dessales.

Petites-Sœurs des orphelins.
Admission depuis 5 ans. Sortie à 13 ans.
240 francs par an. 75 francs d'entrée pour le trousseau.
Classes. Jardinage.
S'adresser à l'Œuvre des orphelinats agricoles, rue Casimir-Périer, 2, à Paris, et produire les actes de baptême et de naissance légitime et un certificat de médecin.

## FLEIX (Dordogne).

### Orphelinat agricole de Notre-Dame-Auxiliatrice-du-Fleix.

Fondé par M. l'abbé Roussel et succursale de l'Œuvre des Apprentis-Orphelins d'Auteuil. (Voir *Paris.*)

Admission à partir de 10 ans.

240 francs par an. 40 francs d'entrée. Il y a quelques places gratuites.

Culture. Jardinage. Travaux de ferme.

## FLEURY, par Meudon (Seine-et-Oise).

### Orphelinat Saint-Philippe
### Fondé par Mme la duchesse de Galliera.

Frères des Écoles chrétiennes.

Admission gratuite de 7 à 11 ans.

Sortie à 14 ans pour les enfants qui ne se destinent pas à l'horticulture. Ceux qui veulent apprendre l'état de jardinier peuvent rester dans la maison jusqu'à ce qu'ils soient en état d'être placés.

Produire avec la demande les actes de naissance et de baptême, l'acte de décès du père ou de la mère, un certificat de bonne santé, une note indiquant le nombre d'enfants et la situation de la famille, et enfin l'engagement de reprendre l'enfant en cas de renvoi.

Les demandes d'admission doivent être adressées à M. le duc d'Audiffret-Pasquier, *président* du conseil d'administration de l'Œuvre, rue Fresnel, 23.

## FOLLEVILLE, par Quiry-le-Sec (Somme).

Sœurs de Saint-Vincent-de-Paul.

Admission de 5 à 8 ans (enfants légitimes). Sortie à 12 ou 13 ans.

300 francs par an. 50 francs d'entrée.

## FORGES-LES-BAINS (Seine-et-Oise).

### Assistance publique.

### Fondations Riboutté-Vitallis (40 lits) et Hartmann (20 lits).

Admission gratuite d'enfants (de préférence orphelins) âgés de 7 ans au moins et de 11 ans au plus. Sortie à 16 ans.

Après l'instruction élémentaire, enseignement d'un état manuel.

Personnel laïque.

Les demandes d'admission doivent être adressées au directeur de l'Assistance publique, avenue Victoria, 3, à Paris.

## GEVIGNEY, par Jussey (Haute-Saône).

Sœurs de la Sagesse.
Admission à 7 ou 8 ans.
120 francs par an. Un trousseau.

## GIEL, par Putanges (Orne).

Sous le patronage de Mgr l'évêque de Séez, et dirigé par un prêtre du diocèse.
Admission de 4 à 9 ans.
200 francs par an jusqu'à 15 ans; gratuit ensuite. 50 francs d'entrée. Les idiots et les infirmes ne sont pas admis.
Agriculture. Exploitation d'une ferme. Jardinage.
S'adresser au directeur de l'orphelinat.

## GRADIGNAN (Gironde).

### Orphelinat agricole.

Fondé et dirigé par M. l'abbé Moreau.
Admission de 7 à 10 ans. Sortie à 18 ou 21 ans.
180 francs ou 200 francs par an. 50 francs d'entrée.
Agriculture. Viticulture. Ateliers divers.

## GRENOBLE (Isère).

### Orphelinat Saint-Joseph, boulevard des Adieux.

Frères des Écoles chrétiennes.
Admission dès 7 ans.
200 francs par an.
Maîtrise de Notre-Dame. Jardinage. Service d'intérieur.

## GRÈZES, par Laissac (Aveyron).

### Orphelinat agricole de Notre-Dame-du-Calvaire.

Sœurs de Notre-Dame-du-Calvaire, de Grèzes.
Admission de 2 à 10 ans. Sortie de 15 à 21 ans, suivant les conventions.
200 francs par an ou une somme une fois donnée, calculée selon l'âge de l'enfant.
Travaux agricoles ou études prolongées après le temps ordinaire des classes, si l'enfant montre des aptitudes spéciales.

### L'HAY, par Bourg-la-Reine (Seine) rue des Tournelles.

Sœurs de Saint-Vincent-de-Paul.
Admission à six ans. Sortie à 14 ou 15 ans.
300 francs par an. 60 francs d'entrée pour le trousseau.
Classes jusqu'au certificat d'études. A leur sortie, on place les enfants en apprentissage suivant leurs aptitudes.

### IGNY, par Bièvre (Seine-et-Oise).

Les conditions sont les mêmes qu'à Saint-Nicolas.
(Voir, même chap., *Orphelinats de garçons dans Paris*).
La pension est de 32 francs par mois (35 avec le vin) pour les enfants reçus avant l'âge de 12 ans. Elle est de 35 et 38 francs pour ceux qui sont reçus après 12 ans.

### ISSY (Seine), Grande-Rue, 70.

Les conditions sont les mêmes qu'à Igny.

### KAYMAR, par Najac (Aveyron). Orphelinat agricole fondé par M. Cibiel.

Frères de Saint-Viateur.
Admission de 6 à 12 ans. Sortie à 18 ans.
Les enfants sont reçus gratuitement par M. Cibiel. Trousseau à fournir.
Agriculture.

### KERBOT, par Sarzeau (Morbihan).

Frères de Saint-François-Régis, du Puy.
Admission à 12 ans. Sortie à 18 ans.
200 francs par an jusqu'à 15 ans. 50 francs d'entrée.
Agriculture. Élevage des bestiaux. Horticulture.

### KERHARS, par Sarzeau (Morbihan). Asile rural.

Sœurs de Saint-Vincent-de-Paul.
Admission de 4 à 8 ans. Sortie à 13 ans.
200 francs par an. 50 francs d'entrée.
Classes et un peu de jardinage.

**LACÉPÈDE, par Colayrac-Saint-Cirq (Lot-et-Garonne).**

Même communauté et mêmes conditions qu'à Seillon.

**LÉRINS, par Cannes (Alpes-Maritimes).**

Religieux cisterciens.

Admission de 10 à 13 ans. Sortie, suivant l'engagement, à 18 ans. Les orphelins sont reçus en partie gratuitement; les autres payent une pension de 200 à 250 francs par an, qui diminue à mesure que l'élève devient utile.

École professionnelle. Imprimerie. Reliure. Jardinage. Couture. Menuiserie.

**LILLE (Nord).**

**Orphelinat de Dom Bosco, rue Notre-Dame, 288.**

Prêtres salésiens.

Admission à 11 ans accomplis; les enfants doivent être dans de bonnes conditions morales et physiques.

Les orphelins de père et de mère, pauvres et abandonnés, sont reçus gratuitement.

Les autres enfants doivent payer 300 francs par an.

Il y a dans la maison, outre les cours d'enseignement primaire, des cours d'enseignement secondaire et classique pour les élèves qui ont des aptitudes spéciales, et divers ateliers d'apprentissage, tels qu'imprimerie, menuiserie, reliure, cordonnerie, tailleurs, etc.

Il existe à Lille un orphelinat de garçons dit des **Bleuets**, rue de la Monnaie, 32, tenu par les Sœurs de Saint-Vincent-de-Paul. On y apprend divers états; mais cet établissement est exclusivement réservé aux orphelins légitimes de la ville de Lille. La pension est de 610 francs par an. L'admission a lieu dès 6 ans.

**Internat, place de Tourcoing.**

Frères des Écoles chrétiennes.

Admission dès 6 ans. Études complètes divisées en plusieurs cours et préparation à l'École catholique des Arts-et-métiers qui doit s'ouvrir prochainement place de Tourcoing.

650 francs par an. Trousseau et literie à fournir.

**LIMOGES (Haute-Vienne).**

**Rue des Allois, 1.**

Sœurs de Saint-Vincent-de-Paul.

Admission de 6 à 10 ans. Sortie à 18 ans.

240 francs par an pour les enfants de la ville; 360 francs pour les autres. 50 francs d'entrée.

Les enfants sont employés à la maîtrise de la paroisse Saint-Étienne et font leur apprentissage en ville, chez des patrons, sous la surveillance de l'Œuvre.

**LUCARNIS, par Saint-Pons (Hérault).**

**Orphelinat agricole de Saint-Joseph.**

Voir *Grèzes*, même communauté et mêmes conditions.

**LUCHÉ-THOUARSAIS, par Saint-Varent (Deux-Sèvres).**

**Orphelinat agricole.**

Société de Marie, de Paris.

Admission de 8 à 11 ans. Sortie de 18 à 21 ans.

240 francs par an jusqu'à 15 ans. 50 francs d'entrée pour trousseau.

Agriculture. Arboriculture. Horticulture. Ateliers pour charrons et forgerons.

**LUNÉVILLE (Meurthe-et-Moselle), rue de Villers, 53.**

Sœurs de Saint-Charles, de Nancy.

Admission dès 6 ans. Sortie à 16 ou 18 ans, avec autorisation spéciale de la commission.

300 francs par an pour les enfants de Lunéville, 365 francs pour ceux du dehors.

Après les classes, apprentissage de divers états.

**LYON (Rhône).**

**Providence Caille, à Fourvières, montée des Anges, 9.**

Frères Maristes.

Admission de 6 à 10 ans. Sortie à 13 ans.

300 francs par an. 100 francs d'entrée. Gratuit, sauf l'entrée, pour Lyon.

Passementerie.

**LE MANS (Sarthe).**

**Orphelinat du Sacré-Cœur, Saint-Pavin.**

Sœurs de la Providence d'Alençon.

Admission dès 3 ans. Sortie à 13 ans.

250 francs par an. 50 francs d'entrée.

On reçoit difficilement de Paris.

## MARSEILLE (Bouches-du-Rhône).

### Orphelinat de M. l'abbé Vitagliano (Saint-Calixte).

Admission de 3 à 6 ans et demi.

300 francs d'entrée.

Produire l'acte de mariage des parents et l'acte de décès de l'un d'eux.

Les enfants apprennent divers états.

### Oratoire Saint-Léon, rue des Princes, 78.

Prêtres salésiens. Dom Bosco, fondateur.

Admission de 12 à 16 ans. Sortie selon la volonté.

Gratuit pour les orphelins de père et de mère, dénués de toutes ressources. Pour les autres 300 francs par an et un trousseau.

École professionnelle. Imprimerie. Reliure. Cordonnerie. Tailleurs. Menuiserie. Sculpture, etc.

### Œuvre de la Providence, dite des Enfants de l'Étoile, rue Reinard, 46.

Frères du Sacré-Cœur, du diocèse du Puy.

Les orphelins indigents, nés à Marseille ou de parents marseillais, sont inscrits à 6 ans, admis de 7 ans à 11 ans, et sortent à 14 ans révolus. A leur sortie, ils sont mis en apprentissage et protégés par l'Œuvre.

## MEIX-THIERCELIN, par Sompuis (Marne).

Fondé par la Société des orphelinats agricoles de Paris. Dirige par les sœurs Franciscaines de Seillon.

Pour la pension et les admissions, s'adresser au secrétariat des Orphelinats agricoles, rue Casimir-Périer, 2, à Paris.

## MELAY-DE-LA-COURT, par Montaigu (Vendée).

Fondé par M. l'abbé de Suyrot. Dirigé par les Frères de Sainte-Croix.

Admission de 5 à 10 ans. Sortie de 16 à 18 ans.

180 francs par an. 50 francs d'entrée.

Agriculture. Horticulture.

## MÉPLIER-BLANZY (Saône-et-Loire).

Sœurs Franciscaines, sous la direction d'un prêtre du diocèse.
Admission dès 6 ans. Sortie à divers âges.
180 francs par an. Trousseau à fournir ou 30 francs d'entrée.
Agriculture. Jardinage. Construction des bâtiments. Ateliers divers. (Voir *Orphelinats de filles.*)

## MESNIÈRES, par Neufchâtel (Seine-Inférieure).

### Institution Saint-Joseph.

Pères du Saint-Esprit et du Saint-Cœur-de-Marie.
Admission de 6 à 12 ans. Sortie facultative.
360 francs par an. 80 francs d'entrée et un trousseau.
Classes jusqu'au certificat d'études et au delà.
École professionnelle. Agriculture. Horticulture et ateliers de menuiserie, de sculpture sur bois, de serrurerie, d'horlogerie, de reliure, de cordonnerie, de taillerie, etc.
Dans le même établissement : collège et école apostolique. (Voir chap. XIV.)

## MESNIL-SAINT-FIRMIN (Oise).

Sœurs de Saint-Joseph-de-Cluny.
Admission dès 6 ans. Après la première communion, les enfants sont envoyés à la ferme de Merles (même commune), sous la direction des Frères de la Société de Marie, de Paris. Sortie à 18 ans.
240 francs par an. 50 francs d'entrée.
Travaux agricoles.
S'adresser à M. le curé de Mesnil-Saint-Firmin.

## MIGNIÈRES, par Bailleau-le-Pin (Eure-et-Loir).

Fondé et dirigé par M. l'abbé Cintrat, avec le concours de religieuses.
Admission de 4 à 9 ans.
240 francs par an. 50 francs d'entrée.
Agriculture. Horticulture.

### LA MOERE, par Savenay (Loire-Inférieure).

**Orphelinat Notre-Dame, colonie agricole, succursale de l'orphelinat de Bethléem, à Nantes.**

Sœurs tertiaires Carmélites, sous la direction du supérieur de Nantes et d'un prêtre comme aumônier.

Admission à 13 ans. Sortie à 18 ans.

200 francs par an pendant 2 ans. 50 francs d'entrée.

Grande culture. Jardinage.

### MONTPELLIER (Hérault).

**Orphelinat de Dom Bosco, au clos Boutonnet.**

Prêtres salésiens.

Admission à 12 ans. Sortie selon la volonté.

Gratuit ou 180 francs. Trousseau et literie à fournir.

Instruction primaire, école professionnelle, viticulture. Enseignement secondaire pour les enfants trop pauvres pour entrer au séminaire, mais ayant la vocation religieuse.

On s'occupe des premières communions tardives.

**Orphelinat agricole de Saint-François.**

Voir *Grèzes*, même communauté et mêmes conditions.

### MORANGIS, par Lonjumeau (Seine-et-Oise).

Sœurs de Notre-Dame-des-Anges.

Admission de 2 à 7 ans. Sortie après la première communion.

360 francs par an. 50 francs d'entrée.

(Voir à Paris, *Orphelinat Saint-Charles, rue Blomet,* 147, même chap., 1re section.)

### NANCY (Meurthe-et-Moselle).

**Hospice Saint-Stanislas, rue Saint-Dizier, 163.**

Sœurs de Saint-Charles.

Admission depuis 2 ans. Sortie à 18 ans.

300 à 400 francs par an. Gratuit pour Nancy.

Apprentissage d'un état dans la maison (menuisier, jardinier, cordonnier, tailleur).

(Voir 4e section, *Orphelinats de filles.*)

## NANTES (Loire-Inférieure).

### Orphelinat de Bethléem, quartier Saint-Félix.

Fondé par M. l'abbé Bauduz, dirigé par M. l'abbé Le Boustouler.

Sœurs tertiaires Carmélites.

Admission à tout âge. Sortie à 18 ans.

200 francs jusqu'à 14 ans accomplis. 50 francs d'entrée.

Travaux de la campagne. Laboureurs. Carriers. Cochers. Tailleurs. Boulangers.

(Voir *La Moere.*)

## LA NAVARRE, par la Crau-d'Hyères (Var).

### Orphelinat agricole de Saint-Joseph.

Prêtres salésiens.

Admission à 12 ans. Rien de fixé pour la sortie.

Les conditions se traitent de gré à gré.

Agriculture. Horticulture. Apiculture.

## NEUILLY-SUR-SEINE (Seine).

### Orphelinat Quenessen, boulevard Victor-Hugo, 86.

Sœurs de Saint-Vincent-de-Paul.

Les garçons, orphelins de père et de mère ou de mère seulement, nés dans le département de la Seine, sont reçus gratuitement de 3 à 7 ans, et gardés jusqu'à 14 ans.

(Voir *Orphelinats de filles hors Paris.*)

## NICE (Alpes-Maritimes), place d'Armes, 1.

### Œuvre de Dom Bosco. — Patronage Saint-Pierre. Ateliers d'apprentissage.

Prêtres salésiens.

Admission à 11 ans. Sortie à tout âge.

Gratuit pour les orphelins pauvres, ou pension en proportion des ressources. On reçoit aussi les enfants étrangers dont les parents sont morts en France.

Après les classes, ateliers de tailleurs, cordonniers, imprimeurs, menuisiers, serruriers, etc.

**NOURRAY, par Saint-Amand-de-Vendôme (Loir-et-Cher).**
**Orphelinat agricole de Saint-Joseph.**

Frères de Saint-François-Régis, du Puy.
Admission de 8 à 12 ans. Sortie à 19 ans.
240 francs par an. 50 francs d'entrée. Prime donnée à l'élève à sa sortie, en raison de son travail.
Agriculture.

**ORGEVILLE, par Pacy (Eure).**
**Orphelinat agricole de Saint-Joseph.**

Pères du Saint-Esprit et du Saint-Cœur-de-Marie.
Admission de 9 à 10 ans. Sortie selon la volonté.
300 francs par an. 10 francs d'entrée et 20 francs pour le trousseau.
Agriculture. Métiers divers.

**PAU (Basses-Pyrénées).**
**Orphelinat agricole, route de Buros.**

Sœurs de Saint-Vincent-de-Paul.
Admission vers 5 ans. Sortie de 15 à 18 ans.
200 francs par an. 100 francs d'entrée. La pension n'est que de 150 francs pour les enfants du département.

**PERROU, par Juvigny-sous-Andaine (Orne).**

Religieuses Franciscaines.
Admission dès 3 ans. Sortie à 13 ans.
240 francs par an. 50 francs d'entrée. Lit et trousseau.
(Voir *Orphelinats de filles,* même chapitre, 4e section.)

**PEYRÉGOUX, par Lautrec (Tarn).**
**Orphelinat agricole de Saint-Alexis.**

Frères de Saint-François-Régis.
Admission de 9 à 12 ans, avec engagement de rester jusqu'à 19 ans.
180 francs par an jusqu'à 15 ans. Un trousseau de 60 francs.
Culture de la vigne. Soin des bestiaux. Exploitation de ferme.

**PLONGEROT, par Saint-Loup-sur-Aujon (Haute-Marne).**
**Orphelinat agricole.**

Frères de l'Immaculée-Conception, sous la direction d'un prêtre du diocèse.

Admission depuis 6 ans. Sortie à 18 ans.
200 francs par an, jusqu'à 15 ans révolus.
50 francs d'entrée ou un trousseau équivalent.
Agriculture.

**POUILLÉ, par les Ponts-de-Cé (Maine-et-Loire).**

Sœurs de la Charité de Sainte-Marie.
Admission vers 5 ou 6 ans. Sortie à 18 ans.
200 francs par an.
Instruction agricole. Jardinage. Grande culture.

**QUEVILLY (Le Grand), par Rouen (Seine-Inférieure).**

**Refuge des Enfants-Abandonnés.**

Pères du Saint-Esprit. Sœurs de Saint-Joseph-de-Cluny.
Admission de 7 à 11 ans. Sortie à 18 ans.
300 francs par an. Gratuit pour l'arrondissement.
Agriculture. Jardinage. Menuiserie. Serrurerie. Galvanoplastie.

**REIMS (Marne), rue Jacquart, 24.**

**École de Bethléem.**

Sœurs du Saint-Enfant-Jésus, sous la direction d'un prêtre.
Admission dès 5 ans. Sortie selon la volonté des parents.
300 francs par an.
Classes. Horticulture. Arboriculture. Cordonnerie.

**LA ROCHE-ARNAUD, par le Puy (Haute-Loire).**

**Orphelinat agricole de Saint-François-Régis.**

Reconnu d'utilité publique par décret du 19 août 1856.

Frères de Saint-François-Régis.
Admission de 8 à 11 ans. Sortie à 19 ans.
200 francs par an. 60 francs d'entrée pour le trousseau.
Agriculture. Horticulture. Métiers agricoles (forge, charpente, cordonnerie, etc.).

**LA ROCHE-GUYON, par Bonnières (Seine-et-Oise).**

**Orphelinat Fortin.**

12 garçons. 12 filles. — Assistance publique.

Sœurs de Saint-Vincent-de-Paul.
Gratuit.

### RONTEIX, par Felletin (Creuse).

Dirigé par M. le curé de Gioux, près Felletin.
Admission de 13 à 14 ans. Sortie à 20 ans.
200 à 240 francs par an.
Culture des champs et industrie agricole.

### LE ROSSIGNOL, à Coigneux, par Mailly-Maillet (Somme).

### Orphelinat agricole du Sacré-Cœur. (Œuvre de Dom Bosco).

Prêtres salésiens.
Admission à 12 ans. Sortie selon la volonté.
Prix selon les circonstances. Trousseau à fournir.
Agriculture.
S'adresser au directeur de l'orphelinat, ou au supérieur de l'orphelinat Salésien, rue Notre-Dame, 288, à Lille.

### RUITZ, par Houdain (Pas-de-Calais).

### Orphelinat Saint-Joseph. Colonie agricole.

Prêtres salésiens.
Admission à 13 ans.
Le prix varie selon les circonstances; il est en général de 300 francs par an. 20 francs d'entrée.
Cet orphelinat est le complément de celui de Lille, rue Notre-Dame, 288.
(Voir *Lille.*)

### SAINGHIN-EN-MELANTOIS, près Lille (Nord).

### Orphelinat Saint-Nicolas.

Prêtres de l'Institut de la Charité.
Admission de 6 à 13 ans. Sortie à tout âge.
300 francs par an. 50 francs d'entrée.
Ateliers divers, tailleurs, cordonniers, menuisiers, jardinage, forge avec machine à vapeur, etc., sculpture, mécanique, etc.

### SAINT-AILE, par Rebais (Seine-et-Marne).

Sœurs de Notre-Dame-des-Anges.
Admission de 2 à 7 ans. Sortie après la première communion.
300 francs par an. 50 francs d'entrée.
(Voir *Orphelinat Saint-Charles, rue Blomet*, 147, même chapitre, 1re section.)

**SAINT-ANTOINE, par Saint-Genis (Charente-Inférieure).**

**Colonie agricole.**

Frères de Saint-François-d'Assise.
Admission de 11 à 13 ans. Sortie de 18 à 21 ans.
200 francs par an jusqu'à 15 ans. 50 francs de literie.
Agriculture.

**SAINT-BROLADRE, par Dol (Ille-et-Vilaine).**

**Orphelinat Saint-Joseph.**

Sœurs Franciscaines, de Calais.
Admission depuis 7 ans. Sortie à 14 ans.
240 francs par an. 50 francs d'entrée pour le trousseau.
Travaux agricoles. Blanchisserie.

**SAINT-DENIS (Seine).**

**Place aux Gueldres, 12.**

Fondation Génin.
Sœurs de Saint-Vincent-de-Paul.
Spécial pour Saint-Denis. Places gratuites. Les enfants suivent l'école des Frères.
Admission de 3 à 10 ans. Sortie de 13 à 15 ans.

**SAINT-DIÉ (Vosges).**

**Orphelinat agricole du Sacré-Cœur.**

Dirigé par M. l'abbé Harnepon.
Les enfants sont admis dès le plus jeune âge, mais pas après 10 ans. Ils peuvent rester jusqu'à leur majorité, ou bien ils sont placés au dehors.
240 francs par an jusqu'à 12 ans; 180 francs de 12 à 16 ans. 50 francs d'entrée.
Horticulture. Arboriculture. Agriculture.

**SAINT-FÉLIX, près Soissons (Aisne).**

Dirigé par un Père de l'ordre de Cîteaux.
Admission depuis 8 ans. Sortie à 18 ou 20 ans.
300 francs par an jusqu'à 15 ans. 30 francs d'entrée.
Agriculture.

### SAINT-FRAIMBAULT-DE-LASSAY (Mayenne).

Sœurs de l'Immaculée-Conception-de-Marie.
Admission dès 3 ans. Sortie selon la volonté des parents.
240 francs par an.

### SAINT-GENEST-LERPT (Loire).

(Voir chapitre XII, *Saint-Genest-Lerpt, maison paternelle.*)

### SAINT-GEORGES-DE-REINTEMBAULT (Ille-et-Vilaine).

Sœurs du Carmel, d'Avranches.
Réservé presque exclusivement pour le diocèse.

### SAINT-ILAN, par Saint-Brieuc (Côtes-du-Nord).

Pères du Saint-Esprit et du Saint-Cœur-de-Marie.
Admission de 8 à 14 ans. Sortie selon la volonté des parents.
300 francs par an.
Horticulture. Arboriculture.

### SAINT-LOUIS, par Auch (Gers).

Fondé par Mgr l'archevêque d'Auch.
Sœurs Franciscaines.
180 francs par an pour les enfants du diocèse. Pour les autres, les conditions se traitent de gré à gré.
Exploitation d'une propriété de 80 hectares.

### SAINT-MALO (Ille-et-Vilaine), rue Saint-Sauveur, 113.

Sœurs de Saint-Vincent-de-Paul.
Admission de 6 à 12 ans. Sortie non limitée.
144 francs par an pour les enfants de Saint-Malo; les autres ne peuvent être reçus que par exception et au prix de 250 francs par an.
Menuiserie. Serrurerie. Ébénisterie. Sculpture. Placement en apprentissage.
(Voir *Orphelinats de filles*, même chapitre.)

### SAINT-MARTIN-DES-DOUETS, près Tours, (Indre-et-Loire).

Sœurs de la Présentation de la Sainte-Vierge.
Admission à 8 ans. Sortie à 18 ans.
250 francs ou 300 francs par an jusqu'à 15 ans. 50 francs d'entrée.
Agriculture. Jardinage.

## SAINT-MARTIN-DU-BEC, par Angerville-l'Orcher (Seine-Inférieure).

### Orphelinat de la Sainte-Famille.

Fondé et dirigé par Mlle de Croismare, avec le concours des sœurs institutrices de l'instruction de l'Enfant-Jésus, du Puy.

Admission dès 18 mois. Sortie à 13 ans si la famille le désire; sinon l'enfant est placé, surveillé et en cas de maladie ou de chômage, il est recueilli dans la maison, qui remplit pour lui le rôle de la famille chrétienne.

200 francs par an jusqu'à 13 ans. 50 francs d'entrée.

Agriculture. Horticulture.

## SAINT-MICHEL-EN-PRIZIAC, par Faouët (Morbihan).

### Orphelinat agricole et industriel, près de l'abbaye de Notre-Dame-de-Langonnet.

Pères du Saint-Esprit et du Saint-Cœur-de-Marie.

Admission de 8 à 16 ans. Sortie à 20 ans.

250 francs par an.

Classes jusqu'au certificat d'études. Instruction professionnelle et gratuite (12 ateliers d'états différents).

## SAINT-PIERRE-DE-CANON, par Pélissanne (Bouches-du-Rhône).

### Orphelinat agricole.

Prêtres salésiens.

Les orphelins de père et de mère dénués de ressources sont reçus gratuitement ou moyennant une minime pension.

## SAINT-YRIEIX (Haute-Vienne).

### Orphelinat agricole de Saint-Joseph-de-la-Faye.

Religieux de Sainte-Croix.

Admission dès 7 ans. Sortie à 18 ans.

200 francs par an. 50 francs d'entrée.

Agriculture principalement.

## SALVERT, par Migné (Vienne).

Sœurs de Sainte-Philomène. Dirigé par un prêtre.

Admission dès 6 ans. Sortie à 18 ans.

300 francs par an jusqu'à 15 ans. 20 francs d'entrée.

Agriculture. Horticulture. Apprentissage (moulin, forge, menuiserie).

**SÉDIÈRES, par la Roche-Canillac (Corrèze).**
**Orphelinat agricole.**

Sous le patronage de Mgr l'évêque de Tulle.
Sœurs Franciscaines.
Admission de 7 à 12 ans. Sortie de 18 à 20 ans.
200 francs par an jusqu'à 14 ans révolus.
Agriculture théorique et pratique. Pisciculture, etc.
Adresser les demandes à M. Desjobert, secrétaire du comité, quai de Valon, à Tulle.

**SEILLON, près Bourg (Ain).**
**Providences agricoles de Saint-Isidore.**

Sœurs Franciscaines de Seillon.
Admission de 3 à 7 ans. Sortie de 18 à 19 ans.
180 francs par an. Trousseau à fournir.
Horticulture. Grande culture.
Les enfants qui manifestent des dispositions à l'état ecclésiastique font des études spéciales.
Adresser les demandes à M. le directeur des Providences agricoles à Seillon, près Bourg.

**SENS (Yonne).**
**Boulevard du Mail, 31.**

Sœurs de la Providence, d'Alençon.
Admission dès 4 ans. Sortie à 15 ans.
250 francs par an. 50 francs d'entrée.
Culture. Jardinage. (Voir *Orphelinats de filles,* même chapitre, 4e section.)

**SERVAS, par Alais (Gard).**
**Colonie agricole fondée par M. Varin d'Ainvelle, en 1849.**

Sœurs de Saint-Vincent-de-Paul.
Admission dès 6 ans. Sortie à 16 ans.
120 francs par an. Trousseau à fournir.
Agriculture.

**TARBES (Hautes-Pyrénées), rue Saint-Antoine, 24.**

Sous la direction d'un prêtre du diocèse.
Admission dès 5 ans moyennant ce que l'on peut donner.
A 13 ans, les enfants vont en apprentissage, tout en restant logés à l'orphelinat.

## THODURE, par Viriville (Isère).

Sœurs de Marie-Immaculée.

Admission dès 3 ans. A 14 ans les enfants peuvent entrer à l'orphelinat agricole, fondé par les mêmes Sœurs à Noyarey, près Grenoble.

200 francs par an. Trousseau.

## TOULOUSE (Haute-Garonne).

### Orphelinat de l'Immaculée-Conception, Grande-Allée, 1.

Frères de Saint-Viateur.

Admission de 8 à 12 ans.

200 francs par an jusqu'à 16 ans. 50 francs d'entrée et un trousseau.

Apprentissage de divers métiers.

## TROYES (Aube), rue du Cloître-Saint-Étienne, 20.

### Orphelinat de la Sainte-Famille.

Sœurs de Saint-Vincent-de-Paul.

Admission dès 5 ans. Sortie à 13 ou 14 ans.

300 francs par an.

## VALLOIRES (commune d'Argoules), par Vron (Somme).

### Orphelinat de Saint-Vincent-de-Paul.

Frères de Saint-Vincent-de-Paul.

Admission de 7 à 12 ans.

240 francs par an. 20 francs d'entrée.

Après les classes, culture. Agriculture.

## VAUDRIMESNIL, par Périers (Manche).

Sœurs des Écoles chrétiennes de Saint-Sauveur-le-Vicomte.

Admission de 5 à 9 ans. Sortie à 13 ou 14 ans.

120 francs par an pour les enfants du département, 250 francs pour les autres; on paye 6 mois d'avance en entrant.

Après les classes, jardinage. Travaux divers.

## VAUJOURS (Seine-et-Oise).

### Asile-école Fénelon.

**Société Fénelon, reconnue d'utilité publique par décret du 5 février 1852.**

Fondé par M. l'abbé Dubeau, curé de Vaujours. Dirigé par les Frères des Écoles chrétiennes.

Admission de 7 à 10 ans. Après la première communion, les enfants peuvent être placés en apprentissage par les soins de la Société.

360 francs par an, plus 36 francs pour le vin. 57 francs d'entrée.

S'adresser, pour les admissions, au Frère directeur.

Une **École d'horticulture** est annexée à l'Asile. Elle se compose des anciens élèves de l'École et d'autres jeunes gens, munis de bons certificats. L'âge d'admission est de 13 à 14 ans. Le prix de la pension est le même qu'à l'asile. A la sortie, ils peuvent se placer comme jardiniers.

## VERSAILLES (Seine-et-Oise).

### Orphelinat, rue des Tournelles, 22.

Frères des Écoles chrétiennes.

Admission dès 7 ans.

400 francs par an. Entrée et frais accessoires, 76 francs. 50 francs par an si l'élève passe ses vacances à l'établissement.

L'administration municipale de Versailles possède un certain nombre de bourses et de demi-bourses qu'elle accorde aux enfants de familles de la ville.

### Apprentissage externe.

Section séparée de l'orphelinat. Admission deux ans après la première communion. Aucun métier ne s'apprend dans la maison. L'apprentissage se fait au dehors. 450 francs par an.

## VILLENEUVE-DE-BERG (Ardèche).

### Orphelinat dirigé par un prêtre du diocèse.

Admission, jusqu'à 7 ans, d'orphelins de père et de mère.

Gratuit. Le nombre des places est très limité.

## VILLEFRANCHE-DE-ROUERGUE (Aveyron).

### Orphelinat agricole de Notre-Dame-des-Treize-Pierres.

Frères de Saint-Viateur.
Admission de 5 à 10 ans. Sortie à 18 ans.
200 francs par an, jusqu'à 16 ans. Trousseau ou 120 francs.
Agriculture. Horticulture. Viticulture. Apiculture.

## VILLEPREUX (Seine-et-Oise).

Cet établissement a été fondé par M. Bonjean. (Voir chap. 1er : *Société de protection pour l'enfance abandonnée ou coupable.*)

Il existe à Villepreux un autre orphelinat de garçons, fondé par la ville de Paris, et désigné sous le nom de **Pupilles de la Seine**. Cet orphelinat est entièrement laïque, et il est à désirer que les enfants aient fait leur première communion avant d'y être admis, l'instruction religieuse n'étant pas donnée dans la maison.

# QUATRIÈME SECTION

## Institutions charitables et Orphelinats hors Paris pour les filles.

---

## LÉGION D'HONNEUR

---

### MAISONS D'ÉDUCATION

CRÉÉES PAR DÉCRET IMPÉRIAL DU 29 MARS 1809
ET ORDONNANCE ROYALE DU 16 MAI 1816

Grande chancellerie de la Légion d'honneur.

#### 1° MAISON D'ÉDUCATION DE SAINT-DENIS (SEINE)

*Surintendante :* Mme Ryckebusch.

Cet établissement reçoit gratuitement les filles légitimes des membres de la Légion d'honneur, sans fortune, ayant au moins le grade de capitaine, en activité de service, ou une position correspondante à ce grade. Un certain nombre de places payantes sont réservées aux filles, petites-filles, sœurs, nièces et cousines des membres de l'ordre.

Il ne peut être accordé qu'une place gratuite par famille.

Le prix de la pension d'une élève aux frais des familles est de 1000 francs par an.

Avant l'entrée d'une élève gratuite ou payante, les parents doivent déposer une somme de 300 francs pour le trousseau.

Les conditions d'admission d'une jeune fille sont les suivantes :

1° Être âgée de 9 ans au moins et de 11 ans au plus au 1er octobre de l'année scolaire ;

2° Être en état de subir, lors de l'entrée dans la maison d'éducation, un examen constatant qu'elle sait lire et écrire, qu'elle possède les éléments du catéchisme et les premières notions d'histoire sainte et de grammaire.

Les demandes doivent être adressées au grand chancelier de la Légion d'honneur.

Les pièces à fournir à l'appui de la demande sont :

1° Acte de naissance dûment légalisé;

2° Acte de baptême légalisé;

3° Certificat de médecin constatant que l'enfant a eu la petite vérole ou a été vaccinée, qu'elle n'a aucun vice de conformation, qu'elle n'est atteinte d'aucune maladie chronique ou contagieuse (si le certificat est délivré par un médecin civil, sa signature doit être légalisée par l'autorité municipale);

4° Certificat constatant que la jeune fille sait lire et écrire et possède les premiers éléments de grammaire, d'histoire sainte et de catéchisme;

5° Copie dûment certifiée du titre du père comme membre de la Légion d'honneur;

6° Copie dans la même forme des états de service;

7° Engagement signé par le père, ou à défaut par le tuteur si la jeune fille est orpheline, de verser à la caisse des Dépôts et consignations, à Paris, au moment de l'entrée de l'élève, la somme de 300 francs pour frais de trousseau;

8° Les familles qui n'ont pas leur domicile à Paris devront en outre faire connaître le nom, l'adresse et la qualité d'une personne habitant Paris, qui servirait de correspondant à l'élève, et s'engagerait à la recevoir dans tous les cas où sa sortie, soit temporaire, soit définitive, serait ordonnée par le grand Chancelier.

La maison de Saint-Denis est placée sous la surveillance et l'autorité du grand Chancelier, qui présente les élèves à la nomination du chef de l'État; elle est régie par une Surintendante, qui a sous ses ordres un nombreux personnel de dames attachées à l'établissement.

L'enseignement est réglé de la manière suivante :

Dans les trois maisons, préparation au brevet élémentaire ou de deuxième ordre de l'enseignement primaire.

**Aux Loges :** Enseignement professionnel.

**A Écouen :** Enseignement commercial, comptabilité, tenue des livres.

**A Saint-Denis :** Préparation au brevet supérieur, enseignement artistique supérieur.

### 2° SUCCURSALES DE LA MAISON DE SAINT-DENIS

1° **Maison d'Écouen** (Seine-et-Oise). Directrice : Mme Eigenschenck.

2° **Maison des Loges**, par Saint-Germain-en-Laye (Seine-et-Oise). Directrice : Mme Lebon.

Les places gratuites, dans ces deux maisons d'éducation de la

Légion d'honneur, sont réservées aux filles légitimes de tous les membres de l'ordre, sans fortune, militaires ou civils.

Il ne peut être accordé qu'une seule place gratuite par famille.

Un certain nombre de places payantes sont réservées aux filles, petites-filles, sœurs, nièces ou cousines de légionnaires. Le prix de cette pension est de 700 francs par an, payables en trois termes et d'avance; il est dû de plus, en entrant, une somme de 250 francs pour le trousseau. La grande Chancellerie prend à sa charge le trousseau des élèves gratuites.

Les conditions exigées des jeunes filles sont les mêmes que celles énoncées plus haut pour l'admission à la maison de Saint-Denis. Les pièces à produire pour une demande sont celles énumérées pour Saint-Denis dans les paragraphes 1 à 6 et 8.

Les maisons d'Écouen et des Loges étaient desservies par les religieuses de la congrégation de la Mère-de-Dieu. Depuis 1881, la direction de ces maisons a été confiée aux Dames de la Légion d'honneur.

Il a été créé une **Association amicale des anciennes élèves de la Légion d'honneur,** légalement autorisée en 1892, et qui a pour but de venir en aide aux anciennes élèves dans le besoin. Le siège de cette association est au palais de la Légion d'honneur, à Paris, rue de Lille, 64, où toutes les communications, les dons d'argent et autres, peuvent être adressés au nom de la Présidente de l'œuvre.

### AGEN (Lot-et-Garonne).

Sœurs de la Miséricorde, de Moissac.

Orphelines de père et de mère, reçues en très petit nombre, gratuitement, à 7 ou 8 ans. Sortie à 18 ans.

Jardinage. Ménage.

### AIX (Bouches-du-Rhône).

### Rue de Venel, 27.

Sœurs de Saint-Vincent-de-Paul.

Admission de 7 à 11 ans. Sortie à 21 ans.

180 francs par an jusqu'à 15 ans. 25 francs d'entrée.

Couture. Blanchissage. Soins du ménage.

### Orphelinat Notre-Dame, boulevard Notre-Dame.

Sœurs de Saint-Joseph, des Vans.

300 francs une fois donnés et 100 francs de trousseau.

Les enfants de Paris ne seraient reçus que par exception.

Lingerie. Confection. Broderie.

## ALAIS (Gard).

### Providence, rue Soubeyranne.

Sœurs de la Présentation de Marie, de Bourg-Saint-Andéol (Ardèche).

Admission depuis 8 ans. Il faudrait, pour Paris, consulter la Supérieure générale, à Bourg-Saint-Andéol.

150 francs par an ou 500 francs une fois donnés. Trousseau à fournir.

Lingerie. Blanchissage.

### Orphelinat des Sœurs franciscaines.

Admission à un prix très minime de petites filles orphelines ou abandonnées.

## ALBERTVILLE (Savoie).

Religieuses de Saint-Joseph, de Tarentaise.

Admission de 8 à 14 ans. Sortie de 18 à 20 ans.

200 francs par an. Trousseau à fournir.

Couture. Blanchissage.

## ALENÇON (Orne).

### Orphelinat du Petit-Châtelet.

Religieuses de Marie-Joseph.

Admission dès 7 ans. Sortie à 21 ans.

150 francs par an jusqu'à 13 ans.

Lingerie. Repassage.

Il y a une classe à part dite de *refuge* pour les jeunes filles vicieuses, mais non perdues.

### Orphelinat, rue de Candie, 34.

Religieuses de Saint-Joseph-de-Cluny.

Admission dès 6 ans. Sortie à 21 ans.

200 francs par an jusqu'à 12 ans. 150 francs de 12 à 15 ans. 40 ou 50 francs d'entrée pour le trousseau.

Lingerie. Blanchissage. Préparation au service de maison.

## AMBOISE (Indre-et-Loire).

### Orphelinat d'Orléans, fondé, en 1878, par le comte de Paris et la princesse Clémentine d'Orléans de Saxe-Cobourg.

Sœurs de la Présentation de la Sainte-Vierge.
Admission depuis 2 ans.
300 francs par an. 100 francs d'entrée. 11 places gratuites pour les orphelines adoptées par la princesse de Saxe-Cobourg.

## AMIENS (Somme), rue Laurendeau, 49.

Sœurs de Saint-Vincent-de-Paul.
Admission dès 3 ans. Sortie à 21 ans.
300 francs par an jusqu'à 13 ans. Diminution graduelle jusqu'à 16 ans.
50 francs d'entrée.
Lingerie. Blanchissage. Raccommodage.

### Orphelinat des Religieuses Franciscaines de Calais.

Admission de 5 à 12 ans.
240 francs par an.

## ANDELYS (Eure).

### Ouvroir industriel pour le dévidage des soies.

Sœurs de Saint-Vincent-de-Paul.

Cet ouvroir, fondé à Paris, en 1861, et transféré aux Andelys, est annexé à la manufacture de soie de M. Hamelin.

Admission à 13 ans, ou à 12 ans avec certificat d'études, en faisant inscrire l'enfant chez M. Hamelin, maison à Paris, rue Saint-Denis, 144, pour être examinée et reçue au fur et à mesure des places vacantes. Les parents ou bienfaiteurs doivent signer l'engagement de laisser l'enfant jusqu'à 21 ans, sous peine de payer une indemnité à raison de 50 centimes par journée passée dans la maison. Il faut verser à l'entrée une somme de 50 francs, qui est remboursée à la majorité de l'enfant.

L'élève reçoit à sa sortie à 21 ans un trousseau et une dot de 200 à 500 francs, selon les services rendus. Elle peut, si elle le désire, rester dans l'établissement comme ouvrière ou sous-maîtresse.

Outre le dévidage des soies, les jeunes filles complètent leur instruction primaire et travaillent à la couture.

S'adresser à la Supérieure, aux Andelys, ou à M. Hamelin, rue Saint-Denis, 144, à Paris.

## ANGERS (Maine-et-Loire).

### Ouvroir Saint-Vincent, rue de la Harpe.

Sœurs de Saint-Vincent-de-Paul.
Admission de 7 à 13 ans. Sortie à 21 ans.
200 francs par an jusqu'à 13 ans, 100 francs de 13 à 18 ans.
Lingerie. Broderie.

### Orphelinat du Bon-Pasteur.

Voir chap. XII, *Angers*.

## ANGOULÊME (Charente).

### Rue Saint-Ausone.

Sœurs de la Croix, dites de Saint-André.
Admission dès 6 ans. Sortie à 18 ans.
200 francs par an. 15 francs d'entrée.
Lingerie. Soins du ménage.

## ANNECY (Haute-Savoie).

### Orphelinat du Sacré-Cœur.

Sœurs de la Charité de la Roche.
Admission de 5 à 12 ans. Sortie de 18 à 20 ans.
180 à 200 francs par an.
Couture. Ménage. Blanchissage.

## ANTONY (Seine).

### Rue de l'Église, 18.

Pensionnat-Ouvroir dirigé par les Sœurs de Saint-Joseph, de Cluny.
Admission dès 6 ans. Sortie à 18 ans.
300 francs par an. 100 francs d'entrée pour literie et trousseau.
Lingerie. Chemiserie.

### Sœurs de la Croix, rue de la Mairie, 7.

400 francs par an.

## L'ARBRESLE (Rhône).

### Apprentissage industriel.

Manufacture de filés or et argent de MM. Fichet, Muraour et Cie.
Voir ci-dessous *Tarare*, même communauté et mêmes conditions.

## ARGELÈS (Hautes-Pyrénées).

Voir chap. VI, *Hôpital pour les jeunes filles*.

## ARNOUVILLE, par Gonesse (Seine-et-Oise).

Sœurs de la Croix, dites de Saint-André.
400 francs par an.

## ARRAS (Pas-de-Calais).

### Maison Saint-Charles, rue Saint-Maurice, 17.

Sœurs de Saint-Vincent-de-Paul.
Admission de 7 à 14 ans. Sortie à 21 ans.
240 francs par an. 20 francs d'entrée pour la literie.
Lingerie. Blanchissage. Soins du ménage.

## ARS (Ain).

### Providence.

Sœurs de Saint-Joseph, de Bourg.
Admission à 8 ans. Sortie suivant les conventions par acte notarié.
500 francs une fois donnés ou par fraction de 100 francs.
Ménage. Jardinage. Préparation au service. Lingerie.

## ARVERT, par la Tremblade (Charente-Inférieure).

Religieuses Ursulines du Sacré-Cœur.
Admission à tout âge (après examen de leur santé). Sortie de 18 à 21 ans.
200 francs par an. 15 francs d'entrée.
Couture. Travaux agricoles.
Une autre catégorie d'élèves, uniquement occupée aux classes, paye une pension annuelle de 250 francs.

### AUBAZINE, par Saint-Hilaire-Aubazine (Corrèze).

Religieuses du Saint-Cœur de Marie.
Admission à 9 ans. Sortie à 18 ans.
180 francs par an. 20 francs d'entrée.
Lingerie. Ménage.
L'orphelinat est établi dans l'ancienne abbaye fondée, en 1142, par saint Étienne d'Aubazine.

### AUBENAS (Ardèche).

### Orphelinat de la Providence, Œuvre des orphelines.

Religieuses Franciscaines.
Admission de 5 à 8 ans. Sortie à 20 ou 21 ans.
250 francs par an. Gratuit pour la ville.
Lingerie. Soins du ménage.

### AUBERVILLIERS (Seine).

### Rue de la Cour-Neuve, 11.

Sœurs de Saint-Vincent-de-Paul.
Admission depuis 5 ans. Sortie à tout âge.
360 francs par an. 15 francs d'entrée. L'entretien se paye à part.
Classes jusqu'au brevet si on le désire.
Couture. Soins du ménage.

### AULNAY-LÈS-BONDY, par le Bourget (Seine).

### Ouvroir annexé au pensionnat Notre-Dame.

Religieuses de Notre-Dame.
Admission après la première communion.
300 francs par an. Trousseau à fournir.
Couture.
(Aulnay est en Seine-et-Oise, bien que le bureau de poste soit dans le département de la Seine).

### AURILLAC (Cantal), rue d'Aurinques.

Sœurs de Saint-Vincent-de-Paul.
Admission de 5 à 15 ans. Sortie à 21 ans.
200 francs par an.
Lingerie.

### Orphelinat, au Bon-Pasteur.

Voir chap. XII, *Aurillac*.

### AUTUN (Saône-et-Loire).

#### Rue Piolin, 6.

Sœurs de la Charité, de Nevers.
Admission depuis 10 ans. Sortie à 21 ans.
200 francs par an. 60 francs d'entrée pour le trousseau.
Peu de places pour Paris.
Lingerie.

#### Orphelinat, rue Saint-Pierre.

Religieuses du Saint-Sacrement.
Admission à 7 ans. Sortie à 18 ans.
200 francs par an. 60 francs d'entrée.
Couture. Repassage. Raccommodage.

### AVESNES (Nord).

Sœurs de la Compassion, de Domfront.
Admission dès 3 ans.
300 francs par an. 25 francs d'entrée.
Couture. Blanchissage. Soins du ménage.

### AVIZE (Marne).

Sœurs de Saint-Vincent-de-Paul.
Admission dès 5 ans. Sortie à 21 ans.
250 francs par an jusqu'à 17 ans. Gratuit pour la commune.
Couture. Lingerie.

### AVRANCHES (Manche), rue Saint-Martin, 1.

Sœurs de Saint-Vincent-de-Paul.
Admission dès 4 ans. Sortie à 21 ans.
180 francs par an. 50 francs d'entrée.
Lingerie. Ménage.

### AUXERRE (Yonne), place Saint-Pierre.

#### Orphelinat Saint-Pierre.

Sœurs de la Présentation de la Sainte-Vierge.
Admission à 7 ou 8 ans. Sortie à 21 ans.
180 francs par an jusqu'à 15 ans. 40 francs d'entrée.
Lingerie. Ménage.

### Orphelinat, place Lebœuf, 2.

Sœurs de Saint-Vincent-de-Paul.
Admission depuis 3 ans. Sortie de 18 à 21 ans.
180 francs par an.
Couture. Blanchissage. Travaux de tous genres.

## BAGNÈRES-DE-BIGORRE (Hautes-Pyrénées).

### Route de Tarbes.

Voir *Toulouse, rue Saint-Michel,* 4. Même communauté et mêmes conditions.

### Orphelinat.

Sœurs de la Croix, dites de Saint-André.
Admission depuis 8 ans. Sortie à 21 ans.
250 francs par an jusqu'à 13 ans; 200 francs ensuite. 40 francs d'entrée.
On peut continuer les classes jusqu'au brevet.
Couture.

## BAGNEUX (Seine).

### Rue Pavée, 1.

Sœurs de Saint-Vincent-de-Paul.
Admission de 6 à 13 ans. Sortie après le certificat d'études.
420 francs par an, sans entrée.
Classes. Couture.

## BAILLET, par Montsoult-Moisselles (Seine-et-Oise).

Sœurs de la Croix, dites de Saint-André.
450 à 500 francs par an.

## BAR-SUR-AUBE (Aube).

Religieuses Ursulines, de Troyes.
Admission de 7 à 13 ans. Sortie à 21 ans.
Les prix varient selon l'âge et les conventions.
Lingerie. Raccommodage.

## BAYONNE (Basses-Pyrénées).

Sœurs de la Croix, dites de Saint-André.
Ouvroir-Interne. Les conditions se traitent avec la Supérieure.

### BEAUCAIRE (Gard).

#### Orphelinat de la Miséricorde.

Sœurs de Saint-Vincent-de-Paul.
Admission de 7 à 10 ans. Sortie à 21 ans.
180 francs par an jusqu'à 15 ans. 30 francs d'entrée.
Les enfants illégitimes ne sont pas admises.

### BEAUPRÉAU (Maine-et-Loire).

#### Orphelinat Saint-Joseph.

Religieuses hospitalières de Saint-Joseph.
Admission depuis 2 ans. Sortie à 21 ans.
200 francs par an jusqu'à 13 ans. Trousseau à fournir.

### BEAUREPAIRE-EN-BRESSE (Saône-et-Loire).

Sœurs de Saint-Vincent-de-Paul.
Admission dès 2 ans. Sortie à 21 ans.
200 francs par an. 50 francs d'entrée. Trousseau et literie.
Couture. Soins du ménage et du jardin.

### BEAUVAIS (Oise).

#### Ouvroir industriel, rue de l'Abbé-Gelée, 30.

Sœurs de Saint-Vincent-de-Paul.
Admission à 12 ans. Sortie à 21 ans.
300 francs par an. 30 francs d'entrée et un trousseau.
Ateliers de lingerie, de brosserie, etc. On ne reçoit de Paris que par exception.

#### Rue Jeanne-Hachette, 15.

Religieuses du Sacré-Cœur.
Les orphelines appartenant à une famille honnête peuvent être reçues à 10 ou 12 ans, moyennant une somme de 200 francs une fois donnée et un trousseau.

### BELLEVUE (Seine-et-Oise).

#### Internat de Notre-Dame, route des Gardes, 28.

Sœurs de Saint-Vincent-de-Paul.
Admission de 6 à 14 ans. Sortie à 21 ans.

360 francs par an jusqu'à la première communion, 300 francs ensuite jusqu'à 18 ans. 100 francs d'entrée.

Les enfants qui quittent la maison avant l'âge fixé de 21 ans, doivent une indemnité, étant alors considérées comme pensionnaires libres. Celles-ci payent 500 francs par an.

**BERCEAU DE SAINT-VINCENT-DE-PAUL, par Dax (Landes).**

Sœurs de Saint-Vincent-de-Paul.
Admission de 6 à 11 ans. Sortie à 21 ans.
200 francs par an. 100 francs d'entrée.
Couture. Repassage. Broderie. Soins du ménage.
(Voir chap. III, *Berceau de Saint-Vincent-de-Paul*).

**BERDOUES, par Mirande (Gers).**

**Agricole.**

Sœurs agricoles de Bordeaux.
Admission de 5 à 7 ans. Sortie à 21 ans.
150 francs par an jusqu'à 14 ans. 150 francs d'entrée pour trousseau et literie.
Agriculture. Jardinage. Basse-cour. Vacherie.

**BERGERAC (Dordogne), rue du Pont-Saint-Jean.**

**Orphelinat Saint-Joseph.**

Sœurs de Sainte-Marthe.
Admission de 4 à 12 ans. Sortie de 18 à 21 ans.
200 francs par an. Trousseau.
Couture. Tricot. Repassage. Blanchissage.

**BESANÇON (Doubs).**

**Maison du Bon-Secours, rue du Chapitre, 7.**

Sœurs de la Sagesse.
Admission dès 6 ans. Les enfants légitimes sont seules reçues.
200 francs par an.
Préparation au service comme domestique.

### BEZOUOTTE, par Mirebeau (Côte-d'Or).

### Orphelinat agricole de Saint-Joseph.

Sœurs de l'Adoration perpétuelle.
Admission depuis 18 mois ou 2 ans. Sortie à 21 ans.
150 francs par an. 50 francs d'entrée ou un trousseau.
Exploitation d'une ferme.

### BILLANCOURT (Seine).

### Rue du Vieux-Pont-de-Sèvres, 158.

Sœurs de l'Enfant-Jésus, du Mans.

Éducation et apprentissage des jeunes filles orphelines ou abandonnées, qui peuvent rester jusqu'à 18 ans.

240 francs par an. 50 francs d'entrée.

Cette œuvre, fondée par M. l'abbé Roussel, dans le but d'instruire les enfants et de les préparer à la première communion, a les mêmes conditions, pour l'admission des enfants et la fondation des lits, que celle des apprentis-orphelins, à Auteuil.

(Voir *Paris,* 1re section).

Un comité de Dames s'occupe de l'Œuvre et des moyens d'accroître ses ressources.

### Patronage Saint-Augustin, quai de Billancourt, 51.

Annexé à l'usine de M. Henry Levoyer (Hameau-Fleuri).

Sœurs Servantes du Saint-Cœur de Marie.

Admission après 13 ans, moyennant une entrée de 300 francs, un trousseau de 100 francs et 30 francs pour la literie.

Chemiserie fine pour hommes. Emploi de machines à coudre mues par la vapeur. Les enfants gagnent à l'âge de 16 ans; si elles entrent à cet âge, elles ne gagnent qu'à 17 ans.

S'adresser pour les admissions, à M. H. Levoyer, rue Saint-Martin, 107, à Paris.

### BILLOM (Puy-de-Dôme).

### Providence.

Religieuses de la Miséricorde.
Admission dès 7 ans. Sortie à 21 ans.
400 ou 600 francs une fois donnés.
Lingerie.

## BLOIS (Loir-et-Cher).

### Orphelinat Notre-Dame de la Providence, Rue des Saintes-Maries, 23.

Sœurs de Notre-Dame de la Providence.

Admission de 6 à 13 ans. Sortie à 21 ans.

600 francs une fois donnés (les enfants du diocèse ne payent que 300 francs.) Un trousseau de 100 francs à fournir.

Couture. Blanchissage. Ménage. Préparation au service de maison.

Dans la même maison, pensionnat et ouvroir de jeunes filles, au prix de 300 francs par an.

## BOISGUILLAUME, par Rouen (Seine-Inférieure).

### Route de Neufchâtel, 103.

Sœurs de Saint-Vincent-de-Paul.

Admission de 6 à 10 ans.

300 francs par an. Il faut payer l'entretien. 50 francs d'entrée.

(Voir même chap., 3e section.)

## BONNAY, par Saint-Gengoux (Saône-et-Loire).

Sœurs Dominicaines du Sacré-Cœur.

Admission de 7 à 15 ans. Sortie à 21 ans.

150 francs par an. Trousseau et literie à fournir.

Lingerie. Raccommodage. Repassage.

## BORDEAUX (Gironde), rue Pelleport, 260.

Petites-Sœurs de la Passion de Notre-Seigneur.

Asile pour les petites filles abandonnées, reçues en bas âge pour une pension modique.

### Boulevard de Caudéran.

Sœurs du Bon-Pasteur de la Visitation.

Admission à 10 ans. Sortie à 18 ou 20 ans.

Petite pension à payer jusqu'à ce que les enfants sachent travailler.

### Rue des Faussets, 11.

Voir *Sèvres*, même communauté et mêmes conditions.

### BOUCHON, par Dammarie (Meuse).

Sœurs de Sainte-Marthe, de Romans.

Admission de 6 à 15 ans.

150 francs par an jusqu'à 14 ans, en restant jusqu'à 21 ans; 200 francs par an, avec liberté de partir quand on veut. 70 francs d'entrée pour trousseau et costume.

Couture. Blanchissage. Repassage.

### BOULOGNE-SUR-MER (Pas-de-Calais).

### Rue des Carreaux, 14.

Sœurs du Cœur-Immaculé de Marie.

Admission de 6 à 10 ans des orphelines de mère. Sortie à 21 ans. Trousseau et literie à fournir. 5 francs par mois jusqu'à 13 ans.

Peu de places à donner.

Lingerie. Tricot. Découpage de tulle.

### BOURG (Ain).

### Orphelinat de la Providence.

Sœurs de Saint-Joseph, de Bourg.

Admission dès 6 ans. Sortie à 21 ans.

100 francs par an jusqu'à 15 ans, ou une somme de 500 francs une fois donnée. Trousseau à fournir.

Lingerie. Soins du ménage. Tissage de la soie.

### BOURGES (Cher), rue Porte-Saint-Jean, 2.

Sœurs de la Charité, du Montoire.

Admission à 3 ans. Sortie à 21 ans.

150 francs par an de 3 à 7 ans. 100 francs de 7 à 16 ans. 50 francs d'entrée et un trousseau.

Lingerie. Ménage.

### Orphelinat du Bon-Pasteur.

Voir chap. XII, *Bourges. Bon-Pasteur.*

### LE BOURGET (Seine).

#### Internat, rue Ernest-Baroche, 7.

Sœurs de Saint-Vincent-de-Paul.
Admission depuis 6 ans.
420 francs par an. 100 francs d'entrée.
Les leçons de musique et de dessin se payent à part.
Classes complètes.
Couture. Lingerie.

### BRACHAY, par Doulevant (Haute-Marne).

#### Institution Saint-Joseph.

Sœurs du Cœur-Immaculé de Marie.
Admission dès 5 ans.
50 francs d'entrée et un trousseau.
204 francs par an jusqu'à 16 ans, gratuit ensuite.
Couture. Travaux de ménage.

### BREST (Finistère), rue du Coat-ar-Guéven, 9.

Religieuses de l'Adoration perpétuelle.
Admission à 7 ou 8 ans. Sortie à 20 ans.
400 francs une fois donnés.
Lingerie. Repassage. Ménage.

### BRIVES (Corrèze).

#### Hospice Dumyrat.

Sœurs de la Charité, de Nevers.
Admission dès 5 ans. Sortie à 15 ans.
217 francs par an.
(Voir même chap., 3e section.)

#### Orphelinat de la Providence.

Sœurs de la Charité, de Nevers.
Admission entre 9 et 14 ans. Sortie à 18 ans ou plus tard, à volonté.
240 francs par an. Les enfants de la ville, gratuitement.
On s'occupe de leur placement à leur sortie.
Lingerie. Blanchissage.

**BRUGES, par le Bouscat (Gironde).**

**Orphelinat Sainte-Germaine.**

Sœurs du Bon-Pasteur de la Visitation.
Admission dès 7 ans. Sortie de 18 à 21 ans.
180 francs par an jusqu'à 12 ans (payés d'avance).
Lingerie. Soins du ménage.

**CACHAN-ARCUEIL (Seine).**

**Maison de Saint-Joseph, rue des Tournelles, 7.**

Sœurs de Saint-Vincent-de-Paul.
Admission dès l'âge de 8 ans. Sortie à 21 ans.
300 à 360 francs par an. 50 ou 100 francs d'entrée.
Couture. Lingerie.
Voir même maison : *Retraite pour les vieillards*, chap. VII.

**CAEN (Calvados).**

**Rue de Bayeux, 71.**

Sœurs de Saint-Vincent-de-Paul.
Admission de 5 à 12 ans. Sortie à 21 ans.
300 francs par an jusqu'à 15 ans. 50 francs d'entrée.
Blanchissage. Ménage. Lingerie. Couture.
(Voir même chap., 3e section.)

**Rue de Caumont, 27.**

**Ouvroir Notre-Dame.**

Direction religieuse.
Admission depuis 7 ans. Sortie à 21 ans.
250 francs par an pour Paris.
Lingerie. Blanchissage. Raccommodage.

**CAMBO (Basses-Pyrénées).**

Sœurs de la Croix, dites de Saint-André.
Les conditions du pensionnat se traitent avec la Supérieure.

**CAMON-LÈS-AMIENS (Somme).**

Sœurs Fidèles-Compagnes de Jésus.
Admission dès 6 ans. Sortie à 21 ans.
240 francs par an jusqu'à 18 ans.
Blanchissage. Soins du ménage. Lingerie. Chemiserie.

## CANNES (Alpes-Maritimes).

### Orphelinat de la Sainte-Famille, rue de la Castre.

Sœurs de Saint-Thomas, de Villeneuve.
Admission de 7 à 12 ans. Sortie à 21 ans.
120 francs par an.
Peu de places pour les étrangers.

## CARIGNAN (Ardennes).

Sœurs de Sainte-Chrétienne.
Admission dès 6 ans. Sortie de 18 à 21 ans.
250 francs par an.
Blanchissage. Repassage. Jardinage. Soins du ménage. Couture.

## CARPENTRAS (Vaucluse).

Sœurs du Saint-Sacrement, de Romans.
Admission à 6 ou 7 ans. Sortie à 19 ou 20 ans.
180 francs par an.
Couture.

## CASTELNAUDARY (Aude), rue de l'Hôpital.

Sœurs de la Charité, de Nevers.
Admission à partir de 5 ans. Sortie à 21 ans.
200 francs par an de 5 à 10 ans; 180 francs de 10 à 18 ans; gratuit ensuite. Trousseau ou 100 francs d'entrée.
Couture. Repassage. Ménage.

## LA CELLE-SAINT-CLOUD, par Bougival (Seine-et-Oise).

Succursale de l'*Institution Saint-Louis*. (Voir *Orphelinats de filles dans Paris, IXe arrondissement.*)

## CHALON-SUR-SAÔNE (Saône-et-Loire).

### Providence, rue de l'Évêché, 2.

Sœurs de Saint-Vincent-de-Paul.
Admission dès 5 ou 6 ans. Sortie à 21 ans.
200 francs par an jusqu'à 16 ans. Un trousseau et 20 francs d'entrée.
Couture. Soins du ménage. Repassage.

**CHALONS-SUR-MARNE (Marne), rue de Noailles, 2.**

Sœurs de Saint-Vincent-de-Paul. (Paroisse Saint-Étienne.)
Admission dès 6 ans. Sortie à 21 ans.
240 francs par an jusqu'à 18 ans, gratuit ensuite. Trousseau.
Lingerie. Blanchissage. Soins du ménage.
Un autre orphelinat, rue Saint-Jacques, est à peu près dans les mêmes conditions.

**CHAMPIGNY (Seine).**

**Orphelinat et pensionnat, Grande-Rue, 106.**

Sœurs de Saint-Vincent-de-Paul.
Admission dès 3 ans. Sortie facultative.
420 francs par an. 100 francs d'entrée.
Lingerie.

**CHANTENAY (Loire-Inférieure).**

Sœurs Oblates du Sacré-Cœur de Jésus.
Admission de 7 à 10 ans. Sortie à 21 ans.
100 à 150 francs par an. 200 francs d'entrée et un trousseau.
Couture. Broderie. Ménage.

**CHARENTON-LE-PONT (Seine).**

**La Providence Saint-Joseph, rue des Bordeaux, 10.**

Sœurs de Saint-Vincent-de-Paul.
Admission de 6 à 12 ans. Sortie selon la volonté des parents.
360 francs par an. 50 francs d'entrée pour lit et trousseau.
Classes jusqu'au certificat d'études et jusqu'aux grands examens, s'il y a lieu.
Lingerie.

**CHARMOIS, par Xertigny (Vosges).**

Voir *Remiremont*. Même communauté et mêmes conditions.

**CHARTRES (Eure-et-Loir), rue Percheronne, 2.**

Sœurs de Saint-Vincent-de-Paul.
Admission vers 7 ans. Sortie à 21 ans.
180 francs par an, si l'on s'engage à rester jusqu'à 21 ans.
Lingerie. Repassage. Soins du ménage.

**Orphelinat Sainte-Élisabeth, place Saint-Brice, 4.**

Sœurs de Saint-Paul, de Chartres.
Admission de 4 à 11 ans. Sortie à 21 ans.
Prix selon les circonstances.
Lingerie. Ménage. Cuisine. Repassage.

**Maison Bleue, rue Avedan, 7.**

Sœurs du Saint-Cœur de Marie.
Admission depuis 3 ans. Sortie à 21 ans.
240 francs par an jusqu'à 9 ans. 200 francs de 9 à 16 ans.
Lingerie. Repassage. Soins du ménage.

**Orphelinat, rue des Béguines.**

Admission vers 10 ans. Sortie à 21 ans avec trousseau donné comme récompense, ou à 18 ans sans trousseau. 200 francs par an jusqu'à 15 ans.
Après les classes, lingerie, confections.

**CHATELLERAULT (Vienne).**

Sœurs de la Sagesse.
Admission dès 4 ans. Sortie à 21 ans.
On ne reçoit que les enfants légitimes.
150 francs par an. Trousseau à fournir.
Lingerie. Ménage.

**CHATENAY (Seine), rue des Vallées, 5.**

Sœurs de Saint-Vincent-de-Paul.
Les orphelines sont reçues dès 6 ans, sortent à 21 ans et payent 300 francs par an jusqu'à 15 ans. 50 francs d'entrée.
Les autres enfants reçues au même âge payent 360 francs jusqu'à leur sortie. Même entrée.
Lingerie. Blanchissage. Ménage.

**CHAVILLE (Seine-et-Oise).**

**Grande-Rue, 168.**

Religieuses de Saint-Thomas, de Villeneuve.
Admission dès 7 ans. Sortie à tout âge.
360 francs par an. 45 francs d'entrée. La chaussure et l'entretien sont à la charge des parents.
Lingerie. Blanchissage. Soins du ménage.

**LE CHEVALON, par Voreppe (Isère).**

Sœurs de la Providence.
Admission de 7 à 10 ans. Sortie à 21 ans.
144 francs par an. 25 francs d'entrée et un petit trousseau.
Cuisine. Jardinage. Blanchissage. Repassage. Lingerie.

### LE CHEYLARD (Ardèche).

Sœurs de Saint-Joseph.
Admission de 7 à 10 ans. Sortie à 21 ans.
120 francs par an.
Couture. Ménage selon les habitudes du pays.

### CHOISY-LE-ROY (Seine).

Sœurs de la Croix, dites de Saint-André.
400 francs par an.

### CHOLET (Maine-et-Loire).

Voir chapitre XII, *Cholet, Bon-Pasteur.*

### CHOMÉRAC (Ardèche).

**Orphelinat industriel Chabert et Cie.**

Voir *Taulignan*, mêmes conditions et même adresse à Paris.

### CLAIRMARAIS, par Saint-Omer (Pas-de-Calais).

Sœurs oblates de l'Assomption.
Mêmes conditions qu'à Sèvres (Seine-et-Oise).

### CLAMART (Seine), rue Fauveau, 1.

Sœurs de Notre-Dame-des-Anges.
Admission de 2 à 7 ans. A 7 ans, les enfants viennent à Paris)
(Voir *Orphelinat Saint-Charles, rue Blomet*, à Paris.)
360 francs par an. 50 francs d'entrée.

**Ouvroir de Notre-Dame-des-Victoires, rue du Nord, 2.**

Sœurs de Marie-Joseph.
Admission à 12 ans. Sortie facultative.
300 francs par an. 30 francs d'entrée.
Lingerie. Blanchissage.

### CLERMONT (Oise).

**Orphelinat d'Alsace-Lorraine, rue de Béthancourtelle.**

Sœurs de la Providence, de Ruillé-sur-Loir.
Admission de 6 à 12 ans. Sortie à 21 ans.
250 francs par an jusqu'à 15 ans, ou une somme de 600 à

1,000 francs (suivant l'âge et l'aptitude) une fois donnée. 100 francs d'entrée pour le trousseau et le lit, si l'on paye une pension annuelle. Si l'enfant est reprise avant l'époque fixée par l'engagement, il est dû à l'établissement une indemnité de 50 à 100 francs (suivant l'âge) par année de séjour.

Blanchissage. Repassage. Ménage. Robes. Broderie. Lingerie sur commande.

## CLERMONT-FERRAND (Puy-de-Dôme).

Voir chapitre XII, *Clermont-Ferrand, rue Saint-Allyre.*

## COLOMIERS (Haute-Garonne).

Sœurs de la Croix, dites de Saint-André.

Les conditions du pensionnat se traitent avec la supérieure.

## CONDES, par Chaumont (Haute-Marne).

Sœurs de la Providence, de Langres.

Admission dès 3 ans. Sortie à 21 ans.

150 francs par an jusqu'à 15 ans. Gratuit ensuite. 50 francs d'entrée.

Couture. Blanchissage. Basse-cour. Ménage. Jardinage.

## CONFLANS, par Charenton-le-Pont (Seine).

Dames du Sacré-Cœur.

Les jeunes filles de la paroisse sont reçues et élevées gratuitement.

## CORBEIL (Seine-et-Oise).

### Orphelinat Galignani.

Sœurs de Saint-Vincent-de-Paul.

Admission dès 6 ans. Sortie à 18 ans.

240 francs par an pour l'arrondissement de Corbeil, 360 francs pour les autres. 90 francs pour le trousseau.

Couture. Soins du ménage.

## CORBIE (Somme).

Religieuses franciscaines de Calais.

Admission de 5 à 12 ans.

240 francs par an.

**COUBRON, par Livry (Seine-et-Oise).**

Succursale de l'*Orphelinat Bonar* (Voir *Orphelinats de filles dans Paris, Ve arrondissement*).

**COURANCES, par Milly (Seine-et-Oise).**

Sœurs de la Croix, dites de Saint-André.
300 francs par an.

**COURCELLES-SUR-AUJON, par Saint-Loup (Haute-Marne).**

Sœurs du Cœur-Immaculé de Marie.
Admission de 5 à 11 ans. Sortie de 18 à 21 ans.
150 francs par an jusqu'à 16 ans accomplis. 50 francs d'entrée.
Blanchissage. Tricot. Exploitation de 25 hectares de terre.

**COUTANCES (Manche), rue Quesnel-Canvaux.**

Sœurs de Saint-Vincent-de-Paul.
Admission de 2 à 10 ans. Sortie de 18 à 21 ans.
200 francs par an.
Lingerie. Blanchissage. Repassage. Soins du ménage.

**CREST (Drôme).**

Religieuses trinitaires.
Admission de 6 à 10 ans avec engagement de rester jusqu'à 21 ans, ou de payer une indemnité.
150 francs par an jusqu'à 15 ans. 125 francs d'entrée.
Lingerie fine. Broderie.

**CRÉTEIL (Seine), rue du Moulin, 15.**

Sœurs de Saint-Vincent-de-Paul.
420 francs par an. 50 francs d'entrée.
Les enfants qui ne continuent pas leurs études après le certificat peuvent être admises à l'Ouvroir, au prix de 300 francs par an

**CUERS (Var).**

**Orphelinat Sainte-Marthe.**

Sœurs de Sainte-Marthe.
Admission de 7 à 14 ans. Sortie à 21 ans.
100 francs par an jusqu'à 15 ans. Trousseau.
Couture. Lingerie.

## CUIRE, près Lyon (Rhône).

### Montée des Forts, 12.

Sœurs Franciscaines.

Admission de 3 à 21 ans, gratuite pour les orphelines de la commune. 180 francs par an pour celles des autres départements.

### Orphelinat des Sœurs Franciscaines de Calais.

Admission de 5 à 12 ans.

240 francs par an.

## DAMPIERRE (Aube).

Sœurs de Saint-Vincent-de-Paul.

Admission de 5 à 12 ans. Sortie de 19 à 21 ans. Engagement à signer.

240 francs par an de 5 à 7 ans. 180 francs par an de 7 à 14 ans. 40 francs d'entrée.

Lingerie. Raccommodage. Soins du ménage.

## DARNÉTAL (Seine-Inférieure).

Voir chapitre XII, *Darnétal, rue Saint-Pierre*, 51.

## DAX (Landes).

### Orphelinat.

Sœurs de la Croix, dites de Saint-André.

Les conditions se traitent avec la supérieure.

## DEAUVILLE (Calvados).

### Orphelinat Saint-Joseph.

Sœurs Franciscaines.

Admission de 3 à 7 ans. Sortie à 21 ans.

250 francs par an jusqu'à 16 ans. 50 francs d'entrée.

Fondé pour les orphelines des marins, mais on peut recevoir de tout pays.

## LA DÉLIVRANDE (Calvados).

### Atelier d'apprentissage.

Religieuses de la Sainte-Famille. Maison mère à la Délivrande. Maison à Caen (Calvados) et à Roubaix (Nord).

Admission à 13 ans au petit atelier; à partir de 15 ans, au

grand atelier. A la fin de l'apprentissage, les jeunes filles sont placées.

Il n'y a pas de pension fixe à payer. Le travail des apprenties est évalué et vient en déduction des frais s'élevant de 75 centimes à 1 franc par jour. Il est désirable que le surplus de la dette soit acquitté par les parents ou bienfaiteurs.

Couture. Repassage. Service. Cuisine.

**Maison de dames pensionnaires.** (Voir chap. VII.)

**A Caen,** atelier d'apprentissage comme à la Délivrande; mais l'admission n'a lieu qu'à 15 ans. Réunions de patronages.

**A Roubaix,** retraites pour les dames et pour les ouvrières des usines. Réunions de patronages, etc.

### Orphelinat.

Sœurs de Notre-Dame de la Charité, dites de la Vierge-Fidèle.
Admission de 7 à 15 ans. Sortie de 18 à 21 ans.
300 francs par an.
Lingerie. Confections. Soins du ménage.

## DIEPPE (Seine-Inférieure).

### Orphelinat Sainte-Élisabeth, rue d'Écosse, 39 *bis*.

Sœurs de Saint-Vincent-de-Paul.
Admission dès 4 ans. Gratuit pour les orphelines des marins du pays.

## DIJON (Côte-d'Or), rue du Tillot, 2.

### Orphelinat Saint-Bénigne.

Sœurs de Saint-Vincent-de-Paul.
Admission à 9 ans. Sortie à 21 ans.
300 francs par an. 100 francs d'entrée.
Lingerie.

### Rue Saint-Philibert, 40.

Sœurs de l'Adoration perpétuelle.

Admission gratuite à 12 ans au minimum, avec engagement des parents de laisser l'enfant jusqu'à l'âge de 21 ans révolus ou de payer, en cas de départ, une indemnité proportionnelle au temps de séjour.

Apprentissage et travail à l'imprimerie dite *Union typographique*, sous la direction des sœurs.

## DIGNE (Basses-Alpes).

### Asile Saint-Domnin.

Sœurs de Notre-Dame-des-Anges.
(Voir *Orphelinat à Paris, pour les garçons, rue Blomet*, 147.)
Admission de 2 à 9 ans. Sortie à 21 ans.
240 francs par an. 50 francs d'entrée.
Couture. Ménage.

## DINAN (Côtes-du-Nord), rue de la Garaye.

Sœurs de la Sagesse.
Admission à 7 ans. Sortie de 18 à 20 ans.
200 francs par an jusqu'à 13 ans, et 100 francs de 13 à 16 ans.
On ne recevrait de Paris que dans des circonstances exceptionnelles.
Après les classes, lingerie.

## DOMFRONT, par Maignelay (Oise).

Sœurs de la Compassion (maison mère à Domfront).
Admission dès 5 ans. Sortie à la volonté des parents.
Les prix varient de 300 à 500 francs par an. 25 francs d'entrée.
Couture. Blanchissage. Ménage.

## DRAGUIGNAN (Var).

Voir *Romans*, même communauté et mêmes conditions.

## DRANCY, par le Bourget (Seine).

### Établissement fondé par Mme la baronne de Ladoucette. Grande-Rue, 18.

Sœurs de Saint-Vincent-de-Paul.
Admission depuis 10 ans. Sortie de 18 à 21 ans.
420 francs par an pour les plus jeunes, 300 francs plus tard.
Couture. Lingerie fine.
Il y a dans cet établissement une maison de convalescence pour les jeunes filles des patronages.
(Voir chap. III, *Patronages*, et chap. VI, *Convalescence*.)

### DREUX (Eure-et-Loir).

### Rue des Embûches, 8.

Sœurs de Saint-Paul, de Chartres.
Admission vers 10 ans. Sortie à 21 ans.
Le prix varie selon les circonstances.
Couture.

### DUGNY, par le Bourget (Seine).

### Rue Cretté-de-Paluel.

Sœurs de Saint-Vincent-de-Paul.
Admission à partir de 6 ans. Sortie selon la volonté des parents.
300 francs par an. 50 francs d'entrée.
Couture.

### ÉPERNAY (Marne), boulevard des Ponts-Neufs, 13.

Sœurs de Sainte-Chrétienne.
Les orphelines nées à Épernay sont admises à 5 ans. Sortie à 18 ans.
225 francs par an. 135 francs d'entrée.
Couture. Blanchissage. Ménage.

### ÉPINAL (Vosges), rue Thiers, 14.

Sœurs de la Doctrine chrétienne.
Gratuit pour les orphelines d'Épinal.
Les autres sont admises dès 4 ans, au prix de 300 francs par an et l'entretien. L'âge de leur sortie n'est pas limité.
Couture. Repassage. Ménage. Cuisine.

### ERMENONVILLE (Oise).

Sœurs de la Croix, dites de Saint-André.
300 à 350 francs par an.

### ESTAIRES (Nord).

Sœurs de Saint-Vincent-de-Paul.
Admission dès 3 ans. Sortie à 21 ans.
250 francs par an.
Couture, à partir de 13 ans.

### ÉTAMPES (Seine-et-Oise).
### Rue Saint-Jacques.

Religieuses de la Sainte-Enfance, de Versailles.

### ÉVREUX (Eure), rue de Barrey, 31.

Sœurs de Saint-Vincent-de-Paul.
Admission de 4 à 5 ans. Sortie à 21 ans.
200 francs par an, ou 300 francs une fois donnés.
Lingerie. Raccommodage. Repassage.

### FAYET, par Saint-Quentin (Aisne).

Sœurs servantes du Cœur de Jésus.

Admission dès 4 ans, avec engagement de rester jusqu'à 21 ans, moyennant une somme une fois donnée, payable en un ou deux versements : 2,000 francs à 4 ans; 1,000 francs de 10 à 14 ans; 500 francs à 14 ans.

Les élèves sans engagements pour la sortie payent une pension annuelle de 300 francs jusqu'à 10 ans; 180 francs de 10 à 14 ans; 120 francs après 14 ans.

S'adresser à la supérieure générale, faubourg Saint-Martin, 73, à Saint-Quentin.

### FÉCAMP (Seine-Inférieure).
### Rue Théagène-Bouffart, 5.

Sœurs de Saint-Vincent-de-Paul.
Admission dès 3 ans. Sortie à 21 ans.
200 francs par an jusqu'à 16 ou 18 ans. 50 francs d'entrée.

### FERNEY (Ain).

Sœurs de Saint-Vincent-de-Paul.
Admission dès 6 ans. Sortie à 21 ans.
300 francs par an jusqu'à 15 ans. 100 francs d'entrée.
Couture. Blanchissage. Ménage.

### FIGEAC (Lot).

Sœurs de la Sainte-Famille.
Admission à 9 ans. Sortie à 18 ans.
Le prix varie selon la position des familles; il est peu élevé.
Soins du ménage. Lingerie. Confection.

### FONTAINEBLEAU (Seine-et-Marne).

### Rue Saint-Honoré, 71.

Sœurs de Saint-Vincent-de-Paul.

Admission depuis 3 ans des orphelines de père et de mère. Gratuit pour l'arrondissement.

### FONTENAY-AUX-ROSES (Seine), place de l'Église, 17.

### Internat.

Sœurs de Saint-Vincent-de-Paul.

Admission et sortie à tout âge.

450 francs par an. 25 francs d'entrée.

Après le certificat d'études, elles apprennent à travailler.

### FONTENAY-TRÉSIGNY (Seine-et-Marne).

Sœurs des Écoles chrétiennes de la Miséricorde. Succursale du Saint-Cœur de Marie.

(Voir *à Paris, rue de Picpus,* 60.)

Admission de 5 à 14 ans.

450 francs par an. Trousseau à fournir.

### FRESNES-LÈS-RUNGIS (Seine).

Sœurs de Saint-Vincent-de-Paul.

Pensionnaires reçues jusqu'à 9 ans, 420 francs par an. 50 francs d'entrée.

Orphelines à partir de 13 ans, 180 francs par an jusqu'à 16 ans. 50 francs d'entrée. L'entretien de la chaussure se paye à part.

### GALLUIS-LA-QUEUE (Seine-et-Oise).

Sœurs de la Croix, dites de Saint-André.

Les conditions se traitent avec la supérieure.

### GAMACHES, par Étrépagny (Eure).

Sœurs de Saint-Vincent-de-Paul.

Admission à partir de 10 ans. Sortie à 21 ans.

Le prix et l'entrée varient selon l'âge.

Lingerie. Ménage. Blanchissage. Repassage. On s'occupe de les placer.

## GAP (Hautes-Alpes).

Sœurs de la Providence.

Admission de 6 à 12 ans. Sortie à 21 ans.

Prix peu élevé. 100 francs par an pour les enfants du département. 60 francs d'entrée.

Lingerie. Fabrication de tricots à la machine. Repassage. Ménage.

Une partie du gain des enfants leur est donné à leur sortie de la maison; on y joint un petit trousseau.

## GAUDECHART, par Marseille-le-Petit (Oise).

Sœurs de Marie-Immaculée.

Admission de 6 à 10 ans. Sortie à 21 ans.

150 francs par an jusqu'à 13 ans. 50 francs d'entrée et un trousseau. Indemnité due si l'élève sort avant 21 ans.

Couture. Brosserie.

## LA GENEVRAYE, par Marlotte-Bourron (Seine-et-Marne).

Sœurs de Saint-Vincent-de-Paul.

Admission de 7 à 12 ans. Sortie à 21 ans.

250 à 300 francs par an. 50 francs d'entrée et un trousseau.

Lingerie. Soins du ménage.

## GENTILLY (Seine), rue Frileuse, 2.

Internat des sœurs de Saint-Vincent-de-Paul.

Admission dès 6 ans. Sortie selon la volonté.

360 francs par an. 50 francs d'entrée.

Couture. Classes jusqu'au certificat d'études.

### Rue d'Arcueil, 35.

Sœurs Fidèles Compagnes de Jésus.

300 francs par an jusqu'à 8 ans; 240 francs par an de 8 à 13 ans, 180 francs par an de 13 à 18 ans; 80 francs d'entrée et un trousseau de 90 francs. Les frais d'infirmerie et de chaussure sont à la charge des familles.

Dans la même maison, pensionnat au prix de 400 francs pour l'année scolaire.

## GEX (Ain).

### Orphelinat des Saints-Anges.

Sœurs de Saint-Vincent-de-Paul.
Admission depuis 6 ans. Sortie à 21 ans.
200 francs par an, et moins, si le placement est urgent.
Fondé par saint François de Sales. On reçoit difficilement les enfants de Paris.

## GLISOLLES, par la Bonneville (Eure).

Sœurs de la Croix, dites de Saint-André.
Les conditions se traitent avec la supérieure.

## GOINCOURT, par Beauvais (Oise).

Sœurs du Sacré-Cœur de Jésus, de Saint-Aubin.
Admission depuis 4 ans. Sortie de 18 à 21 ans.
250 francs par an jusqu'à 9 ans, et 200 francs par an de 9 à 15 ans.
Trousseau à fournir.
Lingerie. Soins du ménage.

## GOS, par la Caune (Tarn).

Sœurs de Saint-Joseph, d'Oulias.
Admission de 4 à 11 ans. Sortie quand on les place.
100 francs par an. Trousseau à fournir.
Jardinage. Soins du ménage. Couture.

## GRASSE (Alpes-Maritimes), avenue des Capucins.

Sœurs de Sainte-Marthe, de Grasse.
Admission dès 6 ans.
50 francs d'entrée pour le trousseau; 125 francs par an jusqu'à 14 ans, pour celles qui sortent à 21 ans; 180 francs par an jusqu'à 16 ans, pour celles qui sortent plus tôt.
Lingerie fine. Broderie. Repassage. Soins du ménage.

## GUÉRET (Creuse).

Sœurs de Saint-Joseph de la Providence.
Admission à partir de 7 ans. Sortie à 18 ou 21 ans.
100 francs par an pendant 3 années. Entretien à payer jusqu'à 14 ans.
Lingerie. Repassage, etc.

### GUINES (Pas-de-Calais).

Sœurs de Notre-Dame-Auxiliatrice. (Œuvre de dom Bosco.)
Admission de 8 à 13 ans. Sortie de 18 à 21 ans.
180 francs par an, ou 400 francs une fois donnés.
Couture. Ménage.

### HARDINGHEM (Pas-de-Calais).

Tenu par les Sœurs sous la direction de M. l'abbé Boudringhin. (Voir 3e section, *Calais*.)
Admission de 4 à 10 ans. Sortie à 20 ans.
200 francs par an. 50 francs d'entrée et un trousseau.
Couture. Jardinage. Basse-cour. Ménage.

### HAROUÉ (Meurthe-et-Moselle).

### Agricole.

Sœurs de la Foi (maison mère).
Admission dès 4 ans. Sortie à 21 ans.
250 francs par an. 100 francs d'entrée pour le trousseau.
Lingerie. Blanchissage. Ménage. Jardinage. Exploitation d'une ferme de 50 hectares.

### L'HAY, par Bourg-la-Reine (Seine).

### Internat, rue Bronzac, annexé à la maison de Retraite.

Sœurs de Saint-Vincent-de-Paul.
360 et 420 francs par an. La chaussure est à la charge des parents. 100 francs d'entrée.
Classes jusqu'au certificat d'études.
Lingerie. Ménage.

### LA HAYE-MAHÉAS

### par Saint-Étienne de Mont-Luc (Loire-Inférieure).

Sœurs de l'Immaculée-Conception.
Admission dès 3 ans. Sortie à 21 ans.
200 francs par an jusqu'à 13 ans; ou une somme une fois donnée de 300 francs si l'enfant entre à 10 ou 11 ans.
Il faut fournir lit et troussaeu.
Cuisine. Blanchissage. Lingerie. Ménage.

### HÉRICY (Seine-et-Marne).

Sœurs de Saint-Vincent-de-Paul.
Admission depuis 3 ans. Sortie selon la volonté des parents.
Le prix varie selon les circonstances. 50 francs d'entrée.
Classes jusqu'au brevet.
Lingerie. Confection. Repassage. Broderie. Peinture.
Héricy est desservi par la gare de Fontainebleau.

### HUISSEAU-EN-BEAUCE, par Saint-Amand-de-Vendôme (Loir-et-Cher).

**Agricole.**

Sœurs de Sainte-Marie.
Admission dès 4 ans. Sortie à 21 ans.
200 francs par an. 50 francs d'entrée.
Soins de la ferme. Boulangerie. Ménage. Blanchissage.

### HYÈRES (Var).

Sœurs de Saint-Vincent-de-Paul.
Admission vers 10 ans. Sortie à 21 ans.
180 francs par an jusqu'à 14 ans. 40 francs d'entrée. Un trousseau ou 180 francs pour le fournir.
Lingerie. Blanchissage. Repassage. Ménage.

### IGON, par Coarraze (Basses-Pyrénées).

**Orphelinat et pensionnat.**

Sœurs de la Croix, dites de Saint-André.
Les conditions se traitent avec la supérieure.

### ILLIERS (Eure-et-Loir).

Sœurs de Saint-Paul, de Chartres.
Admission de 5 à 10 ans. Sortie à 21 ans.
150 francs par an jusqu'à 14 ans. 100 francs d'entrée.
Couture. Repassage. Lingerie. Ménage.

### ISSOIRE (Puy-de-Dôme).

**Orphelinat de la Providence.**

Sœurs de Saint-Joseph-du-Bon-Pasteur, de Clermont.
Admission dès 6 ans. 150 francs par an jusqu'à 14 ans, si la sortie est à 21 ans; 50 francs de plus par an, si la sortie a lieu à 18 ans. Trousseau à fournir.
Couture. Repassage. Ménage.

### ISSOUDUN (Indre).

**Orphelinat de Notre-Dame-des-Victoires, place de la Chaume.**

Sœurs de Saint-Vincent-de-Paul.

Il n'y a pas d'âge fixé pour l'admission.

200 francs par an jusqu'à 14 ans, lorsqu'on s'engage à rester jusqu'à 21 ans. On peut entrer aussi pour une somme une fois donnée.

### ISSY (Seine), rue des Noyers.

Sœurs de la Croix, dites de Saint-André.

450 francs par an.

### IVRY-SUR-SEINE (Seine).

**Classes et ouvroir de la Providence, rue Parmentier, 19.**

Sœurs de Saint-Vincent-de-Paul.

300 francs par an jusqu'à 15 ans, pour les orphelins, avec engagement de rester jusqu'à 21 ans.

400 francs par an pour les pensionnaires, dont la sortie est facultative. Trousseau à fournir.

**Orphelinat, rue de Paris, 110.**

Fondé en 1819 par Mme la duchesse douairière d'Orléans.

Sœurs de la Croix, dites de Saint-André.

Admission dès 6 ans. Sortie à 21 ans.

300 francs par an. 100 francs d'entrée.

Lingerie. Soins du ménage.

### JOIGNY (Yonne), rue dans le Château, 3.

Sœurs de la Présentation de la Sainte-Vierge.

Admission dès 4 ans. Trousseau à fournir.

200 francs par an jusqu'à 16 ans, en s'engageant à rester jusqu'à 18 ou 21 ans. 300 francs par an, sans engagement.

Couture. Blanchissage. Repassage.

### JUILLY (Seine-et-Marne).

Dames de Saint-Louis.

Admission à 8 ou 9 ans. Sortie à 21 ans.

240 francs par an. Un trousseau de 200 francs environ.

Couture. Blanchissage. Repassage. Ménage.

## LACHAMP-CONDILLAC (Drôme).

### Ouvroir de la Providence.

### Industriel.

Sœurs de la Providence, de Gap.

Admission à 13 ans. Sortie à 21 ans.

240 francs par an.

Tricotage mécanique de tous genres.

S'adresser à Paris, au secrétariat de l'Œuvre des orphelins, rue de l'Abbé-Groult, 74.

## LANGEAC (Haute-Loire).

Religieuses franciscaines de Calais.

Admission de 5 à 12 ans.

240 francs par an.

## LAVAUR (Tarn).

### Ouvroir et orphelinat Saint-Joseph.

Filles de Jésus.

Admission dès 8 ans. Sortie quand les orphelines peuvent se placer.

180 francs par an. Trousseau à fournir.

Couture. Blanchissage. Tricot. Crochet. Tout le gain de l'enfant est pour elle.

## LILLE (Nord).

### Terrasse Sainte-Catherine, 13, et rue de la Barre, 16.

Sœurs de Saint-Vincent-de-Paul.

Admission de 3 à 12 ans. Sortie à 21 ans.

300 francs par an pour les enfants de 3 ans, 240 francs pour les autres. Trousseau à fournir.

Lingerie. Broderie. Ménage.

### Orphelinat, rue Saint-Gabriel, 22.

Sœurs de Saint-Vincent-de-Paul.

Il n'y a pas de condition fixe pour l'âge et le prix.

Il existe à Lille d'autres orphelinats qui, étant exclusivement réservés aux enfants de la ville, ne peuvent pour ce motif figurer dans le Manuel des Œuvres. On se borne à indiquer parmi eux les orphelinats des Sœurs de Saint-Vincent-de-Paul, rue Fénelon, 24; rue de la Barre, 78, etc.

**Orphelinat, boulevard de la Moselle.**

**Maison Saint-Charles, fondation Dehau-Delerueyelle.**

Sœurs de Saint-Vincent-de-Paul.

**LIMOGES (Haute-Vienne), rue des Vénitiens, 7.**

**Maison Saint-Pierre.**

Sœurs de Saint-Vincent-de-Paul.

Admission à tout âge. Sortie à 21 ans.

A peu près gratuit pour la ville et les environs. Peu de places pour les étrangers, au prix de 100 francs environ par an.

Lingerie. Confection. Repassage.

Classes jusqu'au certificat d'études, avec continuation moins assidue jusqu'à la sortie.

**Orphelinat de Saint-Vincent-de-Paul, faubourg de Paris, 13.**

**Paroisse Saint-Joseph.**

Sœurs de Saint-Vincent-de-Paul.

Admission dès 3 ans. Sortie à 21 ans.

150 francs par an jusqu'à 13 ans. 50 francs d'entrée.

Classes jusqu'au certificat d'études.

Lingerie. Repassage.

**Orphelinat de Nazareth, rue Croix-Mandonnaud, 10.**

Sœurs de Saint-Alexis.

Admission des enfants illégitimes de 4 à 10 ans. Sortie à 21 ans.

120 francs par an. Trousseau à fournir.

Couture. Lingerie.

**Orphelinat de Saint-Joseph de la Providence,**

**Place de la Cité.**

Religieuses cloîtrées de Saint-Joseph de la Providence.

Admission de 7 à 15 ans. Sortie à 21 ans.

Pension très modique; on reçoit de préférence les enfants du pays.

Lingerie. Soins du ménage.

**Rue des Pénitents-Blancs, 3.**

Sœurs de Marie-Thérèse, dites du Bon-Pasteur.

Admission vers 12 ans. Sortie à 21 ans.

220 francs par an.

(Voir chap. XII, *Refuge*.)

### LISIEUX (Calvados).

### Rue de la Chaussée, 14.

Religieuses de Notre-Dame de Charité.
Admission vers 6 ans. Sortie à volonté.
250 francs par an.
Lingerie.

### LOCHES (Indre-et-Loire), rue de Manthelan.

### Orphelinat Saint-Joseph.

Sœurs de la Présentation de la Sainte-Vierge.
Admission dès 3 ans. Sortie à 21 ans.
200 francs par an jusqu'à 14 ans.
Couture. Soins du ménage.

### LONS-LE-SAULNIER (Jura).

### Rue Richebourg.

Sœurs Franciscaines de l'Immaculée-Conception.
Admission dès 7 ans. Sortie à 21 ans.
Gratuit, sauf un trousseau et l'uniforme.
Couture. Broderie. Repassage.

### LOOS (Nord).

Voir chap. XII, *Loos, Bon-Pasteur*.

### LOURDES (Hautes-Pyrénées).

### Orphelinat de Marie-Immaculée.

Sœurs de la Charité, de Nevers.
On ne reçoit que les enfants légitimes.
Admission de 7 à 10 ans. Sortie à 21 ans.
200 francs par an. Trousseau à fournir.
Couture. Blanchissage. Jardinage. Ménage.

### LOUVECIENNES (Seine-et-Oise), Grande-Rue, 17.

Sœurs de Saint-Vincent-de-Paul.
Admission à 6 ans.
370 francs par an.
Lingerie.

**LUMIGNY, par Rosoy-en-Brie (Seine-et-Marne).**

Sœurs de la Croix, dites de Saint-André.
300 francs par an. Trousseau.

**LUNÉVILLE (Meurthe-et-Moselle), rue de Villiers, 53.**

Même communauté et mêmes conditions que pour les garçons. (Voir *Orphelinat de garçons*, à Lunéville.)
Couture. Ménage. Musique.

**LYON (Rhône).**

**Rue Bourgelat, 16.**

Sœurs de Saint-Vincent-de-Paul.
600 francs une fois donnés pour les orphelines qui ne sont pas de la ville.

**Rue Boni, 21. Cours des Tapis.**

Religieuses Trinitaires.
Admission de 7 à 9 ans. Spécial pour les enfants illégitimes, sans exclusion des autres.
280 francs par an, ou 700 francs une fois donnés.

**Rue de l'Enfance, 69.**

Dames de l'Adoration perpétuelle du Sacré-Cœur.
180 francs par an, ou 6 à 700 francs une fois donnés.

**Asile au Point-du-Jour, chemin de Tourvielle.**

**Bureau à Lyon, place Saint-Jean, 1.**

Sœurs Franciscaines.
Les orphelines au-dessous de 7 ans sont reçues gratuitement.

**Rue Rave, 18, à la Guillotière.**

Sœurs de Saint-Joseph, de Lyon.
Admission à 7 ans. Sortie à 18 ou 21 ans.
240 francs par an.
Lingerie. Soins du ménage.

**Notre-Dame-des-Missions, chemin de Montauban, 14.**

Religieuses de Notre-Dame-des-Missions.
Admission dès 4 ans. Sortie à 21 ans. Si les parents le désirent, on envoie les enfants de 13 à 14 ans dans une école industrielle

tenue par la même communauté, auprès de Canterbury (Angleterre), ou bien on les place en apprentissage.

300 à 500 francs une fois donnés.

Couture. Soins du ménage, etc.

**MÂCON (Saône-et-Loire), rue Matthieu.**

Sœurs de Saint-Charles, de Lyon.

Admission à 7 ans. Sortie à 20 ans.

150 francs par an jusqu'à 18 ans. 100 francs d'entrée.

Lingerie.

**MAGNY-EN-VEXIN (Seine-et-Oise).**

**Rue de Rouen, 5.**

Sœurs de Saint-Vincent-de-Paul.

Admission depuis 5 ans. Sortie à volonté.

240 francs par an. 50 francs d'entrée.

Couture.

**MALAKOFF (Seine).**

**Rue Turgie, 16.**

Ouvroir fondé par M. le curé.

**MALESHERBES (Loiret).**

Sœurs de la Croix, dites de Saint-André.

400 francs par an. Trousseau.

**MAMERS (Sarthe), place des Grouas.**

**Orphelinat Sainte-Marie.**

Société des Dames institutrices.

Admission de 6 à 10 ans. Sortie à 20 ans ou 21 ans.

200 francs par an. 50 francs d'entrée pour le trousseau.

Couture. Repassage. Ménage. Cuisine. Confections. Tricot.

**MANTES (Seine-et-Oise), rue de la Sangle, 5.**

Sœurs de la Croix, dites de Saint-André.

400 francs par an. Trousseau.

**LE MANS (Sarthe).**

Voir chap. XII, *Le Mans, Bon-Pasteur.*

### LES MARCHES (Savoie).

Sœurs de Saint-Vincent-de-Paul.
Admission de 3 à 7 ans. Sortie à 21 ans.
240 francs par an. 100 francs d'entrée.
Couture. Ménage. Travaux de la campagne.

### MARETZ (Nord).

Sœurs de Saint-Vincent-de-Paul.

Cette maison reçoit gratuitement un petit nombre de jeunes filles appartenant à de bonnes familles, et n'ayant aucune ressource.

Préparation aux brevets d'études. Soins du ménage. Jardinage. Couture.

### MARINES (Seine-et-Oise).

Sœurs de Sainte-Marie.
300 francs par an.

### MARLES (Seine-et-Marne).

Sœurs de la Croix, dites de Saint-André.
300 francs par an. Trousseau.

### MARSEILLE (Bouches-du-Rhône).

ORPHELINATS DIRIGÉS PAR LES SŒURS DE SAINT-VINCENT-DE-PAUL

#### 1° Orphelinat de Saint-Marcel.

Admission à tout âge, avec engagement de rester jusqu'à 18 ou 21 ans.

210 ou 300 francs par an. 50 francs d'entrée et un trousseau.

#### 2° Orphelinat de Saint-Loup.

Mêmes conditions, sauf la pension, qui est de 180 francs par an.

#### 3° Orphelinat de Saint-Barnabé.

Mêmes conditions, sauf la pension, qui est de 240 à 300 francs par an.

#### 4° Orphelinat rue Saint-Vincent-de-Paul, 4.

Admission de 6 à 12 ans, avec engagement de rester jusqu'à 21 ans. Orphelines de père ou de mère, de naissance légitime.

180 francs par an jusqu'à 14 ans. 50 francs d'entrée.

**5° Orphelinat de Saint-Jean-Baptiste, rue d'Austerlitz, 10.**

Admission à 7 ans.

180 francs par an jusqu'à 14 ans, 50 francs d'entrée et un trousseau.

**6° Orphelinat Saint-Louis.**

Mêmes conditions qu'à Saint-Jean-Baptiste.

**7° Orphelinat de la Capelette.**

Mêmes conditions qu'à Saint-Jean-Baptiste.

**8° Orphelinat Saint-Victor, Chemin du Roucas-Blanc, 38.**

Mêmes conditions qu'à Saint-Jean-Baptiste.

**9° Orphelinat de Montredon.**

Mêmes conditions qu'à Saint-Jean-Baptiste.

**10° Orphelinat de Sainte-Marguerite, campagne Dromel.**

Mêmes conditions qu'à Saint-Jean-Baptiste.

**11° Orphelinat Saint-Lazare, rue Gérin, 1.**

Mêmes conditions qu'à Saint-Jean-Baptiste.

**12° Œuvre de Nazareth, rue Perrin-Solliers, 53.**

Mêmes conditions, sauf l'admission à 10 ans.

**13° Œuvre de Mater admirabilis. — Traverse de l'Argile, au Rouet.**

Les orphelines sont reçues gratuitement après leur première communion, avec l'engagement de rester jusqu'à 21 ans.

Une fabrique de cartonnage est annexée à l'orphelinat.

**MARSEILLE (Bouches-du-Rhône).**

**Orphelinat Sainte-Marthe.**

Religieuses Trinitaires.

Les orphelines de père ou de mère sont reçues dès l'âge de 3 ans.

180 francs par an.

**Orphelinat de la Providence, boulevard de la Gare.**

Pour les orphelines de père et de mère, de naissance légitime.

200 francs d'entrée.

### Sainte-Marguerite, campagne Pastré.

Sœurs de Notre-Dame-Auxiliatrice. Œuvre de Dom Bosco.
Admission à partir de 5 ans.
360 francs par an. 40 francs d'entrée.
Lingerie. Broderie, etc.
S'adresser à la Supérieure.

## MAUBEC, par Montélimar (Drôme).

### Notre-Dame-de-Maubec.

Religieuses Trappistines.
Admission depuis 4 ans. Sortie à 21 ans.
200 francs par an jusqu'à 10 ans. 50 francs d'entrée.
Après les classes, travaux agricoles et préparation de la soie.

## MAURIAC (Cantal).

Sœurs de Saint-Vincent-de-Paul.
Admission dès 3 ans. Sortie à 18 ans.
200 francs par an.
Blanchissage. Soins du ménage.

## MAUX, par Sainte-Péreuse (Nièvre).

### Orphelinat de l'Association des orphelines de Château-Chinon.

Sœurs de l'Instruction de l'Enfant-Jésus, du Puy.
Outre les orphelines placées par l'Association, on en reçoit d'autres, dès 3 ans, moyennant 200 francs par an et un trousseau.
Blanchissage. Lingerie. Ménage. Préparation aux examens.

## MAZAMET (Tarn).

Sœurs de Charité de la Sainte-Agonie.
Admission depuis l'âge de 18 mois. Sortie à 21 ans.
180 francs par an jusqu'à 12 ans. Trousseau à fournir.
Lingerie.

## MELUN (Seine-et-Marne).

### École Sainte-Marie, boulevard Gambetta, 10.

Sœurs de Saint-Vincent-de-Paul.
360 francs par an. 25 francs d'entrée.
Préparation au commerce, aux examens ou au service de maison.

## MÊPLIER-BLANZY (Saône-et-Loire).

Sœurs Franciscaines, sous la direction d'un prêtre du diocèse.
Admission dès 6 ans. Sortie à divers âges.
180 francs par an. Un petit trousseau ou 30 francs d'entrée.
Agriculture. Jardinage.
L'asile des garçons est à 7 kilomètres de celui des filles.
(Voir *Orphelinats de garçons.*)

## MESNIL-SAINT-FIRMIN (Oise).

Sœurs de Saint-Joseph de Cluny.
Admission dès 5 ans. Sortie à 21 ans.
200 francs par an jusqu'à 15 ans. 50 francs d'entrée.
La pension est de 250 francs si on ne s'engage pas jusqu'à 21 ans.
Couture. Soins du ménage.

## MEYSSE, par Rochemaure (Ardèche).

Sœurs de l'Immaculée-Conception de Marie.
Admission dès 6 ans. Sortie à 21 ans.
Gratuit. Travaux des champs. Filature de la soie.
Préparation, s'il y a lieu, au brevet de capacité.
On recevrait des jeunes filles de 15 à 20 ans, ayant la vocation religieuse.

## MILHAU (Aveyron).

Sœurs de la Présentation de Marie.
Admission à 6 ou 8 ans. Sortie selon la volonté des parents.
180 francs par an.
Couture. Soins du ménage.

### Couvent de la Miséricorde.

Sœurs de Saint-Joseph de l'Apparition.
Admission dès l'âge de 2 ans. Sortie à 21 ans.
100 francs par an.
Soins du ménage. Couture.

## MITRY (Seine-et-Marne).

Sœurs de Saint-Vincent-de-Paul.
Admission dès 3 ans. Sortie à 21 ans.
360 francs par an jusqu'à 16 ans, si l'on s'engage à rester jusqu'à 21 ans. 75 francs d'entrée pour la literie et l'uniforme.
Sans engagement, la pension se paye plus longtemps.
La chaussure se paye à part.

### MOISSAC (Tarn-et-Garonne).

Même communauté et mêmes conditions qu'à Montauban.

### MONTAUBAN (Tarn-et-Garonne).

### Faubourg Toulousain, 81.

Religieuses de la Sainte-Famille.
Admission après 7 ans. Sortie à 18 ou 21 ans.
150 francs par an. Trousseau à fournir.
Couture.

### MONTÉLIMAR (Drôme).

### Rue Bouverie.

Religieuses du Très-Saint-Sacrement, de Romans.
Admission de 8 à 14 ans.
180 francs par an, plus l'entretien. L'enfant peut sortir à 18 ans.
On reçoit aussi des enfants pour une somme de 200 francs une fois donnée et un trousseau, mais avec l'engagement de laisser l'enfant jusqu'à 21 ans, sous peine de payer une indemnité de 100 francs.
Lingerie. Soins du ménage.

### MONTEREAU (Seine-et-Marne).

### Ouvroir.

Sœurs de Saint-Vincent-de-Paul.
Admission de 5 à 12 ans. Sortie à 21 ans.
240 francs par an. Trousseau à fournir.
Couture. Repassage. Ménage.
A leur sortie, les enfants reçoivent un trousseau et une petite somme d'argent.

### MONTFAVET, par Avignon (Vaucluse).

### Orphelinat industriel.

Voir *Taulignan*, mêmes conditions.

### MONTLUEL (Ain).

Sœurs de Saint-Vincent-de-Paul.
Admission et sortie à tout âge.
300 francs par an, tout compris. 100 francs d'entrée.
Couture. Soins du ménage.

### MONTMIRAIL (Marne).

### Orphelinat Saint-Michel.

Sœurs de Saint-Vincent-de-Paul.
Admission dès 4 ans. Sortie à 18 ans.
300 francs par an.
Couture. Blanchissage. Repassage.

### MORANGIS, par Longjumeau (Seine-et-Oise).

Sœurs Oblates de Saint-François-de-Sales.
Admission de 3 à 9 ans.
240 francs par an jusqu'à 12 ans; 300 francs de 12 à 15 ans; 360 francs de 15 à 21 ans.
Les orphelines doivent être nées de parents ayant appartenu à la couture, aux modes ou à la lingerie. Si elles restent jusqu'à 21 ans, elles reçoivent à leur sortie une prime représentant les gains faits par leur travail.
S'adresser à la maison Félix, rue du Faubourg-Saint-Honoré, 15, ou à la Supérieure de l'orphelinat.

### MOULINS (Allier).

### Rue de Villars.

Sœurs de Saint-Vincent-de-Paul.
Admission dès 6 ans. Sortie à 21 ans. On leur donne un trousseau.
180 francs par an. 40 francs d'entrée.
Lingerie. Soins du ménage. Blanchissage.

### MURAT (Cantal).

Sœurs de Saint-Vincent-de-Paul.
Admission dès 3 ans; les enfants illégitimes ou infirmes sont refusées.
200 francs par an. Trousseau à fournir.
Couture. Ménage.

### MUSINENS, par Bellegarde (Ain).

Sœurs de Saint-Vincent-de-Paul.
Admission à tout âge. Sortie de 18 à 21 ans.
Prix suivant les circonstances.
Couture. Ménage. Tricot à la mécanique. Dentelle.

## NANCY (Meurthe-et-Moselle).

### Orphelinat Saint-Epvre, rue de la Charité, 18.

Fondé en 1701.
Sœurs de Saint-Vincent-de-Paul.
Admission à 9 ans. Sortie à 21 ans.
200 francs par an.
Couture. Soins du ménage. Repassage, etc.

### Maison des Orphelines, rue Jeannot.

Fondée en 1715 par le duc de Lorraine.
Sœurs de la Doctrine chrétienne.
Admission de 6 à 11 ans. Sortie à 18 ans.
450 francs par an.
Couture. Soins du ménage.

### Internat du Sacré-Cœur-de-Marie, rue du Haut-Bourgeois, 18.

Sœurs du Saint-Cœur-de-Marie.
Admission depuis 8 ans. Sortie selon la volonté.
350 à 450 francs par an.
Robes. Lingerie. Ornements d'église.

### Hospice Saint-Stanislas, rue Saint-Dizier, 163.

Sœurs de Saint-Charles.
Admission dès 2 ans. Sortie à 18 ans.
300 à 400 francs par an. Gratuit pour Nancy.
Couture. Ménage.
(Voir *Orphelinats de garçons*, 3e section.)

### Au Petit-Arbois, chemin Blanc.

Sœurs du Pauvre-Enfant-Jésus.
Admission dès 2 ans. Sortie de 16 à 21 ans.
Prix divers jusqu'à 350 francs par an. 50 francs d'entrée et un trousseau.
Instruction en allemand et en français.
Couture.

### Orphelinat du Bon-Pasteur.

Voir chap. XII, *Nancy*.

### NANTERRE (Seine).

#### Internat, rue Saint-Germain, 60.

Sœurs de Saint-Vincent-de-Paul.
Admission dès 5 ans. Sortie selon la volonté.
50 francs par mois. 100 francs d'entrée.
Enseignement jusqu'aux brevets.
Lingerie.

### NANTES (Loire-Inférieure).

#### Orphelinat de Bethléem, quartier Saint-Félix.

Fondé par M. l'abbé Bauduz, dirigé par M. l'abbé Le Boustouler.
Sœurs tertiaires Carmélites.
Admission à tout âge. Sortie à 21 ans.
200 francs par an jusqu'à 14 ans accomplis. 50 francs d'entrée.
Couture. Soins du ménage.
Établissement complètement séparé de celui des garçons.
(Voir 3e *section.*)

#### Rue du Lycée, 2, Petite-Providence.

Sœurs de la Sagesse, de Saint-Laurent-sur-Sèvre.
Admission de 6 à 12 ans. Sortie à 21 ans.
100 francs par an jusqu'à 15 ans, ou une somme une fois donnée.
Couture. Ménage.

#### Orphelinat du Bon-Pasteur.

Voir chap. XII, *Nantes.*

### NEMOURS (Seine-et-Marne).

Sœurs de Saint-Vincent-de-Paul.
300 francs par an. 50 francs d'entrée ou payer l'entretien de toute la chaussure.
Lingerie. Ménage.

### NEUFCHÂTEL (Seine-Inférieure).

Sœurs de Saint-Vincent-de-Paul.
Admission dès 4 ans.
Prix divers entre 180 et 240 francs par an. 50 francs d'entrée.
Lingerie. Confection. Repassage. Ménage.

## NEUILLY-SUR-SEINE (Seine).

### Avenue Sainte-Foi, 18.

Religieuses Dominicaines.

Admission à 8 ou 10 ans d'enfants complètement orphelines, reçues gratuitement, en très petit nombre. Sortie à 21 ans.

### Orphelinat, rue des Poissonniers, 11.

Sœurs de Saint-Vincent-de-Paul.

Exclusivement pour les orphelines de la paroisse, reçues en bas âge.

S'adresser à la Supérieure.

### Orphelinat Quenessen, boulevard Victor-Hugo, 86.

Sœurs de Saint-Vincent-de-Paul.

Les conditions sont les mêmes que pour les garçons (voir 3e sect.), sauf pour l'âge de la sortie, qui, pour les filles, est fixé à 21 ans.

Ouvroir professionnel.

## NIEUL-L'ESPOIR, par la Villedieu (Vienne).

Sœurs de Saint-Vincent-de-Paul.

Ce grand établissement renferme diverses catégories :

1° **Orphelinat**, 200 francs par an jusqu'à 16 ans. 50 francs d'entrée. Sortie à 18 ou 21 ans.

2° **Orphelinat**, placement pour une somme une fois donnée, variable selon l'âge, environ 1 000 à 1 200 francs pour les enfants de 8 à 10 ans.

3° **École professionnelle**, 250 francs par an, pour le temps que l'on veut.

4° **Pensionnat**, 300 francs par an, trousseau et entretien à la charge des parents. On s'occupe spécialement de l'instruction classique.

5° **Dames pensionnaires**. (Voir chap. VII.)

## NÎMES (Gard).

### Orphelinat de la Providence, rue de la Fayence, 1.

Religieuses de Saint-Thomas, de Villeneuve.

Admission de 8 à 12 ans. Sortie à 21 ans.

120 francs par an jusqu'à 12 ans. 50 francs d'entrée.

Couture. Broderie.

**Orphelinat, rue Richelieu, 31.**

Sœurs de Saint-Joseph, des Vans.
Admission vers 6 ans. Sortie à 21 ans.
120 francs par an jusqu'à 16 ans. Fournir trousseau et literie.
Couture. Broderie. Soins du ménage.

**Orphelinat Saint-François-de-Sales, ancien chemin d'Arles.**

Fondé par M. l'abbé Barnouin, sur l'initiative du R. P. d'Alzon.
Religieuses de la Charité, de Besançon.
Admission vers 7 ans. Sortie à 21 ans.
Somme une fois donnée suivant l'âge.
Lingerie fine. Crochet, etc.

### NIORT (Deux-Sèvres).

**Rue des Trois-Coigneaux, 34.**

Sœurs de la Croix, dites de Saint-André.
Admission dès 7 ans. Sortie à 21 ans.
240 francs par an, réduits à 180 francs après la première communion. Un trousseau et 10 francs pour le lit.
Couture. Repassage. Broderies en blanc et sur étoffes.

**Rue de l'Orphelinat.**

Religieuses du Saint et Immaculé Cœur de Marie.
Admission de 5 à 12 ans. A 21 ans, elles sont libres de rester dans la communauté ou de sortir pour se placer et travailler.
Gratuit. On reçoit les dons faits à l'intention des élèves.
Lingerie. Ganterie. Ornements d'église. Travaux de tout genre.

### NOYON (Oise).

**Rue de l'Hôtel-Dieu.**

Sœurs de Saint-Vincent-de-Paul.
Admission depuis 7 ans, avec l'engagement de rester jusqu'à 21 ans.
240 francs par an jusqu'à 18 ans. 100 francs d'entrée.
Lingerie de tout genre.

### OLIVET (Loiret).

**Orphelinat Sainte-Marie, rue de l'Église, 39.**

Sœurs de Saint-Vincent-de-Paul.
Admission de 7 à 13 ans. Sortie à 21 ans.
300 francs par an jusqu'à 15 ans. 50 francs d'entrée.
Lingerie. Broderie. Blanchissage. Soins du ménage.

## ORBAIS-L'ABBAYE (Marne).

Sœurs de Sainte-Marthe, de Romans.
Admission dès 6 ans. Sortie à 21 ans.
200 francs par an jusqu'à 14 ans. 50 francs d'entrée.
Cet orphelinat est annexé à un *Pensionnat*, au prix de 450 francs par an.

## ORLÉANS (Loiret), cloître Saint-Aignan, 6.
## Maison de la Providence, fondée en 1816.

Sœurs de la Croix, dites de Saint-André, avec une association de dames charitables.
Admission de 7 à 10 ans. Sortie à 21 ans.
200 francs par an ou 650 francs une fois donnés, et un trousseau.
Peu de places pour Paris.
Lingerie. Broderie. Repassage.

## ORMESSON, près Enghien (Seine-et-Oise).
## Orphelinat Sainte-Jeanne.

Fondé par la ville de Paris en faveur des jeunes filles pauvres.
Direction laïque.

## ORSAY (Seine-et-Oise).

Sœurs de Saint-Vincent-de-Paul.
Admission dès 5 ans.
Prix divers depuis 300 francs par an.
Couture. Repassage. Ménage.

## PAMIERS (Ariège).
## Orphelinat de l'Immaculée-Conception.

Sœurs de la Croix, dites de Saint-André.
Admission de 7 à 14 ans. Sortie de 18 à 21 ans.
150 francs par an.
Lingerie. Blanchissage. Ménage. Cuisine.

## PARPEVILLE, par Ribemont (Aisne).

Sœurs Franciscaines du Sacré-Cœur.
Admission à 6 ans.
250 francs par an jusqu'à 13 ans.
Couture. Ménage.

### PATAY (Loiret).

Sœurs de la Croix, dites de Saint-André.
350 francs par an. Trousseau.

### PÉRÉ DE VIRSON, par Aigrefeuille (Charente-Inférieure).

Sœurs du Saint-Sacrement.
Admission dès 7 ans. Sortie de 18 à 21 ans.
200 francs par an. Trousseau à fournir.
Couture.

### PERPIGNAN (Pyrénées-Orientales).

### Chaussée du Vernet.

Sœurs du Bon-Pasteur, d'Angers.
Admission depuis 6 ans. Sortie selon la volonté des parents.
200 francs par an. Trousseau.
Couture. Chemiserie. Broderie, etc.
(Voir *Correction*, chap. XII.)

### PERROU, par Juvigny-sous-Andaine (Orne).

Religieuses Franciscaines.
Admission dès 3 ans. Sortie à 21 ans.
240 francs par an jusqu'à 15 ans. 50 francs d'entrée. Lit et trousseau.
Lingerie. Ménage.
(Voir même chap., 3e section.)

### PERSAN, par Beaumont (Seine-et-Oise).

### Orphelinat Sainte-Susanne. — Industriel.

Sœurs de Saint-Vincent-de-Paul.
Fondé en 1856 par M. Chardin, dans sa fabrique de soie.
Les enfants appartenant à d'honnêtes familles sont admises à 13 ans et sont gardées jusqu'à 21 ans, époque à laquelle elles sont libres de partir ou de rester. Après un mois d'essai, elles sont reçues moyennant une entrée de 125 francs, et l'engagement de les laisser jusqu'à 21 ans, sauf à payer à l'établissement une indemnité de 300 francs. A leur sortie, il leur est alloué une gratification en rapport avec le nombre de bons points mérités par leur travail.
Pour les admissions, s'adresser à la Supérieure.

### PIGEON-SAINT-HILAIRE, par Mortagne (Orne).

### Orphelinat de la Vierge-Fidèle.

Religieuses de la Vierge-Fidèle.
Admission dès 6 ans. Aucun engagement pour la sortie.
200 francs par an. 25 francs d'entrée et un trousseau.
Couture. Lingerie. Blanchissage. Ménage.
Un petit pensionnat (300 francs par an) est annexé à l'orphelinat.

### POET-LAVAL, par Dieulefit (Drôme).

### Orphelinat du Sacré-Cœur.

Religieuses de l'Adoration-Perpétuelle.
Admission dès 5 ans. Sortie à 21 ans.
180 francs par an jusqu'à 13 ans. Un trousseau.
Dévidage de la soie. Un peu d'agriculture.

### PONT-MAUGIS, par Sedan (Ardennes).

### Orphelinat industriel.

Fondé par M. Adolphe Ronnet, filateur.
Sœurs de Saint-Charles, de Nancy.
Admission gratuite à 13 ans au moins, après la première communion. Engagement de rester jusqu'à 21 ans, sous peine d'une indemnité de remboursement. Les jeunes filles sont employées au travail des laines, et occupées à tour de rôle au service de la maison pour la couture, le blanchissage, le ménage. L'argent, donné chaque mois comme récompense de la conduite et du travail, est mis à la caisse d'épargne. A la sortie, le livret est doublé par le Directeur, et un trousseau est remis.

### PONT-SAINT-ESPRIT (Gard).

### Orphelinat de l'Hôpital.

Sœurs de Saint-Vincent-de-Paul.
Admission dès 3 ans. Sortie à 21 ans.
200 francs par an.
Couture. Blanchissage. Ménage.

### PRÉCIGNÉ (Sarthe).

Petites-Sœurs de Jésus.
Admission dès le berceau. Sortie à 21 ans.
250 francs par an. Un petit trousseau à fournir.
Travaux de la campagne.
Le but principal est de former des servantes de ferme.

### PROVINS (Seine-et-Marne).

### Rue du Moulin-de-la-Ruelle, 7.

Sœurs Célestines, de Provins.
Admission de 6 à 12 ans. Sortie à 18 ans.
300 francs par an jusqu'à 14 ans.
Lingerie. Repassage. Broderie. Ménage.

### PRUNAY, par Gironville (Seine-et-Oise).

Sœurs de la Croix, dites de Saint-André.
Les conditions se traitent avec la Supérieure.

### PUTEAUX (Seine).

### Maison Marie-Joseph, rue de Paris, 91.

Sœurs de Saint-Vincent-de-Paul.
Admission dès 6 ans. Sortie selon la volonté des parents.
360 à 420 francs par an. 50 francs d'entrée pour le lit; trousseau à fournir et à entretenir.
Classes jusqu'au brevet. Lingerie.

### LE PUY (Haute-Loire).

### La Grande-Providence, près l'église Saint-Laurent.

Sœurs de Saint-Vincent-de-Paul.
Admission dès 6 ans. Sortie à 21 ans.
600 francs une fois donnés.
Broderie. Lingerie. Ménage.

### QUIMPER (Finistère).

### Providence.

Sœurs de l'Adoration-Perpétuelle.
Admission gratuite des enfants du pays. 360 francs de pension pour les autres.

### RAINCY (Seine-et-Oise).

### Boulevard du Nord, 1.

Sœurs de Saint-Vincent-de-Paul.
Admission entre 6 et 7 ans. Sortie à 21 ans.
L'enfant doit être orpheline de père ou de mère.
300 francs par an jusqu'à 15 ans. 50 francs d'entrée.
Lingerie. Confection. Raccommodage. Blanchissage. Repassage.

## RAMBOUILLET (Seine-et-Oise).

### Rue de Paris.

Religieuses de la Sainte-Enfance, de Versailles.

## RECOUBEAU, par Luc-en-Diois (Drôme).

Sœurs des Sacrés-Cœurs de Jésus et de Marie.
Admission de 10 à 15 ans.
100 francs par an jusqu'à 13 ans et un trousseau.
Couture. Ménage. Préparation de la soie.

## REGMALARD (Orne).

Sœurs du Saint-Cœur de Marie, de Chartres.
Admission dès 3 ans. Sortie à 21 ans.
Prix selon l'âge de l'enfant. 25 francs d'entrée pour le lit.
Lingerie. Soins du ménage.

## REMIREMONT (Vosges).

### Rue de la Poltrée, 7.

Sœurs du Pauvre-Enfant-Jésus.
Admission depuis 3 ans. Sortie vers 21 ans.
150 francs par an.
Après les classes, couture, soins du ménage, travaux des champs.

Mêmes conditions à *Charmois*, à *Senaide* et à *Saint-Genest*. Dans cette dernière maison et à Remiremont, on prend aussi des pensionnaires à 200, 240 et 300 francs par an.

## REMONCOURT (Vosges).

Religieuses du Saint-Cœur-de-Marie.

Les élèves occupées au travail manuel payent une pension de 250 francs pour l'année scolaire; les élèves qui suivent uniquement les classes payent 350 francs.

On paye en plus 50 francs par an pour la literie et le blanchissage. Trousseau à fournir.

## RENNES-SAINT-CYR (Ille-et-Vilaine).

Voir chap. XII, *Rennes*.

### ROCHECHOUART (Haute-Vienne).

Sœurs de Saint-Vincent-de-Paul.

Admission des orphelines à 2 ans, moyennant une somme de 1 000 francs une fois payée; à 6 ans, moyennant 500 francs, ou une pension annuelle de 180 francs par an. Sortie à 21 ans.

Classes jusqu'au certificat d'études.

Lingerie. Soins du ménage.

### LA ROCHE-GUYON, par Bonnières (Seine-et-Oise).

### Fondation Fortin.

12 garçons et 12 filles. — Assistance publique.

Sœurs de Saint-Vincent-de-Paul.

Gratuit.

### ROCHEFORT (Charente-Inférieure).

Ministère de la marine.

### Hôpital maritime.

Fondé vers 1694, et maintenu par lettres patentes du mois de novembre 1779.

Desservi par les sœurs de Saint-Vincent-de-Paul.

Douze veuves et quarante orphelines de marins, militaires de la marine et ouvriers du port, domiciliés avant leur décès dans la commune de Rochefort, y sont admises et entretenues gratuitement.

### RODEZ (Aveyron), rue Béteille, 11.

### Orphelinat de la Providence.

Religieuses de l'Enfant-Jésus.

Admission à 7 ans. On ne reçoit que les enfants légitimes.

300 francs une fois donnés et un trousseau.

Couture. Broderie. Blanchissage. Ménage.

A 16 ou 18 ans, les enfants les plus intelligentes sont placées dans une imprimerie catholique, où elles peuvent, après l'apprentissage, rester comme ouvrières. Jusqu'à 20 ans, elles continuent à être logées et nourries à l'orphelinat.

### ROMANS (Drôme).

### Orphelinat Saint-Yves.

Religieuses de Sainte-Marthe, de Romans.

Admission de 6 à 14 ans. Sortie à 21 ans.

150 francs par an jusqu'à 16 ans. 30 francs d'entrée et un trousseau.

Lingerie. Repassage. Soins du ménage.

### ROMORANTIN (Loir-et-Cher).

### Rue des Jouannettes, 3.

Sœurs de Notre-Dame de la Providence.
Admission de 10 à 14 ans. Sortie selon la volonté des parents.
250 à 300 francs par an. L'entretien est à la charge des parents.
Couture. Ménage. Broderie.

### LA RONCE, par Marcoussis (Seine-et-Oise).

Religieuses Dominicaines.
Admission dès 6 ans. 360 francs par an.
Il existe dans la maison une autre catégorie de jeunes filles reçues au-dessus de 13 ans, dont la pension est de 40 francs par mois quand le prix du travail est laissé à l'ouvrière, ou de 25 ou 30 francs s'il appartient à la maison.

### ROSIÈRES-AUX-SALINES (Meurthe-et-Moselle).

### Hospice Sainte-Odile.

Sœurs de Saint-Charles.
Admission dès l'âge de 8 ans, moyennant une somme de 900 francs une fois payée. Un engagement est signé par la famille de l'enfant pour la laisser jusqu'à 21 ans. Si l'enfant était reprise avant l'expiration de la période d'engagement, la famille serait tenue de rembourser les frais d'entretien pendant le séjour dans la maison.
On reçoit aussi pour une pension de 200 francs par an jusqu'à 14 ans accomplis.

### ROSNY-SUR-SEINE (Seine-et-Oise).

Sœurs de la Sainte-Enfance de Jésus.
Admission de 8 à 13 ans. Sortie de 18 à 21 ans.
300 francs par an jusqu'à 15 ans. 50 francs d'entrée et un trousseau.
Lingerie.

### ROUBAIX (Nord).

### Orphelinat du Sacré-Cœur, rue Pellart, 117.

Sœurs de Saint-Vincent-de-Paul.
Admission dès 5 ans. Sortie à 21 ans.
Les enfants légitimes sont seules reçues.
200 francs par an. 150 francs d'entrée.
Lingerie. Blanchissage. Repassage.

**ROUEN (Seine-Inférieure).**

**Rue Stanislas-Girardin, 50.**

Sœurs de Saint-Vincent-de-Paul.
Admission de 7 à 12 ans. Sortie à 21 ans.
200 francs par an jusqu'à 13 ans, ou 600 francs une fois donnés. 50 francs d'entrée et un trousseau.
Les orphelines de la paroisse sont reçues gratuitement.
Lingerie. Soins du ménage.

**ROYAN (Charente-Inférieure).**

Sœurs de Saint-Vincent-de-Paul.
Admission dès 10 ans. Sortie à 21 ans.
300 francs par an jusqu'à 16 ans, 120 francs de 16 à 18 ans, 60 francs de 18 à 21 ans. 50 francs d'entrée.

**LA RUE, par Bourg-la-Reine (Seine).**

**Rue de Fresnes, 24.**

Voir à Paris, V^e arrondissement, rue Lhomond, 41, *orphelinats pour les filles.*

**RUGLES (Eure).**

**Orphelinat de Marie-Immaculée, Grande-Rue.**

Sœurs de Saint-Vincent-de-Paul.
Admission de 5 à 6 ans. Sortie à 18 ans.
300 francs par an. 30 francs d'entrée.
Lingerie.

**SAINT-ACHEUL-LÈS-AMIENS (Somme).**

Religieuses des Sacrés-Cœurs, dites de Louvencourt.
Admission dès 5 ans. Sortie à 20 ou 21 ans.
250 ou 300 francs par an. 20 francs d'entrée.
Lingerie.

**SAINT-AILE, par Rebais (Seine-et-Marne).**

Sœurs de Notre-Dame-des-Anges.
(Voir *Orphelinats de garçons,* Paris, rue Blomet, 147.)
Admission de 2 à 9 ans. Sortie à 21 ans.
300 francs par an. 50 francs d'entrée.
Lingerie. Soins du ménage.

### SAINT-AMAND-MONTROND (Cher).

Sœurs de la Charité, de Bourges.
Admission dès 5 ans. Sortie à 20 ans.
120 francs par an. 100 francs d'entrée pour literie et trousseau.
Lingerie fine.

### SAINT-BRICE, par Sauveterre (Gironde).

Sœurs du Bon-Pasteur de la Visitation.
Admission à 12 ans. Sortie à 18 ans.
Gratuit.
Lingerie pour trousseaux et layettes.

### SAINT-BRIEUC (Côtes-du-Nord).

#### Maison de Nazareth, rue des Postes, 9.

Direction religieuse.
Admission de 12 à 14 ans. Sortie à 21 ans.
150 francs par an. 50 francs d'entrée.
Couture. Broderie. Ornements d'église. Repassage.

#### Orphelinat de la Sainte-Famille.

Religieuses du Saint-Esprit.
Admission à partir de 5 ans. Sortie à 21 ans.
200 francs par an jusqu'à 10 ans, 150 francs ensuite. 200 francs d'entrée.
Couture. Blanchissage. Soins du ménage.

#### Orphelinat.

Voir chap. XII, *Saint-Brieuc, Montbareil.*

### SAINT-BROLADRE, par Dol (Ille-et-Vilaine).

#### Orphelinat Saint-Joseph.

Sœurs Franciscaines, de Calais.
Admission depuis 7 ans. Sortie de 18 à 21 ans.
240 francs par an. 50 francs d'entrée pour le trousseau.
Travaux agricoles. Blanchisserie.
(Voir *Orphelinats de garçons,* même chapitre. *Convalescence,* chapitre VI.)

### SAINT-CALAIS (Sarthe).

Sœurs de la Charité de Sainte-Marie, d'Angers.
Admission dès 6 ans. Sortie à 21 ans.
600 francs une fois donnés et un trousseau de 100 francs.
Lingerie. Broderie. Soins du ménage.

## SAINT-CHAMOND (Loire).

### Orphelinat et ouvroir, rue du Garat, 7.

Sœurs de Saint-Vincent-de-Paul.

Admission de 4 à 9 ans. Sortie à 21 ans.

500 francs une fois donnés. Les enfants qui ne sont pas de la ville doivent être recommandées aux dames de l'Œuvre.

## SAINT-CYR (Var).

### Orphelinat de Notre-Dame-Auxiliatrice.

Sœurs de Notre-Dame-Auxiliatrice, sous la direction des Prêtres salésiens.

Admission de 8 à 12 ans d'orphelines de père et de mère, sans ressource, s'engageant à rester au moins jusqu'à 18 ans.

Pension très minime; un trousseau et 28 francs d'entrée pour le lit.

Travaux de la campagne. Basse-cour. Ménage.

S'adresser à la Directrice de l'orphelinat.

## SAINT-DENIS (Seine).

### Orphelinat et École professionnelle, rue de la Fromagerie, 27.

Sœurs de Saint-Vincent-de-Paul.

Admission de 4 à 12 ans. Sortie à 21 ans.

300 francs par an. 50 francs d'entrée.

A leur majorité, les orphelines reçoivent un trousseau et un livret de caisse d'épargne comme récompense.

L'École professionnelle comprend :

1° Un ouvroir externe de lingerie fine;

2° Un atelier de mosaïque;

2° Un ouvroir de confections pour vêtements de petits garçons.

## SAINT-ÉTIENNE (Loire).

### Orphelinat du Couvent de la Reine, rue de la Paix, 35.

Sœurs de Saint-Joseph, de Lyon.

Admission dès 5 ans. Sortie à 21 ans.

Le prix varie suivant l'âge d'admission.

Couture. Repassage. Broderie. Dévidage.

La même communauté a, à Saint-Étienne, rue de la Providence, un autre orphelinat dans les mêmes conditions.

### SAINT-FIRMIN, par Chantilly (Oise).

Sœurs du Sacré-Cœur de Jésus, de Saint-Aubin.
Admission de 4 à 10 ans. Sortie de 18 à 21 ans.
240 francs par an. Trousseau et 50 francs d'entrée pour le lit.
Lingerie. Confection de chemises. Soins du ménage.

### SAINT-FORTUNAT (Ardèche).

### Orphelinat industriel Virgile-Chareyre.

Sœurs des Saints-Cœurs de Jésus et de Marie, de Recoubeau.
Admission gratuite à 13 ans avec engagement de rester jusqu'à 21 ans.
Le travail des enfants leur est payé chaque mois.
Dévidage des soies.
S'adresser au secrétariat de l'Œuvre des orphelins, rue de l'Abbé-Groult, 74, à Paris.

### SAINT-FRAIMBAULT-DE-LASSAY (Mayenne).

Sœurs de l'Immaculée-Conception de Marie.
Admission dès 3 ans. Sortie selon la volonté des parents.
240 francs par an.
Couture. Tricot. Ménage. Repassage. Broderie.

### SAINT-GENEST, par Rambervilliers (Vosges).

Voir Remiremont. Même communauté et mêmes conditions.

### SAINT-GEORGES-DE-REINTEMBAULT (Ille-et-Vilaine).

Sœurs du Carmel, d'Avranches.
Réservé presque exclusivement pour le diocèse.

### SAINT-GERMAIN-EN-LAYE (Seine-et-Oise).

### Rue des Louviers, 15.

Religieuses de Saint-Thomas, de Villeneuve.
Admission à 7 ans. Sortie à 21 ans.
300 francs par an. 20 francs d'entrée et un trousseau.
Il y a dans cette maison une école gratuite et un pensionnat.

### Orphelinat, rue de Poissy, 89.

Sœurs Franciscaines, de Calais.
Admission de 5 à 11 ans. Sortie de 18 à 21 ans.
240 francs par an. 50 francs d'entrée.
Lingerie. Préparation au service de maison.

### SAINT-JANS-CAPPEL, par Bailleul (Nord).

Sœurs de Saint-Vincent-de-Paul.
Admission dès 3 ans. Sortie à 21 ans.
200 francs par an, payables d'avance. 50 francs d'entrée.
Couture. Ménage. Repassage, etc.

### SAINT-JEAN-DE-MAURIENNE (Savoie).

**Providence.**

Sœurs de Saint-Joseph.
Admission dès 8 ans. Sortie à 20 ans.
180 à 200 francs par an. Trousseau à fournir.
Couture. Jardinage. Ménage.

### SAINT-JULIEN (Haute-Savoie).

Sœurs de la Présentation de Marie.
Admission dès 6 ans. Sortie à 21 ans.
600 francs une fois payés. 200 francs pour le trousseau.
Lingerie. Soins du ménage.

### SAINT-LOUP-SUR-AUJON (Haute-Marne).

**Orphelinat et pensionnat.**

Sœurs du Cœur-Immaculé de Marie.
Admission dès l'âge de 5 ans.
300 francs par an. 35 francs d'entrée et un trousseau.
Études jusqu'au brevet de capacité si on le désire. Enseignement de l'allemand, de la musique, etc.

### SAINT-MACAIRE (Gironde).

**Orphelinat du Sacré-Cœur, place du Marché.**

Sœurs de Saint-Vincent-de-Paul.
Admission de 3 à 7 ans. Sortie à 18 ans.
250 francs par an. 50 francs d'entrée.

### SAINT-MALO (Ille-et-Vilaine).

**Rue Saint-Sauveur, 13.**

Sœurs de Saint-Vincent-de-Paul.
Admission de 6 à 12 ans. Sortie à 21 ans.
144 francs par an pour les enfants de Saint-Malo; les autres ne

peuvent être reçus que par exception, au prix de 250 francs par an.

Lingerie. Repassage. Ouvroir professionnel pour la lingerie fine réservé aux jeunes ouvrières de la ville.

(Voir *Orphelinats de garçons*, même chap.)

**SAINT-MANDÉ (Seine).**

**Rue Mongenot, 21.**

Sœurs de Saint-Vincent-de-Paul.

Admission dès 4 ans. Sortie à 21 ans.

Les prix varient de 180 à 300 francs par an. 100 francs d'entrée.

Lingerie.

**SAINT-MAUR-LES-FOSSÉS (Seine).**

Sœurs de la Croix, dites de Saint-André.

400 francs par an.

**SAINT-MAURICE (Seine).**

**Grande-Rue, 53.**

Sœurs de Saint-Vincent-de-Paul.

Admission depuis 6 ans. Sortie de 18 à 21 ans.

360 francs par an. 50 francs d'entrée.

**SAINT-MÉEN-LE-GRAND (Ille-et-Vilaine).**

Sœurs de Saint-Vincent-de-Paul.

Admission depuis 3 ans, à un prix peu élevé.

Couture. Blanchissage. Ménage.

**SAINT-OMER (Pas-de-Calais).**

**Maison des Apôtres.**

Sœurs de Saint-Vincent-de-Paul.

Admission depuis 9 ans. Sortie selon la volonté.

180 à 240 francs par an. Fournir et entretenir le trousseau.

Les orphelines, de naissance légitime, sont seules admises.

**SAINT-OUEN (Seine), rue Saint-Denis, 41.**

Sœurs de Saint-Vincent-de-Paul.

Admission à partir de 7 ans. Sortie à 21 ans.

360 francs par an. 50 francs d'entrée.

Classes jusqu'au certificat d'études et au brevet supérieur, si on le désire.

Lingerie. Ménage. Blanchissage.

### SAINT-POL-SUR-TERNOISE (Pas-de-Calais).

Religieuses Franciscaines, de Calais.
Admission de 5 à 12 ans.
240 francs par an.

### SAINT-SORLIN, par Mornant (Rhône).

Petites-Sœurs de Jésus Franciscaines.
Admission de 3 à 7 ans. Les enfants sont placées à 15 ans, mais restent jusqu'à 21 ans sous la surveillance des sœurs.
100 francs d'entrée et un trousseau, s'il est possible.

### SAINT-VALLIER (Drôme).
### Apprentissage industriel.

Fondé par M. Rabain, de Lyon.
Voir ci-dessous *Tarare*, même communauté et mêmes conditions.

### SAINT-VIGOR, par Bayeux (Calvados).

Sœurs de Notre-Dame de la Charité, de Bayeux.
Admission de 7 à 8 ans.
250 francs par an. Les orphelines admises gratuitement doivent s'engager à rester jusqu'à 21 ans.

### SAINTE-FOY-LÈS-LYONS (Rhône).

Religieuses maristes.
Les orphelines sont reçues moyennant une somme de 500 francs une fois donnée ou 240 francs par an.

### SAINTES (Charente-Inférieure).
### Orphelinat de la Providence, avenue de l'Hôpital.

Sœurs de Sainte-Marie de la Providence.
Admission depuis 6 ans. Sortie à 21 ans.
150 francs par an jusqu'à 15 ans.
Lingerie. Soins du ménage. Blanchissage. Repassage.

### SALINDRES (Gard).
### Miséricorde.

Sœurs de Saint-Vincent-de-Paul.
Admission de 5 à 9 ans. Sortie à 21 ans.
180 francs par an.
Couture. Ménage. Jardinage, etc.

### SALVERT, par Migné (Vienne).

Sœurs de Sainte-Philomène.
Admission dès 6 ans. Sortie à 18 ans.
300 francs par an jusqu'à 15 ans. 20 francs d'entrée.
Couture. Repassage. Soins du ménage.

### SAUMUR (Maine-et-Loire).

### Rue Haute-Saint-Pierre, 3.

### Orphelinat Saint-Joseph.

Sœurs de la Providence, de la Pommeraye.
Admission de 6 à 12 ans. Sortie de 18 à 21 ans.
150 francs par an jusqu'à 13 ans, ou 600 francs une fois donnés.
Couture. Soins du ménage.

### SENAIDE, par Bourbonne (Haute-Marne).

Même communauté et mêmes conditions qu'à Remiremont (Vosges). Senaide est dans le département des Vosges, bien que le bureau de poste soit dans le département de la Haute-Marne.
(Voir *Remiremont.*)

### SENLIS (Oise).

### Route d'Aumont, 4.

Sœurs de Saint-Joseph de Cluny.
Admission depuis 4 ans. Sortie à 18 ans.
300 francs par an. 25 francs d'entrée et un trousseau.
Couture. Blanchissage. Repassage. Soins du ménage.

### SENS (Yonne).

### Boulevard du Mail, 31.

Sœurs de la Providence, d'Alençon.
Admission dès 4 ans. Sortie après 15 ou 18 ans.
250 francs par an. 50 francs d'entrée.
Couture. Soins du ménage.
(Voir, même chap., *Orphelinats de garçons.*)

### SÈVRES (Seine-et-Oise).

### Rue Croix-Bosset, 14.

Sœurs Oblates de l'Assomption.
Admission dès l'âge de 6 ans.
Gratuit si l'enfant est orpheline de père et de mère.
360 francs par an, s'il y a l'un ou l'autre des parents.
Sortie facultative.
Travaux de tous genres.

### LA SEYNE-SUR-MER (Var).

### Orphelinat Sainte-Marguerite.

Sœurs de Saint-Vincent-de-Paul.
Admission de 4 à 12 ans. Sortie à 21 ans.
180 francs par an. 40 francs d'entrée.
Couture. Mode. Soins du ménage.

### SOISSONS (Aisne).

### Faubourg de Reims, 7.

Sœurs de Saint-Vincent-de-Paul.
Admission de 3 à 12 ans. Sortie à 21 ans.
240 francs par an jusqu'à 13 ans, 180 francs ensuite jusqu'à 18 ans. 50 francs d'entrée et un trousseau.
Lingerie. Confection. Blanchissage. Repassage. Récompense à la sortie.

### SOMME-SUIPPE (Marne).

Dames de la Sainte-Enfance de Marie.
Admission à 7 ans. Sortie à 21 ans.
200 francs par an jusqu'à 15 ans. 50 francs d'entrée.
Couture. Blanchissage. Ménage. Cuisine.

### STAINS (Seine).

### Grande-Rue, 68.

Sœurs de Saint-Vincent-de-Paul.
Admission depuis 6 ans. Sortie selon la volonté des parents.
420 francs par an. 50 francs d'entrée.
Après les classes, couture. Soins du ménage.

## TARARE (Rhône).

### Apprentissage industriel.

Manufacture de peluches et velours de M. J.-B. Martin.

Sœurs de Saint-Joseph, de Lyon.

Admission gratuite de 13 à 16 ans, pour le moulinage, dévidage et ourdissage des soies et cotons.

Il faut avoir une taille de 1m40, une bonne santé, produire l'acte de naissance, un certificat de vaccine, un certificat de bonnes mœurs, un livret d'ouvrière, un trousseau et deux conventions d'apprentissage signées par le père ou tuteur, ou deux témoins s'il ne sait pas signer (signature légalisée); on doit payer une indemnité déterminée si la jeune fille est retirée avant le temps convenu.

L'apprentissage dure 3 ans, sans compter deux mois d'essai, avec engagement de rester ensuite 2 ans comme ouvrière.

L'apprentie est payée, dès la première année, d'un gage fixe (40 à 80 francs par an) et de gratifications destinées à l'encourager. L'ouvrière peut gagner de 160 à 300 francs par an.

Leçons d'écriture, lecture, couture.

S'adresser pour les admissions au directeur de la manufacture, à Tarare.

### Maison de la Providence.

Fondée par M. l'abbé Menaide.

Religieuses de Saint-Joseph, de Lyon.

Admission dès 6 ans. Sortie à 21 ans.

Gratuit pour la ville. Peu de places pour Paris.

## TARBES (Hautes-Pyrénées).

### Orphelinat de la Miséricorde.

Sœurs de Saint-Vincent-de-Paul.

Admission depuis 3 ans. Sortie à 21 ans.

180 francs par an. Entrée selon les circonstances.

Couture. Broderie. Repassage.

## TAULIGNAN (Drôme).

### Orphelinats industriels de l'Écluse et du Pont, de la maison Armandy et Cie.

Sœurs des Sacrés-Cœurs de Jésus et de Marie, de Reconbeau.

Moulinage de la soie.

Admission gratuite à l'âge de 12 ou 13 ans, avec engagement de rester jusqu'à 21 ans.

S'adresser au secrétariat de l'Œuvre des orphelins, rue de l'Abbé-Groult, 74, à Pa .

### THIAIS, par Choisy (Seine).

Sœurs de la Croix, dites de Saint-André.

400 francs par an.

### THIBOUVILLE, par Beaumont-le-Roger (Eure).

Établissement des Sœurs de Saint-Vincent-de-Paul, fondé en 1638.

Admission et sortie à tout âge.

240 francs par an.

Lingerie fine.

### TONDU, Bordeaux (Gironde).

Sœurs de Charité de la Sainte-Agonie.

Admission de 4 à 10 ans. Sortie selon la volonté des parents.

180 à 300 francs par an. 25 francs d'entrée.

Couture. Tricot. Ménage. Repassage.

### TOULON (Var), chemin de la Valette.

#### Orphelinat de la Providence.

Sœurs de Saint-Vincent-de-Paul.

Admission de 6 à 11 ans, avec engagement de rester jusqu'à 21 ans.

180 francs par an.

Lingerie. Soins du ménage.

### TOULOUSE (Haute-Garonne).

#### Orphelinat Sainte-Germaine, rue des Bûchers, 11.

Sœurs de la Sagesse.

Admission depuis 3 ans. Sortie à 21 ans.

Prix suivant les circonstances.

Couture. Soins du ménage.

#### Orphelinat, rue Saint-Michel, 4.

Sœurs de Saint-Joseph de Bon-Secours.

Admission de 8 à 12 ans. Sortie à 21 ans.

200 francs par an. 50 francs d'entrée.

Ouvroir. Ménage.

### Maison de la Préservation, rue Sainte-Anne, 18.

Sœurs de la Croix, dites de Saint-André.
Admission depuis 6 ans. Sortie à 21 ans.
Prix suivant les circonstances.
Couture. Repassage.
Les mêmes sœurs ont un second orphelinat à Toulouse, rue Dalbade. Les conditions se traitent avec la supérieure.

### Couvent de Port-Saint-Sauveur.

Sœurs franciscaines de Saint-Sauveur.
Admission de 6 à 13 ans. Sortie à 21 ans.
100 francs par an jusqu'à 13 ans, ou 300 francs une fois donnés si l'enfant a plus de 7 ans.
Couture. Ménage. Raccommodage. Blanchissage. Repassage.

## TOURNON (Ardèche).

### Providence de Sainte-Marthe.

Sœurs de Sainte-Marthe, de Romans.
Admission dès 6 ans. Sortie à 21 ans.
100 francs par an jusqu'à 14 ans, ou 500 francs une fois donnés.
Lingerie. Blanchissage. Ménage.

## TOURNUS (Saône-et-Loire).

### Ouvroir Saint-Joseph.

Sœurs de Saint-Joseph, de Bourg.
Admission à 7 ans. Sortie à 21 ans.
Payer une somme une fois donnée qui varie selon l'âge.
Lingerie. Soins du ménage.

## TOURS (Indre-et-Loire).

### Rue de la Bazoche, 7.

Religieuses filles du Sacré-Cœur de Jésus.
Admission depuis 7 ans. Sortie à 21 ans.
100 francs par an jusqu'à 18 ans. 100 francs d'entrée et un petit trousseau.
Couture. Blanchissage. Repassage. Ménage.

**Orphelinat rue Rouget-de-l'Isle, 20.**

Sœurs de Saint-Vincent-de-Paul, aidées par deux associations de Dames.

Admission dès 6 ans. Sortie à 18 ans.

240 francs par an. 20 francs d'entrée.

Lingerie. Blanchissage. Préparation au service.

**Orphelinats dans plusieurs paroisses de la ville.**

Dirigés par les Sœurs de la Présentation de la Sainte-Vierge.

**TRAPPES (Seine-et-Oise).**
**Grande-Rue.**

Sœurs de Sainte-Marie.

Admission depuis 3 ans. Sortie à volonté.

420 francs par an. 50 francs d'entrée.

Couture. Soins du ménage.

**LE TRÉPORT (Seine-Inférieure).**
**Rue Susanne, 11.**

Sœurs de Saint-Vincent-de-Paul.

Admission dès 3 ans. Sortie à 21 ans.

300 francs par an. 200 francs d'entrée pour lit et trousseau.

Gratuit pour les orphelines de marins.

Couture. Ménage.

**TRESMES, par Faremoutiers (Seine-et-Marne).**

Sœurs de Saint-Vincent-de-Paul.

Admission et sortie à tout âge.

500 francs par an. 30 francs d'entrée.

Couture. Soins du ménage.

**TREVERAY (Meuse).**

Sœurs de Saint-Vincent-de-Paul.

Admission à tout âge. Sortie à 21 ans.

200 francs par an jusqu'à 16 ans. Un trousseau ou 50 francs.

Lingerie. Spécialité pour les chemises d'hommes. Ménage.

**LA TRONCHE, par Grenoble (Isère).**

Fondation Eymard-Duvernay.

Religieuses de la Providence.

Admission de 6 à 10 ans. Sortie à 21 ans.

144 francs par an jusqu'à 15 ans.

## TROYES (Aube).

### Rue Saint-Martin, 54.

Sœurs de Saint-Vincent-de-Paul.
Admission dès 6 ans. Sortie à 21 ans.
Prix suivant les circonstances. Un trousseau et 100 francs d'entrée.
Couture. Ménage. Blanchissage. Repassage.

### Orphelinat, rue Louis-Ulbach, 28.

Sœurs de Saint-Vincent-de-Paul.
Admission de 8 à 10 ans. Sortie à 21 ans.
250 francs par an. 50 francs d'entrée.
Lingerie. Raccommodage. Couture des bas pour les fabriques.

### Orphelinat de la Sainte-Vierge. (Même adresse.)

Les sœurs ont dans la même maison et aux mêmes conditions un second orphelinat pour les enfants de 2 à 8 ans, qui passent ensuite dans le grand orphelinat.

### Orphelinat rue du Cloître-Saint-Étienne, 20.

Sœurs de Saint-Vincent-de-Paul.
Admission depuis 7 ans. Sortie à 21 ans.
240 francs par an jusqu'à 15 ans, ou une somme une fois donnée.
Lingerie. Confection.

### Orphelinat Sainte-Anne, rue de Paris, 72.

Sœurs de la Providence, de Troyes.
Admission à 7 ans. Sortie à 21 ans.
500 francs une fois donnés.
Couture. Bonneterie.

## UPIE, par Montmeyran (Drôme).

Sœurs de Sainte-Marthe, de Romans.
Admission vers 6 ans. Sortie à 21 ans.
100 francs par an jusqu'à 14 ans.
Couture. Blanchissage. Crochet. Broderie.

## USTARITZ (Basses-Pyrénées).

Sœurs de la Croix, dites de Saint-André.
Les conditions du pensionnat se traitent avec la supérieure.

## VALENCE (Drôme).

### Rue Saint-Félix.

Sœurs de Saint-Vincent-de-Paul.

Admission à 6 ans. Sortie à 21 ans.

150 francs par an jusqu'à 18 ans. 25 francs d'entrée. On reçoit aussi pour une somme de 500 francs une fois donnée.

Couture. Blanchissage. Ménage.

On s'occupe de les placer à la sortie de l'orphelinat.

(Voir chap. XII, *Valence, Préservation.*)

## VALENCIENNES (Nord).

### Rue Salle-le-Comte, 7.

Sœurs de Saint-Vincent-de-Paul.

Admission dès 6 ans. Sortie à 21 ans.

240 francs par an. 50 francs d'entrée.

Lingerie.

## VALOGNES (Manche).

Voir chap. XII, *Valognes, Ouvroir, Préservation.*

## VALFLEURY, par Saint-Chamond (Loire).

Sœurs de Saint-Vincent-de-Paul.

Admission de 4 à 10 ans. Sortie à 21 ans.

On reçoit pour une somme une fois donnée de 500 à 700 francs suivant l'âge.

Lingerie. Soins du ménage.

## VARENNES-LÈS-NEVERS (Nièvre).

Sœurs de l'Instruction chrétienne, de Nevers.

Admission à 10 ans. Sortie à 21 ans.

150 francs par an jusqu'à 15 ans. 300 francs d'entrée.

Couture. Broderie. Repassage. Ménage.

## VENDÔME (Loir-et-Cher).

Religieuses du Saint-Cœur de Marie.

Admission de 5 à 10 ans. Sortie à 21 ans.

300 francs une fois donnés et un bon trousseau pour les orphelines du département; 600 francs et le trousseau pour les autres.

On ne reçoit que les enfants légitimes.

Lingerie. Broderie. Tapisserie.

### VERDUN (Meuse), rue Saint-Maur, 6.

Sœurs de Saint-Vincent-de-Paul.

Rien de fixé pour l'âge d'admission. Sortie à 21 ans.

250 francs par an jusqu'à 12 ans; 200 francs de 12 à 15 ans; 150 francs de 15 à 18 ans. 40 francs d'entrée.

Elles peuvent rester dans la maison comme ouvrières, moyennant une légère rétribution. Celles qui sortent à 21 ans, si leur conduite a été satisfaisante, reçoivent un trousseau.

### VERNAISON (Rhône).

### Orphelinat Saint-Louis.

Religieuses dominicaines.

Admission depuis 5 ans. Sortie à 21 ans.

100 francs par an jusqu'à 13 ans. 100 francs d'entrée pour le trousseau.

Lingerie. Culture. Soins du ménage. Lavage. Repassage.

### VERNEUIL (Eure).

Sœurs de Saint-Paul, de Chartres.

Admission dès 5 ans.

250 francs par an jusqu'à 14 ans, le trousseau et l'entretien en plus.

Lingerie.

### VERSAILLES (Seine-et-Oise).

### Internat, rue des Bourdonnais, 2.

Sœurs de Saint-Vincent-de-Paul.

Admission à 6 ans.

360 francs par an. 55 francs d'entrée.

Les chaussures et les frais de médecin sont à la charge des familles.

Les sœurs de Saint-Vincent-de-Paul ont à Versailles, rue de la Pompe et rue Sainte-Sophie, des orphelinats dans les mêmes conditions.

### Orphelinat, rue des Deux-Prêtres.

Sœurs de la Sagesse.

Admission dès 7 ans. Sortie à 18 ans.

250 francs par an. 50 francs d'entrée.

Il faut, pour être reçue, avoir ou des parents ou des bienfaiteurs à Versailles.

**Orphelinat de Notre-Dame du Sacré-Cœur.**
**Avenue de Paris, 59.**

Sœurs servantes du Sacré-Cœur de Jésus.
Admission à 7 ans. Sortie selon la volonté.
300 francs par an pour suivre les classes. 180 francs pendant 3 ans, pour celles qui, après 13 ans, entrent dans un des ouvroirs de la maison. 30 francs d'entrée et trousseau à fournir et entretenir.

**VERTOU (Loire-Inférieure).**

Même communauté et mêmes conditions qu'à *Chantenay*.

**VERTUS (Marne).**

Sœurs de Saint-Vincent-de-Paul.
Admission de 7 à 11 ans. Sortie à 21 ans.
Pension selon les circonstances. 50 francs d'entrée.
Lingerie. Confection. Repassage. Soins du ménage.

**VESOUL (Haute-Saône).**
**Rue du Centre, 8.**

Sœurs du Sacré-Cœur de Marie.
Admission depuis 7 ans. Sortie à 18 ans.
300 francs par an. Trousseau à fournir.
Couture. Broderie. Robes. Repassage. Raccommodage.

**VEUREY, par Voreppe (Isère).**

Sœurs de Saint-Vincent-de-Paul.
Admission depuis 4 ans. Sortie à 21 ans.
300 francs par an. Trousseau.
Couture. Broderie. Robes. Repassage. Ménage.

**VIENNE (Isère), rue des Cloîtres, 1.**

Sœurs de Saint-Vincent-de-Paul.
Admission depuis 7 ans. Sortie à 21 ans
150 francs par an.
Lingerie. Couture.

**VILLEDIEU (Manche).**
**Orphelinat Saint-Joseph du Sacré-Cœur.**

Religieuses Franciscaines.
Admission de 3 à 13 ans. Sortie de 18 à 21 ans.
200 francs par an. 60 francs d'entrée.
Couture. Repassage. Soins du ménage, etc.

## VILLEFRANCHE-DE-ROUERGUE (Aveyron).

Sœurs de la Charité, de Nevers.
Admission à 7 ans. Sortie à 18 ou 21 ans.
120 francs par an et un trousseau. On ne paye que jusqu'à 16 ans.
Lingerie. Ménage.

## VILLEGUSIEN (Haute-Marne).

### Orphelinat agricole de la Sainte-Enfance de Marie.

Sœurs de la Foi, de Haroué (Meurthe-et-Moselle).
Admission depuis 4 ans. Sortie à 21 ans.
150 francs par an jusqu'à 15 ans; 50 francs d'entrée.
Travaux de la campagne. Soins du ménage. Couture.
A leur sortie, on les place à la campagne.

## VILLENOY, par Meaux (Seine-et-Marne).

Sœurs de Saint-Vincent-de-Paul.
Admission dès 3 ans.
300 francs par an. 50 francs d'entrée.
Couture.

## VILLERS-EN-ARTHIES, par Vétheuil (Seine-et-Oise).

Sœurs de Saint-Vincent-de-Paul.
Admission depuis 5 ans. Sortie à tout âge.
300 francs par an.
Couture.
L'instruction primaire va jusqu'au certificat d'études.

## VILLERS-SOUS-CHÂTILLON, par Port-à-Binson (Marne).

### Internat Saint-Henri.

Sœurs de Saint-Vincent-de-Paul.
Admission de 5 à 12 ans. Sortie selon la volonté.
325 francs par an, entretien et frais de classe à la charge des parents, ou 500 francs tout compris. Trousseau à fournir.

## VILLEURBANNE (Rhône).

Sœurs franciscaines du Sacré-Cœur.

Admission depuis 5 ans, avec engagement de rester jusqu'à 21 ans.

Gratuit, sauf une entrée suivant ce que l'on peut donner.

Couture. Lavage. Repassage.

S'adresser à Mme la supérieure générale, aux Buers-Villeurbanne (Rhône).

## VITRY-SUR-SEINE (Seine).

### Orphelinat manufacturier, rue d'Oncy, 5.

### Fabrique de pâtes alimentaires.

L'orphelinat Sainte-Félicité a été fondé par M. Groult. Il est dirigé par les sœurs servantes du Saint-Cœur de Marie.

Le but de l'Œuvre est d'élever et instruire l'ouvrière avec le montant de son salaire et de lui assurer une épargne.

Admission des orphelines de père et de mère à 13 ans, ou à l'âge de 12 ans si elles ont obtenu leur certificat d'études (loi du 2 novembre 1892).

Conditions à remplir : 1° Apporter un trousseau ou verser une somme de 100 francs pour le fournir. Dans certains cas, il n'est rien exigé;

2° Les parents, tuteurs ou protecteurs doivent prendre l'engagement de laisser l'enfant jusqu'à 21 ans. Si elle est retirée avant cet âge, ils devront rembourser les dépenses faites par elle depuis son entrée, dépenses évaluées à 50 centimes par jour.

La jeune fille, à 21 ans, reçoit un trousseau et une dot en raison de son travail et de sa conduite.

Elle peut, si elle le désire, rester comme ouvrière, et un salaire lui est accordé.

Instruction morale et religieuse. Classes jusqu'à 15 ans. Couture. Blanchissage. Jardinage. Ménage. Le travail demandé consiste à trier des céréales et à les empaqueter.

Pièces à produire pour l'admission : actes de naissance et de baptême; livret d'enfant dans les manufactures; certificats de bonne santé, de vaccination, d'école; acte de décès du père ou de la mère.

Les enfants doivent être présentées chez M. Groult, avenue Malakoff, 119, à Paris, le mardi de une heure à trois heures.

### VOIRON (Isère).

### Rue des Orphelines.

Sœurs des Orphelines.
Admission de 4 à 8 ans. Sortie à 18 ans.
Gratuit pour la commune. 240 francs par an et un trousseau pour les autres.
Lingerie. Repassage.

### WASSY-SUR-BLAISE (Haute-Marne).

Sœurs de la Compassion.
Admission et sortie suivant les conventions.
Prix divers de 180 à 300 francs par an.
Couture. Ménage.

### YVRÉ-L'ÉVÊQUE (Sarthe).

Sœurs de Saint-Vincent-de-Paul.
Admission de 6 à 12 ans. Dédit de 300 francs si la sortie se fait avant 21 ans. 200 francs par an jusqu'à 16 ans. Trousseau, draps et couvertures à fournir.
Couture. Blanchissage.

# CHAPITRE III

## JEUNESSE

**Apprentissage. — Patronage. — Cercles et maisons de famille. — Placement. — Travail.**

---

### TRAVAIL DES ENFANTS ET DES FEMMES

**Loi du 2 novembre 1892.**

Cette loi remplace celle du 19 mai 1874 sur le travail des enfants. Elle s'applique aux enfants du sexe masculin (de moins de 18 ans), aux filles mineures, même mariées, aux femmes âgées de plus de 21 ans, même non mariées.

Leur travail dans les usines, manufactures, mines, minières et carrières, chantiers, ateliers et leurs dépendances de quelque nature que ce soit, publics ou privés, laïques ou religieux, même lorsque ces établissements ont un caractère d'enseignement professionnel ou de bienfaisance, est soumis aux obligations déterminées par la loi. Cette loi s'applique également aux étrangers. (Art. 1er.)

Les enfants ne peuvent être employés par les patrons ni admis dans les établissements ci-dessus désignés avant l'âge de 13 ans révolus. Toutefois les enfants munis du certificat d'études primaire (loi du 28 mars 1882) peuvent être employés à partir de 12 ans. Dans ce cas ils devront être munis d'un certificat d'aptitude physique, délivré gratuitement.

Dans les orphelinats ou établissements de bienfaisance, l'enseignement manuel ou professionnel ne pourra dépasser trois heures par jour pour les enfants au-dessous de 13 ans, sauf pour ceux de 12 ans munis du certificat d'études. (Art. 2.)

Les enfants de l'un et l'autre sexe, âgés de moins de 16 ans, ne peuvent être employés à un travail effectif de plus de dix heures par jour. La durée du travail journalier ne peut dépasser onze heures de 16 à 18 ans, et est fixée à onze heures pour les femmes au-dessus de 18 ans. (Art. 3.)

Les enfants au-dessous de 18 ans et les femmes au-dessus de cet âge ne peuvent être employés à aucun travail de nuit. (Art. 4.)

Ils ne peuvent être employés à aucun travail plus de six jours par semaine, ni les jours de fêtes reconnus par la loi, sauf certaines exceptions pour les usines à feu continu. (Art. 5 et 6.)

Les maires sont tenus de délivrer gratuitement aux père, mère, tuteur ou patron, un livret sur lequel sont portés les noms, prénoms des enfants au-dessous de 18 ans, la date et le lieu de leur naissance et leur domicile. Au-dessus de 13 ans, il fera mention du certificat d'études. (Art. 10.)

Les femmes, filles et enfants ne peuvent être employés dans des établissements insalubres, ou à des travaux susceptibles d'accidents ou dangereux pour la moralité. (Art. 12.)

Les inspecteurs du travail sont chargés d'assurer l'exécution de cette loi. (Art. 17.)

Les contraventions sont passibles de diverses amendes. (Art. 26.)

Est également passible d'une amende de 100 à 500 francs quiconque aura mis obstacle à l'accomplissement des devoirs d'un inspecteur. (Art. 29.)

## PROTECTION DES ENFANTS

### EMPLOYÉS DANS LES PROFESSIONS AMBULANTES

La loi des 7 et 20 décembre 1874 punit d'un emprisonnement de 6 mois à 2 ans et d'une amende de 16 à 200 francs quiconque fera exécuter par des enfants de moins de 16 ans des tours de force périlleux ou des exercices de dislocation; tout individu autre que les père et mère, pratiquant des professions d'acrobate, saltimbanque, charlatan, montreur d'animaux ou directeur de cirque, qui emploiera dans ses représentations des enfants âgés de moins de 16 ans; les père et mère exerçant les professions ci-dessus désignées qui emploieraient dans leurs représentations des enfants âgés de moins de 12 ans; les père, mère, tuteur, patron, qui auront livré gratuitement ou à prix d'argent leurs enfants, pupilles ou apprentis, âgés de moins de 16 ans, aux individus exerçant les professions ci-dessus spécifiées ou à des individus faisant métier de la mendicité.

Même peine pour ceux qui auront déterminé les enfants âgés de moins de 16 ans à les suivre dans les conditions indiquées ci-dessus.

Quiconque emploiera les enfants âgés de moins de 16 ans à la mendicité habituelle, soit ouvertement, soit sous l'apparence d'une profession, sera considéré comme auteur ou complice du délit de mendicité en réunion, prévu par l'article 276 du code pénal, et sera puni des peines édictées par cet article.

## APPRENTISSAGE

Outre les œuvres mentionnées ci-dessous, on trouvera au chapitre II (*Orphelinats pour les garçons et pour les filles dans Paris et hors Paris*) l'indication d'un grand nombre d'établissements où l'apprentissage peut se faire à la suite des classes.

(Voir ci-dessus la *loi sur le travail des femmes et des enfants*, du 2 novembre 1892).

## ŒUVRE GÉNÉRALE

### DES ÉCOLES PROFESSIONNELLES CATHOLIQUES

SOUS LE PATRONAGE DE SON ÉM. LE CARDINAL-ARCHEVÊQUE DE PARIS

Siège social : rue Cassette, 18 (VIe arrond.).

L'Œuvre des Écoles professionnelles, spécialement destinée aux jeunes filles qui veulent embrasser les diverses carrières de l'industrie et du commerce, a pour but :

1° De leur assurer, dans le plus bref délai possible, une profession convenable, rémunératrice, et pouvant s'exercer à la maison; 2° de compléter leur instruction classique en la mettant en harmonie avec leur position ; 3° de leur donner une solide instruction chrétienne.

Ces écoles se divisent en écoles laïques et congréganistes.

Les écoles laïques sont généralement payantes (de 7 à 15 francs par mois), mais admettent gratuitement un certain nombre d'élèves.

Les écoles congréganistes sont gratuites et rémunèrent très promptement les apprenties.

Elles ont presque toutes un internat, fixé en général à 1 franc par jour.

L'Œuvre embrasse ainsi toutes les catégories de jeunes apprenties ouvrières. Les enfants sont admises à 12 ans, avec le certificat d'études, ou à 13 ans, sans certificat.

La durée habituelle de l'apprentissage est de 3 ans.

Le programme général, modifié selon la position des élèves et les besoins des quartiers, est le suivant.

### ÉTUDES

Cours complémentaire de l'instruction primaire, écriture, langue française, arithmétique, géographie générale, commerciale, industrielle; histoire de France générale; géométrie élémentaire; dessin élémentaire; ornements; sciences appliquées aux usages de la vie, etc.

Plusieurs écoles préparent aux examens de l'hôtel de ville. Dans toutes, les principes de couture sont enseignés, indépendamment de la profession choisie par l'élève.

### TRAVAUX INDUSTRIELS

Commerce, tenue de livres, droit commercial; langues anglaise et allemande; dessin d'après nature, aquarelle, composition; peinture sur porcelaine, faïence, étoffes, éventails, coloriage, imagerie; confections, robes; lingerie, modes, fleurs; broderies, ornements d'église; raccommodage de vieilles tapisseries et dentelles; vêtements d'hommes, d'enfants; blanchissage, etc.

### LISTE DES ÉCOLES PROFESSIONNELLES SUBVENTIONNÉES ET PATRONNÉES PAR LE COMITÉ

#### *Ier Arrondissement.*

*Congréganiste :* Rue de la Sourdière, 25.

#### *IIIe Arrondissement.*

*Laïque :* Rue Vieille-du-Temple, 110.

*IVe Arrondissement.*

*Congréganistes:* Rue Geoffroy-l'Asnier, 30; rue Poulletier, 7; rue du Cloître-Saint-Merry, 8.
*Laïque:* Rue Saint-Antoine, 143 (école Sully).

*VIe Arrondissement.*

*Congréganiste:* Rue du Cherche-Midi, 116.

*VIIe Arrondissement.*

*Congréganiste:* Rue de Grenelle, 182. — *Laïque:* Rue Chomel, 7.

*IXe Arrondissement.*

*Congréganiste:* Rue de Clichy, 50.

*XIIe Arrondissement.*

*Congréganiste:* Rue de Reuilly, 77.

*XIIIe Arrondissement.*

*Congréganistes:* Rue Vandrezanne, 44; rue Jenner, 39; place Jeanne-d'Arc, 26.

*XIVe Arrondissement.*

*Congréganiste:* Rue Gassendi, 29.

*XVIIe Arrondissement.*

*Congréganiste:* Rue de Rome, 151.

*XVIIIe Arrondissement.*

*Congréganistes:* Rue Caulaincourt, 39; rue Stephenson, 48; rue Riquet, 68; rue Championnet, 8.

*XIXe Arrondissement.*

*Congréganiste:* Rue Bouret, 20.

On peut s'adresser aux directrices de chaque école[1].

*Directeur:* M. l'abbé GAYRARD, curé de Saint-Louis-d'Antin.

*Présidente honoraire:* Mme DAVILLIER, rue Roquépine, 14.

[1] En dehors des écoles professionnelles dépendant de cette Œuvre, on en trouvera un certain nombre annexées aux orphelinats (voir chap. II).

*Présidente :* Mme la comtesse DE SALVANDY, rue Cassette, 18.

*Vice-Présidentes :* Mme la comtesse DE CORAL, boulevard Malesherbes, 10. Mme DESJARDINS, rue Solférino, 2.

*Trésorière :* Mme LAVALLÉE, rue de la Bienfaisance, 17.

*Secrétaire :* Mme E. DE MONICAULT, boulevard Haussmann, 127.

## ŒUVRE DES APPRENTIS

### ET DES JEUNES OUVRIÈRES

**Reconnue d'utilité publique par décret du 8 novembre 1873.**

Cette Œuvre est divisée en deux sections :

1° Œuvres de jeunes gens ;

2° Patronages de jeunes ouvrières.

### PREMIÈRE SECTION

**Œuvres de jeunes gens.**

Cette section est plus spécialement placée sous la direction du conseil général de l'Œuvre. Elle est administrée directement par les frères des Écoles chrétiennes. Son but est de fonder et entretenir dans tous les quartiers de Paris des œuvres paroissiales qui, sous les dénominations de patronages, assemblées de jeunes gens, maisons de famille, reçoivent les élèves à leur sortie de l'école, leur ménagent une entrée dans le commerce, l'industrie ou dans les états manuels ; leur offrent des lieux de réunions, de plaisirs honnêtes, et, tout en veillant à leur avenir, assurent leur persévérance par la continuation des pratiques religieuses.

Ce double but est atteint par le **Comité de placement** et l'**Association de Saint-Labre.**

Le **Comité de placement**, composé de plusieurs membres du Conseil et d'un certain nombre de notabilités commerciales, a des réunions mensuelles où s'échangent, entre les divers patronages et les chefs des maisons de commerce, les offres et les demandes d'employés, et où se produisent tous les renseignements utiles aux uns et aux autres. Chaque jeune apprenti ou employé, dès son admission dans une maison, est muni d'une fiche qui se complète, au fur et à mesure que sa carrière avance, par toutes les indications relatives à ses changements de patron, à sa conduite, etc. Elle constitue en quelque sorte son *état-civil commercial.*

**L'Association de Saint-Labre** centralise les éléments les plus pieux de chaque patronage. Ces jeunes gens, choisis entre tous, ont des assemblées fréquentes où ils reçoivent les avis et les encouragements qui peuvent les faire progresser dans le bien et exercer par leur exemple une bonne influence sur leurs camarades.

L'Association de Saint-Labre a donné naissance au **Syndicat des employés du commerce et de l'industrie**, dont le siège social et le bureau de placement sont rue des Petits-Carreaux, 14.

Il faut, pour en faire partie, être Français, être employé de commerce et être membre d'une Œuvre de persévérance ou d'un patronage. La plupart des Œuvres ont organisé des conférences de Saint-Vincent-de-Paul.

Enfin une revue périodique, paraissant chez M. Poussielgue, sous le nom de *Bulletin mensuel des Œuvres de la jeunesse,* publie le compte rendu des fêtes locales et les rapports de chaque Œuvre sur les travaux et les faits intéressants de l'année.

*Président :* M. Abel RAINBEAUX, avenue du Bois-de-Boulogne, 49.

*Vice-Présidents :* M. le comte DE LAMBEL, rue de Varenne, 10. M. le marquis DE SÉGUR, rue de Grenelle, 86.

*Secrétaire :* M. E. DE FAURE, rue Washington, 31.

*Trésorier :* M. Charles POUSSIELGUE, rue Cassette, 15.

S'adresser, pour l'admission des jeunes gens, au Frère directeur de chaque Œuvre, et pour les renseignements généraux, à la maison des Frères (maison mère), rue Oudinot, 27.

### LISTE DES ASSOCIATIONS DE JEUNES GENS

#### Paris.

| Arrond. | |
|---|---|
| Ier | Rue Saint-Roch, 37. |
| | Place de l'École, 3. |
| IIe | Rue des Petits-Carreaux, 14. |
| | Rue Saint-Denis, 226. |
| IIIe | Rue de Béarn, 1. |
| IVe | Rue de Turenne, 23. |
| | Rue de la Verrerie, 85. |
| | Rue des Rosiers, 14. |
| Ve | Rue de Jussieu, 37. |
| | Rue Valette, 7. |
| VIe | Rue d'Assas, 68. |
| | Rue de Furstenberg, 7. |
| | Rue Git-le-Cœur, 8. |
| VIIe | Rue de Grenelle, 44. |
| | Rue St-Dominique, 90 *bis*. |
| | Avenue Duquesne, 49. |
| | Rue de Grenelle, 121. |
| VIIIe | Rue de la Bienfaisance, 7. |
| | Avenue de l'Alma, 22. |
| | Avenue Beaucourt, 11. |
| | Rue Saint-Honoré, 263 *bis*. |
| | Rue de Moscou, 12. |
| IXe | Rue de la Tour-d'Auvergne, 18. |
| Xe | Rue du Buisson-Saint-Louis, 12. |
| | Rue Lafayette, 228. |
| | Rue du Faubourg-Poissonnière, 138. |
| XIe | Impasse St-Ambroise, 11. |
| | Impasse Franchemont. |
| XIIe | Rue de Wattignies, 23. |
| XIIIe | Avenue de Choisy, 91. |
| | Rue Domremy, 20. |
| | Rue du Banquier, 14. |
| XIVe | Rue du Moulin-Vert, 16. |
| XVe | Rue des Fourneaux, 40. |
| | Rue de l'Abbé-Groult, 82. |
| | Pourtour de l'Église, 5 *bis*. |
| XVIe | Rue Raynouard, 50. |
| | Rue Boissière, 79. |
| XVIIe | Avenue de St-Ouen, 35. |
| | Rue Truffaut, 77. |
| XVIIIe | Rue Saint-Luc, 6. |
| | Rue Boucry, 1. |
| XIXe | Rue de l'Ourcq, 75. |
| | Rue des Fêtes, 19. |
| XXe | Rue de Bagnolet, 124. |

#### Banlieue.

Aubervilliers. — Clichy. — Issy. — Ivry. — Levallois-Perret. — Neuilly. — Pantin. — Sceaux.

### DEUXIÈME SECTION

### Patronages des jeunes ouvrières.

Le patronage des jeunes ouvrières a été fondé en 1851. Il adopte les jeunes filles à la sortie des écoles primaires, se charge de leur placement après la première communion, règle les conditions d'apprentissage, les réunit le dimanche aux endroits indiqués plus bas, où elles trouvent, après une instruction religieuse et une classe, des récréations variées. On leur accorde des récompenses en raison de leur assiduité. Chaque jeune fille est placée sous la surveillance d'une dame patronnesse qui la visite et la secourt, si elle est malade.

Dans un grand nombre de patronages, les jeunes filles ne sont admises qu'après un certain temps de noviciat; d'autres patronages font commencer leur tutelle avant la première communion, pendant les classes.

L'Association des Enfants de Marie, sous la direction des Sœurs de Saint-Vincent-de-Paul, et l'Association de Notre-Dame de Bon Conseil accueillent les jeunes filles qui, pendant plusieurs années, ont été les modèles des patronages.

Une maison de convalescence, fondée par Mme la baronne de Ladoucette, à Drancy, près le Bourget (Seine), reçoit les jeunes filles des patronages moyennant une pension de 30 fr. par mois.

Un orphelinat a été également établi à Drancy (voir chap. II, 4e section) par Mme de Ladoucette, pour les enfants appartenant aux familles des protégées de l'Œuvre. Il y a un certain nombre de places gratuites.

*Présidente générale :* Mme la baronne DE LADOUCETTE, rue de Chaillot, 40.

*Secrétaire :* Mlle LALLEMENT, rue du Bac, 63.

*Trésorière :* Mme LION, rue de Berlin, 10.

S'adresser, pour les admissions, aux Directrices de chaque patronage. Les souscriptions peuvent être remises aux membres du bureau.

## LISTE DES PATRONAGES DES JEUNES OUVRIÈRES

### Paris.

Arrond.

Ier Rue du Bouloi, 20.
Rue du Roule, 13.
Rue Saint-Hyacinthe, 4.
IIe Rue Thévenot, 25.
IIIe Rue Montgolfier, 22.
Rue des Arquebusiers, 15
Rue de Malte, 65.
Rue Charlot, 58.
IVe Rue Geoffroy-l'Asnier, 30.
Rue du Cloître-St-Merry, 8.
Rue Poulletier, 7.
Rue Vieille-du-Temple. 47.
Rue du Fauconnier, 11.
Rue Charles V, 15.
Ve Rue Rollin, 8.
Rue des Irlandais, 3.
Rue Geoffroy Saint-Hilaire, 32.
Rue de la Harpe, 47.
Rue des Bernardins, 15.
VIe Rue d'Assas, 26.
Rue Servandoni, 9.
Boul. Montparnasse, 92.
Rue des Fourneaux, 9.
Rue du Montparnasse, 64.
VIIe Rue Perronet, 9.
Rue de Varennes, 25.
Rue de Sèvres, 90.
Rue Oudinot, 3 et 23.
Rue St-Dominique, 109.
Rue de Grenelle, 77.
VIIIe Rue de la Ville-l'Évêque, 13.
Rue de Courcelles, 9.
Rue de Monceau, 15.
IXe Rue de la Chaussée-d'Antin, 27
Rue de Milan, 16.
Rue de Clichy, 50.

Arrond.

Xe Rue du Canal-Saint-Martin, 10.
Rue Lafayette, 190.
Rue de Rocroy, 6.
Rue d'Hauteville, 56.
XIe Rue Saint-Bernard, 33.
Rue Robert-Dillery.
Rue Oberkampf, 142.
Rue Saint-Maur, 64.
Impasse St-Ambroise, 5.
Rue Alibert, 10.
Rue des Trois-Couronnes, 21.
XIIe Avenue Daumesnil, 59.
Rue de Picpus, 12.
Rue de Cîteaux, 28.
XIIIe Rue Jenner, 39.
Rue de la Glacière, 35.
Boulevard d'Italie, 48.
Rue Vandrezanne, 44.
Place Jeanne-d'Arc, 26.
XIVe Rue Gassendi, 29.
Rue Ducouëdic, 54.
Rue des Croisades, 12.
Rue de Vanves, 169.
XVe R. de l'Abbé-Groult, 82 *bis*.
Rue de l'Église, 98.
Rue Bausset, 11.
Rue Rouelle, 40 et 42 *ter*.
XVIe R. Christophe-Colomb, 10.
Avenue Victor-Hugo, 154.
Rue Boileau, 80.
XVIIe Rue Salneuve, 19.
Rue Legendre, 184.
Rue Guersant, 15.
XVIIIe Rue Championnet, 10.
Rue Caulaincourt, 39.
Rue Stephenson, 48.
Rue Riquet, 68.

Arrond.

XIX^e Rue Compans, 13.
Rue de Crimée, 160.
Rue de Flandre, 86.

XX^e Rue de la Mare, 73.
Rue Fontarabie, 29.
Rue Ménilmontant, 119.

Banlieue.

Arcueil, rue des Tournelles, 5.
Aubervilliers, rue de la Courneuve, 11.
Bagneux, rue de la Fontaine, 1.
Billancourt, rue Nationale, 1.
Le Bourget, rue Ernest-Baroche, 7.
Charenton, rue des Bordeaux, 8.
Chatillon.
Choisy-le-Roi, avenue de Paris, 16.
Clamart, rue du Trosy, 20.
Clichy-la-Garenne, rue Marthe, 84.
Courbevoie, rue de l'Alma, 36.
Fontenay-aux-Roses.
Ivry, rue de Paris, 110.
Montreuil-sous-Bois, rue de la République, 7.
Grand-Montrouge, Grande-Rue, 83.
Neuilly, rue des Poissonniers, 11.
Pantin, à la Cristallerie.
Puteaux, rue de Paris, 91.
Quatre-Chemins, boulevard de Flandre, 78.
Saint-Denis-en-France, rue de la Fromagerie, 27.
Saint-Denis-de-la-Plaine, avenue de Paris, 141.
Saint-Maurice, passage Junot, 49.
Saint-Ouen, rue Saint-Denis, 41.
Sceaux, rue des Imbergères, 29.
Thiais, boulevard de la Mairie, 7.
Vincennes, rue de Fontenay, 17.
Vitry-sur-Seine, rue Audigeois, 36.

## PATRONAGES

### DES JEUNES APPRENTIS ET DES JEUNES OUVRIERS DE LA SOCIÉTÉ DE SAINT-VINCENT-DE-PAUL

Cette Œuvre, fondée par la Société de Saint-Vincent-de-Paul, a pour but de soustraire les enfants aux plaisirs dangereux du dehors, et de leur faire passer chrétiennement et agréablement la journée du dimanche, de les placer en apprentissage, d'intervenir dans le contrat, de veiller à son exécution et de surveiller les apprentis par de fréquentes visites dans leurs ateliers.

Les enfants sont reçus le dimanche dans les maisons de l'Œuvre, et ils y trouvent, après les offices, des jeux et des récréations. Plusieurs maisons ont, en outre, des cours du soir. Dans quelques-unes, les garçons retardés pour leur instruction religieuse sont instruits et préparés à la première communion.

On a établi, pour les jeunes apprentis, de petites conférences de Saint-Vincent-de-Paul, dont les membres vont chaque semaine visiter une famille.

Après l'apprentissage, les jeunes ouvriers sont réunis en société et prennent part à l'administration de la Maison. Dans plusieurs patronages, il y a tous les soirs une réunion de jeunes ouvriers, et dans deux, moyennant une pension modique, quelques-uns peuvent être logés et nourris. Quelques maisons ont, pour les enfants qui vont encore à l'école, un patronage le jeudi.

MAISONS DE PATRONAGE

| Arrond. | | Arrond. | |
|---|---|---|---|
| Ve | Rue Lhomond, 59. | XIVe | Rue Vercingétorix, 55. |
| VIe | Rue Stanislas, 11. | XVe | Rue Lourmel, 29. |
| Xe | Rue Bossuet, 12. | | Rue des Morillons, 1. |
| XIIIe | Rue Corvisart, 65. | XVIIe | Rue des Épinettes, 38. |
| | Rue Bobillot, 62 et 64. | XXe | Rue Planchat, 42. |
| XIVe | Boulevard Montparnasse, 126 (au cercle). | | Rue Boyer, 28. (*Prêtres de Dom Bosco.*) |

S'adresser, pour les renseignements, au secrétariat général de la Société de Saint-Vincent-de-Paul, rue Furstenberg, 6, tous les jours, excepté le dimanche.

## PATRONAGE DES RAMONEURS

### ET AUTRES OUVRIERS DES RUES DE PARIS

Impasse des Bœufs, 6, rue de l'École-Polytechnique, 16 (ve arrond.).

Cette Œuvre, fondée en 1860 par les Frères des Écoles chrétiennes de la paroisse de Saint-Étienne-du-Mont, avec le concours des Pères de la Compagnie de Jésus, a pour but :

1° De faciliter aux ramoneurs et aux autres ouvriers des rues de Paris l'accomplissement de leurs devoirs religieux par la sanctification du dimanche et l'organisation de catéchismes et d'instructions spéciales; mais la préparation à la première communion est toujours confiée à l'Œuvre de la Première Communion des Ramoneurs (voir chap. I);

2° De leur assurer l'instruction élémentaire par des classes du soir; une bibliothèque leur est ouverte, et les livres peuvent être lus sur place ou emportés dans les familles;

3° De donner des secours aux jeunes gens ou à leur famille, surtout en cas de maladie ou de chômage. En 1892, 315 familles ont été assistées.

*Directeur et Aumônier du Patronage:* Le R. P. NEAULLAU, impasse des Bœufs, 6.

*Président:* M. le comte H. DE MONTLAUR, rue des Saints-Pères, 13.

*Vice-Président:* M. le comte LAFOND, rue Jean-Goujon, 37.

*Président honoraire, Trésorier:* M. G. DE SENNEVILLE, rue de Grenelle, 52.

*Secrétaire:* M. André MONNIER, rue de Suresnes, 5.

S'adresser, pour les renseignements et pour les dons, à l'un des membres du conseil.

## PATRONAGE PROVIDENCE-SAINTE-MARIE

Rue de Reuilly, 77 (XIIe arrond.).

Sœurs de Saint-Vincent-de-Paul.
Patronage de 600 apprenties ou jeunes ouvrières.
Patronage de 200 apprentis ou jeunes ouvriers.
Patronage de 100 femmes âgées.

## PATRONAGES

### FAISANT PARTIE DU GROUPE D'ŒUVRES OUVRIÈRES DE M. L'ABBÉ SOULANGE-BODIN

### Garçons.

**Patronage de Saint-Joseph des Champs.**

Rue de Vanves, 179 (XIVe arrond.).

Catéchismes. Cours du soir. Patronage.

**Filles.**

Rue de Vanves, 169.

Dirigé par Mlle Lefébure, rue de Médéah, 11.

## ŒUVRE DE SAINTE-ROSALIE

Boulevard d'Italie, 50 (XIIIe arrond.).

Cette Œuvre, dirigée par les Lazaristes, a été fondée en 1860, sous le patronage de S. Ém. le cardinal Morlot, par M. l'abbé Le Rebours, alors vicaire général, aujourd'hui curé de la Madeleine.

Elle a pour but de continuer une partie du bien que faisait la sœur Rosalie Rendu dans le faubourg Saint-Marceau, et d'y conserver le souvenir de son nom.

La chapelle sert de chapelle de secours pour le XIIIe arrondissement.

Principales Œuvres établies dans cette maison :

1° Patronage de jeunes garçons et cercle d'ouvriers ;

2° École libre pour les garçons, dirigée par les Petits Frères de Marie ;

3° Patronage de jeunes filles ;

4° École primaire libre pour les filles, dirigée par les Sœurs de Saint-Vincent-de-Paul ;

5° Bureau pour la légitimation des mariages, sous la direction de la Société de Saint-Vincent-de-Paul (voir *Comité des mariages du XIIIe arrondissement,* chap. XI) ;

6° Visite et secours religieux aux malades du quartier et aux Alsaciens-Lorrains ;

7° Œuvre de la Première Communion pour les adultes et les enfants des classes communales ;

8° Fourneau économique ;

9° Œuvre des Alsaciens-Lorrains (voir ch. XVI, *Alsaciens-Lorrains*).

## SOCIÉTÉ DES AMIS DE L'ENFANCE

### POUR L'ÉDUCATION ET L'APPRENTISSAGE DES JEUNES GARÇONS PAUVRES DE LA VILLE DE PARIS

Reconnue d'utilité publique par décret du 4 décembre 1867.

Maison de famille : rue de Crillon, 15 (IV^e arrond.).

Cette Société, fondée en 1828, prend à sa charge les jeunes garçons sans protecteurs; elle les place à ses frais, s'il y a lieu, et sous sa surveillance, à l'établissement de Saint-Nicolas, à la maison de Saint-Vincent-de-Paul ou à l'orphelinat Saint-Louis.

Elle adopte aussi ceux pour lesquels les parents, les protecteurs ou les œuvres de charité consentent à payer une partie des dépenses; elle complète alors la somme nécessaire.

Enfin elle soutient à domicile dans leur famille d'autres jeunes enfants, en accordant des secours et en surveillant leur éducation.

Lorsqu'ils ont atteint 13 ans, les protégés de la Société des Amis de l'Enfance sont mis en apprentissage chez des maîtres choisis par elle; elle pourvoit aux dépenses, surveille les apprentis dans les ateliers et leur accorde des récompenses.

La Société a ouvert, sous le nom de *Maison de famille*, rue de Crillon, 15, un asile où les enfants trouvent, pendant leur apprentissage, un abri quand l'atelier chôme, des soins quand ils sont malades, des vêtements régulièrement renouvelés toutes les semaines, et un lieu de réunion où ils passent toute la journée du dimanche.

Ils ne sont pas reçus avant l'âge de huit ans, ni après douze ans accomplis.

Les demandes d'admission doivent être adressées à M. le secrétaire général de l'Œuvre, rue de Crillon, 15. Elles doivent être accompagnées des actes de naissance et de baptême de l'enfant, et contenir les noms et adresses des parents ou protecteurs.

La cotisation annuelle est de 20 francs pour les membres titulaires, et de 6 francs au moins pour les simples souscripteurs. On reçoit les souscriptions chez le trésorier de la Société.

Les ressources de l'Œuvre consistent, outre les cotisations et les souscriptions, en une quête et une vente de charité.

La Société a pour *Président d'honneur* S. Ém. le Cardinal-Archevêque de Paris.

Elle est administrée par un conseil.

*Président :* M. le comte DE BÉTHUNE, rue de Lille, 71.

*Trésorier :* M. MARTIN DE GIBERGUES, rue de Madame, 32.

*Secrétaire général :* M. VARIN, boulevard Haussmann, 140.

*Agent de la Société :* M. BROCHARD, rue de Crillon, 15.

Le comité des Dames patronnesses a pour *Présidente* Mme la comtesse Aymery DE LA ROCHEFOUCAULD, et pour *Vice-Présidente* Mme la marquise DE BROC.

Une *Société de secours mutuels* a été fondée par les anciens apprentis et approuvée par un arrêté du Ministre de l'Intérieur, en date du 25 mai 1860.

Elle a pour *Président* M. HOUSSET, rue de Verneuil, 9.

## ŒUVRE DE SAINT-JEAN

**Patronage et apprentissage de jeunes garçons**
**Maison de famille.**

Passage Landrieu, 9 (VIIe arrond.).

L'Œuvre de Saint-Jean, fondée en 1838, en mémoire de M. l'abbé Landrieu, curé de Saint-Pierre et de Sainte-Valère, place en apprentissage les jeunes garçons du Gros-Caillou et d'autres quartiers de Paris, les surveille chez leurs maîtres et dans leurs familles et les réunit au Patronage les dimanches et les jours de fête. Elle récompense la bonne conduite des apprentis et leur exactitude à la réunion du dimanche par des distributions de vêtements, etc. Elle complète leur éducation et leur prête des livres instructifs.

Elle réunit les écoliers les jeudis, et s'occupe d'instruire pour la première communion les enfants retardés.

La maison de famille loge et nourrit un certain nombre d'apprentis qui travaillent au dehors chez des maîtres choisis avec soin.

L'Œuvre se soutient au moyen de quêtes, loteries et souscriptions.

On peut envoyer les offrandes à M. le comte DE LAMBEL, *Président*, rue de Varenne, 10, ou à M. le *Directeur* de la maison, passage Landrieu, 9, à qui doivent être adressées les demandes d'admission.

## ŒUVRE DES APPRENTIS ORPHELINS

Rue de la Fontaine, 40 (XVIe arrond.).

Dirigée par M. l'abbé Roussel.

(Voir, chap. II, *Orphelinats de garçons dans Paris.*)

## SOCIÉTÉ D'APPRENTISSAGE DE JEUNES ORPHELINS

Agence-école : rue du Parc-Royal, 10 (IIIe arrond.).

Reconnue d'utilité publique par décret du 27 septembre 1839.

**Garçons.**

Cette Société, fondée en 1822, prend sous son patronage, sans distinction de nationalité ni de culte, lorsqu'ils ont 13 ans révolus, et place en apprentissage les garçons pauvres, les orphelins de père et de mère, ou abandonnés par leur père, ou dont le père est détenu, ou infirme, ou placé dans un hospice.

La Société pourvoit à l'entretien de ses protégés pendant la durée de l'apprentissage. Elle leur fait donner une instruction élémentaire appropriée à l'état qu'ils ont embrassé, et veille à ce que chacun d'eux s'acquitte de ses devoirs religieux.

Le droit d'entrée, pour un enfant, est de 75 francs. Les pièces à fournir sont : 1° acte de naissance de l'enfant et acte de baptême; 2° acte de décès des parents, ou certificat établissant leur situation; 3° acte de mariage des parents; 4° certificat de première communion; 5° certificat d'instruction primaire élémentaire, conforme aux prescriptions de la loi de 1874.

La Société est administrée par un conseil. Elle subvient à ses dépenses au moyen de cotisations, dons, loteries, etc. La cotisation est au moins de 12 francs par an.

*Président :* M. G. Picot, de l'Institut, rue Pigalle, 54.

*Vice-Présidents :* M. le vicomte de Perthuis, rue de l'Université, 23;

M. Saint-Gilles, rue du Pré-aux-Clercs, 12.

*Trésorier :* M. Ed. Mallet, banquier, rue d'Anjou, 37.

*Secrétaire :* M. Vial, rue de Lille, 11.

*Administrateur :* M. Porquier, rue du Parc-Royal, 10, à l'agence, de 9 heures à 11 heures, et de 1 heure à 4 heures.

## ASSOCIATION

### POUR LE PLACEMENT EN APPRENTISSAGE ET LE PATRONAGE D'ORPHELINS DES DEUX SEXES

Reconnue d'utilité publique par décret du 7 août 1867.

Agence : rue de Turenne, 3 (IVe arrond.).

Siège de la Société : à la mairie du IVe arrond.

L'Association, fondée en 1820, a pour but de procurer à des orphelins pauvres une éducation morale, une instruction appropriée à leur intelligence, et l'apprentissage d'un état.

Elle prend sous sa direction, gratuitement, sans distinction de culte et de nation, les orphelins et orphelines dès l'âge de 12 ans, munis du certificat d'études.

Les pièces à produire sont :

1° L'acte de décès du père ou de la mère ou des deux; 2° l'acte de naissance de l'enfant; 3° à 13 ans, un certificat d'instruction primaire légalisé; 4° un livret d'apprenti; 5° un bulletin médical délivré par le médecin de l'Association; 6° une demande de patronage adressée au Président de l'Association.

La direction de cette Œuvre est exclusivement philanthropique.

*Président :* M. Nusse, boulevard Saint-Michel, 32.

*Secrétaires :* MM. Ed. Prieur, Ed. Mathieu, Sangnier.

*Agent de la Société :* M. A. Cayar, rue de Turenne, 3.

## SOCIÉTÉ DE PROTECTION

### DES APPRENTIS ET DES ENFANTS EMPLOYÉS DANS LES MANUFACTURES

Siège de la Société : rue de Rennes, 44 (VIe arrond.).

Reconnue d'utilité publique par décret du 4 juillet 1868.

La Société de protection a pour but d'améliorer la condition morale et matérielle des apprentis et des enfants employés dans les manufactures par tous les moyens qui, en respectant la liberté de l'industriel et l'autorité du père de famille, agiront en conformité des lois sur l'apprentissage et le travail des enfants dans les manufactures. (Voir ci-dessus l'exposé de la loi.)

Cette Société n'a aucun caractère religieux, mais elle accorde ses subventions à toutes les institutions, libres ou confessionnelles, concourant au développement de l'enfance ouvrière.

Elle publie un *Bulletin* que tous les membres de la Société reçoivent gratuitement. La cotisation annuelle est de 10 francs.

La Société renferme quatre comités spéciaux : comité de l'enseignement professionnel et de l'apprentissage, comité du patronage et du placement, comité des accidents de fabrique, comité judiciaire. Ces comités s'occupent des intérêts des enfants patronnés par l'Œuvre.

Le conseil d'honneur est présidé par le ministre du Commerce et de l'Industrie.

Conseil d'administration :

*Président :* M. Léon Say, de l'Académie française.

*Secrétaire général :* M. Léon Durassier, ingénieur civil des mines. Toutes les communications ou demandes doivent lui être adressées, au siège de la Société, rue de Rennes, 44.

## SECOURS AUX ATELIERS D'APPRENTISSAGE

Ministère de l'Agriculture et du Commerce.

(Voir chap. XIII.)

## PRIMES D'ENCOURAGEMENT AUX JEUNES OUVRIERS

Société philanthropique. (Voir chap. XV.)

## ATELIERS CHRÉTIENS POUR LES JEUNES FILLES

Avenue de l'Alma, 24 (VIIIe arrond.).

Le but de cette Œuvre est de procurer aux jeunes filles de la paroisse de Saint-Pierre de Chaillot le moyen de faire, dans des conditions favorables au point de vue chrétien et au point de vue professionnel, l'apprentissage d'un état et de mener la vie ouvrière dans les mêmes conditions jusqu'à leur établissement.

L'Œuvre est administrée par un conseil de dames patronnesses, présidé par M. le curé de la paroisse.

Le gouvernement intérieur de la maison est confié à une directrice qui choisit les maîtresses d'atelier.

Les jeunes filles sont reçues gratuitement; elles doivent

avoir fait leur première communion et appartenir à la paroisse.

Après leur apprentissage, qui dure 2 ans, elles peuvent rester attachées à la maison, et, dans ce cas, elles reçoivent, à titre d'ouvrières, le prix de leur journée.

On peut faire partie de l'Œuvre comme *fondatrice*, moyennant une somme de 500 francs une fois donnée; *protectrice*, moyennant une souscription annuelle de 40 francs; *patronnesse*, par une cotisation annuelle de 25 francs.

*Présidente :* Mme Drouyn de Lhuys, rue François Ier, 55.

*Vice-Présidente :* Mme Armand Heine, avenue Marceau, 85.

*Trésorière :* Mme E. Coppinger, rue Bassano, 1.

*Secrétaire :* Mlle Fabre de Lamaurelle, rue Pauquet, 23.

## ŒUVRE DES APPRENTISSAGES CATHOLIQUES

Passage Déchambre, 6 (xve arrond.).

Cette Œuvre a pour but de maintenir, pendant leur apprentissage, les jeunes filles dans des habitudes de piété, d'ordre et de travail, et de former ainsi des ouvrières sérieuses et chrétiennes.

L'apprentissage dure 4 ans; les jeunes filles sont reçues à 13 ans, et elles doivent être munies de leur brevet d'apprentissage.

L'entrée est de 50 francs, plus un trousseau et la literie, si l'enfant doit être interne.

Quelques apprenties sont placées chez des maîtresses sûres; la plupart restent dans les ateliers de blanchissage ou de couture établis par l'Œuvre, avenue du Maine, 24 et 26, et rue d'Odessa, 6.

Réunion au patronage le dimanche.

On peut s'associer à cette Œuvre par une souscription annuelle ou par des dons en nature ou en argent. Toute personne assurant à l'Œuvre 50 francs par an peut placer une enfant.

S'adresser, pour les offrandes et les admissions, à Mlle d'Hérouville, place de Rennes, 4, *Directrice* de l'Œuvre.

## ŒUVRE DE L'ATELIER-ÉCOLE DE GRENELLE

Passage Lemaire, 3 (rue Violet, 52, xve arrond.).

Le but de l'Œuvre est de donner l'instruction professionnelle (fleurs artificielles et lingerie), l'instruction élémentaire et l'instruction religieuse à des jeunes filles qui en sont privées, quel que soit le motif de cette privation.

Les enfants, âgées de plus de 13 ans, peuvent être admises, s'il y a des places vacantes, moyennant un contrat d'apprentissage de 4 ans, soit comme demi-pensionnaires, soit comme externes.

Les enfants plus jeunes sont placées en province, à des conditions fixées de gré à gré.

S'adresser à la Directrice, passage Lemaire, ou à M. l'abbé de Broglie, rue Paul-Louis-Courier, 11.

## BERCEAU DE SAINT-VINCENT-DE-PAUL

A Saint-Vincent-de-Paul, près Dax (Landes).

Reconnu d'utilité publique par décret du 21 octobre 1865.

Cette Maison a été instituée pour honorer le lieu de la naissance de l'apôtre de la charité, et grouper autour de son berceau ses principales fondations.

Elle comprend :

1° Un orphelinat de garçons (voir chap. II, 3e section);

2° Un orphelinat de filles (voir chap. II, 4e section);

3° Un hospice de vieillards (voir chap. VII);

4° Une école professionnelle de garçons;

5° Une école secondaire libre.

### École professionnelle.

Elle se compose exclusivement des jeunes garçons qui ont fait leur première communion dans l'orphelinat. Ils font leur apprentissage jusqu'à 16 ans dans l'un des ateliers de la maison (boulangerie, jardinage, labourage, menuiserie, serrurerie, couture, cordonnerie).

Les jeunes gens font leurs classes sous la direction des Prêtres de la Mission. Si, parmi les orphelins, il s'en trouve quelques-uns qui annoncent des dispositions à l'état ecclésiastique, ils font leurs études complètes jusqu'à la rhétorique dans la maison, qui comprend parmi ses œuvres une école secondaire libre (voir chap. XIV).

Le prix de la pension à l'école professionnelle est de 350 francs par an.

## CERCLES ET MAISONS DE FAMILLE

---

### ŒUVRE DES CERCLES CATHOLIQUES D'OUVRIERS

Secrétariat : boulevard Saint-Germain, 262 (VIIe arrond.).

Cette Œuvre, fondée en 1872, a pour but le dévouement de la classe dirigeante à la classe ouvrière ; pour principe, les définitions de l'Église sur ses rapports avec la société civile, et pour forme le Cercle catholique d'ouvriers.

Dans chaque localité où elle est établie, un comité organisé par l'Œuvre se charge, avec l'aide des dames patronnesses, par des quêtes et des souscriptions, de recueillir les fonds nécessaires pour la tenue et la création du cercle.

Le Cercle est une association ouvrière, formée par les soins des comités locaux et dirigée par un conseil, recrutée, administrée et gouvernée par ses propres sociétaires.

Les ouvriers sociétaires d'un Cercle y font profession d'une vie chrétienne. Ils trouvent dans le Cercle des salles de lecture et de réunion.

Ils peuvent former entre eux une conférence de Saint-Vincent-de-Paul pour l'assistance des pauvres du quartier, et diverses associations charitables pour eux et leurs familles.

La cotisation des sociétaires est de 50 centimes par mois. La caisse du Cercle est administrée par un conseil ouvrier élu par les sociétaires et délibérant sous la présidence d'un Directeur.

Le Cercle est ouvert à Paris tous les soirs de la semaine et le dimanche toute la journée. En province, il n'est en général ouvert que le dimanche.

Il existe en France environ 400 Cercles d'ouvriers, dont 10 à Paris.

LISTE DES CERCLES CATHOLIQUES D'OUVRIERS OUVERTS A PARIS

Arrond.
Ve *Cercle Sainte-Geneviève,* rue des Carmes, 15.
VIIe *Cercle du Gros-Caillou,* rue Saint-Dominique, 96.
XIIe *Cercle Saint-Antoine,* rue de Picpus, 42.
XIVe *Cercle de Montparnasse,* boulevard Montparnasse, 126.
XVe *Cercle de Vaugirard,* avenue Sainte-Eugénie, 6.
XVIe *Cercle d'Auteuil-Passy,* rue d'Auteuil, 39.
XVIIe *Cercle des Batignolles,* rue Lacaille, 7.
XVIIIe *Cercle du Sacré-Cœur,* rue du Mont-Cenis, 21.
XIXe *Cercle de la Villette,* rue de Flandre, 121.
*Id.* *Cercle de Belleville-Ménilmontant,* rue de la Villette, 25.

## CERCLE CATHOLIQUE DU LUXEMBOURG

Rue du Luxembourg, 18 (VIe arrond.).

Le Cercle catholique du Luxembourg a été créé en 1852 par M. Eugène Beluze, mort en 1887, pour servir de lieu de réunion aux jeunes gens qui achèvent leurs études, et principalement pour ceux dont la famille n'est pas à Paris. Ils y trouvent des ressources pour leurs études et leurs délassements; en même temps ils peuvent y contracter de bonnes relations et assurer ainsi la conservation de leurs sentiments religieux.

La bibliothèque, les salons de lecture, de travail, de billard et de conversation sont ouverts depuis le matin jusqu'à onze heures du soir.

Des conférences de droit, de littérature, de philosophie, de sciences, de médecine, etc., ont lieu chaque semaine.

Les soirées du dimanche sont plus spécialement consacrées aux jeux et à la musique.

Les jeux de hasard et les paris sont interdits. Toute discussion et toute manifestation politique ou religieuse est également interdite.

Le Cercle est administré par un bureau assisté d'un conseil.

On est admis au Cercle par une décision du bureau, sur la présentation de deux membres et après une enquête.

Le prix de la cotisation est de 54 francs, impôt compris. Elle n'est que de 20 francs pour les élèves des Écoles polytechnique, de Saint-Cyr, de guerre, normale, pour les internes des hôpitaux et pour les volontaires d'un an.

*Président du Cercle :* M. B. TERRAT, rue Saint-Romain, 18.

*Aumônier :* M. l'abbé FONSSAGRIVES, rue du Luxembourg, 18.

Dans le même local se trouve le *Salon des Œuvres* (voir chap. XIV).

## CONFÉRENCE DE SAINT-MÉDARD

Au cercle des Étudiants : rue du Luxembourg, 18 (VIe arrond.).

Conférence de Saint-Vincent-de-Paul et lieu de réunion pour les lycéens internes qui peuvent passer la journée du dimanche au Cercle et auxquels l'aumônier du Cercle peut servir de correspondant.

## CERCLE CATHOLIQUE DES EMPLOYÉS

Rue de Tournon, 5 (VIe arrond.).

Le Cercle catholique des employés a pour but de maintenir ses membres dans la pratique d'une vie honorable et chrétienne et de leur prêter un concours dévoué en toutes circonstances.

Des cours gratuits de différentes natures, des conférences sont organisés pour les membres du Cercle, qui ont à leur disposition des livres, journaux, revues, piano, billard, etc.

Les salons sont ouverts tous les soirs de 8 à 11 heures; les dimanches et jours de fêtes, de 10 heures du matin à 11 heures du soir. Exercices religieux dans la chapelle du Cercle.

Il faut, pour être admis, être employé, être âgé de 17 ans au moins, être présenté par un membre ou une personne connue, être agréé par le bureau et être inscrit comme candidat avant d'être sociétaire.

La cotisation est de 3 francs par mois.

Une somme de 500 francs une fois donnée assure le titre de fondateur; les membres honoraires payent une souscription annuelle de 20 francs.

*Président :* M. Hubert MÉNAGE, rue Saint-Sulpice, 23.

## CERCLE COMMERCIAL
### DE NOTRE-DAME-DES-VICTOIRES

Rue Damiette, 1 (IIe arrond.).

Le Cercle de Notre-Dame-des-Victoires est destiné aux jeunes gens du commerce.

Salons de lecture et de conversation; bibliothèque; salles de billard; conférences instructives.

Les candidats doivent être présentés par deux membres du Cercle ou par une personne honorablement connue.

La cotisation est de 1 franc par mois.

## CERCLE DES OUVRIERS MAÇONS
### ET TAILLEURS DE PIERRE

Rue des Chantiers, 7 (v[e] arrond.).

Société reconnue d'utilité publique par décret du 21 mars 1876.

L'Œuvre des maçons et tailleurs de pierre, fondée en 1867, a pour but l'instruction morale et intellectuelle de ses adhérents, ainsi que l'amélioration de leur sort.

Elle offre gratuitement à tous des cours d'instruction primaire et des cours techniques de géométrie, dessin, métré, descriptive et coupe de pierre, faits par des professeurs spéciaux.

En cas de maladie, le médecin de l'Œuvre visite à domicile les membres du Cercle qui réclament ses soins; néanmoins les membres du Cercle ne payent aucune cotisation.

La direction du Cercle est confiée à un comité composé d'architectes, d'ingénieurs, d'entrepreneurs, etc., et à un prêtre directeur, assisté d'un comité particulier, choisi parmi les sociétaires.

## CERCLE DES FRANCS-BOURGEOIS

Rue Saint-Antoine, 212 (ive arrond.).

L'Œuvre de la Jeunesse, fondée à Marseille en 1729, a donné naissance au Cercle de la Jeunesse, installé en 1854 rue des Francs-Bourgeois, et transféré rue Saint-Antoine, 212, dans l'ancien hôtel du duc de Mayenne.

Le but du Cercle est d'offrir aux jeunes gens les moyens de persévérer dans les habitudes morales et religieuses de leur éducation, en remplaçant de plus la famille pour ceux dont les parents habitent la province. C'est principalement pour ceux-ci qu'une Maison de famille a été créée. (Voir ci-dessous.)

Les jeunes gens trouvent au Cercle toutes les facilités pour mener une vie chrétienne, et en même temps une grande variété de distractions et d'amusements (salles de billard, salon de conversation, piano, gymnastique, buffet, restaurant, fumoir, bibliothèque, journaux, revues, cours spéciaux et conférences, soirées musicales.)

Une conférence de Saint-Vincent-de-Paul est organisée parmi les membres du Cercle.

Il faut, pour être admis, être présenté à la direction ou recommandé par une personne honorable et connue, accomplir ses devoirs religieux et assister aux exercices du dimanche, avoir une bonne conduite et s'engager à payer la cotisation de 3 francs par mois. Avant d'être admis définitivement, on est inscrit 6 mois à l'avance comme candidat.

Le Cercle est ouvert tous les jours de 7 à 10 heures du soir; le dimanche, de 8 heures du matin à 11 heures du soir.

S'adresser, pour tous renseignements, au Frère Directeur du Demi-Pensionnat, rue Saint-Antoine, 212.

## MAISON DE FAMILLE

Rue Saint-Antoine, 212 (IVe arrond.).

La Maison de famille est le complément du Cercle dont le but a été exposé ci-dessus. Ce n'est pas un hôtel garni où le jeune homme est absolument indépendant; ce n'est pas non plus un internat scolaire; le pensionnaire est libre, et la direction n'accepte aucune responsabilité sur sa conduite au dehors. La maison de famille se propose uniquement de maintenir les jeunes gens de bonne volonté dans une voie morale et religieuse et de les faire profiter des avantages du Cercle, à la condition d'observer le règlement intérieur de la Maison.

Le prix des chambres et appartements varie de 20 à 120 francs par mois, non compris le chauffage, l'éclairage et le blanchissage.

La Maison a un restaurant où les membres du Cercle sont seuls admis. Il faut également faire partie du Cercle pour être reçu à la Maison de famille.

S'adresser au Frère Directeur du Demi-Pensionnat, rue Saint-Antoine, 212.

## MAISON DE FAMILLE

### POUR LES JEUNES GENS SORTANT DES ÉTABLISSEMENTS DE SAINT-NICOLAS

Rue de Turenne, 23 (IVe arrond.).

Cette Maison de famille est ouverte surtout aux jeunes gens qui sortent des établissements de Saint-Nicolas, Issy et Igny. Elle comprend :

Un cercle;

Une société de secours mutuels;

Une société musicale;

Cours pour la préparation au volontariat; cours de français, d'allemand, de dessin, de géométrie, etc. Une bibliothèque est à la disposition des sociétaires.

La Maison de famille contient un certain nombre de chambres meublées et un restaurant.

S'adresser pour les renseignements aux Frères des Écoles chrétiennes, rue de Turenne, 23.

## MAISON DE FAMILLE

Rue des Petits-Carreaux, 14 (IIe arrond.).

(Voir ci-dessus *Œuvre des apprentis* et *des jeunes ouvrières.*)

Cette maison est réservée aux jeunes gens qui sortent des écoles des Frères.

## MAISON DE FAMILLE

Passage Landrieu, 9 (VIIe arrond.).

Voir ci-dessus *Œuvre de Saint-Jean.*

## ÉCOLE DE COMMERCE ET D'INDUSTRIE

Rue de la Monnaie, 39, à Lille (Nord).

**Jeunes gens.**

Cette École, dirigée par les Frères des Écoles chrétiennes, a été fondée dans le but de former de bons employés pour le commerce, l'industrie, la banque et les diverses administrations.

Le cours complet des études comprend trois années.

Pour être admis, il faut être pourvu d'un certificat d'instruction primaire ou subir un examen devant le jury de l'École.

Le prix de l'externat est de 75 francs pour l'année scolaire. L'administration accorde des bourses et des demi-bourses. Il n'y a pas d'internes.

## MAISONS DE FAMILLE

A Lille (Nord).

**Maison de famille, rue Saint-Sauveur, 23,** dirigée par les Frères de Saint-Vincent-de-Paul.

Logement et nourriture, 45 francs par mois, spéciale pour les jeunes ouvriers.

**Maison Saint-Louis, maison Albert-le-Grand,** spéciales pour les jeunes gens qui suivent les cours des Facultés catholiques. S'adresser au secrétariat des Facultés catholiques, boulevard Vauban, 56, à Lille.

## ŒUVRES EN FAVEUR DES MILITAIRES

Il existe à Paris diverses œuvres paroissiales destinées aux militaires.

| Paroisses. | Aumôniers. |
|---|---|
| *Saint-Augustin* | M. Macchiavelli. |
| *Saint-Germain-de-Charonne* | M. Championnière. |
| *Saint-Philippe-du-Roule* | M. Alfred Binz. |

| Paroisses. | Aumôniers. |
|---|---|
| *Saint-Pierre-du-Gros-Caillou* . . . . . . | M. Asseray. |
| *Saint-Vincent-de-Paul* . . . . . . . . . . . | M. Tischbauer. |
| *Saint-Denis* (Seine). . . . . . . . . . . . . | M. le curé. |
| *Issy* (Seine). . . . . . . . . . . . . . . . . | M. le curé. |

On peut s'adresser pour les œuvres de ce genre au *Comité catholique des militaires et des marins*, rue de Grenelle, 35. Ce comité s'occupe des œuvres militaires à Paris, en France et dans les colonies.

## PLACEMENT ET TRAVAIL

### ASSOCIATION DES INSTITUTRICES

Maison des religieuses de Notre-Dame du Cénacle (Dames de la Retraite), rue de la Chaise, 7 (VIIe arrond.).

L'Association des Institutrices, fondée en 1839, se propose : 1° de protéger les jeunes filles qui se destinent à l'enseignement; 2° de donner aux familles et aux institutions des maîtresses sûres et capables.

Le siège de l'Association est dans la maison des Religieuses de Notre-Dame du Cénacle. Les associées s'y réunissent le dernier dimanche de chaque mois.

L'Œuvre s'occupe du placement des associées dans les meilleures conditions possibles et vient en aide, selon son pouvoir, à celles qui en ont besoin.

Pour être admise dans l'Œuvre, il faut présenter des recommandations de personnes connues, ainsi que les diplômes que l'on peut avoir, donner tous les renseignements nécessaires et être reçue comme aspirante pendant une année.

Les membres de l'Association qui se trouvent sans place ou sans travail peuvent être reçues momentanément dans la Maison.

La Supérieure des Religieuses de Notre-Dame du Cénacle est Directrice de l'Œuvre, et elle désigne une des dames de la communauté pour la remplacer. Le conseil se compose d'un prêtre directeur, d'une présidente et de plusieurs conseillères.

La cotisation annuelle des associées varie de 5 à 25 francs, suivant leur position.

Le secrétariat est ouvert les mardis, jeudis, samedis et dimanches, de 2 à 4 heures, rue de la Chaise, 7.

## ASSOCIATION ET SOCIÉTÉ DE SECOURS MUTUELS

### Pour les demoiselles employées dans le commerce.

Rue de Vaugirard, 106 (VIe arrond.).

Fondée en 1861.

Approuvée comme Société de secours mutuels le 27 février 1864.

Reconnue d'utilité publique par décret du 17 juin 1873.

Cette Association, placée sous le patronage des principaux négociants de Paris, est dirigée par les Sœurs de la Présentation de la Sainte-Vierge, de Tours.

Elle a pour but d'offrir aux demoiselles employées dans le commerce la facilité de se réunir les dimanches et jours de fêtes au local de la Société pour se distraire chrétiennement, se soutenir et s'encourager dans le bien et former entre elles une société d'assistance mutuelle qui leur assure *gratuitement,* en cas de maladie, un asile, les secours médicaux et pharmaceutiques et les soins des Sœurs. Lorsqu'elles sont sans place, les demoiselles associées de l'Œuvre trouvent dans la Maison un lit gratuit, et moyennant rétribution, la nourriture préparée par les Sœurs.

Par ses relations, la Société procure à ses membres, mais d'une manière tout à fait officieuse, la facilité de se placer dans de bonnes maisons de commerce.

Pour être admise dans la Société, il faut être demoiselle employée dans le commerce, être valide, d'une conduite régulière, n'avoir pas plus de 40 ans et pas moins de 16 ans, et enfin acquitter exactement la cotisation annuelle de 18 francs, payable d'avance par trimestre. L'admission définitive n'est prononcée qu'après un stage de 3 mois. Une sociétaire peut toucher une pension de retraite lorsqu'elle a atteint l'âge de 50 ans, si elle a été pendant 20 ans au moins membre de la Société.

Une maison de retraite située à Vanves (Seine) reçoit les associées âgées de 55 ans, faisant partie de la Société depuis 20 ans au moins. Le prix de la pension se traite avec la supérieure au siège de l'Œuvre à Paris.

On peut faire partie de la Société comme *membre honoraire* moyennant une souscription annuelle de 20 francs au moins, ou comme *membre fondateur* par une souscription annuelle de 100 francs.

*Président d'honneur :* S. Em. le Cardinal-Archevêque de Paris.

*Président :* Mgr COULLIÉ, archevêque de Lyon.

*Vice-Présidents :* M. l'abbé QUIGNARD, curé de Saint-Eustache. M. TEISSONNIÈRE, rue des Pyramides, 27.

*Secrétaire général :* M. AUBRY, rue de Rivoli, 248.

*Trésorier :* M. MORON, rue de la Chaussée-d'Antin, 6.

S'adresser, pour les renseignements, à la Sœur SAINT-AUGUSTIN, *Présidente de l'Œuvre*, rue de Vaugirard, 106, les dimanches et jeudis, toute la journée.

## ŒUVRE DE MARIE-AUXILIATRICE

Rue de la Tour-d'Auvergne, 17, et rue de Maubeuge, 25 (IXe arr.).

Secours mutuels pour les institutrices.

Secours mutuels pour les jeunes filles ouvrières.

En cas de chômage, les associées ont droit à un mois de loyer gratuit dans la maison.

La cotisation annuelle est de 18 francs pour les membres

participants, de 25 francs pour les membres honoraires, et de 100 francs pour les membres fondateurs.

Consultations gratuites pour les associées le mercredi et le samedi à neuf heures, rue de la Tour-d'Auvergne, 17.

## ASSOCIATION DES INSTITUTRICES CHRÉTIENNES

**Maison des religieuses de Marie-Réparatrice.**

Rue de Naples, 18 (VIIIe arrond.).

L'Association a pour but principal de développer, dans la vie morale de ses membres, de solides habitudes de vertu. Néanmoins elle s'intéresse également, dans la mesure de ses ressources et par le concours bienveillant d'un comité de patronage, au soutien matériel des jeunes filles de l'Œuvre, qui se trouvent momentanément sans situation et dans le besoin.

L'Association se compose de dames patronnesses et d'institutrices. Les patronnesses forment le comité de patronage et nomment le bureau de l'Œuvre.

L'Association est placée sous la direction d'un prêtre désigné par Mgr l'archevêque de Paris, d'une religieuse de Marie-Réparatrice, et du bureau de l'Œuvre.

## UNION CHRÉTIENNE DES ATELIERS DE FEMMES

**Œuvre catholique fondée pour le bien matériel et religieux des ouvrières de Paris.**

Cette Œuvre comprend plusieurs modes d'assistance :

**Une maison de famille**, rue de l'Université, 129.

**Un bureau de placement gratuit**, même adresse, ouvert tous les jours excepté le dimanche, de midi à 2 heures.

**Quatre restaurants-bibliothèques**, à prix réduits, ouverts aux dames seules, place du Marché-Saint-Honoré, 19 et 27, rue Jean-Jacques-Rousseau, 66, et rue de Richelieu, 47.

Si les Associées ont besoin pour leur santé d'un séjour à la campagne, elles peuvent obtenir d'être envoyées à la Ronce (voir chap. II, *Orph. de filles*), chez les Sœurs dominicaines, à la seule condition d'y travailler à l'aiguille pour la maison.

Enfin elles peuvent s'inscrire à la Société de secours mutuels des Sœurs de Marie-Auxiliatrice (voir ci-dessus), rue de Maubeuge, 25, et par ce moyen recevoir à domicile, en cas de maladie, les secours et les soins nécessaires.

Les dames de l'Œuvre s'occupent d'une manière spéciale des jeunes filles associées.

## ASSOCIATION PROFESSIONNELLE DE SAINT-FIACRE

Siège social : boulevard Montparnasse, 126 (XIVe arrond.).

**Horticulteurs et jardiniers.**

Cette Association a pour but l'aide et l'assistance mutuelle sous toutes ses formes.

(Société de secours mutuel, placement gratuit, cours, bibliothèque technique, cercle, *Bulletin* paraissant tous les deux mois, etc.)

Elle est ouverte à tous, à la seule condition d'être Français, catholique et muni de bonnes références.

Il faut, pour en faire partie, être présenté par deux membres et payer une cotisation annuelle de 20 francs pour les fondateurs, 10 francs pour les patrons, 5 francs pour les ouvriers, gratuit pour les apprentis jusqu'à 18 ans, sauf l'entrée d'un franc une fois payée.

Il a été établi deux *bureaux* de *placement* gratuits, pour tous les membres ou les candidats de l'Association. Le premier, sous la direction de M. Bouverel, 23, rue de Turenne, est ouvert tous les jours, sauf le dimanche, de 1 heure à 5 heures; le second sous la direction de M. Debureau, trésorier-syndic, 47, boulevard de Montparnasse, est ouvert tous les jours, de 10 heures à 2 heures, et le dimanche, au siège social, de 8 h. 1/2 à 10 h. 1/2 du matin et de 3 à 5 heures du soir.

Propriétaires, patrons et entrepreneurs, peuvent s'adresser à eux pour avoir des jardiniers.

*Président :* M. Paul BLANCHEMAIN, rue Soufflot, 17.

*Secrétaire :* M. SEURAT-DE LA BOULAYE, rue Montparnasse, 41.

## ASSOCIATION POUR LES PERSONNES EN SERVICE

Rue Duguay-Trouin, 7 (VIe arrond.), et rue Nicolo, 62 (XVIe arrond.).

**Femmes.**

L'Association, fondée en 1849, par les Sœurs Servantes de Marie et dirigée par elles, a pour but de donner aux personnes en service, le plus souvent isolées à Paris, un centre où elles retrouvent, autant qu'il se peut, l'affection et les conseils de la famille absente, puis un asile où elles sont reçues lorsqu'elles sont malades ou sans place; les Sœurs, dans ce dernier cas, s'occupent de les placer.

Chaque dimanche, les associées peuvent se réunir chez les Sœurs.

Il faut, pour être admise dans l'Association, être âgée de 16 ans au moins et de 30 ans au plus; remettre une cotisation annuelle de 6 francs, qui donne droit d'être reçue dans la maison de l'Œuvre, en cas de maladie ou de manque de place; fournir de bons renseignements au point de vue de la piété, de la moralité et de la probité : ces renseignements doivent émaner de personnes honorables et connues, principalement du curé de la paroisse que la jeune fille habitait et des maîtres qu'elle a servis ou sert encore.

Le prix de la pension est de 1 franc 25 pour les associées, par journée passée dans la maison; 25 centimes de plus pour les aspirantes à l'Œuvre non encore associées.

Outre les deux maisons de Paris, les Sœurs Servantes de Marie ont à Versailles, rue d'Angivilliers, 35, et à

Toulon, faubourg Saint-Roch, des maisons dans les mêmes conditions que celles de Paris.

Dans chaque maison, on reçoit des dames pensionnaires (voir chap. VII).

On peut s'adresser, pour prendre des renseignements et demander des domestiques, tous les jours, de 9 heures à 11 heures du matin et de 1 heure à 5 heures du soir, les dimanches et jours de fêtes exceptés.

## MAISON DES SŒURS DE LA CROIX

Rue de Vaugirard, 233 (XVe arrond.).

Placement des domestiques. — Femmes.

L'Œuvre a pour but de recueillir les jeunes filles honnêtes, munies de bonnes références, qui désirent se placer comme domestiques.

Aucune personne n'est reçue si elle a plus de 40 ans et si elle ne présente des attestations de sa probité et de sa moralité.

Il faut produire les pièces suivantes :

1° Un certificat du curé ou d'un prêtre directeur;

2° Un certificat du maire avec le cachet de la mairie;

3° Si l'on a déjà servi, des certificats des maîtres légalisés par le maire ou le commissaire de police.

Le prix de la pension est de 1 franc par jour, mais le payement immédiat n'est pas exigé.

On peut s'adresser, pour avoir des domestiques, à la Supérieure ou à une des Sœurs, tous les jours, excepté les dimanches et jours de fêtes, de 9 heures 1/2 du matin à 5 heures du soir.

La Maison reçoit aussi les institutrices et les dames de compagnie.

## BUREAU DE PLACEMENT GRATUIT

### EN FAVEUR DES MEMBRES DES ŒUVRES CATHOLIQUES

Bureau ouvert tous les jours, excepté le dimanche, de 1 heure à 5 heures. Rue de Turenne, 23 (IVe arrond.).

**Hommes.**

Cette œuvre, fondée en 1878 par les soins du bureau central de l'Union des Œuvres, a pour but de favoriser le placement des apprentis, ouvriers, commis et employés de toute nature, qui font partie des associations ouvrières catholiques de Paris (cercles d'employés et d'ouvriers, patronages, etc.).

Ce bureau place les travailleurs dans des maisons connues, et il peut en même temps être utile aux patrons en leur procurant rapidement un personnel choisi avec soin par les Directeurs des Œuvres catholiques.

Les jeunes gens qui désirent être placés doivent se présenter au bureau avec une lettre de recommandation du Directeur de l'Œuvre à laquelle ils appartiennent.

L'action du Bureau est entièrement gratuite et exclusivement réservée aux membres des Œuvres de Paris.

*Président de l'Œuvre :* M. BABEUR.

*Directeur du Bureau :* M. E. BOUVERET.

## PLACEMENT DE JEUNES GENS

### SORTANT DES ÉCOLES DES FRÈRES

Voir ci-dessus : *Œuvre des Apprentis* et des *Jeunes Ouvrières*.

## MAISON DES SŒURS DE SAINT-CHARLES

Rue Lafayette, 190 (Xe arrond.).

**Placement des jeunes filles alsaciennes ou allemandes.**

Voir, chap. XVI, *Œuvre des Sœurs de Saint-Charles*.

## ŒUVRE DE PLACEMENT GRATUIT

### DANS LES PETITS ATELIERS

Rue de Valois, 2 (1er arrond.).

**Pour les hommes et les femmes.**

Cette Œuvre est un service gratuit du *Crédit mutuel et populaire* (voir chap. x). Elle a pour but d'assurer la persévérance des enfants en les plaçant dans des ateliers honnêtes.

Le bureau donne les renseignements nécessaires pour préparer dans chaque paroisse le livre des métiers tenus chrétiennement.

Bureau ouvert tous les jours non fériés de 10 heures à midi, sauf le 1er, le 15 et les deux derniers jours de chaque mois.

*Directrice :* Mlle CHAIX, rue de Valois, 2.

## PLACEMENT GRATUIT

Rue de la Reine-Blanche, 24 (XIIIe arrond.).

Œuvre philanthropique.

# PATRONAGES INTERNES

## ŒUVRE DE NOTRE-DAME DE BONNE GARDE

**Patronage interne pour les jeunes filles orphelines ou éloignées de leur famille.**

Rue de la Sourdière, 25 (1er arrond.).

Cette Œuvre, fondée en 1875, a pour but d'offrir les avantages et l'appui de la maison paternelle aux jeunes filles de 16 à 25 ans, orphelines ou éloignées de leur famille et travaillant pour vivre. Les jeunes filles qui y sont admises travaillent à leur compte, soit dans l'intérieur de l'établissement, soit au dehors dans les magasins ou dans les maisons de confection, où elles sont placées par leurs parents et leurs protectrices avec le concours des Sœurs. Une conduite irréprochable, l'accomplissement des devoirs de la religion, une grande simplicité et docilité, sont les conditions essentielles de l'admission d'une jeune fille.

Moyennant 1 franc 50 centimes par jour (45 francs par mois), elles sont logées, nourries, éclairées et chauffées.

On peut faire partie de l'Œuvre comme *fondateur*, par une cotisation annuelle de 10 francs au moins; *bienfaiteur*, par une somme de 500 francs une fois donnée; *donateur*, par toute autre offrande.

L'Œuvre est placée sous le haut patronage de M. le Curé de Saint-Roch, et est dirigée par les Sœurs de Saint-Vincent-de-Paul.

Les souscriptions et les demandes d'admission ou de renseignements peuvent être adressées à la Sœur Directrice de l'Œuvre, rue de la Sourdière, 25.

## PATRONAGES INTERNES

Les Sœurs de Saint-Vincent-de-Paul ont, dans plusieurs maisons, établi des Patronages internes, dont les conditions sont en général les mêmes que celles de l'*Œuvre de Notre-Dame de Bonne Garde*. (Voir ci-dessus rue de la Sourdière, 25.)

Le prix de la pension est habituellement de 40 à 45 francs par mois.

On peut s'adresser chez les Sœurs :

Rue Oudinot, 3. — Rue d'Assas, 26. — Rue Geoffroy-Saint-Hilaire, 32. — Rue de Monceau, 11. — Rue Alibert, 10. — Rue des Trois-Couronnes, 21. — Rue du Cardinal-Lemoine, 69. — Rue Thévenot, 25. — Rue Bouret, 20. — Rue des Guillemites, 10. — Rue Geoffroy-l'Asnier, 30. — Rue Oberkampf, 142. — Rue de la Ville-l'Évêque, 14, etc.

## PATRONAGE INTERNE OU MAISON DE FAMILLE

Rue Boissy-d'Anglas, 21 (VIII^e arrond.).

Pour les jeunes filles ne pouvant être reçues chez les Sœurs, à cause des veilles et de l'irrégularité des heures des repas, exigées par leur travail. Logement et nourriture, 1 franc 50 par jour.

# PATRONAGE ET PLACEMENT

## DANS LES DÉPARTEMENTS

---

## PATRONAGE DES OUVRIÈRES ET DOMESTIQUES

Rue du Bas-de-Montfort, 9, à Alençon (Orne).

Sœurs de l'Enfant-Jésus.

Cette Œuvre a pour but d'offrir un asile et un soutien aux ouvrières et domestiques chrétiennes âgées de 15 ans au moins.

Les aspirantes ne sont définitivement reçues au Patronage qu'après un an d'essai et sur l'avis du Conseil.

L'Œuvre offre également un asile moyennant 1 franc d'entrée, puis 1 franc 20 par jour, aux compagnes étrangères qui présentent des garanties suffisantes.

On s'occupe de les placer. On loge aussi celles qui sont en apprentissage au dehors. (*Patronage interne.*)

## ASSOCIATIONS POUR LES PERSONNES EN SERVICE

### Femmes.

Il existe dans un grand nombre de villes des Associations analogues à celles de Paris, rue Duguay-Trouin, 7, et rue de Vaugirard, 233. Dans la plupart de ces maisons, les jeunes filles sont logées et nourries moyennant une faible rétribution, jusqu'à ce qu'elles aient trouvé une place. Elles peuvent toujours y revenir passer la journée du dimanche.

Elles ne sont reçues qu'en produisant de très bons renseignements. On les place de préférence dans leur pays, ou chez des personnes connues. Le placement est toujours gratuit.

### Associations.

**Agen**, chez les Sœurs de l'Immaculée-Conception.

**Besançon**, rue Saint-Vincent, 10. Association pour les filles en service, connues sous le nom de *Filles de l'Assomption*, fondée en 1797. Asile, infirmerie, placement sous la direction des religieuses de la Sainte-Famille.

**Blois**, chez les Sœurs Servantes de Marie.

**Lyon**, rue Tramassac, 10. Œuvre des *Blandines*, dirigée par les Sœurs de Saint-Charles. Logement, nourriture, placement.

**Le Mans**, rue Saint-Vincent, 14. Sœurs Servantes de Marie, même organisation.

**Marseille**, rue Saint-Savournin, 44. Sœurs Compassionnistes.

**Nîmes**, Sœurs dominicaines de la Sainte-Eucharistie. Logement. Ouvroir en attendant le placement. Infirmerie pour les Associées.

**Tours**, rue Colbert, 32. Sœurs Servantes de Marie. Logement et nourriture, placement. Infirmerie.

Œuvres semblables à Nantes, à Rennes, à Rodez (patronage seulement) et dans plusieurs autres villes.

# CHAPITRE IV

## SECOURS

**Secours à domicile aux indigents, aux malades et aux blessés. — Bureaux de bienfaisance. Fourneaux. — Dispensaires. — Voitures d'ambulance. Service de désinfection.**

---

### ASSISTANCE PUBLIQUE

#### ADMINISTRATION GÉNÉRALE

Avenue Victoria, 3, et place de l'Hôtel-de-Ville, 3 (IVe arrond.).

Cette administration est chargée de la direction des hospices et hôpitaux civils, du service des secours à domicile, des bureaux de bienfaisance et du service des enfants assistés du département de la Seine.

Elle a été fondée en 1801, et organisée de nouveau par la loi du 10 janvier 1849.

Elle se compose d'un Directeur nommé par le ministre de l'Intérieur, sur la proposition du préfet de la Seine; d'un conseil de surveillance, dont les membres sont nommés par le chef de l'État, sur la proposition du préfet de la Seine; de quatre divisions et de deux inspecteurs.

#### ADMINISTRATION GÉNÉRALE

*Directeur :* M. Peyron.
*Secrétaire général :* M. Derouin.

### SECRÉTARIAT GÉNÉRAL

*Secrétaire général :* M. Derouin.

*Chefs de bureau :* M. Grou, personnel et service de santé; M. Nielly, marchés et adjudications, services généraux; M. Blanchard, travaux ; M. Lhuillier, domaine; M. Mauger, archiviste.

### DIVISION DES HÔPITAUX, HOSPICES ET PERCEPTION DU DROIT DES PAUVRES

*Chef de division :* M. Gallet.

*Chefs de bureau :* M. Conérardi, hospices, maisons de retraite; M. Maurin, hôpitaux.

### DIVISION DES ENFANTS ASSISTÉS

*Chef de division :* M. Vaillant.

*Chefs de bureau :* M. Richebourg, affaires générales, enfants moralement abandonnés; M. Pinet, comptabilité générale du service; M. Tinière, secours pour prévenir les abandons.

### DIVISION DE LA COMPTABILITÉ

*Chef de division :* M. Baudouin des Salles, chargé en même temps du service des secours.

*Chefs de bureau :* M. Jacques, comptabilité et contrôle en deniers; M. Gory, comptabilité et contrôle en matières.

### INSPECTEURS

M. Imard, M. d'Échérac.

### CAISSE

*Receveur :* M. Marescot du Thilleul.

*Chef de bureau :* M. Épinette.

*Caissier :* M. Jobert.

*Contrôleur des recettes et dépenses :* M. Jarry.

## BUREAUX DE BIENFAISANCE

### Assistance publique.

Le soin des pauvres, à Paris, était confié avant 1789 au grand bureau des pauvres, établi sous François Ier. Il était présidé et dirigé par le procureur général du Parlement et prélevait chaque année une taxe d'aumônes sur tous les habitants de Paris.

En 1793, le grand bureau fut remplacé par 48 comités de bienfaisance correspondant aux divisions municipales de la cité. Ceux-ci firent place à leur tour, en 1816, à 12 bureaux de charité qui, en 1830, prirent le nom de bureaux de bienfaisance. En 1860, lors de l'agrandissement de Paris, le nombre de ces bureaux fut porté à 20, comme celui des arrondissements.

Les bureaux de bienfaisance sont chargés, sous la direction et la surveillance de l'administration de l'Assistance publique, de la distribution des secours à domicile dans chacun des arrondissements de la ville de Paris.

Chaque bureau se compose du maire de l'arrondissement, président de droit, de ses adjoints et de 12 administrateurs au moins, nommés par le préfet de la Seine. Un nombre indéterminé de commissaires ou de dames de charité, nommés par le bureau, viennent en aide aux administrateurs pour la visite des pauvres et la répartition des secours.

Un agent-comptable salarié, et dont la responsabilité est garantie par un cautionnement, gère, sous le nom de *Secrétaire-Trésorier*, les finances du bureau.

Des médecins, attachés à chaque bureau, donnent des consultations et des soins gratuits aux indigents de l'arrondissement et vaccinent gratuitement les enfants. Des sages-femmes, désignées par le bureau, donnent gratuitement leurs soins aux indigentes qui les réclament.

L'arrondissement est partagé en un nombre de divisions égal à celui des administrateurs; chacune est placée sous la surveillance d'un administrateur qui, de concert avec les commissaires, visite à domicile les indigents de sa division pour leur remettre les secours qui leur sont alloués et connaître par lui-même l'état des familles.

Chaque bureau de bienfaisance siège à la mairie de son arrondissement et y tient ses séances; il s'assemble au moins deux fois par mois.

Plusieurs maisons sont affectées à la distribution des secours, aux consultations gratuites, à la pharmacie, au dépôt de linge, vêtements et combustible.

Dans chaque bureau est ouvert un livre sur lequel sont inscrits tous les indigents secourus. Nul ne peut être inscrit au rôle des indigents s'il ne réside depuis un an révolu à Paris. Les étrangers ne peuvent être admis aux secours réguliers qu'en justifiant d'une résidence de 10 années consécutives.

Les familles secourues doivent envoyer leurs enfants à l'école et prouver qu'ils ont été vaccinés.

Il y a deux sortes de secours : les secours annuels et les secours temporaires.

Sont admis aux secours annuels : les vieillards ayant accompli leur 64e année et les individus qui ne peuvent pourvoir à leur existence par suite d'infirmités graves, telles que paralysie, cancer, tremblement général, rhumatisme goutteux, anévrisme, asthme goutteux ou suffocant, hydropisie, rachitisme, dartres incurables, hernies, privation d'un membre, surdité complète, surdi-mutité, idiotisme, épilepsie, faiblesse de vue assez grande pour empêcher l'indigent de travailler.

Sont admis aux secours temporaires : les chefs de famille ayant au moins trois enfants au-dessous de 14 ans, ou deux enfants dont l'un serait atteint d'une infirmité grave; les veufs et veuves ayant deux enfants au-dessous de 14 ans ou un atteint d'une infirmité grave; les veuves ou femmes abandonnées qui, ayant déjà un enfant au-dessous de 14 ans, sont enceintes; les femmes en couches et les nourrices, les enfants abandonnés, les orphelins au-dessous de 16 ans, les blessés, les malades.

Les actes de l'état-civil doivent être produits à l'appui des demandes; ils peuvent être sur papier libre. Les infirmités doivent être constatées par des certificats de médecins attachés au bureau.

Nul indigent n'est admis que sur la délibération du conseil du bureau.

Les demandes d'admission et les réclamations de tous genres doivent être adressées à l'administrateur de la division où réside l'indigent. L'administrateur donne audience une fois par semaine à la maison de secours de sa division, et porte la demande ou la réclamation à la première séance du bureau.

Dans chaque maison de secours est affiché un tableau contenant le nom des médecins, les jours et heures de leurs consultations, le nom, l'adresse des administrateurs et des commissaires, et les jours et heures de leurs audiences.

Tous les mois, il est délivré à chacun des administrateurs, selon les ressources du bureau et l'exigence des besoins, des cartes et bons applicables à diverses espèces de secours. L'administrateur fait la répartition de ces cartes entre les commissaires et les dames de charité (dans les arrondissements où le concours des dames de charité est réclamé); et ceux-ci distribuent les cartes, soit à domicile, soit à la maison de secours.

Les secours en nature consistent en pain, bouillon, viande crue ou cuite, portions alimentaires, bois, cotrets, falourdes, mottes, charbon, braise, bains à domicile, chemises, gilets de laine, pantalons, vestes de drap, bas, chaussons de laine, tabliers, blouses, layettes, lits, paillasses, paille, meubles, ustensiles, poêles, etc.

Le bureau prête des draps sur la déclaration signée par les propriétaires, principaux locataires ou personnes connues qui répondent de la valeur du prêt.

Tout indigent, inscrit ou non au bureau de bienfaisance, est soigné gratuitement, en cas de maladie, par le médecin de sa division et reçoit tous les médicaments dont il a besoin. Des secours lui sont également alloués, s'il y a lieu.

Toute femme enceinte, qui se trouve dans une position nécessiteuse, peut obtenir le concours de la sage-femme et des secours en argent ou en nature.

Les cartes de pain et de viande sont portées chez les fournisseurs désignés par le bureau. Les cartes de bois, de vêtements, de draps, sont servies à la maison de secours.

Les secours en argent sont donnés, soit par le bureau lui-même, soit par l'administration de l'Assistance publique sur la proposition du bureau.

L'administration de l'Assistance publique accorde des secours de 10 francs, 20 francs, 30 francs par mois aux vieillards et aux infirmes.

Pour être admis à ces secours, il faut être domicilié à Paris depuis 5 ans au moins et inscrit comme indigent depuis plus de deux ans; toutefois une année d'inscription suffit pour celui qui justifie d'une résidence continue à Paris.

Le Directeur de l'Assistance publique prononce les admissions sur les présentations des bureaux de bienfaisance; les demandes doivent être accompagnées d'un acte de naissance ou de tout autre acte officiel constatant régulièrement l'âge, et, pour les infirmes, un certificat délivré par le bureau central est nécessaire.

On peut cumuler les différents secours d'argent; mais les aveugles ne peuvent cumuler les secours de l'Assistance publique avec celui des Quinze-Vingts, s'il atteint 200 francs.

En outre, l'administration délivre des secours extraordinaires selon le besoin; elle donne 3 francs pour chaque enfant vacciné.

Enfin elle accorde les secours de la fondation Monthyon pour les convalescents sortant des hôpitaux.

L'inscription au bureau de bienfaisance donne droit :

1° Moyennant un certificat délivré au bureau, à la remise gratuite de bandages, jambes de bois, béquilles et généralement de tous les appareils nécessaires pour les blessures ou infirmités [1];

2° A l'admission gratuite aux asiles de convalescence de Vincennes et du Vésinet;

3° A la délivrance gratuite par la préfecture de police de passeports avec secours de route;

4° A l'autorisation du commissaire de police pour brocanter et vendre dans les rues;

5° A la remise ou diminution des impôts et patentes;

6° A l'exemption des droits d'enregistrement et de succession;

7° A la délivrance, dans certains cas, des effets d'un parent décédé dans un hospice;

8° A l'inhumation gratuite;

9° A la délivrance gratuite des actes de l'état-civil.

Les ressources des bureaux de bienfaisance consistent :

1° Dans une somme variable que l'administration de l'Assistance publique alloue tous les ans à chaque bureau, selon la population, les besoins, le nombre des indigents, etc.

2° Dans les collectes, souscriptions, quêtes faites par le bureau lui-même, aumônes spéciales déposées dans les églises, dans les justices de paix, etc.;

3° Dans les legs et donations en faveur des pauvres de la ville de Paris.

En 1853, l'administration de l'Assistance publique a établi le traitement à domicile pour les malades qui ne sont pas inscrits aux bureaux de bienfaisance. Il suffit d'envoyer au secrétariat des bureaux le nom et l'adresse du malade qui réclame le secours; il est visité par le médecin, et les médicaments lui sont fournis par le bureau. Une commission, composée d'administrateurs du bureau, statue sur les secours, en nature ou en argent, qui peuvent lui être accordés lorsqu'une enquête a constaté ses besoins. Il peut être envoyé gratuitement, comme les indigents inscrits, aux asiles de convalescence.

[1] S'adresser par lettre, pour la remise de ces objets, à l'Administration centrale, avenue Victoria, 3.

## BUREAUX DE BIENFAISANCE

### LISTE DES MAISONS DE SECOURS DE L'ASSISTANCE PUBLIQUE

Toutes les réclamations et demandes concernant le Bureau de bienfaisance doivent être adressées au secrétariat du Bureau qui se trouve à la mairie de chaque arrondissement.

### MAISONS DE SECOURS DE L'ASSISTANCE PUBLIQUE

| Arrond. | Personnel laïque. | Tenues par les Srs de S.-V.-de-P. |
|---|---|---|
| Ier | Rue de l'Arbre-Sec, 17. | Rue du Marché-St-Honoré, 32. |
| IIe | Rue de la Jussienne, 2. | » » |
| IIIe | Rue de Béarn, 10. | » » |
| | Rue des Archives, 76. | » » |
| IVe | Rue Sainte-Croix-de-la Bretonnerie, 22. | » » |
| Ve | Rue de l'Épée-de-Bois, 5. | » » |
| | Rue Boutebrie, 1. | » » |
| VIe | » » | Rue St-André-des-Arts, 39. |
| | » » | Rue de Vaugirard, 82. |
| VIIe | Rue Oudinot, 1. | » » |
| | Rue St-Dominique, 109. | » » |
| VIIIe | » » | Rue de Monceau, 15. |
| | » » | Rue de la Ville-l'Évêque, 13. |
| IXe | Rue de La Rochefoucauld, 25. | » » |
| Xe | Rue des Petites-Écuries, 5. | » » |
| | Avenue Parmentier, 179. | » » |
| XIe | Rue du Chemin-Vert, 70. | » » |
| | Rue Deguerry, 6. | » » |
| | Rue Saint-Bernard, 33. | » » |
| XIIe | » » | Rue de Citeaux, 28 (*Srs de la Charité de Nevers*). |
| | » » | |
| | » » | Rue Pleyel, 1. |
| XIIIe | Rue Jenner, 34. | » » |
| | Avenue d'Italie, 22. | » » |
| | Boulevard d'Italie, 105. | » » |
| XIVe | Place de Montrouge. | » » |
| | Rue d'Alésia, 20 et 176. | » » |

| Arrond. | Personnel laïque. | Tenues par les Srs de S.-V.-de-P. |
|---|---|---|
| XVe | Rue d'Alleray, 12. | Rue de Vaugirard, 149. |
| | Rue Violet, 69. | » » |
| XVIe | » » | Rue Lauriston, 78 (*Srs de la Sag.*). |
| | » » | Rue du Ranelagh, 68. |
| | » » | Rue Jouvenet, 23 (*Srs de Sainte-Marie*). |
| XVIIe | » » | Rue Guersant, 15. |
| | » » | Rue Legendre, 62 *bis* (*Srs de Sainte-Marie*). |
| | » » | Rue Gauthey, 43 (*Srs de Sainte-Marie.*) |
| XVIIIe | Rue Ordener, 117. | » » |
| | Rue Affre, 13. | » » |
| | Rue Damrémont, 16. | » » |
| XIXe | Rue Jomard, 1. | » » |
| | Rue Bolivar, 103. | » » |
| | Rue de Louvain, 1. | » » |
| XXe | Rue de Bagnolet, 121. | » » |
| | Rue Étienne-Dolet, 30. | » » |
| | Rue des Rigoles, 28. | » » |
| | Rue des Cendriers, 45. | » » |

## LISTE DES PAROISSES ET DES MAISONS DE CHARITÉ LIBRES

Il existe dans chaque paroisse une ou plusieurs maisons dites paroissiales. Elles sont tenues par les Sœurs, qui s'occupent des pauvres de la paroisse et distribuent les secours que la charité privée met à leur disposition.

A moins d'indication contraire, les Sœurs de ces maisons appartiennent à la communauté des Filles de la Charité de Saint-Vincent-de-Paul.

| Paroisses. | Maisons de charité libres. |
|---|---|
| *Ier Arrondissement.* | |
| SAINT-GERMAIN-L'AUXERROIS . . . . . . | Rue du Roule, 13. |
| SAINT-EUSTACHE . . . . . . . . . . . | Rue du Bouloi, 20. |
| SAINT-ROCH. . . . . . . . . . . . . | Rue du Marché-St-Hon., 32. |
| SAINT-LEU. . . . . . . . . . . . . . | Rue aux Ours, 23 (*Srs de l'Immaculée-Concep.*). |

| Paroisses. | Maisons de charité libres. |
|---|---|
| ***IIe Arrondissement.*** | |
| NOTRE-DAME-DES-VICTOIRES. . . . . . | |
| NOTRE-DAME-DE-BONNE-NOUVELLE . . . . | Rue Thévenot, 23. |
| ***IIIe Arrondissement.*** | |
| SAINT-NICOLAS-DES-CHAMPS. . . . . . . | Rue Montgolfier, 22. |
| SAINT-DENIS-DU-SAINT-SACREMENT. . . . | Rue des Arquebusiers, 15. |
| SAINTE-ÉLISABETH. . . . . . . . . . . | Rue de Malte, 65 (*Srs de Saint-André*). |
| SAINT-JEAN-SAINT-FRANÇOIS . . . . . . | Rue Charlot, 58 (*Srs de Saint-Charles*). |
| ***IVe Arrondissement.*** | |
| NOTRE-DAME . . . . . . . . . . . . . | |
| SAINT-GERVAIS . . . . . . . . . . . . | Rue Geoffroy-l'Asnier, 30. |
| SAINT-MERRY. . . . . . . . . . . . . | Rue du Cloître St-Merry, 8. |
| SAINT-LOUIS-EN-L'ISLE . . . . . . . . | Rue Poulletier, 5 et 7. |
| NOTRE-DAME-DES-BLANCS-MANTEAUX. . . | Rue Vieille-du-Temple, 47. |
| SAINT-PAUL-SAINT-LOUIS. . . . . . . . | Rue du Fauconnier, 11. |
| ***Ve Arrondissement.*** | |
| SAINT-ÉTIENNE-DU-MONT . . . . . . . . | Rue du Card.-Lemoine, 69. |
| SAINT-MÉDARD . . . . . . . . . . . . | Rue Geoffroy-St-Hilaire, 32, et rue de la Glacière, 35. |
| SAINT-SÉVERIN . . . . . . . . . . . . | Rue St-André-des-Arts, 39. |
| SAINT-JACQUES-DU-HAUT-PAS . . . . . . | Rue Nicole, 9. |
| SAINT-NICOLAS-DU-CHARDONNET . . . . . | Rue des Bernardins, 15. |
| ***VIe Arrondissement*** | |
| SAINT-SULPICE. . . . . . . . . . . . | Rue de Vaugirard, 82, et rue d'Assas, 26. |
| SAINT-GERMAIN-DES-PRÉS. . . . . . . . | Rue St-Benoît, 18. |
| NOTRE-DAME-DES-CHAMPS. . . . . . . . | Boulev. Montparnasse, 92. |
| ***VIIe Arrondissement.*** | |
| SAINTE-CLOTILDE . . . . . . . . . . . | Rue de Grenelle, 77. |
| SAINT-THOMAS-D'AQUIN . . . . . . . . | Rue Perronet, 7. |
| SAINT-LOUIS-DES-INVALIDES . . . . . . | Hôtel des Invalides. |
| SAINT-FRANÇOIS-XAVIER. . . . . . . . | Rue Oudinot, 3. |
| SAINT-PIERRE DU GROS-CAILLOU . . . . | Rue St-Dominique, 105. |

| Paroisses. | Maisons de charité libres. |
|---|---|
| **VIIIe Arrondissement.** | |
| SAINTE-MADELEINE . . . . . . . . . . . | Rue de la Ville-l'Évêque, 13 et 14. |
| SAINT-AUGUSTIN . . . . . . . . . . . . | Boulev. de Courcelles, 9. |
| SAINT-PHILIPPE-DU-ROULE. . . . . . . | Rue de Monceau, 11. |
| **IXe Arrondissement.** | |
| NOTRE-DAME-DE-LORETTE . . . . . . . | Rue Rodier, 60. |
| SAINT-LOUIS-D'ANTIN . . . . . . . . . . | Rue de la Chaussée-d'Antin, 27 (*Srs de la Prés. de la Sainte-Vierge*). |
| SAINTE-TRINITÉ. . . . . . . . . . . . . | Rue de Milan, 16 (*Srs de l'Immacul.-Concept.*) |
| SAINT-EUGÈNE . . . . . . . . . . . . . | Rue Hauteville, 56. |
| **Xe Arrondissement.** | |
| SAINT-LAURENT. . . . . . . . . . . . . | Rue du Canal-Saint-Martin, 10. |
| SAINT-MARTIN . . . . . . . . . . . . | |
| SAINT-VINCENT-DE-PAUL . . . . . . . | Rue de Rocroy, 6. |
| **XIe Arrondissement.** | |
| SAINTE-MARGUERITE. . . . . . . . . . | Rue Basfroy, 16. |
| SAINT-AMBROISE. . . . . . . . . . . . . | Rue Oberkampf, 142. |
| | Rue St-Maur, 64 (*Srs de Sainte-Marie*). |
| SAINT-JOSEPH. . . . . . . . . . . . . . | Rue Alibert, 10, et rue des Trois-Couronnes, 21. |
| **XIIe Arrondissement.** | |
| NOTRE-DAME DE BERCY . . . . . . . . | Rue des Meuniers, 63. |
| SAINT-ANTOINE . . . . . . . . . . . . . | Avenue Daumesnil, 59 (*Srs de la Charité, de Nevers*). |
| SAINT-ÉLOI . . . . . . . . . . . . . . | Rue de Cîteaux, 28 (*Srs de la Charité, de Nev.*), et rue de Reuilly, 77. |
| L'IMMACULÉE-CONCEPTION. . . . . . . . | Rue Ruty, 3. |
| **XIIIe Arrondissement.** | |
| SAINT-MARCEL-DE-L'HÔPITAL . . . . . | Rue Jenner, 39. |
| SAINT-MARCEL-DE-LA-MAISON-BLANCHE . | Rue Vandrezanne, 44. |
| NOTRE-DAME-DE-LA-GARE . . . . . . . | Place Jeanne-d'Arc, 26. |

| Paroisses. | Maisons de charité libres. |
|---|---|
| | ***XIVe Arrondissement.*** |
| SAINT-PIERRE DE MONTROUGE | Rue Gassendi, 29, et rue de la Tombe-Issoire, 78. |
| NOTRE-DAME DE PLAISANCE | Rue Vercingétorix, 43 (*Srs du Saint-Nom de Jésus*). |
| | ***XVe Arrondissement.*** |
| SAINT-LAMBERT DE VAUGIRARD | Rue Olivier-de-Serres, 23 (*Srs de Saint-André*). |
| SAINT-JEAN-BAPTISTE DE GRENELLE | Rue Violet, 77 (*Srs de St-Paul, de Chartres*). |
| | ***XVIe Arrondissement.*** |
| SAINT-PIERRE DE CHAILLOT | Rue Christophe-Colomb, 10 (*Srs de la Sagesse*). |
| L'ANNONCIATION DE PASSY | Rue du Ranelagh, 68, et rue Raynouard, 60. |
| SAINT-HONORÉ | Rue de Lauriston, 78 (*Srs de la Sagesse*). |
| | Avenue Victor-Hugo, 117 (*Srs de la Sagesse*). |
| NOTRE-DAME D'AUTEUIL | Rue Jouvenet, 23 (*Srs de Sainte-Marie*), et rue Boileau, 80 (*Srs de Ste-Marie*). |
| | ***XVIIe Arrondissement.*** |
| SAINTE-MARIE DES BATIGNOLLES | Rue Salneuve, 19 (*Srs de Sainte-Marie*). |
| | Rue Legendre, 62 *bis* (*Srs de Sainte-Marie*). |
| SAINT-FERDINAND DES TERNES | Rue Guersant, 15. |
| SAINT-MICHEL DES BATIGNOLLES | Rue Gauthey, 43 (*Srs de Sainte-Marie*). |
| SAINT-FRANÇOIS-DE-SALES | Rue de Tocqueville, 87 (*Srs de la Prés. de Tours*). |
| | ***XVIIIe Arrondissement.*** |
| SAINT-PIERRE DE MONTMARTRE | Rue Caulaincourt, 37. |
| SAINT-BERNARD DE LA CHAPELLE | Rue Stephenson, 48. |
| SAINT-DENIS DE LA CHAPELLE | Rue Riquet, 68. |
| NOTRE-DAME DE CLIGNANCOURT | Rue Championnet, 8. |

| Paroisses. | Maisons de charité libres. |
|---|---|
| *XIXe Arrondissement.* | |
| Saint-Jean-Baptiste de Belleville . . | Rue de la Mare, 73. |
| St-Jacques-St-Christophe de la Villette. | Rue de Crimée, 160. |
| Saint-Georges . . . . . . . . . . . . . | Rue Bouret, 20. |
| *XXe Arrondissement.* | |
| Saint-Germain de Charonne. . . . . . . | Rue Fontarabie, 29 (*Sts de la Providence*). |
| Notre-Dame-de-la-Croix . . . . . . | Rue Ménilmontant, 119. |

# ŒUVRES
# DE SECOURS POUR LES INDIGENTS

## SOCIÉTÉ DE SAINT-VINCENT-DE-PAUL

Secrétariat : rue de Furstenberg, 6 (vie arrond.).
Ouvert tous les jours, excepté le dimanche, de 10 heures du matin à 5 heures du soir.

La Société de Saint-Vincent-de-Paul a été fondée, en 1833, par des jeunes gens chrétiens qui, pour sauvegarder l'intégrité de leur foi et la pureté de leurs mœurs, se réunirent dans la pratique de la charité envers les pauvres. Elle a à la fois pour but la sanctification de ses membres et le soulagement des misères spirituelles et temporelles des malheureux.

Aucune œuvre de charité ne lui est étrangère; mais son œuvre principale est la visite des pauvres à domicile. Chacun de ses membres adopte un certain nombre de familles indigentes et va régulièrement chaque semaine leur porter des secours en pain, viande, chauffage, etc. Il veille à ce que les enfants aillent au catéchisme et à l'école, cherche à placer les apprentis, à procurer du travail aux ouvriers et à les faire profiter de toutes les ressources que la charité met à sa disposition.

La Société a créé :

Des patronages d'apprentis (voir chap. III) ;

Des associations de Saintes-Familles (voir chap. XIV) ;

Des fourneaux économiques (voir chap. IV) ;

Des caisses de loyers (voir chap. X) ;

Le secrétariat et le bureau d'avocat des pauvres (voir chap. XI).

Elle a fondé des vestiaires, afin de pourvoir à l'habillement des pauvres, et des bibliothèques qui prêtent des livres gratuitement.

Elle a établi des comités pour la réhabilitation des unions illégitimes (voir chap. XI).

La Société se divise en conférences qui sont établies dans toutes les paroisses de Paris et dans un grand nombre de paroisses de France et de l'étranger.

Les conférences ont chacune des réunions hebdomadaires où se traitent toutes les questions qui intéressent les familles secourues ; on y distribue aux membres de la Société les secours qu'ils doivent porter, et l'on fait une quête, principale ressource de la caisse. Plusieurs conférences ont recours à un sermon de charité, à une loterie, à des souscriptions pour subvenir aux besoins des familles admises à participer aux secours.

S'adresser au président de la conférence de la paroisse ou au secrétariat général, ouvert tous les jours, le dimanche excepté, rue de Furstenberg, 6.

## SOCIÉTÉ PHILANTHROPIQUE

Siège social : rue des Bons-Enfants, 21 (1er arrond.).

Reconnue d'utilité publique le 27 septembre 1839.

La Société philanthropique, fondée en 1780, sous le patronage de Louis XVI, a pour but de mettre en pratique tout ce qui peut concourir à soulager les besoins du pauvre ou à lui procurer des ressources pour l'avenir.

Elle atteint ce but par divers genres de secours :

1° **Traitement gratuit**, soit par des visites à domicile, soit par des consultations, dans les dispensaires, des malades hors d'état de se faire traiter à leurs frais.

La Société a créé à cet effet, sous le nom de **Dispensaires**, des bureaux de consultations auxquels sont attachés des médecins, chirurgiens et pharmaciens. (Voir ci-dessous *Dispensaires* pour les adultes et pour les enfants.)

2° **Fourneaux économiques** organisés par la Société, où l'on délivre une ration d'aliments d'une valeur de 10 centimes. Les bons servis à ces fourneaux sont achetés 10 centimes par les personnes charitables, qui les distribuent aux pauvres; ceux-ci peuvent aussi acheter les bons dont ils ont besoin. (Voir ci-dessous *Fourneaux.*)

3° **Primes d'encouragement.** Répartition à titre de primes d'encouragement, à des ouvriers laborieux et économes qui veulent s'établir, des sommes provenant des legs Wolff, Nast, Goffin et Matthieu Lafitte. (Voir chap. xv, *Primes d'encouragement.*)

4° **Asiles de nuit.** (Chap. v, *Asiles de nuit.*)

5° **Asile-ouvroir** pour les femmes enceintes. (Voir ch. vi.)

6° **Asile maternel** pour la convalescence des femmes en couches. (Voir chap. vi, *Convalescence.*)

7° **Hospice.** (Voir chap. vii.)

8° **Habitations économiques.** (Voir chap. x.)

Les ressources de la Société consistent en souscriptions annuelles, vente de cartes de dispensaire et vente de bons, dons et legs, fondations spéciales, intérêts des fonds de réserve, allocations faites par l'administration.

Tout souscripteur de 40 francs reçoit 100 bons de fourneaux, 3 cartes de dispensaires d'adultes, et une carte de dispensaire d'enfants. (Voir *Dispensaires.*)

En dehors de la souscription, on peut en plus se procurer des cartes de dispensaire, au prix de 20 francs l'une, dans chacun des dispensaires et au siège de la Société.

Les bons de fourneaux peuvent être achetés au prix de

10 centimes aux fourneaux et dans tous les établissements de la Société.

Un versement de 500 francs et au-dessus donne le titre de *bienfaiteur*.

Le comité des dames patronnesses est présidé par Mme la comtesse GREFFULHE.

*Président de la Société:* M. le prince Auguste D'ARENBERG.

*Vice-Présidents :* M. G. NAST, M. PÉAN DE SAINT-GILLES, M. MARBEAU.

*Secrétaire :* M. VARIN.

*Trésorier :* M. TH. BRA.

*Agent général :* M. Albert LAPORTE, rue des Bons-Enfants, 21.

## SOCIÉTÉ PHILANTHROPIQUE SAVOISIENNE

Rue de Bondy, 7 (xe arrond.).

La Société Philanthropique savoisienne, fondée en 1833, est une société exclusivement de bienfaisance : elle a pour but de venir en aide aux Savoisiens privés d'ouvrage et de ressources à Paris, et bannit toute idée de propagande ou de discussion politique ou religieuse.

Elle leur donne des secours en nature ou en argent, leur procure du travail ou des places, facilite leur rapatriement ou leur admission dans des maisons de retraite. Des consultations gratuites sont données aux malades. Un conseil de famille dirige les affaires qui lui sont soumises.

Il faut, pour être sociétaire, avoir 15 ans au moins, être né en Savoie ou de parents savoisiens et payer une cotisation annuelle de 12 francs.

Les lettres ou demandes doivent être adressées au Président.

Le bureau de placement est au siège de la Société, rue de Bondy, 7, où M. BIGEX, *agent de la Société,* reçoit tous les jours, le dimanche excepté, de 1 heure à 4 heures, les personnes qui ont à faire des demandes d'emploi ou d'employés, ou qui ont besoin de renseignements.

## OFFICE CENTRAL DES INSTITUTIONS CHARITABLES

Bureaux : boulevard Saint-Germain, 175 (VIe arrond.).

Cette Œuvre, fondée en 1890, par M. Léon Lefébure, ancien député de Paris, se propose d'être l'auxiliaire de toutes les Œuvres charitables et de servir de lien entre elles dans le pays entier. L'Office a pour but de rapprocher les bienfaiteurs et les pauvres qui se cherchent sans se rencontrer, de renseigner les uns et les autres sur les Œuvres spéciales auxquelles ils ont besoin de recourir et de poursuivre une enquête permanente sur toutes les institutions charitables.

A l'aumône aveugle et accidentelle, il substitue l'assistance informée et le remède efficace, en fournissant aux pauvres valides des deux sexes, aux ouvriers sans ouvrage, un travail temporaire qui les fait vivre; en les aidant à se placer; en facilitant, par une caisse de rapatriement, le voyage de ceux qui peuvent trouver du travail sur d'autres points du territoire ou à l'étranger; en faisant le nécessaire pour ouvrir aux orphelins, aux malades, aux vieillards, aux malheureux de toutes catégories, les portes des Œuvres créées pour eux; en provoquant la création des Œuvres charitables nouvelles dont l'expérience peut démontrer l'utilité; en aidant à leur existence et à leur développement.

L'Office central échange des renseignements et des services avec les Œuvres charitables de tous les pays. Il s'applique à vulgariser les institutions de prévoyance contre la misère.

Les différents services de cette Œuvre consistent en :

1° Enquêtes sur les Œuvres charitables qui existent à Paris, en France, à l'étranger.

2° Enquêtes sur les pauvres.

3° Admission dans les hôpitaux, hospices, asiles; placement dans les orphelinats.

4° Secours d'urgence et secours aux malheureux valides sous forme de travail.

5° Avance au travail.
6° Service de placement.
7° Service de rapatriement.
8° Concours spécial donné à des Œuvres de charité.

Le conseil d'administration est présidé par M. le marquis DE VOGÜÉ, membre de l'Institut, ancien ambassadeur.

*Vice-Président :* M. Georges PICOT, membre de l'Institut.

*Secrétaire général Fondateur :* M. Léon LEFÉBURE.

*Trésorier :* M. Maurice DAVILLIER, banquier, rue Saint-Georges, 26.

Sont membres fondateurs ceux qui font à l'Œuvre une libéralité de 300 francs au moins, une fois donnée ou versée en trois annuités.

Sont membres titulaires ceux qui versent une cotisation annuelle de 25 francs, et souscripteurs ceux dont la cotisation est de 10 francs.

Les souscriptions et les dons peuvent être adressés à M. Maurice DAVILLIER, *Trésorier*, ou à M. A. BÉCHARD, *Administrateur* de l'Office central, au siège de l'Œuvre, boulevard Saint-Germain, 175.

## ASSOCIATIONS DE CHARITÉ DANS LES PAROISSES

Dans la plupart des paroisses de Paris, il existe des associations de dames de charité présidées par M. le Curé.

Les dames visitent les pauvres de la paroisse, leur distribuent, conjointement avec les Sœurs du quartier, les aumônes recueillies dans l'église et au dehors ou remises à M. le Curé, et remplissent envers eux tous les devoirs de protection et de charité.

Elles se réunissent périodiquement pour prononcer sur l'admission des pauvres aux secours de l'Association et sur la répartition de ces secours.

Toute demande doit être adressée à M. le Curé de la paroisse.

## VESTIAIRES DES PAUVRES

Les Associations de charité et les Conférences de Saint-Vincent-de-Paul ont, dans un grand nombre de paroisses, une section spéciale chargée de réunir et de préparer des vêtements, et il existe, dans beaucoup de quartiers, des ouvroirs où les dames se réunissent une fois par semaine, pour travailler pour les pauvres.

## SOCIÉTÉ DE LA PROVIDENCE

Cette Société, dont la fondation remonte à 1805, a pour but principal de seconder le succès et l'agrandissement de l'asile, situé à Paris, rue des Martyrs, 77 (voir chap. VII), et destiné à servir de retraite à des vieillards malheureux ou infirmes.

Elle a aussi pour but de payer des portions de bourse pour les personnes admises à l'Asile, et de donner des secours aux personnes reconnues admissibles par le Conseil d'administration, et qui ne peuvent momentanément être reçues dans l'Asile, faute de chambres vacantes.

*Président :* M. Julien Piogey, rue Saint-Georges, 24.

*Administrateur-Trésorier :* M. de Saint-Sauveur.

*Présidente du Comité de patronage :* Mme la marquise de la Grange, rue des Saussaies, 9.

## ŒUVRE DE LA PROVIDENCE

### DU VIIe ARRONDISSEMENT

Cette Œuvre a été fondée en 1832; elle a pour but la visite des pauvres à domicile dans le VIIe arrondissement.

*Présidente :* Mme la marquise de Boisgelin, rue Saint-Dominique, 73.

*Secrétaire :* Mlle de Vautré, rue de Bellechasse, 62.

## BUREAU LIBRE DE CHARITÉ

### DU VIIe ARRONDISSEMENT

Secours pour les pauvres et les écoles congréganistes du VIIe arrondissement. L'Œuvre de la Providence et le Bureau de Charité se prêtent un mutuel concours pour leur action extérieure, tout en conservant une organisation entièrement distincte :

*Président :* M. le comte DES CARS, rue de Grenelle, 91.

*Vice-Présidents :* M. le duc DE SABRAN, M. le baron DES ROTOURS, M. le duc DE MORTEMART.

*Secrétaire-Trésorier :* M. LESIEUR, rue de Lille, 19.

## ŒUVRE DE LA MISÉRICORDE

### Pauvres honteux.

Siège social : à l'Office central des Institutions charitables, boulevard Saint-Germain, 175 (VIe arrond.).

L'Œuvre de la Miséricorde, fondée vers 1822 par Mlle Dumartray, avec l'appui de Mgr de Quélen, archevêque de Paris, a pour but de secourir les personnes qui, d'une position élevée ou aisée, sont tombées dans la misère.

Elle est placée sous le haut patronage de S. Ém. le Cardinal-Archevêque de Paris.

Pour être admis à recevoir les secours de l'Œuvre, il faut :

1° Être Français;

2° Être domicilié à Paris depuis un an au moins;

3° N'être pas inscrit au bureau de bienfaisance;

4° Avoir une conduite régulière;

5° Justifier de son aisance passée ou de celle de sa famille; produire à l'appui des titres authentiques, tels que brevets d'officiers, états de service, patentes dans le commerce, ou diplômes constatant l'exercice d'une profession libérale, etc.

L'Œuvre de la Miséricorde se compose d'un nombre illimité de souscripteurs, parmi lesquels quelques-uns sont chargés de visiter les familles pauvres et de faire les enquêtes nécessaires.

L'Œuvre distribue des secours en argent et cherche à procurer à ses protégés du travail ou des emplois. Elle est dirigée par un conseil, qui se réunit le dernier samedi de chaque mois pour statuer sur les demandes que lui soumettent les visiteurs.

Le conseil accorde aux familles dites *adoptées* des secours permanents.

D'autres familles reçoivent seulement des secours temporaires.

*Présidente :* Mme la maréchale DE MAC-MAHON, rue de Bellechasse, 70.

*Trésorier :* M. Paul GIGOT.

*Secrétaire :* M. G. DE BELLAIGUE DE BUGHAS.

## ASSOCIATION CHARITABLE DES FEMMES DU MONDE

Siège de la Société : rue d'Anjou, 27 (VIIIe arrond.).

L'Association charitable des femmes du monde, fondée en 1879, s'est donné pour mission de venir en aide :

1° Aux familles des officiers de terre et de mer qui se trouvent dans une situation malheureuse;

2° Aux familles des fonctionnaires de l'État, assimilés aux officiers, qui se trouvent dans la même situation.

L'Œuvre est dirigée par un comité d'hommes chargé de l'administration et du contrôle, et par un conseil de dames, qui s'occupe plus spécialement des secours à donner.

L'Association comprend :

1° Les sociétaires payantes;

2° Les personnes assistées.

Les premières sont admises sur la présentation d'une dame patronnesse ou d'un membre du comité; pour les secondes, il faut la garantie de deux dames patronnesses et la sanction du comité.

Les hommes peuvent faire partie de l'Œuvre, mais à titre honoraire et bienfaisant seulement, sans être admis à recevoir aucun secours.

La cotisation annuelle est de 12 francs.

*Président-Directeur :* Le général de division Béziat.

*Secrétaire général :* M. le baron de Cambourg.

*Présidente du Conseil :* Mme l'amirale Bourgeois.

Les demandes de renseignements, les adhésions, les dons en nature ou en argent doivent être adressés à M. le Président ou au Secrétaire comptable, M. V. Duval, au siège social, rue d'Anjou, 27. Les bureaux sont ouverts tous les jours, excepté les dimanches et jours de fête, de 2 heures à 5 heures.

## ASSISTANCE PAR LE TRAVAIL

### ŒUVRE DU TRAVAIL A DOMICILE POUR LES MÈRES DE FAMILLE

Avenue de Versailles, 52 (xvie arrond.).

Cette Œuvre a pour but de fournir à la mère de famille, femme d'ouvrier ou de petit employé, les moyens de rester dans son ménage, de soigner et élever elle-même ses enfants, afin que, la journée terminée, le père de famille se sente attiré et retenu à son foyer pour y prendre le repas du soir.

Pour atteindre ce résultat, l'Œuvre donne de l'ouvrage à la mère de famille et le lui paye un prix rémunérateur; ce qu'elle ne peut faire qu'en supprimant tout intermédiaire et en faisant l'abandon de tout bénéfice.

On peut coopérer à cette Œuvre en lui confiant de l'ouvrage, ou en achetant des articles confectionnés à l'avance, tels que linge de maison, de table ou de toilette, chemises, layettes, etc., effets pour œuvres de bienfaisance.

Tout travail fait à domicile est assaini avant d'être mis en vente.

S'adresser à Mme la Supérieure de l'Hospitalité du travail, avenue de Versailles, 52, ou au bureau des commandes, rue des Saints-Pères, 53.

(Voir chap. v.)

## ŒUVRES D'ASSISTANCE PAR LE TRAVAIL

Il a été créé dans divers arrondissements de Paris des Œuvres d'assistance par le travail; d'autres sont en voie de formation.

Ces Œuvres sont exclusivement philanthropiques.

Plusieurs villes de France en ont organisé de semblables, entre autres Lyon, Besançon, Marseille, Melun, Nîmes, Rouen, le Havre, etc.

## ŒUVRE DE L'ASSISTANCE PAR LE TRAVAIL

**Direction et bureaux : rue du Faubourg-St-Honoré, 170 (VIIIe ar.).**

Divers travaux pour les personnes sans emploi. Bureau de renseignements sur les indigents. Les enquêtes sur leur situation sont faites avec exactitude et discrétion. S'adresser au Directeur.

La même œuvre a, rue du Colisée, 34, un magasin où l'on trouve à acheter des vêtements pour les pauvres à un prix peu élevé et où l'on donne du travail aux ouvrières indigentes.

## UNION D'ASSISTANCE PAR LE TRAVAIL

### DU VIe ARRONDISSEMENT

**Siège social : à la Mairie, place Saint-Sulpice.**
**Direction et ateliers : au Marché Saint-Germain.**

Cette association a pour objet de venir en aide aux indigents de l'arrondissement, en état de travailler, en leur procurant *un travail temporaire,* soit dans l'établissement fondé à cet effet, soit ailleurs.

La durée du travail ne peut en principe dépasser 15 jours.

La cotisation des membres associés est au minimum de 10 francs par an.

*Président-Fondateur :* M. Henry Defert, maire du VIe arrondissement.

## UNION D'ASSISTANCE DU XVIe ARRONDISSEMENT

Siège social : à la Mairie.

Une association s'est formée dans le but de faire disparaître du quartier les mendiants de profession, et de procurer le bon emploi des secours. Elle met à la disposition de ses associés :

1° **Des tickets** fermés pour être donnés aux solliciteurs au lieu d'argent; on y inscrit ce qui doit être fait (enquête ou secours donné).

2° **Des carnets** de 10 bons de travail, représentant 3 heures de travail à 25 centimes, soit 75 centimes. Le montant de ces bons n'est réclamé aux associés que lorsqu'ils ont été utilisés.

3° **Des bons verts** (*bons de nourriture à 10 centimes*). On peut se procurer ces bons à l'agence, même sans être membre de l'Union.

L'agence accorde à tout individu le secours auquel lui donne droit le bon ou ticket dont il est muni, et après enquête s'occupe de lui procurer un emploi ou du travail.

La cotisation des membres est de 10 francs par an.

Le président du conseil d'administration est M. Léon Say, de l'Académie française.

*Président du comité d'administration :* M. de Crisenoy.

*Secrétaire :* M. Marcel Hirsch.

## SOCIÉTÉ D'ASSISTANCE PAR LE TRAVAIL

### DU XVIIe ARRONDISSEMENT

Siège social, ateliers et chantiers : rue Salneuve, 17.

**Hommes et femmes.**

Cette Société a été fondée en 1891 par MM. Gaufrès et Bompard, conseillers municipaux.

Les sociétaires sont pourvus de tickets donnant l'adresse des ateliers, et permettant de ne pas faire d'aumône en argent dans la rue. Les autres personnes et les sociétés charitables peuvent acheter des bons de travail de 75 centimes l'un, et envoyer leurs protégés, munis de bons, à l'adresse indiquée; ils y trouvent une occupation temporaire et de l'aide pour un placement.

S'adresser à M. le Directeur, au siège social.

*Président :* M. Lalance, rue de Prony, 29.

*Vice-Président :* M. Gaufrès, rue Lemercier, 55.

*Secrétaire général:* M. Raoul Bompard, rue de Prony, 65.

## ASSISTANCE POUR LES AVEUGLES

Voir chap. VIII, *Association Valentin-Haüy.*

## ŒUVRES D'ASSISTANCE PAR LE TRAVAIL

### POUR LES PROTESTANTS ET LES ISRAÉLITES

Voir chap. XVII.

## ASSISTANCE PAR LE TRAVAIL

**Œuvre philanthropique franco-américaine.**

Rue Saint-Honoré, 273 (VIIIe arrond.).

Cette Œuvre, fondée par Mme James Jackson, a pour but de venir en aide aux femmes du monde tombées dans l'indigence; elle expose et vend le produit de leur travail, et admet toute espèce d'ouvrages faits à la main (tableaux, statuettes, meubles, objets de fantaisie ou de toilette, lingerie, broderies, etc.). Ces ouvrages ne sont reçus que sur la recommandation personnelle d'un des sociétaires.

La souscription des sociétaires est de 50 francs par an.

## LA CROIX-BLANCHE

Rue de Blainville, 7 (v° arrond.)

Œuvre fondée par M. le comte Aymé G. de Moüy.

**Ateliers populaires pour recueillir les malheureux sans ouvrage** (hommes, femmes, enfants).

Dans le but de favoriser les habitudes d'économie, l'Œuvre fait appel à tout ouvrier désireux d'amasser quelques ressources pour l'époque où l'âge et les infirmités le rendront incapable de travailler. Pour cela, elle lui demande de prélever sur chaque jour de paye une somme qu'il fixe lui-même, somme aussitôt inscrite dans un livret de caisse d'épargne postale, et livret conservé à la caisse de l'Œuvre.

L'ouvrier est gardé jusqu'à ce qu'il ait trouvé un emploi, ou amassé un pécule de 50 francs.

Cette Œuvre ne donne pas de secours en argent, mais ne demande aucune cotisation.

Enfin une organisation spéciale permet de venir en aide aux femmes du monde qui, à la suite de revers de fortune, doivent par leur travail se procurer des ressources.

# FOURNEAUX

## FOURNEAUX ÉCONOMIQUES

### DE LA SOCIÉTÉ DE SAINT-VINCENT-DE-PAUL

Les premiers fourneaux de la Société de Saint-Vincent-de-Paul ont été ouverts, en 1848, dans le but de fournir aux pauvres des aliments de bonne qualité et à bon marché.

Chaque fourneau s'administre lui-même, sous la direction d'un membre des conférences de Saint-Vincent-de-Paul. Les bons émis par un fourneau sont valables dans tous les autres, et donnent droit à des portions représentant une valeur de 10 centimes en pain, bouillon, viande ou légumes.

On peut aussi acheter les portions sans bons à chacun des fourneaux au prix de 10 centimes par portion.

La plupart des fourneaux ne fonctionnent que du 15 novembre au 1er mai; quelques-uns cependant sont ouverts toute l'année.

On trouve des bons à acheter aux fourneaux et au secrétariat général de la Société de Saint-Vincent-de-Paul, rue de Furstenberg, 6, ouvert tous les jours, excepté le dimanche.

La liste des fourneaux de la Société se trouve ci-après.

## FOURNEAUX DE LA SOCIÉTÉ PHILANTHROPIQUE

Ouverts depuis le 1er novembre jusqu'au 30 avril.

Les premiers fourneaux de la Société ont été ouverts en 1800 (voir ci-dessus *Société philanthropique*).

On peut se procurer des bons de fourneaux, donnant droit à une ration de pain, viande, soupes, riz, légumes, chocolat, chauffage, etc., au prix de 10 centimes, au siège de la Société, rue des Bons-Enfants, 21, dans tous les établissements de la Société et dans chacun des fourneaux.

On peut aussi acheter aux fourneaux des portions sans bons.

La liste des fourneaux de la Société se trouve ci-après.

## ŒUVRE DE LA MARMITE DES PAUVRES

Rue Montgolfier, 22 (IIIe arrond.).

Cette Œuvre, qui existait avant la première révolution, a été rétablie en 1801. Elle donne pendant toute l'année, deux ou trois fois par semaine, suivant les ressources dont elle dispose, du bouillon et de la viande aux pauvres du quartier.

Elle fonctionne chez les Sœurs de Saint-Vincent-de-Paul, rue Montgolfier, 22.

## LISTE DES FOURNEAUX OUVERTS DANS PARIS ET INDICATION DES ŒUVRES AUXQUELLES ILS APPARTIENNENT

Les fourneaux de la Société de Saint-Vincent-de-Paul et ceux de la Société philanthropique servent indistinctement les bons émis par les deux Sociétés. (Voir ci-dessus.)

Les bons de la Société philanthropique sont reçus chez tous les boulangers de Paris et donnent droit à une portion de pain.

Les fourneaux particuliers ne servent en général que les bons émis par eux-mêmes; quelques-uns cependant font l'échange des bons.

### Paris.

| Arrond. | | |
|---|---|---|
| Ier | Rue Saint-Germain-l'Auxerrois. | *Société philanthrop.* |
| IIe | Rue de la Lune, 12 . . . . . . . | *Id.* |
| IIIe | Rue Debelleyme, 22 . . . . . . . | *Société de S.-V.-de-P.* |
| IVe | Rue Brise-Miche, 4 . . . . . . . | *Id.* |
| | Rue Poulletier, 7 . . . . . . . . | *Société philanthrop.* |

| Arrond. | | |
|---|---|---|
| V<sup>e</sup> | Rue Geoffroy-Saint-Hilaire, 32 | *Société philanthrop.* |
| | Rue de l'Épée-de-Bois, 3 | *Id.* |
| | Rue Saint-Jacques, 253 | *Id.* |
| | Rue des Bernardins, 15 | *Société de S.-V.-de-P.* |
| VI<sup>e</sup> | Rue d'Assas, 26 | *Société philanthrop.* |
| | Rue Saint-Benoît, 18 | *Id.* |
| | Rue Stanislas, 11 | *Société de S.-V.-de-P.* |
| VII<sup>e</sup> | Rue de Sèvres, 97 | *Id.* |
| | Rue Cler, 3 *bis* | *Id.* |
| IX<sup>e</sup> | Rue de Milan, 16 | *Id.* |
| | Rue Rodier, 60 | *Paroissial.* |
| X<sup>e</sup> | Rue Ambroise-Paré, 13 *bis* | *Société philanthrop.* |
| | Rue Philippe-de-Girard, 13 | *Id.* |
| | Rue Bossuet, 12 | *Société de S.-V.-de-P.* |
| | Rue Alibert, 10 | *Id.* |
| XI<sup>e</sup> | Rue Saint-Maur, 64 | *Id.* |
| | Rue Oberkampf, 112 | *Société philanthrop.* |
| XII<sup>e</sup> | Rue de Cîteaux, 28 | *Id.* |
| | Rue Ruty, 36 | *Id.* |
| | Rue Coriolis, 19 et 21 | *Id.* |
| XIII<sup>e</sup> | Rue Vandrezanne, 22 | *Id.* |
| | Rue Corvisart, 65 | *Société de S.-V.-de-P.* |
| | Rue de la Glacière, 35 | *Id.* |
| | Rue Jenner, 37 *bis* | *Id.* |
| XIV<sup>e</sup> | Rue des Croisades, 12 | *Id.* |
| | Avenue du Maine, 201 | *Société philanthrop.* |
| XV<sup>e</sup> | Rue Olivier-de-Serres, 23 | *Id.* |
| | Rue Violet, 69 | *Id.* |
| | Rue de Javel, 35 | *Société de S.-V.-de-P.* |
| XVI<sup>e</sup> | Rue Boissière, 52 | *Id.* |
| | Rue Boileau, 80 | *Société philanthrop.* |
| | Rue du Ranelagh, 68 | *Id.* |
| XVII<sup>e</sup> | Rue des Moines, 64 | *Société de S.-V.-de-P.* |
| | Avenue de Clichy, 175 | *Société philanthrop.* |
| | Rue Guersant, 15 | *Id.* |
| | Rue de Tocqueville, 59 | *Paroissial.* |
| XVIII<sup>e</sup> | Rue Championnet, 6 | *Société de S.-V.-de-P.* |
| | Rue Caulaincourt, 39 | *Id.* |
| | Rue Labat, 44 | *Société philanthrop.* |
| | Rue Stephenson, 50 | *Id.* |
| | Rue Riquet, 68 | *Id.* |

| Arrond. | | |
|---|---|---|
| XIX<sup>e</sup> | Rue de Crimée, 166 . . . . . . | *Société philanthrop.* |
| | — — 146 . . . . . . | *Société de S.-V.-de-P.* |
| | Rue Bourct, 20 . . . . . . . . | *Id.* |
| | Rue de Tanger, 43. . . . . . . | *Id.* |
| XX<sup>e</sup> | Rue Planchat, 42 . . . . . . . | *Id.* |
| | Rue du Pressoir, 35 *bis* . . . . | *Société philanthrop.* |
| | Rue des Partants, 14 . . . . . | *Id.* |
| | Rue des Pyrénées, 48 . . . . . | *Id.* |

**Banlieue.**

| | | |
|---|---|---|
| Asnières, | rue Saint-Denis, 39. | *Société de S.-V.-de-P.* |
| Clichy-la-Garenne, | rue Marthe, 84. . . | *Id.* |
| Gentilly, | rue Frileuse, 2. . . | *Id.* |
| Puteaux, | rue de Paris, 91 . . | *Id.* |

## LA BOUCHÉE DE PAIN

Siège social : rue Oberkampf, 9 (XI<sup>e</sup> arrond.).

Œuvre philanthropique.

*Président :* M. RITT, rue Balzac, 6.

# MALADES

## SERVICE MÉDICAL DE NUIT A DOMICILE

Préfecture de police.

Service organisé en 1876 par la préfecture de police, à l'aide d'une allocation accordée par le conseil municipal.

Dans chaque quartier, les médecins sont invités à déclarer s'ils entendent se rendre aux réquisitions qui leur seront adressées la nuit. Les noms et les domiciles de ceux qui ont fait cette déclaration sont inscrits sur un tableau affiché dans le poste de police du quartier.

La personne qui a besoin de requérir un médecin se rend au poste de police et choisit sur le tableau le médecin dont elle désire réclamer les soins. Un gardien de la paix accompagne le requérant au domicile du médecin, suit celui-ci chez le malade, et, la visite faite, le reconduit chez lui. Le médecin reçoit un bon d'honoraires de 10 francs, qui est payé par la préfecture de police, laquelle, après enquête, réclame au malade le remboursement des honoraires alloués ou les prend définitivement à sa charge.

S'adresser aux postes de police de chaque quartier.

## ŒUVRE DES PAUVRES MALADES

Maison des Lazaristes, rue de Sèvres, 95 (VIe arrond.).

### Association des Dames de la Charité.

Cette Œuvre a été fondée, sous le nom de Confrérie des Pauvres malades, en 1617, par saint Vincent de Paul, alors curé de Châtillon-les-Dombes (diocèse de Belley), et a été établie par lui, en 1629, à Paris, dans la paroisse de Saint-Sauveur. L'association fut bientôt organisée dans presque toutes les autres paroisses et dans un grand nombre de localités en France et à l'étranger; elle disparut à Paris pendant la révolution, et s'est reconstituée, en 1840, sous la direction du P. Étienne, supérieur général des Lazaristes.

Elle a pour but de visiter à domicile les pauvres malades et de leur donner tous les secours religieux et matériels dont ils ont besoin.

Elle se divise en autant de sections qu'il y a de paroisses où elle est établie. Chaque section a pour directeur le Curé de la paroisse et est administrée par un bureau particulier.

Une dame représentante de chaque section est désignée par le directeur pour assister aux réunions de l'Œuvre générale, qui ont lieu une fois par mois.

Dans les autres diocèses, l'Œuvre s'établit avec l'autorisation de l'Ordinaire et à la demande de MM. les Curés.

L'Œuvre est organisée dans un grand nombre de villes

de France, Portugal, Turquie, Mexique, république Argentine, etc.

Les dames de l'Œuvre se divisent en dames visitantes et en dames trésorières. Les premières visitent les malades désignés par les Sœurs, leur portent des bons de pain, viande, chauffage, sucre, etc. Les dames trésorières s'engagent à payer une cotisation de 50 francs par an et recueillent pour l'Œuvre des souscriptions et des aumônes.

Les dames qui désirent faire partie de l'Œuvre doivent en adresser la demande à Mme la Présidente, qui la soumet à la décision du Directeur.

Les dons et souscriptions sont reçus chez les Sœurs de Charité, rue du Bac, 140; chez les Lazaristes, rue de Sèvres, 95, et chez les membres du conseil de l'Œuvre.

En 1892, l'Œuvre de Sainte-Geneviève (voir chap. Ier), qui avait été fondée par l'Œuvre des Pauvres malades, s'est réunie de nouveau à celle-ci. Elle forme une section spécialement consacrée à la répartition des secours supplémentaires que l'Œuvre alloue chaque année à un certain nombre de maisons de Sœurs.

Les conseils de ces deux Œuvres n'en forment plus qu'un seul, sous la direction de M. le supérieur général des Lazaristes.

*Présidente générale :* Mme la princesse de BAUFFREMONT-COURTENAY, rue de Grenelle, 87.

*Présidente de la section de Sainte-Geneviève :* Mme la duchesse DE CHEVREUSE, boulevard Saint-Germain, 201.

*Vice-Présidentes :* Mme LEFORT, rue de Grenelle, 14; Mme la baronne DE PERTHUIS, rue de l'Université, 31.

*Trésorière :* Mme la duchesse D'ATRISCO, rue de Grenelle, 87.

*Secrétaire générale :* Mlle DE LASTEYRIE, rue du Bac, 42.

*Vice-Secrétaire :* Mme AUBURTIN, rue du Monthabor, 8.

## ŒUVRE DES PAUVRES MALADES

### DANS LES FAUBOURGS

Maison des Lazaristes, rue de Sèvres, 95 (VIe arrond.).

Après les désastres de la Commune, en 1872, le Cardinal Langénieux, alors archidiacre de Notre-Dame, fit appel au zèle et au dévouement des dames de l'Œuvre des Pauvres Malades (voir ci-dessus) du centre de Paris, pour aller visiter les malades dans les paroisses les plus pauvres de l'ancienne banlieue, annexée à Paris en 1860.

Les dames de tous les quartiers de Paris qui ont accepté cette mission ont été réunies en une seule section, dite *des Faubourgs.*

Les liens et les rapports de cette section avec le conseil de l'Œuvre des Pauvres malades sont les mêmes que ceux des sections des paroisses du centre de Paris.

Les dames doivent être nommées par les assemblées générales de l'Œuvre et recevoir un diplôme de M. le Directeur de l'Œuvre générale.

La section des Faubourgs reçoit chaque année de l'Œuvre générale une subvention proportionnée aux ressources de l'Œuvre et au nombre de familles visitées, ainsi qu'il est fait pour les paroisses relevant directement de l'Œuvre générale.

La souscription est de 60 francs par an. On peut s'associer à l'Œuvre sans s'engager à visiter les pauvres malades, en versant une souscription ou une demi-souscription qui donne droit au titre de membre honoraire.

L'Œuvre est établie dans les maisons de Sœurs des quartiers suivants :

| Arrond. | | |
|---|---|---|
| XIIIe | LA GARE D'IVRY. . . . . | Place Jeanne-d'Arc, 26. |
| | LES GOBELINS . . . . . . | Rue Jenner, 39. |
| | LA MAISON-BLANCHE . . . | Rue Vandrezanne, 44. |

| Arrond. | | |
|---|---|---|
| XIVe | MONTROUGE . . . . . . . . | Rue de la Tombe-Issoire, 78. |
| | — . . . . . . . . | Rue Gassendi, 29. |
| | PLAISANCE. . . . . . . . . | Rue Vercingétorix, 43. |
| | PLAISANCE-VANVES. . . . | Rue de Vanves, 180. |
| XVIIIe | MONTMARTRE . . . . . . | Rue Caulaincourt, 39. |
| | CLIGNANCOURT . . . . . . | Rue Championnet, 8. |
| | LA CHAPELLE . . . . . . | Rue Stephenson, 48. |
| XIXe | — . . . . . . | Rue Riquet, 68. |
| XXe | BELLEVILLE . . . . . . . . | Rue de la Mare, 73. |

*Présidente honoraire :* Mme A. BELLAIGUE.

*Présidente :* Mme E. HÉBERT, rue du Cirque, 8.

*Vice-Présidentes :* Mme G. PICOT, rue Pigalle, 54; Mme DU BREUIL DE SAINT-GERMAIN, rue Miroménil, 33.

*Vice-Présidente Secrétaire :* Mme DE SERRY, rue de Varenne, 73.

*Trésorière :* Mme la duchesse D'ISLY, rue Dumont-d'Urville, 2.

Les souscriptions sont reçues par les membres du bureau. Les demandes de secours doivent être adressées aux Sœurs des quartiers visités par l'Œuvre.

## VISITE DES PAUVRES MALADES

### PAR LES RELIGIEUSES AUXILIATRICES DES AMES DU PURGATOIRE

Rue de la Barouillière, 16 (VIe arrond.), maison principale,
et rue Antoinette, 9 (XVIIIe arrond.).

Cette Congrégation, instituée dans un but de prières pour les morts, s'occupe aussi de la visite des malades. Il faut, pour être secouru, n'avoir pas les ressources nécessaires pour se procurer des gardes et demeurer dans le quartier de la communauté. Les religieuses font le ménage des malades, les soignent, préparent leurs médicaments, apprêtent leurs repas et distribuent les secours qu'elles peuvent obtenir en leur faveur.

Tous les dimanches, de 2 heures à 5 heures, réunion de jeunes filles et de femmes pauvres du quartier.

Une association de dames s'occupe, avec les Religieuses auxiliatrices, de la visite des femmes pauvres et malades.

## ŒUVRE DES MALADES PAUVRES

**Affiliée aux Sœurs de l'Espérance.**

Rue de Clichy, 34 (IXe arrond.).

Cette Œuvre a pour but de visiter et de secourir à domicile les malades pauvres ; elle exerce son ministère partout où on lui signale des malades, plus particulièrement sur les paroisses les plus pauvres et où des œuvres analogues n'existent pas.

L'Œuvre, composée de dames associées payant une cotisation annuelle de 25 francs, est dirigée par un conseil formé de 12 associées, présidé par l'une d'elles et par Mme la supérieure des Sœurs de l'Espérance.

*Présidente :* Mme la comtesse Clary.

*Secrétaire :* Mme de Saint-Romain.

## ŒUVRE DE LA VISITE DES MALADES

**DANS LES HÔPITAUX**

Secrétariat : rue Notre-Dame-des-Champs, 39 (VIe arrond.).

**Asile du Saint-Cœur de Marie.**

Cette Œuvre est une des plus anciennes de la ville de Paris; elle existait déjà lorsqu'en 1636 saint Vincent de Paul la reconstitua et lui donna les règlements encore en vigueur aujourd'hui.

Les dames de l'Œuvre se divisent en dames *visitantes, assistantes, collectrices.*

Les *dames visitantes* vont dans les hôpitaux secourir, consoler et instruire les malades.

Les *dames assistantes*, divisées par paroisses, visitent les familles des malades et les convalescents à leur sortie de l'hôpital, leur portent des secours, les mettent en rapport avec les Œuvres de charité qui peuvent leur être utiles et cherchent à affermir en eux le bien moral opéré pendant le séjour à l'hôpital.

Les *dames collectrices* s'occupent de recueillir les souscriptions.

Les dames de l'Œuvre, outre les secours donnés par elles aux malades ou à leur famille, s'occupent du placement des enfants ou des vieillards, des premières communions, des mariages, du rapatriement en province ou à l'étranger, etc.

Elle reçoit dans l'asile du Saint-Cœur de Marie (voir chap. VI), rue Notre-Dame-des-Champs, 39, ou envoie dans d'autres asiles, les jeunes filles convalescentes.

Elle a fondé un ouvroir, dit de *Saint-Joseph*, rue Notre-Dame-des-Champs, 39, dans la maison où se trouvent l'Asile du Saint-Cœur et la bibliothèque centrale. Les dames se réunissent à l'ouvroir tous les lundis, de 1 heure à 4 heures, pour travailler à la confection de vêtements destinés aux malades et à leurs enfants.

On peut s'adresser pour les recommandations de malades, les souscriptions et les dons en argent, à la *Présidente*, Mme la marquise de Gontaut-Saint-Blancard, rue Saint-Thomas-d'Aquin, 2; à la *Trésorière*, Mme la comtesse de Chasteigner, rue Martignac, 26, et au *Secrétariat de l'Œuvre*, rue Notre-Dame-des-Champs, 39.

Pour les dons en vêtements, livres et tout ce qui concerne l'Asile du Saint-Cœur, s'adresser à la Directrice de cet Asile, rue Notre-Dame-des-Champs, 39.

## PANSEMENT ET SOIN DES MALADES

Chez les Religieuses de Saint-Thomas de Villeneuve, rue de Sèvres, 27 (VIe arrond.).

Tous les jours, de 8 heures du matin à midi, pansements, soins et médicaments donnés gratuitement par les Dames de Saint-Thomas de Villeneuve. Dans les cas graves, on en réfère au médecin, ou l'on envoie le malade dans les hôpitaux.

## CONSULTATIONS GRATUITES

Voir même chap., *Dispensaires*, et chap. VI, *Hôpitaux*.

## MAISON DE CONSULTATIONS GRATUITES

**Fondation Isaac Pereire.**

A Levallois-Perret (Seine), rue Gide, 107.

**Chirurgie pour les hommes, les femmes et les enfants.**

Sœurs de Saint-Joseph de Cluny.

Consultations gratuites par des médecins spécialistes pour les maladies des yeux, de la gorge, du nez, de la bouche, des dents, des oreilles, maladies des enfants, maladies des femmes. Service complet d'électricité médicale et statique.

Les lits de la clinique sont réservés aux malades opérés dans l'établissement. Places payantes à 3 et à 6 francs par jour.

## ŒUVRE DES TUBERCULEUX PAUVRES

### INSTITUT MÉDICAL HYPODERMIQUE

Cliniques : rue de la Banque, 5 (IIe arr.), de 9 à 11 heures (matin).
rue Ordener, 3 (XVIIIe arrond.), de 5 à 7 heures (soir).

Soins gratuits. Le traitement adopté, au moyen de piqûres spéciales, n'apporte aucune interruption au travail des malades, et leur permet de continuer à gagner leur vie, tout en se faisant soigner.

Une troisième clinique est en voie d'organisation dans le quartier Montparnasse.

*Président de l'Œuvre :* M. DE MONT DE BENQUE.

*Directeur de l'Institut :* M. le docteur DE CHATEAUBOURG.

# DISPENSAIRES

## DISPENSAIRES DE LA SOCIÉTÉ PHILANTHROPIQUE

Consultations de médecins et de chirurgiens. Visite à domicile. Médicaments gratuits.

Les cartes de Dispensaires, émises par la Société (voir ci-dessus *Société philanthropique*), donnent au malade qui en fait usage le droit d'être soigné gratuitement pendant 3 mois, à dater du jour où il se présente. Passé ce terme, la carte doit être renouvelée. Il suffit, pour faire usage d'une carte, de l'envoyer au directeur du Dispensaire de l'arrondissement du malade avec le nom et l'adresse de celui-ci.

Les cartes, prises en dehors de la Souscription, coûtent 20 francs l'une pour les adultes et 10 francs pour les enfants. Elles se trouvent dans les dispensaires et au siège de la Société.

La Société accorde aussi des consultations gratuites à toute personne qui se présente aux Dispensaires.

### ADULTES

**Dispensaire. — Rue des Bons-Enfants, 21.**

**Service du Ier arrond.**

M. A. LAPORTE, directeur.

Consultations les mardis et vendredis, de 2 à 3 heures.

**Dispensaire. — Rue de la Lune, 12.**

**Service du IIe arrond.**

Sœurs de Saint-Vincent-de-Paul, directrices.

Consultations les mardis et vendredis, de 4 à 5 heures.

**Dispensaire. — Rue Montgolfier, 22.**

Service de partie du IIIe arrond.

Sœurs de Saint-Vincent-de-Paul, directrices.
Consultations les lundis et jeudis, de 2 heures et demie à 3 heures et demie.

**Dispensaire. — Rue des Guillemites, 10.**

Service de partie du IIIe arrond. et d'une partie du IVe (St-Merri et Archives).

Sœurs de Saint-Vincent-de-Paul, directrices.
Consultations au numéro 11, rue des Guillemites, les mardis et vendredis de 8 à 9 heures.

**Dispensaire. — Rue Poulletier, 7.**

Service de partie du IVe arrond. (Notre-Dame et Saint-Gervais).

Sœurs de Saint-Vincent-de-Paul, directrices.
Consultations les lundis et jeudis, de 2 à 3 heures.

**Dispensaire. — Rue Saint-Jacques, 255.**

Service du Ve arrond.

M. Horny, directeur.
Consultations les mardis et vendredis, de 2 heures et demie à 3 heures et demie.

**Dispensaire. — Rue du Cherche-Midi, 120.**

Service des VI et VIIe arrond. (excepté le Gros-Caillou).

Sœurs de Saint-Vincent-de-Paul, directrices.
Consultations les mardis et vendredis, de 9 à 10 heures.

**Dispensaire. — Rue Saint-Dominique, 105.**

Service du Gros-Caillou (VIIe arrond.).

Sœurs de Saint-Vincent-de-Paul, directrices.
Consultations les lundis et jeudis, de 3 à 4 heures.

**Dispensaire. — Rue des Écuries-d'Artois, 5.**

Service de VIIIe et XVIe arrond. (excepté Auteuil)
XVIIe arrond. (excepté Batignolles).

M. Amann, directeur.
Consultations les lundis et vendredis, de 3 à 4 heures.

**Dispensaire. — Rue Saint-Lazare, 32.**

Service d'une partie du IXe arrond.

Mme Joly, directrice.
Consultations les lundis et vendredis, de 1 à 2 heures.

**Dispensaire. — Rue Ambroise-Paré, 13 *bis*.**

Service d'une partie du IXe (Rochechouart)
et d'une partie du Xe arrond. (Porte Saint-Denis et Saint-Vincent-de-Paul).

M. Hist, directeur.
Consultations les mardis et vendredis, de 2 heures et demie à 3 heures et demie.

**Dispensaire. — Rue du Canal-Saint-Martin, 10.**

Service du Xe arrond. (Saint-Laurent, Porte Saint-Martin).

Sœurs de Saint-Vincent-de-Paul, directrices.
Consultations les mardis et vendredis de 3 heures et demie à 4 heures et demie.

**Dispensaire. — Rue Oberkampf, 142.**

Service du XIe arrond. (Folie-Méricourt et Saint-Ambroise).

Sœurs de Saint-Vincent-de-Paul, directrices.
Consultations les mardis et vendredis, de 3 à 4 heures.

**Dispensaire. — Boulevard Voltaire, 144.**

Service du XIe arrond. (Roquette et Sainte-Marguerite)
et XIIe arrond. (Quinze-Vingts et Bercy).

Mme Duchemin, directrice.
Consultations les lundis et jeudis, de 2 à 3 heures.

**Dispensaire. — Rue Ruty, 3.**

Sœurs de Saint-Vincent-de-Paul, directrices.
Consultations les lundis et vendredis, de 3 à 4 heures.

**Dispensaire. — Rue Jean-Marie-Jégo, 4.**

Service du XIIIe arrond.

Sœurs de Saint-Vincent-de-Paul, directrices.
Consultations les lundis et jeudis, de 3 à 4 heures.

**Dispensaire. — Avenue du Maine, 201.**

Service de partie du XIVe arrond.

Sœurs Auxiliatrices de l'Immaculée-Conception, directrices.
Consultations les mardis et samedis, de 2 à 3 heures.

**Dispensaire. — Rue Vercingétorix, 59.**

Service de partie du XIVe arrond.

Sœurs augustines du Saint-Nom-de-Jésus, directrices.
Consultations les mardis et samedis, de 2 à 3 heures.

**Dispensaires. — Rue Lecourbe, 223.**

Service du XVe arrond.

Frères de Saint-Jean de Dieu, directeurs.
Consultations les mardis et samedis, de 3 à 4 heures.

**Dispensaire. — Rue Boileau, 80.**

Service d'Auteuil, partie du XVIe arrond.

Sœurs de Sainte-Marie, directrices.
Consultations les lundis et vendredis, de 1 à 2 heures.

**Dispensaire. — Rue Truffaut, 77.**

Service des Batignolles, partie du XVIIe arrond.

M. Wallerand, directeur.
Consultations les mardis et samedis, de 1 à 2 heures.

**Dispensaire. — Rue Caulaincourt, 39.**

Service de Montmartre, partie du XVIIIe arrond.

Sœurs de Saint-Vincent-de-Paul, directrices.
Consultations les lundis et vendredis, de 3 à 4 heures.

**Dispensaire. — Rue Championnet, 8.**

Service de Clignancourt, partie du XVIIIe arrond.

Sœurs de Saint-Vincent-de-Paul, directrices.
Consultations les mardis et samedis, de 9 à 10 heures.

**Dispensaire. — Rue Stephenson, 48.**

Service de la Chapelle, partie du XVIIIe arrond.

Sœurs de Saint-Vincent-de-Paul, directrices.
Consultations les lundis et jeudis, de 3 à 4 heures.

**Dispensaire. — Rue Riquet, 68.**

Service de la Chapelle, partie du XVIIIe arrond.

Sœurs de Saint-Vincent-de-Paul, directrices.
Consultations les mardis et samedis, de 10 à 11 heures.

**Dispensaire. — Rue de Crimée, 166.**

Service du XIXe arrond.

Sœurs du Calvaire, de Gramat, directrices.
Consultations les mardis et vendredis, de 3 à 4 heures.

**Dispensaire. — Rue de la Mare, 73.**

Service de Belleville et Ménilmontant, partie du XXe arrond.

Sœurs de Saint-Vincent-de-Paul, directrices.
Consultations les lundis et vendredis, de 2 à 3 heures.

**Dispensaire. — Rue de Fontarabie, 29.**

Service de Charonne, partie du XXe arrond.

Sœurs de la Providence, directrices.
Consultations les lundis et vendredis, de 9 à 10 heures.

---

## DISPENSAIRES POUR LES ENFANTS

Ces dispensaires pour les enfants sont entièrement gratuits, excepté celui de la rue des Pyrénées, 48, pour lequel il faut une carte. Le prix des cartes des dispensaires pour les enfants est de 10 francs. On peut s'en procurer aux Dispensaires et au siège de la Société, rue des Bons-Enfants, 21.

**Dispensaire pour les enfants. — Rue Jean-Marie-Jégo, 4. (XIIIe arrond.).**

Sœurs de Saint-Vincent-de-Paul, directrices.
Consultations les mardis, jeudis, samedis, à midi et demi.
Pansements, douches et bains, de 8 à 10 heures et de 4 à 5 heures.

**Dispensaire pour les enfants. — Rue Labat, 44. (XVIIIe arrond.).**

Sœurs du Calvaire, de Gramat, directrices.
Consultations les mardis, jeudis, samedis, à midi et demi.
Pansements, douches et bains, de 8 à 10 heures et de 4 à 5 heures.

**Dispensaire pour les enfants. — Rue de Crimée, 166. (XIXe arrond.).**

Sœurs du Calvaire, de Gramat, directrices.
Consultations les lundis, mercredis, vendredis, à midi et demi.
Pansements, douches et bains, de 8 à 10 heures et de 4 à 5 heures.

**Dispensaire pour les enfants. — Rue des Pyrénées, 48. (XXe arrond.).**

Sœurs gardes malades du Très-Saint-Sauveur, directrices.
Consultations les lundis et jeudis, à midi et demi.
Pansements, douches et bains, tous les matins.

## DISPENSAIRE FURTADO-HEINE

**Pour les enfants.**

Rue Delbet, 8 et 10 (XIVe arrond.).

Consultations et médicaments gratuits, exclusivement pour les enfants des deux sexes, quels que soient leur nationalité et leur culte.

Consultations pour la médecine, tous les jours à 9 heures; pour la chirurgie, le lundi et le jeudi à 8 heures; pour les maladies du nez et des oreilles, le mardi et le vendredi à 10 heures; pour les maladies des yeux, le mercredi et le samedi à 10 heures; pour le dentiste, le jeudi à 9 heures.

Douches, bains, massage, électricité.

# SŒURS GARDES-MALADES

## PETITES-SŒURS DE L'ASSOMPTION

**Gardes-malades des pauvres.**

Maison mère : rue Violet, 57 (XVe arrond.).

SUCCURSALES

| | |
|---|---|
| IIe arrond. . . . . | Rue de Louvois, 7. |
| VIIIe — . . . . | Avenue Beaucourt, 9. |
| XVIIe — . . . . | Rue Darcet, 22. |
| XVIIIe — . . . . | Rue Championnet, 172. |
| XIXe — . . . . | Rue des Fêtes, 6. |
| Levallois-Perret. . . . | Rue du Bois, 163 (Seine). |
| Issy. . . . . . . . . . . | Route des Moulineaux, 10 (Seine). |
| Puteaux. . . . . . . . | Route de Saint-Germain, 73 (Seine). |
| Thiais . . . . . . . . . | Avenue de Paris, 8 (Seine). |

Maisons à Sèvres, Creil, Saint-Étienne, Perpignan, Nîmes, Lyon, Londres, Dublin, New-York.

Les Petites-Sœurs de l'Assomption se consacrent exclusivement et entièrement, le jour et la nuit, au soin des malades pauvres, à domicile. Elles font le ménage, la cuisine, soignent les enfants ; en un mot, elles deviennent les servantes du pauvre et de sa famille, et les préparent à recevoir les secours de la religion.

Elles n'acceptent aucune rétribution, pas même leur nourriture.

Des dames du monde, sous le nom de Dames servantes, se font les auxiliaires des Petites-Sœurs chez les pauvres dont elles s'occupent.

## SŒURS FRANCISCAINES

**Gardes-malades des pauvres.**

Maison principale : rue de la Roquette, 41 (XIe arrond.).
Rue de Condé, 12 (VIe arrond.).
A Neuilly : passage d'Orléans, 3.
A Sainte-Geneviève-de-la-Plaine (Saint-Denis) : avenue de Paris, 126.
A Issy (petit noviciat) : rue de la Barre, 3 et 7.

## SŒURS SERVANTES DES PAUVRES

Rue du Faubourg-Saint-Martin, 122 (xe arrond.)
et à Joinville-le-Pont (Seine), rue de Paris, 45.

Elles soignent à domicile les malades indigents. La maison mère est à Angers.

## SŒURS AUGUSTINES DES SAINTS NOMS
### DE JÉSUS ET DE MARIE

Rue Vercingétorix, 43 (xive arrond.).
Rue de Vanves, 180 (xive arrond.).
Maison mère dans le diocèse de Besançon.

Gardes-malades dans les conditions ordinaires. Elles soignent gratuitement les pauvres du quartier.

## SŒURS AUXILIATRICES
### DE L'IMMACULÉE-CONCEPTION

Maison mère : rue de la Fontaine, 78 (xvie arrond.).
Succursales : Rue aux Ours, 23 (IIIe arrond.).
Rue de Flandre, 98 (xixe arrond.).
A Boulogne (Seine), rue des Tilleuls, 59.

Les Sœurs soignent les malades dans les conditions ordinaires, et s'occupent des malades pauvres de leur quartier.

## SŒURS DU BON-SECOURS DE TROYES

Rue Charles V, 12. . . . . . . . . . . . (IVe arrond.).
Rue du Cloître-Saint-Merry, 18. . . . . (IVe arrond.).
Rue Jacob, 52 . . . . . . . . . . . . . (VIe arrond.).
Rue de Madame, 57. . . . . . . . . . . (VIe arrond.).
Rue de Babylone, 33. . . . . . . . . . (VIIe arrond.).
Rue du Rocher, 48. . . . . . . . . . . (VIIIe arrond.).
Rue de l'Annonciation, 2 et 4. . . . . (XVIe arrond.).
A Colombes (Seine). . . . . . . . . . . Rue Bouin, 7.

## SŒURS DU BON-SECOURS DE PARIS

Maison mère : rue Notre-Dame-des-Champs, 20 (VIe arrond.).

## SŒURS DE L'IMMACULÉE-CONCEPTION DE BUZANÇAIS

Quai du Louvre, 20 (1er arrond.).

## SŒURS DE L'ESPÉRANCE

Rue de Clichy, 31 (IXe arrond.).
Rue du Faubourg-Saint-Honoré, 106 (VIIIe arrond.).

## SŒURS DE NOTRE-DAME

**Pour les femmes en couche.**

Rue Cassini, 3 (XIVe arrond.).

Elles soignent gratuitement les femmes indigentes dans les Ve, VIe, XIVe et XVe arrondissements et dans une partie du XIIIe.

Elles soignent aussi les personnes riches dans les mêmes conditions que les autres Sœurs gardes-malades.

## SŒURS FRANCISCAINES OBLATES DU CŒUR DE JÉSUS

Maison mère à Nantes.
Rue de Sèvres, 157 (XVe arrond.).

Gardes-malades dans les conditions ordinaires.
(Voir chap. VI, *Maison de santé*, même adresse.)

## SŒURS DE SAINTE-MARIE DE LA FAMILLE

Rue Chaptal, 29 (IXe arrond.).
Rue Bridaine, 3 (XVIIe arrond.).

Gardes-malades dans les conditions ordinaires. (Voir *Maison de santé*, chap. VI.)

## SŒURS DE JÉSUS DANS LE TEMPLE

Rue Ampère, 49 (XVIIe arrond.).
A Maisons-Laffitte, avenue Églé (Seine-et-Oise).
Maison mère à Clifton (Angleterre).

Communauté fondée à Londres en 1861 par le cardinal Wiseman. Les Sœurs, établies à Maisons-Laffitte en 1874, et à Paris en 1885, gardent les malades dans les conditions ordinaires.

## SŒURS DU TRÈS-SAINT-SAUVEUR

DE NIEDERBRONN (ALSACE)

Rue Bizet, 23 (XVIe arrond.).
Rue des Pyrénées, 48 (XXe arrond.).
Rue du Retrait, 9 (XXe arrond.).

Soins donnés aux malades gratuitement ou selon ce que les familles aisées veulent bien donner. Maisons à Fontenay-sous-Bois (Seine); au Perreux (Seine); à Mainville, par Draveil (Seine-et-Oise). Maison de santé à Paris, rue Bizet, 23. (Voir chap. VI.)

## SŒURS SERVANTES DU SACRÉ-CŒUR DE JÉSUS

Rue Guersant, 18 (XVIIIe arrond.).

Elles soignent les pauvres gratuitement et vont chez les autres malades selon les conditions ordinaires.

## SŒURS DE SAINT-FRANÇOIS-RÉGIS

### A ASNIÈRES (SEINE)

Rue Saint-Denis, 39.

Gardes-malades principalement pour Asnières.

## PÈRES DE SAINT-CAMILLE DE LELLIS

### Pour les hommes.

Maisons pour les hommes à Lille (Nord), rue de la Bassée, 8.
A Notre-Dame de la Chaux, par Cuisery (Saône-et-Loire).
A Lyon (Rhône), route de Francheville, 96.
A Théoule, par Cannes (Alpes-Maritimes).

(Voir, chap. VI, *Maisons de santé*, Lille, Lyon, Théoule; chap. VII, *Maison de retraite*, Cuisery.)

Les Pères et les Frères Camilliens soignent les malades à domicile sans aucune rétribution, sauf le remboursement des frais de voyage et une aumône facultative. On peut s'adresser au Supérieur de la maison la plus rapprochée du domicile du malade.

# BLESSÉS

---

## SOCIÉTÉ FRANÇAISE

### DE SECOURS AUX BLESSÉS MILITAIRES

Reconnue comme établissement d'utilité publique par décret du 13 juin 1866.

Siège de la Société : rue Matignon, 19 (VIIIe arrond.).

Cette Société a pour objet de concourir, par tous les moyens en son pouvoir, au soulagement des blessés et des malades sur le champ de bataille, dans les ambulances et dans les hôpitaux.

Elle adhère aux principes généraux énoncés dans la conférence internationale de 1863 et dans la convention signée à Genève, le 22 août 1864.

Un décret, en date du 2 mars 1878, l'a constituée l'auxiliaire permanente du service de santé des armées et dispensatrice, à leur égard, des ressources de l'assistance volontaire.

Par ce décret elle est autorisée, en temps de guerre, à créer des établissements hospitaliers, à installer des ambulances de gare, à concourir au transport des blessés et des malades, et, en cas d'insuffisance des ressources de l'administration militaire, à prendre part au service des ambulances de champ de bataille.

En temps de paix, la Société donne des secours aux blessés, aux ascendants, veuves et orphelins de la dernière guerre.

Cette Œuvre est exclusivement militaire.

Des conférences pour les membres de la Société ont été organisés à Paris sous la direction de M. le docteur Riant.

Les cours pour les dames infirmières sont réservés sans exception aux dames membres de la Société et à leurs invitées.

On peut obtenir des échantillons du linge de pansement en s'adressant à la lingerie les jours des cours des dames infirmières.

La Société est administrée par un conseil siégeant à Paris; elle est représentée en province par des comités et par des délégués accrédités auprès des généraux commandant les corps d'armée.

Elle recueille des dons et des legs; une cotisation de 6 francs par an donne le titre de *souscripteur;* une cotisation annuelle de 30 francs confère le titre de *membre fondateur*.

*Président :* M. le général duc D'AUMALE.

*Secrétaire général :* M. le colonel ROBERT, rue Saint-Placide, 37.

*Trésorier :* M. le baron Alphonse DE ROTHSCHILD.

*Trésorier-adjoint :* M. Paul BIOLLAY.

### COMITÉS DES DAMES

*Présidente :* Mme FÉVRIER.

## SOCIÉTÉ D'ASSISTANCE

### POUR LES MUTILÉS PAUVRES

Rue Matignon, 19 (VIIIe arrond.).

Cette Société, fondée en 1868 par M. le comte de Beaufort, accorde des membres artificiels aux mutilés pauvres, sur la demande d'un docteur médecin, accompagnée de pièces à l'appui qui seront indiquées au secrétariat de l'Œuvre.

S'adresser à M. A. PIOT, rue Matignon, 19, au siège de l'Œuvre.

## ŒUVRE DES PENSIONS MILITAIRES

Bureaux : rue Montaigne, 11 *bis* (VIIIe arrond.).

Cette Œuvre vient au secours des anciens militaires blessés ou restés infirmes par suite du service, et des veuves de militaires morts de leurs blessures ou de maladies provenant du service, lorsqu'ils n'ont pas de pension, quoiqu'ils aient des droits réels.

Son but principal est de leur faire obtenir les pensions ou secours de l'État auxquels ils peuvent avoir droit, en leur procurant les pièces exigées et en remplissant pour eux les formalités nécessaires.

En outre, elle donne des secours en argent à ceux qui sont en instance de pension ou à qui elle est définitivement refusée par suite de l'impossibilité de se procurer les pièces exigées, lorsque les recherches de l'Œuvre ont amené les preuves morales suffisantes de l'origine de l'infirmité.

*Président :* M. le général BOISSONNET, rue de Miromesnil, 75.

*Secrétaire :* M. le comte DE RIENCOURT, rue Montaigne, 13.

S'adresser pour les dons, les renseignements et les affaires de pensions, aux bureaux de l'Œuvre, ouverts tous les jours de midi à 6 heures.

## UNION DES FEMMES DE FRANCE

Reconnue d'utilité publique par décret du 6 août 1882.

Siège social : rue de la Chaussée-d'Antin, 29 (IXe arrond.).

**Secours aux blessés et aux malades en temps de guerre.**
**Secours aux victimes de désastres publics.**

L'Union des Femmes de France a pour but de grouper et d'organiser, à Paris et dans les départements, un personnel et un matériel qui puissent, le cas échéant, être mis à la disposition de l'autorité militaire, et de réunir ce qui est nécessaire pour une rapide organisation des secours sur place.

Cette Société, qui compte 30 000 membres, est rattachée au ministère de la Guerre.

Elle a pour principale mission la dissémination et le soin des malades dans de petits hôpitaux temporaires.

Les comités de province sont constitués comme le comité de Paris, avec lequel ils sont toujours en rapport. En cas de désastre public, ils avisent le comité central (Paris), qui statue sur l'importance des secours à faire parvenir.

Les cours d'hygiène et de petite chirurgie (pansement, bandages), organisés au siège de la Société et dans divers endroits, sont destinés à former des infirmières capables d'aider les médecins.

Cette Œuvre est purement philanthropique.

Les membres *titulaires* payent une cotisation annuelle de 10 francs ou de 200 francs comme *membres perpétuels*. On peut faire partie de la Société comme *adhérents* ou *donateurs*, en concourant à l'Œuvre par des dons ou des souscriptions facultatives.

*Présidente :* Mme KŒCHLIN-SCHWARTZ, boulevard Saint-Germain, 176.

*Secrétaire :* Mme E. NAPIAS, rue du Rocher, 68.

*Secrétaire général :* M. le docteur BOULOUMIÉ.

## ASSOCIATION DES DAMES FRANÇAISES

**Secours aux militaires en cas de guerre.**
**Secours aux civils en cas de calamités publiques.**

**Reconnue d'utilité publique par décret du 23 avril 1883.**

**Siège central : rue de Gaillon, 10 (IIe arrond.).**

Cette Association, fondée en 1879 par M. le docteur Duchaussoy, poursuit le double but indiqué par son titre, en préparant : 1° un personnel de femmes capables de donner des soins aux blessés et aux malades; 2° un matériel pour les hôpitaux et les pansements; des ouvroirs sont établis pour le travail de la lingerie dans chaque comité; 3° en amassant un fonds de réserve qui permette de faire face aux premiers événements.

Outre les secours destinés aux militaires, elle vient en aide aux victimes de désastres de diverses natures.

Des comités départementaux concourent à l'Œuvre générale.

Les cours publics et gratuits sur l'hygiène et les soins à donner aux malades et aux blessés sont organisés au siège de l'Association.

Pour être *membre titulaire,* il suffit de payer une cotisation annuelle de 10 ou 20 francs. Dans les départements, on accepte des cotisations inférieures à 10 francs.

*Présidente :* Mme la comtesse FOUCHER DE CAREIL.

*Vice-Présidente :* Mme l'amirale JAURÈS.

*Secrétaire général :* M. le docteur DUCHAUSSOY.

## SOCIÉTÉ CENTRALE DE SAUVETAGE DES NAUFRAGÉS

**Rue de Bourgogne, 1 (VIIe arrond.).**

**Reconnue d'utilité publique par décret du 17 novembre 1865.**

Cette Société se propose de porter assistance aux naufragés sur les côtes de France, de propager les principes et les procédés de nature à sauvegarder l'existence des navigateurs en danger, et d'étudier les causes des sinistres maritimes ainsi que les mesures à prendre pour en diminuer le nombre.

Elle se met en relation avec toutes les sociétés locales qui existent sur le littoral, les aide, soit par des subventions en argent, soit par le don d'appareils de sauvetage, facilite la formation d'associations semblables dans les centres maritimes où il n'en existe pas, et établit sur la côte des postes ou stations, dits de sauvetage, pourvus des engins de secours reconnus les plus utiles. Elle possède aujourd'hui 83 stations de canots et 421 postes de secours.

La Société se réserve de donner des récompenses aux personnes qui se sont distinguées par des actes de courage dans les naufrages, et d'accorder des secours aux familles des marins sauveteurs de la Société, victimes de leur dévouement.

On peut faire partie de la Société comme *bienfaiteur, fondateur, donateur* ou *souscripteur*, suivant l'importance des sommes versées.

La Société publie tous les trois mois un *Bulletin*, sous le nom d'*Annales du sauvetage maritime*.

*Président :* M. le vice-amiral Lafont.

*Administrateur délégué :* M. Clavaud.

## SOCIÉTÉ DES SAUVETEURS DE LA SEINE

Reconnue d'utilité publique par décret du 20 décembre 1871.

Secrétariat : rue Monsieur-le-Prince, 60 (VIe arrond.).

Cette Société, fondée en 1845, a pour but le sauvetage de toutes les personnes en danger de périr par suite d'accident.

Elle se propose de plus, lorsque cela est nécessaire, de donner aux sociétaires malades les soins des médecins, les médicaments et une indemnité par journée de maladie, d'accorder, en cas de décès, des secours aux familles, et enfin de constituer des pensions de retraite.

La Société délivre chaque année des prix et des médailles pour récompenser les actes de sauvetage qui lui sont signalés.

*Président :* M. GOMOT, sénateur, rue Lavoisier, 6.

S'adresser, pour les renseignements, au secrétariat, rue Monsieur-le-Prince, 60.

## SOCIÉTÉ DE SECOURS

### AUX FAMILLES DES MARINS FRANÇAIS NAUFRAGÉS

Fondateur : M. Alfred de Courcy.

Reconnue d'utilité publique par décret du 12 mars 1880.

Siège social : rue Richelieu, 87 (IIe arrond.).

Cette Société a été fondée, en 1879, par M. Alfred de Courcy. Elle a été aussitôt reconnue d'utilité publique, sur la recommandation des ministres de la Marine, de l'Intérieur et du Commerce. Elle s'est développée rapidement, aidée par les subventions des chambres de commerce et d'un grand nombre de municipalités.

Elle est administrée *sans frais*, grâce au dévouement de MM. les commissaires de l'inscription maritime, qui lui signalent les familles à secourir et sont ensuite les distributeurs des secours accordés.

Ils sont autorisés à diriger l'emploi des secours qui pourraient être dissipés ; ils veillent au payement du loyer et autres dettes, à l'achat de vêtements aux enfants, de filets ou autres instruments de travail.

Comme établissement d'utilité publique, la Société peut *recueillir les legs et les donations.*

Le titre de *bienfaiteur* est attribué à toute personne qui apporte un don de 250 francs au moins, sans aucun engagement pour l'avenir. Le versement de 100 francs donne droit au titre de *donateur*. La moitié des recettes est capitalisée en rentes sur l'État.

*Président :* M. Henri DESPREZ.,

*Vice-Président :* M. Guy DE COURCY.

Pour tous les renseignements, s'adresser au Président ou au Vice-Président, au siège de la Société, rue Richelieu, 87.

## SECOURS AUX NOYÉS, ASPHYXIÉS ET BLESSÉS

**Préfecture de police.**

Un grand nombre de boîtes fumigatoires, destinées à secourir les noyés et les asphyxiés, sont déposées sur les deux rives de la Seine, aux bains froids, sur divers bateaux à lessive et bateaux à vapeur, le long du canal et dans tous les cimetières.

Des brancards et des boîtes de pansement sont déposés dans des maisons voisines des carrefours et des places, dans les marchés et dans la plupart des corps de garde.

Un écriteau, placé en dehors, indique la présence de ces boîtes, et un tableau, suspendu dans le poste, indique l'adresse des médecins les plus voisins.

Des personnes munies des instructions nécessaires sont toujours en mesure de donner les secours en attendant le médecin.

S'adresser au poste de police de chaque quartier.

## AMBULANCES URBAINES

**Ville de Paris.**

Station principale, à l'Hôpital Saint-Louis, rue Bichat, 40 (x[e] arr.).

Cette Œuvre a été créée en 1878, sur l'initiative de M. le docteur H. Nachtel, dans le but de donner les premiers secours aux malades ou blessés, civils ou militaires, tombés sur la voie publique ou dans les ateliers, usines ou établissements publics dépourvus de secours sur place.

Par dérogation, le § 3 de l'article 1er des statuts porte : « Chez les particuliers, le service des ambulances urbaines est limité au cas de chute par une fenêtre, tentative de meurtre ou de suicide, empoisonnement et aux divers cas dans lesquels l'état du malade ne permettra pas un autre mode de transport. Il sera accordé sur la réquisition du commissaire de police ou d'un autre fonctionnaire. »

Le premier service a été établi à l'hôpital Saint-Louis.

Lorsqu'un accident se produit, le blessé ou le malade est porté soit dans une pharmacie, soit dans un poste d'appel. L'hôpital est averti et envoie de suite une voiture d'ambulance, accompagnée par l'interne de garde ; celui-ci donne les premiers soins, veille au transport et conduit le blessé ou le malade soit à son domicile, soit à l'hôpital le plus voisin, où il le fait admettre d'urgence.

Dans des circonstances exceptionnelles, et autant que ces transports ne peuvent nuire au bon fonctionnement du service, il est accordé des voitures d'ambulance aux personnes qui en font la demande.

Sauf ce dernier cas, le service est entièrement gratuit.

L'assemblée générale (décembre 1893), sur la proposition du fondateur et secrétaire général M. le docteur Nachtel, a décidé de faire remise complète de l'Œuvre à la Ville de Paris, à la condition de continuer cette Œuvre dont le nom sera maintenu, de créer deux postes nouveaux, l'un sur la rive droite de la Seine, l'autre sur la rive gauche, et de maintenir une séparation absolue entre le transport des contagieux (voir Ambulances municipales) et le service des Ambulances urbaines.

S'adresser, en cas d'accidents, aux postes de police ou au Préfet de la Seine.

## VOITURES D'AMBULANCE

### POUR LE TRANSPORT DES MALADES

Préfecture de la Seine.

Deux stations : rue de Staël, 8 (xv^e arrond.),
rue de Chaligny, 21 (xii^e arrond.).

Les demandes de transport sont reçues par tous les établissements municipaux. C'est là où le public doit s'adresser, soit par téléphone, soit autrement.

Ce service est gratuit.

A la tête de chaque station est placé un chef surveillant, ayant sous ses ordres 7 voitures et un personnel suffisant d'infirmières des hôpitaux qui accompagnent les malades.

Les voitures qui ont servi au transport de malades atteints de maladies contagieuses sont désinfectées par des lavages spéciaux.

# DÉSINFECTION

## ÉTUVES MUNICIPALES

Ces établissements sont actuellement au nombre de 4 :

Rue des Récollets, 6. . . . . . . (x^e arrond.).
Rue de Chaligny, 21. . . . . . . (xii^e arrond.).
Rue du Château-des-Rentiers, 73. (xiii^e arrond.).
Rue de Stendhal, 1. . . . . . . . (xx^e arrond.).

Lorsqu'un cas de maladie contagieuse ou simplement suspect est signalé, une équipe de désinfecteurs se rend à domicile et procède, par les moyens indiqués par la science, à la désinfection des locaux contaminés. La literie, les vêtements et tous les objets ayant pu être en contact avec le malade, sont empaquetés dans des enveloppes étanches et transportés à l'étuve par des voitures spéciales.

Ils sont reportés au domicile de leur propriétaire dès le lendemain, par d'autres voitures ne servant qu'à cet usage.

Ce service est entièrement gratuit.

Les demandes de désinfection sont reçues dans tous les établissements municipaux.

Chaque station est dirigée par un chef étuviste, ayant sous ses ordres le personnel nécessaire.

## ÉTUVES DE DÉSINFECTION

Avenue de Versailles, 52 (xvie arrond.).

L'Œuvre de l'Hospitalité du travail (voir chap. v) possède, dans un local entièrement isolé, des étuves de désinfection établies d'après les moyens nouveaux indiqués par la science.

La literie, les effets et les objets de tous genres sont pris et reportés à domicile dans le plus bref délai, par les voitures de la maison.

# CHAPITRE V

## ASILES TEMPORAIRES

**Hospitalité du travail. — Hospitalité de nuit.
Refuges de nuit.**

---

### ŒUVRE DE L'HOSPITALITÉ DU TRAVAIL

Avenue de Versailles, 52 (XVIe arrond.).

**Femmes.**

Cette Œuvre a pour but :

1° D'offrir un asile gratuit et temporaire sans distinction de nationalité ou de religion, à toute femme ou fille sans asile, décidée à chercher dans le travail le moyen de gagner honorablement sa vie ;

2° D'occuper utilement ses pensionnaires pendant la durée de l'hospitalité qui leur est accordée, et de rendre à celles qui les auraient perdus l'habitude et l'amour du travail ;

3° De chercher à leur procurer un emploi convenable, qui les mette à même de se suffire à l'avenir.

La durée du séjour varie selon les circonstances, mais ne peut dépasser 40 jours.

Un vaste établissement de blanchissage, installé dans la maison, et divers autres ateliers, permettent de recevoir un grand nombre de personnes. Un service de voitures prend et rend le linge à domicile.

**Hommes.**

**Maison de travail (fondation Laubespin).**

Rue Félicien-David, 33 (xvi^e arrond.).

Le but est le même que pour les femmes. La durée du séjour, pour les hommes, ne peut dépasser 20 jours. Ils reçoivent 2 francs par jour pour leur travail. Sur ce salaire, ils doivent payer leur nourriture et leur logement, s'ils n'en ont pas. Une pension alimentaire, où ils peuvent se nourrir à bon marché, est annexée à l'établissement; mais son emploi est facultatif. Les hommes sans domicile reçoivent un bon de logement, qu'ils payent 35 centimes.

Ils sont employés à des travaux divers, tels que le pliage du gros linge, le cardage des matelas, la fabrication de meubles en bois blanc, qui, sous la direction de contremaîtres expérimentés, sortent des ateliers dans des conditions irréprochables.

Ces œuvres sont dirigées par les sœurs de Notre-Dame-du Calvaire, de Gramat (Lot), et concourent au fonctionnement de l'Office central des Institutions charitables, boulevard Saint-Germain, 175. (Voir chap. IV.)

Les offrandes en argent ou en nature, ainsi que les demandes de renseignements, doivent être adressées à M^me la Supérieure, Directrice de l'Hospitalité du travail, avenue de Versailles, 52. (Voir, chap. IV, *Œuvre du travail à domicile* et *Étuves de désinfection.*)

## ŒUVRE DE L'HOSPITALITÉ DE NUIT

Maisons : Rue de Tocqueville, 59 (xvii^e arrond.). Siège social.
Boulev. de Vaugirard, 14 (xv^e arr.). Maison de Lamaze.
Rue de Laghouat, 13 (xviii^e arrond.).
Boulevard de Charonne, 122 (xx^e arrond.).

**Reconnue d'utilité publique par décret du 11 avril 1882.**

**Hommes et femmes.**

Cette Œuvre, fondée à Paris en 1878, a pour but :

1° D'offrir un abri gratuit et temporaire pour la nuit aux

personnes sans asile, sans distinction d'âge, de nationalité ou de religion, à la seule condition d'observer les mesures de moralité, d'ordre et d'hygiène prescrites par le règlement intérieur, lu tous les soirs aux pensionnaires;

2° De soulager leurs misères physiques et morales dans la mesure du possible, surtout en procurant du travail. On facilite aussi les rapatriements.

Les maisons sont ouvertes tous les jours, de 6 heures du soir à 9 heures en hiver, de 7 heures à 9 heures en été.

Les pensionnaires doivent quitter l'établissement le matin à 6 heures 1/2 en hiver, à 5 heures 1/2 en été.

Le soir et le matin, la prière, faite en commun, doit être entendue respectueusement.

Chaque maison a pour gérant un capitaine en retraite.

Nul ne peut passer dans l'asile plus de trois nuits consécutives, sauf une autorisation spéciale d'un membre du conseil.

A moins de circonstances exceptionnelles, un intervalle de deux mois est exigé entre chaque séjour. Le séjour de la nuit qui précède ou qui suit le dimanche ou les jours de fête n'est pas compté dans les trois nuits.

L'Œuvre, étant reconnue d'utilité publique, peut recevoir des dons et legs.

Sont considérées comme *fondateurs* les personnes qui versent une somme de 5,000 francs; *bienfaiteurs*, celles qui versent 500 francs, et enfin les *souscripteurs* doivent une cotisation annuelle de 10 francs au moins.

Une somme de 200 francs, affectée à l'achat d'un lit, autorise l'inscription du nom du donataire en tête de ce lit.

Le vestiaire est alimenté par les dons en nature, qui sont adressés aux gérants.

Les souscriptions sont reçues par M. Albert Viallet, *trésorier*, boulevard Péreire, 128; par les membres du conseil et par les gérants de chaque maison.

Pendant l'année 1892, l'Œuvre de l'hospitalité de nuit

a recueilli 111,743 hommes, et 4,128 femmes et enfants, qui ont passé 291,896 nuits; les dépenses ont été de 118,578 fr.

*Président :* M. le baron DE LIVOIS.

*Vice-Présidents :* M. le comte DES CARS, directeur de la maison de Lamaze; M. GARNIER, directeur de la maison de la rue de Tocqueville; M. René LAVOLLÉE, directeur de la maison du boulevard de Charonne; M. MONCHARVILLE, directeur de la maison de la rue de Laghouat.

*Trésorier :* M. Albert VIALLET.

*Secrétaire :* M. Paul LETURC.

## ASILES DE NUIT

### Pour les femmes et les enfants

Fondés par la Société philanthropique.

Rue Saint-Jacques, 253 et 255 (v^e arrond.).
Rue Labat, 44 (xviii^e arrond.).
Rue de Crimée, 166 (xix^e arrond.).

Le premier de ces établissements a été ouvert le 20 mars 1879.

La Société offre un abri gratuit et temporaire pour la nuit, avec distribution de soupe à l'arrivée et au départ, aux femmes sans asile, quels que soient leur âge, leur nationalité et leur culte, sous la seule condition pour elles d'observer les mesures de moralité, d'ordre et de propreté prescrites par le règlement.

Les mères, accompagnées de leurs enfants âgés de moins de 3 ans, sont admises dans un dortoir séparé, dit des *mères de famille.*

Toute personne, femme ou enfant, malade ou présentant les signes extérieurs d'une maladie contagieuse, est refusée.

Les personnes qui se présentent doivent donner tous les renseignements qui leur sont demandés pour la tenue du livre d'inspection. Sans papiers et sans références, elles ne sont admises que pour une seule nuit, dans la salle du *lit de camp.*

Avec papiers et références, elles sont admises aux dortoirs avec lits, mais elles ne peuvent y coucher plus de trois nuits consécutives, sans une autorisation spéciale d'un administrateur.

L'entrée a lieu tous les soirs, de 7 heures à 9 heures.

Des bains sont préparés pour les arrivantes.

Une heure après le lever, les pensionnaires doivent quitter l'établissement pour aller chercher du travail.

Les directrices des Asiles de nuit s'occupent de procurer une place aux femmes recueillies.

On peut concourir à cette Œuvre par la *donation* d'une somme quelconque, par une *souscription* annuelle ou par la fondation d'un lit, soit 2,000 francs pour un lit, ou 1,000 francs pour un demi-lit, à capitaliser en rentes.

Le titre de *bienfaiteur* est acquis à tout souscripteur ayant fait un versement de 500 francs et au-dessus.

On entretient un lit une année en versant 100 francs, ou un lit dit de famille (lit et berceau) en versant 150 francs.

On peut déposer les offrandes aux asiles de nuit ou au siège de la Société philanthropique (voir chap. IV), rue des Bons-Enfants, 21.

*Président :* M. le prince A. d'Arenberg.

*Trésorier :* M. Th. Bra.

*Agent général :* M. A. Laporte.

## REFUGES DE NUIT

**Préfecture de la Seine.**

### Hommes.

Refuge Benoît-Malon : quai de Valmy, 107 (x$^{e}$ arrond.).
207 lits.

Refuge Nicolas-Flamel : rue du Château-des-Rentiers (XIII$^{e}$ arr.).
207 lits.

Abri gratuit et temporaire pour la nuit aux hommes sans asile, sans distinction d'âge, de nationalité ou de religion.

Le premier établissement de ce genre, créé par la ville de Paris, a été ouvert en 1886.

Les réfugiés, après avoir été soumis à des mesures de désinfection, reçoivent tous les soirs une soupe, et le matin un morceau de pain ou une soupe suivant la saison.

**Femmes.**

Refuge George-Sand : rue de Stendhal, 1 (xx^e arrond.).

100 lits.

Cet établissement, inauguré le 5 janvier 1894, a pour but de recueillir pendant quelques nuits les femmes sans asile. Elles sont admises sans aucune formalité. Les conditions sont les mêmes que dans les refuges pour les hommes.

## REFUGE-OUVROIR

Rue Fessart, 37 (xix^e arrond.).

**Femmes.**

**200 lits et 40 lits d'enfants. — Ville de Paris.**

Hospitalisation temporaire des femmes indigentes sans travail et sans asile.

Elles sont reçues sans aucune formalité; elles sont défrayées de tout, mais elles doivent, selon leurs aptitudes et moyennant une prime de travail dont le montant leur est versé au moment de leur départ, s'employer à des travaux de couture et de blanchissage pour le personnel des établissements sanitaires et charitables de la ville de Paris.

Il est accordé des heures de sortie dans le but de chercher du travail.

## MAISON MATERNELLE

Rue Fessart, 43 et 45 (xix^e arrond.).

Asile temporaire (3 mois au plus) pour les enfants abandonnés. Dirigé par M^me Koppe avec l'appui des municipalités de Paris.

## ASILES TEMPORAIRES POUR LES PROTESTANTS

Voir chap. XVII.

## LA CHALMELLE, PAR ESTERNAY (MARNE)

**Colonie agricole.**

Ville de Paris.

La ville de Paris a loué à l'Assistance publique le domaine de la Chalmelle (128 hectares) pour y envoyer des hommes se trouvant sans ressource à Paris, et disposés à reprendre les travaux de la campagne auxquels ils étaient accoutumés avant leur venue à Paris.

Ils sont défrayés de tout, et ils reçoivent un salaire de 50 centimes par jour.

On s'applique à leur donner des connaissances spéciales suffisantes, et si leur conduite est satisfaisante, on cherche à les placer dans des exploitations agricoles.

La colonie, qui fonctionne depuis le mois de janvier 1892, est dirigée par un ingénieur-agronome.

## ŒUVRE DE L'HOSPITALITÉ UNIVERSELLE

### DE NOTRE-DAME DES SEPT-DOULEURS

Rue Blanche, 5 (IXe arrond.).

Maison mère à Nantes, avenue du Clos-Jaunet.

Cette Œuvre se propose de soulager les misères physiques et morales de la jeune fille, de la femme, de la mère de famille et des enfants des deux sexes, par l'hospitalité gratuite, ou le travail à domicile, ou le placement sans acception de personne, d'âge, de condition, de religion, de passé. Elle comprend plusieurs sections.

Les magasins offrent gratuitement l'exposition et la

vente des travaux des dames du monde sans fortune (incognito garanti). Placement pour tout genre d'emploi.

L'hospitalité gratuite et immédiate est offerte à la maison mère à Nantes, aux personnes sans ressources, telles que :

1° **Dames**, jeunes filles, institutrices sans emploi, sans famille ;

2° **Ouvrières**, domestiques sans travail ;

3° **Femmes abandonnées** et filles repentantes avec leur enfant, à la condition de l'élever au moins jusqu'à 18 mois ;

4° **Infirmes, aveugles, idiotes, convalescentes**, etc., n'ayant pu se faire admettre dans les autres Œuvres ;

5° **Crèche** pour les enfants nés dans la maison ;

6° **Orphelinats** pour ces enfants ou pour tout autre, que sa naissance, son infirmité ou sa misère empêche d'être placé ailleurs ;

7° **Ateliers de travail** pour les personnes sans emploi envoyées par les magasins de l'Œuvre ;

8° **Sanatorium** à Pornic pour les convalescents et les enfants.

On peut faire partie de cette Œuvre par des dons et des souscriptions.

*Fondatrice-Présidente générale :* Mlle DE LA TOUR DU PIN-CHAMBLY, avenue du Clos-Jaunet, 20, à Nantes.

*Présidente à Paris :* Mme H. HUSSON-CARCENAC, rue Blanche, 5.

*Trésorière :* Mme PILLIET.

*Secrétaire :* M. HUSSON-CARCENAC, rue Blanche, 5.

---

# CHAPITRE VI

## HOPITAUX

**Hôpitaux. — Maisons de santé et de convalescence.**

---

### HOPITAUX

**Assistance publique.**

On désigne sous ce nom les établissements destinés à recevoir et à traiter les indigents pendant le temps qu'ils sont malades. Il y en a de deux sortes : les hôpitaux généraux, consacrés aux maladies aiguës et aux blessures, et les hôpitaux spéciaux réservés à certaines maladies.

A la tête de chaque hôpital sont placés un Directeur et un Économe; le service est fait par des médecins et des chirurgiens et par des élèves internes ; tous sont nommés, après concours, par le Directeur de l'Assistance publique. Dans presque tous, le soin des malades était confié à des communautés religieuses. Depuis quelques années, la plupart ont été laïcisés. L'aumônier, chargé du service religieux de chaque hôpital, a été supprimé. Un prêtre, résidant au dehors, peut être appelé auprès des malades qui en font la demande.

L'admission dans les hôpitaux a lieu sur le bulletin délivré par le bureau central (voir ci-dessous *Bureau central*), ou est prononcée par le Directeur de l'hôpital, sur l'attestation du médecin.

## BUREAU CENTRAL D'ADMISSION AUX HÔPITAUX ET AUX HOSPICES

Rue de la Bûcherie, ancien Hôtel-Dieu.

Assistance publique.

Tous ceux qui veulent entrer dans les hôpitaux et hospices, sauf le cas d'urgence ou de maladie spéciale, doivent se présenter au bureau central, ouvert tous les jours de la semaine de 11 à 4 heures, et le dimanche jusqu'à midi.

Les médecins du bureau examinent si le malade a droit à l'entrée, soit à l'hospice, soit à l'hôpital, et lui délivrent, s'il y a lieu, un bulletin indicatif de l'établissement où il doit se rendre, ou bien le renvoient aux bureaux de bienfaisance, qui lui donnent les secours nécessaires.

Le bureau central donne des consultations gratuites à tous ceux qui en demandent, tous les jours de la semaine, de 11 à 4 heures. (Voir *Consultations gratuites.*)

On peut aussi être admis dans un hôpital en se présentant à l'hôpital même, à la visite du médecin ou du chirurgien de service.

Les hôpitaux sont gratuits pour les indigents. Des services payants ont été établis à l'hôpital Saint-Louis et à l'hôpital Ricord. Les prix sont de 6 et 5 francs par jour dans l'un, et de 5 francs dans l'autre.

L'Administration vend, au profit de la caisse des hôpitaux, les effets laissés par les malades décédés; ils peuvent être rendus aux familles reconnues absolument indigentes.

Le secours d'hôpital n'est accordé gratuitement qu'aux habitants de Paris. Lorsque l'Administration s'est assurée par une enquête que le malade n'habite pas la ville, elle réclame le prix des journées qu'il passe à l'hôpital, soit à sa famille, soit à sa commune.

## CONSULTATIONS MÉDICALES GRATUITES

Assistance publique.

Des consultations gratuites sont données tous les jours :

Par les médecins du bureau central (parvis Notre-Dame, ancien Hôtel-Dieu), pour toute espèce de maladies, depuis 11 heures du matin jusqu'à 4 heures du soir;

Par les médecins des hôpitaux généraux, pour toute espèce de maladies (Voir *Hôpitaux généraux*);

Par les médecins des hôpitaux spéciaux, pour les maladies traitées dans ces hôpitaux (Voir *Hôpitaux spéciaux*);

Les consultations gratuites sont données dans les hôpitaux tous les jours, sauf les dimanches et jours de fêtes, à l'issue de la visite des malades dans les salles, et commencent généralement vers 9 heures ;

Par les médecins des bureaux de bienfaisance aux indigents de l'arrondissement, dans les maisons de secours (Voir *Maisons de secours*, chap. IV) ;

Et en dehors de l'Assistance publique :

Par les médecins attachés à divers établissements publics et privés (Voir chap. IV et VI) ;

Par les médecins de chaque dispensaire de la Société Philanthropique, pour les indigents de la circonscription munis d'une carte (Voir *Dispensaires*, chap. IV).

---

## HOPITAUX GÉNÉRAUX

### HOTEL-DIEU

Place du Parvis Notre-Dame (IVe arrond.).

783 lits et 16 berceaux. — Assistance publique.

Fondé, en 650, par saint Landry, évêque de Paris.
Desservi par les Dames Augustines Hospitalières.
Entrée publique le dimanche et le jeudi, de 1 à 3 heures.
Consultations gratuites tous les jours de 8 à 9 heures.

### HOPITAL DE LA PITIÉ

Rue Lacépède, 1, et rue Geoffroy-Saint-Hilaire (Ve arrond.).

703 lits et 16 berceaux. — Assistance publique.

Fondé, en 1612, comme refuge de mendiants. Desservi par un personnel laïque.
Entrée publique le dimanche et le jeudi, de 1 à 3 heures.
Consultations gratuites tous les jours, de 8 à 9 heures.

### HOPITAL DE LA CHARITÉ

Rue Jacob, 47 (VIe arrond.).

543 lits et 60 berceaux. — Assistance publique.

Fondé, en 1602, par Marie de Médicis, qui fit venir d'Italie, pour le desservir, des Frères de Saint-Jean-de-Dieu, ou de la Charité.

Desservi par un personnel laïque.
Entrée publique le dimanche et le jeudi, de 1 à 3 heures.
Consultations gratuites tous les jours, de 8 à 9 heures.
Il existe dans cet hôpital un service externe de bains.

## HOPITAL SAINT-ANTOINE

Rue du Faubourg-Saint-Antoine, 184 (XII^e arrond.).

720 lits et 26 berceaux. — Assistance publique.

Ancienne abbaye de Saint-Antoine, transformée en hôpital par la Convention.
Desservi par un personnel laïque.
Entrée publique le dimanche et le jeudi, de 1 à 3 heures.
Consultations gratuites tous les jours, de 8 à 9 heures.

## HOPITAL NECKER

Rue de Sèvres, 151 (XV^e arrond.).

414 lits et 24 berceaux. — Assistance publique.

Fondé, en 1779, par M^me Necker.
Desservi par un personnel laïque.
Entrée publique le dimanche et le jeudi, de 1 à 3 heures.
Consultations gratuites tous les jours, de 8 à 9 heures.

## HOPITAL COCHIN

Rue du Faubourg-Saint-Jacques, 47 (XIV^e arrond.).

510 lits et 33 berceaux. — Assistance publique.

Fondé, en 1782, par M. Cochin, curé de Saint-Jacques.
Desservi par un personnel laïque.
Entrée publique le dimanche et le jeudi, de 1 à 3 heures.
Consultations gratuites tous les jours, de 8 à 9 heures.

## HOPITAL BEAUJON

Rue du Faubourg-Saint-Honoré, 208 (VIII^e arrond.).

439 lits et 33 berceaux. — Assistance publique.

Cet établissement, fondé par un ancien receveur général nommé Beaujon, pour l'instruction de 24 enfants pauvres, a été transformé en hôpital en 1795.
Desservi par un personnel laïque.
Entrée publique le dimanche et le jeudi, de 1 à 3 heures.
Consultations gratuites tous les jours, de 8 à 9 heures.

## HOPITAL LARIBOISIÈRE

Rue Ambroise-Paré (xe arrond.).

831 lits et 77 berceaux. — Assistance publique.

Cet hôpital, fondé en 1846, porte le nom de Mme la comtesse de Lariboisière, qui a légué une part considérable de sa fortune à l'Assistance publique.

Desservi par un personnel laïque.

Entrée publique le dimanche et le jeudi, de 1 à 3 heures.

Consultations gratuites tous les jours, de 8 à 9 heures.

## HOPITAL TENON

Rue de la Chine (xxe arrond.).

826 lits et 62 berceaux. — Assistance publique.

Hôpital ouvert en 1878.

Desservi par un personnel laïque.

Entrée publique le dimanche et le jeudi, de 1 à 3 heures.

Consultations gratuites tous les jours, de 8 à 9 heures.

## HOPITAL ANDRAL

Rue des Tournelles, 35 (IIIe arrond.).

100 lits. — Assistance publique.

Cet hôpital a été installé dans les bâtiments de l'ancienne Direction municipale des nourrices.

Desservi par un personnel laïque.

Entrée publique le dimanche et le jeudi, de 1 à 3 heures.

## HOPITAL LAENNEC

Rue de Sèvres, 42 (VIIe arrond.).

608 lits et 20 berceaux. — Assistance publique.

Cet hôpital occupe les anciens bâtiments de l'hospice des Incurables (femmes), qui avait été fondé en 1619.

Desservi par un personnel laïque.

Les malades ne sont pas reçus directement dans tous les services de cet hôpital; il existe un service de chroniques où sont envoyés par l'Administration de l'Assistance publique, qui choisit dans tous les hôpitaux les malades atteints d'affections pouvant exiger un long traitement.

Entrée publique le dimanche et le jeudi, de 1 à 3 heures.

Consultations gratuites.

### HOPITAL BROUSSAIS

Rue Didot, 96 (XIVe arrond.).

264 lits. — Assistance publique.

Cet hôpital a la même destination que l'hôpital Laënnec. Il a été ouvert en 1884.

Desservi par un personnel laïque.

### HOPITAL BICHAT

Boulevard Ney, 160 (XVIIIe arrond.).

187 lits et 3 berceaux. — Assistance publique.

Desservi par un personnel laïque.

Entrée publique le dimanche et le jeudi, de 1 à 3 heures.

### HOPITAL HÉROLD

Place du Danube (XIXe arrond.).

100 lits. — Assistance publique.

Desservi par un personnel laïque.

Entrée publique le dimanche et le jeudi, de 1 à 3 heures.

### HOPITAL TEMPORAIRE D'AUBERVILLIERS

Porte d'Aubervilliers.

192 lits. — Assistance publique.

Pour les malades atteints de la petite vérole ou autres maladies contagieuses.

Desservi par un personnel laïque.

## HOPITAUX SPÉCIAUX

DANS CES ÉTABLISSEMENTS, L'ADMISSION SE FAIT A L'HOPITAL MÊME

---

### HOPITAL SAINT-LOUIS

Rue Bichat, 40 et 42 (Xe arrond.).

1037 lits et 54 berceaux. — Assistance publique.

Fondé par Henri IV, en 1607.

Desservi par les Dames Augustines Hospitalières.

Cet hôpital est consacré au traitement des maladies chroniques ou contagieuses, comme la gale, la teigne, les dartres rebelles ou cachectiques, le scorbut, les vieux ulcères, les écrouelles.

Il existe à Saint-Louis un traitement externe auquel peuvent prendre part les personnes du dehors.

Des médicaments et des fumigations, des douches, des bains, sont délivrés gratuitement aux malades du dehors dont l'état d'indigence a été constaté.

École d'externes pour les enfants teigneux qui ne peuvent être reçus à l'hôpital.

Chambres particulières dans les pavillons isolés, à 5 et 6 francs par jour.

Service de chirurgie et d'accouchement.

Entrée publique le dimanche et le jeudi, de 1 à 3 heures.

Consultations gratuites de 8 à 9 heures, tous les jours, excepté les dimanches et fêtes.

## HOPITAL RICORD

Boulevard de Port-Royal, 111 (XIVe arrond.).

317 lits. — Assistance publique.

Ancien couvent de Capucins, transformé en hôpital en 1792.

Desservi par un personnel laïque.

Cet hôpital est consacré au traitement des maladies syphilitiques chez les hommes.

Entrée publique le dimanche et le jeudi, de 1 à 3 heures.

Consultations gratuites tous les jours, de 8 à 9 heures.

Chambres payantes à raison de 6 francs par jour.

## HOPITAL BROCA

Rue Broca, 111 (XIIIe arrond.).

290 lits et 18 berceaux. — Assistance publique.

Ancien couvent de Cordelières, transformé en hôpital, en 1836.

Desservi par un personnel laïque.

Cet hôpital est réservé au traitement des maladies syphilitiques chez les femmes, mais on y reçoit aussi d'autres malades.

Entrée publique le dimanche et le jeudi, de 1 à 3 heures.

Consultations gratuites les mardis, jeudis et samedis, de 9 à 10 heures.

## LA MATERNITÉ

### Maison-école d'accouchement.

Boulevard de Port-Royal, 119 (XIVe arrond.).

248 lits et 103 berceaux, dont 20 pour enfants débiles ou nés avant terme.
Assistance publique.

Ancienne abbaye de Port-Royal, transformée en hôpital en 1796.

Desservie par des surveillantes laïques.

On y admet toutes les femmes enceintes qui s'y présentent pour faire leurs couches, habitant Paris ou la banlieue depuis un an au moins. Ces femmes doivent être dans le neuvième mois de leur grossesse, ou en péril d'accoucher avant terme.

Dans le cas d'urgence, les femmes enceintes sont reçues sans exception de domicile et de condition. Dans les cas ordinaires, elles doivent se présenter à la consultation de la sage-femme en chef, qui a lieu tous les jours de la semaine, de 1 heure à 2 heures. Les femmes accouchées au dehors ne sont pas reçues.

Par exception, on reçoit aussi des pensionnaires payantes, pour lesquelles il n'est pas exigé de remplir les conditions de domicile et de résidence. Le prix de journée est de 3 francs 30 centimes payables d'avance.

On occupe les femmes valides à divers ouvrages, jusqu'au moment de leur délivrance; elles retirent de leur travail un salaire réglé par un tarif.

Les femmes en couches sont confiées aux soins du chirurgien et du médecin, chefs du service de santé, à la sage-femme en chef et à ses aides.

La mère est obligée, à moins d'impossibilité, d'allaiter son enfant pendant son séjour dans l'établissement. Si elle déclare ne pas l'abandonner, elle reçoit, lors de sa sortie, une layette et souvent un secours; en outre, dans certains cas, l'Administration lui vient en aide pour payer les mois de nourrice ou élever son enfant chez elle. Lorsqu'elle déclare vouloir l'abandonner, elle est accompagnée jusqu'à l'hospice des Enfants-Assistés (voir chap. 1er), où elle fait elle-même l'abandon.

Il existe dans la maison une École d'accouchement qui peut recevoir près de cent élèves sages-femmes.

Les visiteurs ne sont admis qu'après une autorisation spéciale du Directeur de la maison, le lundi et le jeudi, de 1 à 3 heures, et le dimanche, de 1 à 2 heures, pour les hommes seulement. Ceux-ci doivent être munis d'une pièce constatant leur mariage avec la personne qu'ils viennent visiter.

Consultations gratuites pour la chirurgie les lundis, mercredis, vendredis, à 9 heures du matin.

### CLINIQUE D'ACCOUCHEMENT BAUDELOCQUE

Boulevard de Port-Royal, 125 (XIVe arrond.).

109 lits et 71 berceaux. — Assistance publique.

Établissement récemment élevé dans les terrains dépendant de la Maternité.

Desservi par un personnel laïque.

Même règlement et même directeur qu'à la Maternité.

### HOPITAL CLINIQUE

Rue d'Assas, 89 (VIe arrond.).

114 lits et 56 berceaux. — Assistance publique.

Cet établissement est destiné à une clinique d'accouchement. Le traitement des malades est confié à un professeur nommé par la Faculté de médecine.

Surveillantes laïques.

Ouvert le dimanche et le jeudi, de 1 à 3 heures.

Consultations gratuites tous les jours, de 8 à 9 heures.

## HOPITAUX POUR LES ENFANTS

### HOPITAL TROUSSEAU

Rue de Charenton, 89 (XIIe arrond.).

629 lits. — Assistance publique.

Cet hôpital, ouvert le 16 mars 1854 sous le nom d'hôpital Sainte-Eugénie, est réservé aux enfants malades des deux sexes, âgés de 2 à 15 ans.

Desservi par un personnel laïque.

Entrée publique le dimanche et le jeudi, de 1 à 3 heures.

Consultations gratuites tous les jours, de 8 à 9 heures.

### HOPITAL DES ENFANTS

Rue de Sèvres, 149 (XVe arrond.).

672 lits. — Assistance publique.

Cet hôpital est, comme l'hôpital Trousseau, exclusivement réservé aux enfants malades de 2 à 15 ans.

Desservi par un personnel laïque.

Entrée publique le dimanche et le jeudi, de 1 à 3 heures.

Consultations gratuites tous les jours, de 8 à 9 heures.

## HOPITAL DE FORGES-LES-BAINS (Seine-et-Oise).

224 lits. — Assistance publique.

Une succursale des hôpitaux d'enfants de Paris est établie à Forges-les-Bains, et est affectée au traitement des scrofuleux.

Desservi par un personnel laïque.

## HOPITAL MARITIME DE BERCK-SUR-MER (Pas-de-Calais).

710 lits. — Assistance publique.

Cet établissement est consacré au traitement des enfants scrofuleux des deux sexes, âgés de 4 ans au moins et de 15 ans au plus. On y reçoit gratuitement les enfants scrofuleux des hôpitaux et hospices de Paris.

Les jeunes malades du département de la Seine, dont on demande l'admission payante, devront se présenter à l'un des médecins de l'hôpital des Enfants, rue de Sèvres, 149, ou de l'hôpital Trousseau, rue de Charenton, 89, les mardis ou samedis, à 9 heures.

Ils seront examinés, et leur admission sera ensuite prononcée par le Directeur de l'Assistance publique.

Les malades de province devront écrire au Directeur et envoyer un certificat de médecin.

L'hôpital est desservi par un personnel laïque.

## BERCK-SUR-MER (Pas-de-Calais).

Outre l'hôpital maritime appartenant à l'Assistance publique, il existe à Berck plusieurs établissements particuliers destinés aux malades.

### Hôpital Cazin-Perrochaud. Berck-Plage.

Ouvert le 1er octobre 1892. — Sœurs franciscaines de Calais.

Pour les enfants scrofuleux et autres.

Les garçons sont admis de 2 à 15 ans; les filles, de 2 à 20 ans.

La pension est de 50 francs par mois, y compris les frais de médecins et de médicaments. Il faut fournir un petit trousseau. Des classes sont faites aux enfants qui peuvent se livrer à un travail régulier.

**Villa Notre-Dame**, pour les femmes et les enfants.

Les prix varient de 5 à 7 francs par jour. Les sœurs de Notre-Dame, qui dirigent cette maison, soignent aussi les malades à domicile.

**Hôpital Rothschild.** Voir chap. XVII.

**Maison Parmentier-Cornu**, pour les enfants.

Cet établissement est purement laïque. Le prix varie de 60 à 90 francs par mois.

## HOPITAUX MILITAIRES

Ces établissements sont destinés au traitement, au compte du ministère de la Guerre, des militaires malades étant en activité de service.

Les officiers, sous-officiers et soldats, en permission ou titulaires d'un congé de convalescence, peuvent être admis dans les hôpitaux militaires.

Sont également admis, mais à la charge de remboursement à l'État des dépenses de traitement par les intéressés ou les administrations dont ils relèvent :

Les officiers, sous-officiers et soldats du régiment des sapeurs-pompiers de la ville de Paris ;

Les marins, officiers et soldats ;

Les employés des douanes et les agents des eaux et forêts ;

Le personnel de la trésorerie et des postes pendant la durée des exercices militaires auxquels il est appelé ;

Les employés des administrations civiles en Algérie ;

Les caserniers et les concierges des hôtels des officiers généraux, en jouissance d'une pension de retraite ;

Les gardiens de batteries auxiliaires ;

Les colons de l'Algérie, à défaut d'hospice civil ;

Les militaires étrangers ;

Les réfugiés politiques.

Le ministre de la Guerre se réserve de plus le droit d'autoriser le traitement dans les hôpitaux militaires, à charge de remboursement, des personnes non comprises dans les catégories ci-dessus, et pour lesquelles cette faveur peut être justement motivée.

Chacun des hôpitaux de Paris reçoit les militaires casernés dans un périmètre déterminé, ainsi que les militaires de passage dans la capitale dont l'état de santé exige l'admission dans un de ces établissements.

On évacue sur l'hôpital du Val-de-Grâce tous les malades des hôpitaux de l'intérieur qui ont besoin d'un traitement hydrothérapique spécial, ou atteints de maladies des yeux nécessitant une opération.

## HOPITAL DU VAL-DE-GRACE

Rue Saint-Jacques, 277 (v[e] arrond.).

750 lits. — Ministère de la Guerre.

Cet hôpital occupe les bâtiments d'un ancien couvent de Bénédictines, bâti par Anne d'Autriche, pour accomplir un vœu fait à la naissance de son fils.

Il est desservi par un personnel militaire, assisté par les sœurs de Saint-Vincent-de-Paul.

## HOPITAL SAINT-MARTIN

Rue des Récollets, 8 (x[e] arrond.).

450 lits. — Ministère de la Guerre.

Cet établissement occupe, depuis 1860, les anciens bâtiments de l'hospice des Incurables (hommes) complétés par des constructions neuves.

Desservi par un personnel militaire, assisté par les sœurs de Saint-Vincent-de-Paul.

## HOPITAL DE VINCENNES

Grande-Rue à Vincennes (Seine).

612 lits. — Ministère de la Guerre.

Cet établissement a été construit pour remplacer l'ancien hôpital du Roule. Il a été ouvert en 1858.

Desservi par un personnel militaire, assisté par les sœurs de Saint-Vincent-de-Paul.

# HOPITAUX PARTICULIERS

## HOPITAL SAINT-JOSEPH

Rue Pierre-Larousse, 1 (XIVe arrond.).

**Hommes et femmes.**

Cet hôpital, placé sous le haut patronage de Son Ém. le cardinal archevêque de Paris, a été ouvert en 1884. Il a été construit par une *Société anonyme hospitalière;* celle-ci a loué les bâtiments aux personnes qui ont pris à charge l'entretien des malades.

Les frais de loyer, de personnel, de nourriture et de traitement, sont couverts par les dons et aumônes que recueille une association charitable dite de *Notre-Dame-de-Consolation.*

On peut s'associer à cette Œuvre en aidant à la construction des bâtiments par la souscription des actions de 500 fr. de la Société anonyme hospitalière, ou en participant à l'Œuvre de Notre-Dame-de-Consolation par des offrandes ou des souscriptions.

Un don de 3 francs, assure l'entretien d'un malade pendant une journée.

Une souscription annuelle de 100 francs, soit personnelle, soit formée par la réunion de plusieurs souscripteurs, donne droit au titre de *bienfaiteur.*

Le don d'une somme de 25000 francs ou d'une rente annuelle de 1000 francs, confère le titre de *fondateur* et constitue la fondation d'un lit, où l'on a toujours le droit de faire admettre un malade (non incurable).

Pour fonder un lit d'enfant, le capital est de 20000 fr.; la rente annuelle est de 800 francs.

Enfin une organisation analogue à celle de la Propagation de la Foi permet de recueillir, sous le nom de *Sou des malades*, les offrandes d'un sou par semaine que les zélateurs et zélatrices réunissent par dizaines.

Les malades, sauf les cas d'urgence, doivent être présentés à la consultation pour que les médecins prononcent sur leur admission. On peut aussi écrire à la Sœur supérieure, en spécifiant la situation, afin de savoir si le médecin autorise l'admission sans passer par la consultation.

Les maladies incurables ou chroniques ne sont pas admises.

Les places sont gratuites; il y a des places payantes, au prix de 3 francs par jour, dans une chambre séparée.

Les consultations ont lieu à 10 heures du matin, savoir :

**Service médical :** M. le Dr Tison, le lundi.

M. le Dr Leroux, le vendredi.

**Service chirurgical et gynécologique :** M. le Dr Le Bec, le samedi.

**Service d'enfants** (médecine et chirurgie) : M. le Dr Monnier, les lundis, mercredis et vendredis.

**Service des oreilles :** M. le Dr Chatelier, les mêmes jours, à 1 heure.

**Service des yeux :** M. le Dr Bourgon, les mercredis et samedis.

L'hôpital est desservi par les Sœurs de Saint-Vincent-de-Paul.

*Président :* Mgr d'Hulst, vicaire général, recteur de l'Institut catholique, rue de Vaugirard, 74.

*Présidente :* Mme la duchesse d'Estissac, née de Ségur, rue Saint-Dominique, 28.

*Vice-Présidentes :* Mme Ancel, boulevard Saint-Germain, 191.

Mme la comtesse Armand, rue Franklin, 20.

Mme la comtesse Frignet, rue de Vaugirard, 49.

*Trésorière :* Mme la comtesse Hermann de Mérode, rue de Varennes, 55.

*Secrétaire :* Mme la comtesse J. d'Astorg, rue d'Aguesseau, 13.

## HOPITAL NOTRE-DAME DE BON-SECOURS

Rue des Plantes, 66 (XIVe arrond.).

**Hommes et femmes.**

Desservi par les Religieuses hospitalières de l'Hôtel-Dieu de Paris, de l'ordre de Saint-Augustin.

Cet hôpital, fondé par l'abbé Carton, ancien curé de Saint-Pierre de Montrouge, a été légué par lui, en 1887, à S. Ém. le cardinal archevêque de Paris, qui en a depuis cette époque la direction.

Outre l'asile des vieillards (voir chap. VII), la maison contient 72 lits de malades (hommes et femmes), répartis dans 4 salles communes et 8 chambres particulières.

On peut participer à l'Œuvre par la fondation de lits, par des dons annuels ou par toute autre offrande en argent ou en nature.

Admission gratuite pour les indigents. Places payantes dans les salles au prix de 2 francs, et dans les chambres particulières à 5 francs par jour.

Consultations gratuites les lundis, mercredis, vendredis, à 10 heures du matin.

Les admissions dans les salles se font à la consultation indiquée ci-dessus.

Il n'y a pas de traitement de chirurgie.

Le service médical est dirigé par M. le docteur Tisné, avec le concours de M. le docteur Dautel.

Un comité de dames patronnesses, présidé par Mme la marquise DE GONTAUT-SAINT-BLANCARD et Mme la baronne COCHIN, s'occupe de réunir les ressources nécessaires pour l'entretien de l'hôpital et de l'asile de Notre-Dame de Bon-Secours.

## HOPITAL DE NOTRE-DAME DU PERPÉTUEL-SECOURS

Rue de Villiers, 80, à Neuilly-Levallois (Seine).

Reconnu d'utilité publique par décret du 14 mai 1892.

**Hommes et femmes.**

L'hôpital reçoit gratuitement les malades pauvres. Consultations gratuites le dimanche et le jeudi, à 4 heures. L'entrée des malades a lieu ces jours-là, sauf les cas d'urgence.

Les demandes d'admission doivent être adressées à la Supérieure de l'hôpital, ou à M. le docteur Lancereaux, rue de la Bienfaisance, 44.

Le service est confié aux Sœurs Dominicaines de Sainte-Catherine-de-Sienne.

L'Œuvre se compose de membres *fondateurs*, *bienfaiteurs* ou *titulaires*.

Sont membres *fondateurs*, ceux qui ont fondé un lit, un pavillon, un service spécial; — *bienfaiteurs*, ceux qui ont versé 1 000 francs au moins; — *titulaires*, ceux qui versent annuellement 36 francs. On peut racheter cette dernière cotisation en en versant 15 fois le montant.

On peut fonder un lit, ou des portions de lit, en s'engageant à verser annuellement 1 000 francs, ou 500 francs, ou 250 francs, pour l'entretien pendant 1 an, 6 mois ou 3 mois, ou en versant le capital à 5 % des mêmes sommes (soit 20 000, 10 000 ou 5 000 francs), en une seule fois ou en plusieurs annuités.

Chaque lit porte une inscription qui indique le nom du fondateur et la date de la fondation.

*Présidente :* Mme la marquise MAISON, boulevard Haussmann, 152.

*Vice-Présidente :* Mme la princesse DE BÉTHUNE, rue de Bassano, 56.

*Administrateur :* M. le baron DE MACKAU, avenue d'Antin, 22.

*Secrétaire-Trésorier :* M. MARTY, rue Chateaubriand, 7.

## HOPITAL SAINT-JACQUES

Rue des Volontaires, 5 (rue de Vaugirard, 227, xv$^{e}$ arrond.).

Reconnu d'utilité publique par décret du 13 juillet 1878.

**Hommes et femmes.**

Cet hôpital a été fondé par la Société médicale homœopathique de France.

Le service est confié aux Sœurs de la Présentation de la Sainte-Vierge.

Le traitement est gratuit dans la salle commune, et se paye 3 francs par jour dans une salle de 6 lits, et 5 à 10 fr. dans les salles particulières.

Consultations gratuites tous les jours à 9 heures du matin, et les mardis et vendredis à 7 heures du soir.

On peut adresser les souscriptions à M. le docteur Marc Jousset, *Trésorier*, boulevard Saint-Germain, 241.

La commission administrative a pour *Président* M. le docteur P. Jousset, boulevard Haussmann, 97.

## HOPITAL HOMŒOPATHIQUE HAHNEMANN

Rue de Chézy, 45, à Neuilly (Seine).

Reconnu d'utilité publique par décret du 9 août 1886.

**Hommes et femmes.**

L'hôpital Hahnemann a été fondé, en 1870, par une réunion de médecins homœopathes. Il est soutenu par les souscriptions et les dons des personnes qui s'intéressent à l'Œuvre.

L'hôpital comprend deux services : l'un est entièrement gratuit pour les indigents; l'autre admet des pensionnaires qui payent un prix variable de 3 à 12 francs par jour, suivant les chambres.

Consultations gratuites tous les matins, excepté le dimanche.

Le service est confié aux Sœurs de Saint-Vincent-de-Paul.

*Président du comité :* M. le docteur TESTE, rue Bourdaloue, 7.

*Présidente des Dames patronnesses :* Mme LHÔTE, rue Vaneau, 25.

*Président du comité médical :* M. le docteur CHANCEREL, rue Blanche, 45.

*Secrétaire général :* M. le docteur Léon SIMON, rue de la Tour-des-Dames, 5.

## HOPITAL SAINT-FRANÇOIS

Boulevard Saint-Marcel, 36 (ve arrond.).

**Femmes.**

Sœurs Franciscaines de Calais.

Les femmes atteintes de maladies aiguës sont reçues moyennant une faible rétribution, ou même gratuitement lorsque cela est possible.

Les maladies chroniques ne sont pas acceptées.

Les admissions se font à la consultation.

Les conditions se traitent de gré à gré avec la Directrice ou la Supérieure.

Consultations les mardis, jeudis, samedis, à 9 heures et demie du matin.

Consultations chirurgicales pour les enfants et orthopédie les lundis et jeudis, à 8 heures; soins de la bouche et des dents les vendredis, à 9 heures.

## INFIRMERIE

Rue de Vaugirard, 80 (vie arrond.).

Sœurs de Saint-Vincent-de-Paul.

Principalement pour les jeunes filles du patronage.

Les maladies contagieuses ne sont pas admises. Il n'y a qu'un petit nombre de lits.

## ŒUVRE DES PETITS HOPITAUX PROVISOIRES

Cette Œuvre est fondée pour recevoir provisoirement les malades pauvres dans des établissements dirigés par des religieuses hospitalières, en attendant l'achèvement des hôpitaux libres ou la rentrée des sœurs dans les hôpitaux administratifs.

Une première maison a été ouverte dans les conditions suivantes :

### HOPITAL SAINT-MICHEL

Avenue Sainte-Eugénie, 9 (rue Dombasle, 30, xv^e arrond.).

**Hommes et femmes.**

Exclusivement réservé à la chirurgie.

Desservi par les Sœurs de Saint-Vincent-de-Paul.

Traitement à l'hôpital : 2 francs par jour.

Les indigents sont reçus gratuitement.

Consultations gratuites le lundi, le mercredi, le vendredi, à 8 heures.

On peut s'intéresser à l'Œuvre des Petits Hôpitaux provisoires soit par un don ou une cotisation annuelle, soit en réunissant des souscriptions de 1 à 10 francs pour l'entretien d'un lit (1 000 francs par an) ou d'une fraction de lit.

*Présidente :* M^me la comtesse DE POIX, avenue de la Bourdonnaye, 8.

*Trésorière :* M^me BOURUET-AUBERTOT, avenue de la Bourdonnaye, 10.

*Secrétaire :* M^me MORANDIÈRE, boulevard Beauséjour, 25.

*Chirurgiens :* Docteur Paul MICHAUX, chirurgien des hôpitaux, rue de Rennes, 70;

Docteur J. RÉCAMIER, rue du Regard, 1.

S'adresser, pour les offrandes et les renseignements, avenue de la Bourdonnaye, 10, de midi à 2 heures.

## HOPITAL INTERNATIONAL

### Polyclinique.

Rue de la Santé, 11 (XIIIe arrond.).

**Hommes et femmes.**

Cet hôpital, fondé et dirigé par M. le docteur Péan, est exclusivement réservé à la chirurgie.

Consultations gratuites les lundis, mercredis et vendredis, pour toutes les personnes qui se présentent. Les indigents sont opérés et soignés gratuitement. Les malades qui peuvent payer sont admis moyennant une légère rétribution pour les frais de leur nourriture.

Le service est confié aux Sœurs de Saint-Joseph de Cluny.

## ŒUVRE DES ENFANTS TUBERCULEUX

Administration : rue de Miromesnil, 35 (VIIIe arrond.).
Hôpitaux à Ormesson, par Sucy-en-Brie (Seine-et-Oise)
et à Villiers-sur-Marne (Seine-et-Oise).
Dispensaire : rue de Miromesnil, 35.

Cette Œuvre, fondée et entretenue par la charité privée, a pour but la création d'hôpitaux, d'asiles et de dispensaires consacrés au traitement gratuit des enfants pauvres atteints de tuberculose.

Elle est placée sous la direction d'un comité médical.

Ses hôpitaux sont ouverts gratuitement aux garçons de 3 à 16 ans, sans distinction de culte ni d'origine. Les malades doivent être présentés à la consultation d'admission du Dispensaire, les lundis et vendredis, à 9 heures du matin. Les consultations et distributions de médicaments ont lieu au même endroit, les mêmes jours et heure.

Des cartes de dispensaire sont à la disposition des membres de l'Œuvre, au secrétariat général, rue de Miromesnil, 35 (ouvert de 1 heure à 5 heures), où seront donnés tous les renseignements concernant l'Œuvre.

Pour faire partie de cette Société, il faut payer une cotisation dont le minimum est fixé à 10 francs. Les dons en nature donnent les mêmes droits que les cotisations, proportionnellement à leur importance. Toute personne qui fait don d'une somme de 10 000 francs reçoit le titre de *fondateur*. Son nom est inscrit à la tête d'un lit dont elle a la disposition sa vie durant.

On peut entretenir un lit moyennant 500 francs par an.

Des comités locaux sont établis dans un certain nombre de villes.

Le service des établissements de l'Œuvre est confié aux Sœurs de Sainte-Anne.

*Président du comité médical :* M. le docteur Hérard.

*Secrétaire général :* M. le docteur Léon-Petit.

## HOPITAL DE VILLEPINTE

Par Sevran-Livry (Seine-et-Oise).

**Enfants et jeunes filles anémiques et poitrinaires.**

Religieuses de Marie-Auxiliatrice, à Paris, rue de Maubeuge, 25, et avenue d'Iéna, 8.

On reçoit à Villepinte, à partir de 5 ans, les enfants nés de parents phtisiques et les jeunes filles atteintes de maladies de poitrine.

Un certain nombre de lits appartiennent à des fondateurs, qui en disposent en faveur de malades dans les conditions de l'Œuvre.

L'hôpital est exclusivement pour les jeunes filles.

On peut fonder un lit en versant un capital de 20 000 francs ou en payant une rente annuelle de 1 000 francs. Plusieurs personnes peuvent se réunir pour payer soit le capital, soit la rente.

Il est réservé un certain nombre de places payantes, à raison de 4 francs par jour.

Les malades dont on désire l'admission doivent se présenter à la consultation du médecin, le mercredi ou le samedi, de 9 à 10 heures du matin, rue de la Tour-d'Auvergne, 17.

S'adresser, pour les renseignements et les admissions, à la Supérieure, rue de Maubeuge, 25.

### CHAMPROSAY, par Draveil (Seine-et-Oise).

### Jeunes filles anémiques.

Religieuses de Marie-Auxiliatrice.
Mêmes conditions qu'à Villepinte.

### ARGELÈS (Hautes-Pyrénées).

### Asile pour les enfants menacés de la poitrine.

Fondé par M. le docteur Douillard, en 1873, dans le but de recueillir les enfants pauvres nés de parents poitrinaires et menacés de le devenir.

Jusqu'ici les filles seules ont été admises. On les reçoit de 5 à 12 ans, et on les garde jusqu'à 21 ans. Elles sont examinées à Paris, avant leur admission, par M. le docteur Ferrand, médecin des hôpitaux. Les prescriptions médicales sont suivies exactement. Les enfants passent l'hiver à Argelès et sont conduites l'été à Cauterets pour prendre les eaux.

Outre l'instruction scolaire qui leur est donnée, elles s'occupent de travaux de jardinage, dans le but de fortifier leur santé.

La pension est de 300 francs par an et 160 francs d'entrée (lit et trousseau); mais en présence d'un cas particulièrement intéressant, on reçoit une enfant gratuitement.

La maison est tenue par les sœurs de la Croix, dites de Saint-André.

L'Œuvre est dirigée par un comité de dames et un conseil supérieur de médecins des hôpitaux.

Les demandes d'admission et les souscriptions doivent être adressées à M^me^ Marcellin Douillard, rue d'Assas, 11.

### SAINT-MÉEN-LE-GRAND (Ille-et-Vilaine).

### Hôpital.

Traitement spécial des teigneux.
Voir chap. VII, *Saint-Méen*.

### SAINTE-RADEGONDE, près Tours (Indre-et-Loire).

#### Sanatorium pour les enfants tuberculeux.

### Garçons et filles.

Admission à 10 ans, moyennant une pension dont le minimum est de 15 francs par mois.

On peut participer à cette œuvre comme bienfaiteur, donateur ou souscripteur.

Adresser les aumônes et les demandes d'admission à M. l'abbé Moussé, curé de Sainte-Radegonde, directeur du *Sanatorium*.

*Président du conseil d'administration* : M. Paul Mame, à Tours.

# MAISONS DE SANTÉ

## MAISON MUNICIPALE DE SANTÉ

### CONNUE SOUS LE NOM DE MAISON DUBOIS

Rue du Faubourg-Saint-Denis, 200 (xe arrond.).

314 lits. — Assistance publique.

La Maison municipale de santé a été fondée, en 1802, dans le but d'offrir un lieu de traitement aux étrangers et aux personnes (hommes et femmes) malades ou blessées, qui, ne pouvant se faire soigner chez elles, sont à même de payer un prix de journée fixé ainsi qu'il suit :

| | | |
|---|---|---|
| Petits appartements composés de plusieurs pièces. . . . . . . . | 12 fr. | par jour. |
| Chambres particulières . . . . . . | 7, 8 et 9 fr. | » |
| Chambres à deux lits. . . . . . | 7 fr. | » |
| Chambres à 3 et 4 lits[1] . . . . . | 5 et 6 fr. | » |

Le prix de la journée comprend les visites des médecins et chirurgiens, tous les frais de pansement, de nourriture, de médicaments, de linge, de chauffage; les bains de toute nature (service hydrothérapique complet), les accouchements; toutes les opérations, même celle de la pierre par la lithotritie, du cancer, les amputations, etc., et le traitement des maladies de la peau.

Lorsque l'état du malade exige une garde particulière, cette garde est à la charge du malade (3 francs par journée).

Les maladies mentales, l'épilepsie et la variole, ne sont pas traitées dans la maison;

Les personnes atteintes de maladies réputées contagieuses ou produisant le délire sont placées lors de leur entrée, ou transportées durant leur séjour, dans des chambres particulières dont elles sont tenues de payer le prix.

[1] Dans le service de la chirurgie, il n'y a pas de lits en chambre commune au-dessous de 6 francs et pas de chambres particulières au-dessous de 8 francs.

Le service de santé est confié à des praticiens distingués, secondés par des internes et des élèves en médecine et en chirurgie; des dames surveillantes s'occupent spécialement des malades.

Aucun malade ne peut être admis qu'en payant le prix fixé par l'administration. Ce prix est payable d'avance par quinzaine; quelle que soit la durée du séjour du malade, le prix des huit premières journées reste toujours acquis à l'établissement.

Le public peut visiter les malades tous les jours dans les chambres particulières, de 8 heures du matin à 6 heures du soir; mais on n'admet que trois personnes à la fois pour chaque malade.

Les personnes du dehors ont la faculté de venir dans la maison prendre chaque jour des bains de vapeur, ordinaires ou médicinaux, bains russes, douches simples et fumigations.

Pour les admissions et les renseignements, s'adresser au Directeur.

## MAISON DES FRÈRES HOSPITALIERS

### DE SAINT-JEAN-DE-DIEU

Rue Oudinot, 19 (VII^e arrond.)

### Hommes.

Cette maison, fondée en 1843, est établie spécialement pour le traitement des hommes malades et éloignés de leur famille ou qui voudraient consulter les médecins de Paris et recevoir leurs soins.

Elle n'admet aucun malade atteint d'épilepsie, d'affection mentale ou de maladie contagieuse.

Le prix de la pension varie selon la grandeur et la position des appartements, et le régime alimentaire exigé par la situation du malade (10, 12, 15 et 20 francs par jour).

Le chauffage au bois, l'éclairage, les visites des médecins autres que ceux de l'établissement, les médicaments extraordinaires, les opérations et les consultations sont à la charge des malades.

La pension se paye par quinzaine ou par mois et d'avance, sauf remboursement proportionnel en cas de départ.

Les malades peuvent recevoir des visites depuis 8 heures du matin jusqu'à 8 heures du soir, en se conformant au règlement de la maison.

## MAISON DES DAMES AUGUSTINES DE MEAUX

Rue Oudinot, 16 (VIIe arrond.).

**Dames malades.**

Traitement et opérations. Les maladies mentales ou contagieuses ne sont pas admises.

Les prix varient de 300 à 500 francs par mois.

## MAISON DE SANTÉ DES DAMES AUGUSTINES

### DU SAINT-CŒUR-DE-MARIE

Rue de la Santé, 29 (XIIIe arrond.).

**Dames malades.**

Traitement et opérations. Les maladies mentales ou contagieuses ne sont pas admises.

Prix divers variant de 300 à 400 francs par mois.

Une succursale est établie à Nice, avenue de la Gare, 48. Les conditions sont les mêmes qu'à Paris.

On reçoit également les dames pour une retraite privée de huit ou quinze jours.

## MAISON DE SANTÉ

### DIRIGÉE PAR LES SŒURS DE SAINTE-MARIE DE LA FAMILLE

Rue Blomet, 136 (XVe arrond.).

Dames pensionnaires et dames malades ou soignées pour des opérations.

Les prix varient suivant le logement entre 10, 15 et 20 francs par jour.

Voir chap. IV, *Gardes-malades.*

## MAISON DES SŒURS DU SAINT-SAUVEUR

### DE NIEDERBRONN

Rue Bizet, 23 (XVIe arrond.).

Les dames devant subir une opération peuvent être reçues dans cette maison. Les conditions se traitent avec la Supérieure.

Voir *Gardes-malades*, chap. IV.

## MAISON DE SANTÉ

### TENUE PAR LES SŒURS FRANCISCAINES OBLATES DU SACRÉ-CŒUR DE JÉSUS

Rue de Sèvres, 157 (xv^e arrond.).

**Femmes.**

La pension varie de 10 à 20 francs par jour suivant les appartements.

Le chauffage, l'éclairage, les frais de médecins et de médicaments sont en plus à la charge des malades.

Voir *Gardes-malades*, chap. IV.

## MAISONS DE SANTÉ EN PROVINCE

---

### CHANTENAY (Loire-Inférieure).

Maison mère des Sœurs oblates du Sacré-Cœur de Jésus.

On reçoit les dames malades (excepté l'aliénation mentale) ou devant subir une opération; le prix varie de 7 à 10 francs payables d'avance.

### LANGRES (Haute-Marne).

**Dames malades.**

Voir chap. VII, *Maison de retraite.*

### LILLE (Nord).

**Rue de la Bassée, 8.**

Maison Saint-Camille.

**Hommes.**

Pères de Saint-Camille-de-Lellis.

Soin et traitement des malades et des convalescents.

Les malades atteints d'une affection mentale ne sont pas admis.

Le prix est, par jour, de 5 francs pour la première classe; 4 fr. pour la seconde classe, en chambre isolée; 3 francs pour les malades en chambre commune. Les malades ont de plus à leur charge les frais de médecin, opérations, médicaments, le blanchissage du linge personnel, le chauffage par la cheminée, les bains et la dépense d'une garde particulière si celle-ci est nécessaire.

Voir chap. IV, *Garde-malades*, et chap. VII, *Maison de retraite* à Cuisery.

Les Pères Camilliens ont pour les hommes, à Tournay (Belgique), une maison de convalescence, et à Ruremonde (Hollande), une clinique et un petit hôpital.

## LYON (Rhône).

### Chemin de Francheville, 96.

Maison Saint-Camille.

### Hommes.

Même communauté et mêmes conditions qu'à Lille.

## LE MANS (Sarthe).

32, rue du Ballon et rue Saint-Vincent, 51.

Sœurs de l'Enfant-Jésus.

Cet établissement reçoit des malades (hommes et femmes) dont l'état exige un traitement suivi ou une opération chirurgicale. Les maladies mentales, incurables ou contagieuses ne sont pas admises. Établissement d'hydrothérapie.

Les pensions sont pour la première classe, 15 francs par jour; pour la deuxième classe, 8 francs; et pour la troisième, en salle commune, 5 francs.

Ces divers prix comprennent tous les frais et les soins ordinaires.

## POITIERS (Vienne).

Rue du Pont-Neuf.

### Dames malades.

Religieuses Augustines hospitalières de Saint-Joseph, sous la protection de la sainte Famille.

Institut religieux, fondé en 1643, dans le but de soigner les pauvres femmes ou filles malades. Elles sont reçues moyennant une légère rétribution.

Une partie de l'établissement est réservée aux dames qui peuvent être admises soit à titre de pensionnaires (1 500 à 2 000 francs par an), soit en raison des soins exigés par leur état de santé. Les prix varient, dans ce dernier cas, suivant les circonstances et la durée du séjour.

Opérations chirurgicales. Hydrothérapie.

Les soins sont donnés par les religieuses, sous la direction des médecins.

## THÉOULE, près Cannes (Alpes-Maritimes).

Villa Saint-Camille.

### Hommes.

Même communauté et mêmes conditions qu'à Lille.

### TOURS (Indre-et-Loire).

Rue René-de-Prie, 27.

Succursale de la maison de Saint-Louans, de Chinon.

Sœurs Augustines hospitalières.

Maison de santé pour opérations chirurgicales pour les personnes des deux sexes.

5 et 8 francs par jour et au-dessus.

**Nota.** *On trouvera au chap. VII l'indication des Maisons de Retraite où l'on soigne les personnes malades.*

## ASILES POUR LES FEMMES ENCEINTES

### ASILE SAINTE-MADELEINE

Impasse Robiquet, 8, boulevard Montparnasse, 81 (VIe arrond.).

Cette maison est destinée à recevoir pendant quelque temps des jeunes filles après une première faute.

S'adresser à la directrice de l'asile.

### ASILE SAINT-RAPHAEL

Rue Saint-Jacques, 207 (Ve arrond.).

Cet asile a été fondé, en 1860, par M. le docteur et abbé Ferrand de Missol.

Les jeunes filles qui, après une première faute, montrent un désir réel de mener une vie meilleure, peuvent y être reçues, moyennant une modique pension mensuelle et y demeurer jusqu'après leur délivrance. Elles y trouvent les soins médicaux nécessaires et tous les secours religieux qui peuvent assurer leur retour au bien.

L'enfant peut être mis en nourrice par l'entremise de la direction; à l'âge de 2 ans, il entre dans un établissement spécial, situé à Antony (Seine). Le prix habituel du placement des enfants est de 25 francs par mois.

S'adresser à la directrice, rue Saint-Jacques, 207.

### REFUGE-OUVROIR

**Pour les femmes enceintes.**

Avenue du Maine, 203 (XIVe arrond.).

Ce refuge, appartenant à la Société de l'allaitement maternel (voir chap. Ier), a été fondé, en 1891, par Mme Béquet de Vienne.

Les femmes pauvres y sont admises vers la fin de leur grossesse, sans aucune rétribution, et le gain du travail de chaque femme lui est remis à sa sortie de la Maternité.

L'exercice du culte est libre.

*Président d'honneur :* M. le professeur TARNIER.

*Médecin en chef :* M. le professeur PINARD.

*Médecin-adjoint :* M. le Dr BARBÉZIEUX.

Les visiteurs sont reçus les lundis et vendredis, de midi à 6 heures.

## ASILE-OUVROIR

### Pour les femmes enceintes.

Rue Saint-Jacques, 253 et 255 (v^e arrond.).

La Société philanthropique recueille dans cet asile les femmes enceintes qui se présentent aux Asiles de nuit. Elles sont logées et nourries gratuitement pendant les six dernières semaines de leur grossesse.

## REFUGE MICHELET

### Refuge-dortoir pour les femmes enceintes.

Rue de Tolbiac, 235 (XIII^e arrond.).

100 lits. — Préfecture de la Seine.

Ce refuge-dortoir, inauguré le 25 novembre 1893, a pour but de recueillir les femmes que leur état de grossesse met dans l'impossibilité de travailler et qui ne peuvent encore être admises dans les services de la Maternité de l'Assistance publique.

# CONVALESCENCE

## FONDATION MONTHYON

Avenue Victoria, 3 (IV^e arrond.). — Assistance publique.

### Convalescents sortant des hôpitaux.

M. le baron de Monthyon, mort le 20 décembre 1820, a légué une somme de 5 millions, représentée par une rente de 280 000 fr., pour être distribuée aux indigents à la sortie des hôpitaux.

Les bureaux de bienfaisance sont chargés de la distribution de ces fonds pour les indigents inscrits sur leurs listes.

On leur alloue pour cela 10 francs par convalescent sortant de l'hôpital, plus 30 000 francs pour tous ceux qui ont été traités à domicile.

Le secours est distribué aux convalescents non inscrits par les soins d'une commission centrale composée de deux administrateurs des bureaux de bienfaisance, pris à tour de rôle, et d'un employé de l'administration. A la sortie de l'hôpital, le convalescent qui a besoin de secours reçoit un bulletin, qui est envoyé au bureau de bienfaisance si le convalescent est inscrit au bureau, ou à la commission centrale; ce sont alors les employés de l'administration qui font l'enquête et remettent le secours.

Il faut, pour recevoir ce secours, avoir fait un séjour d'au moins cinq jours à l'hôpital. On ne donne rien sur cette fondation aux convalescents qui sortent des hôpitaux Ricord et Broca [1].

Les femmes en couches ont droit à ce secours, qui consiste, pour celles qui gardent leur enfant, en une demi-layette et le premier mois de nourrice.

Les secours sont accordés partie en espèces et partie en nature, sans toutefois dépasser 25 francs; si, par une délibération expresse, ils sont accordés en espèces uniquement, ils ne peuvent dépasser 20 francs.

Les secours extraordinaires, c'est-à-dire ceux qui dépassent 25 francs, sont accordés par la commission Monthyon, sur la demande des bureaux de bienfaisance.

## ASILE NATIONAL DE VINCENNES

**A Saint-Maurice, par Charenton (Seine).**

523 lits. — Ministère de l'Intérieur.

### Hommes.

Cet Asile, fondé par un décret en date du 8 mars 1855, reçoit temporairement pendant leur convalescence :

1° Les ouvriers atteints de blessures ou de maladies en travaillant sur les chantiers de travaux publics situés dans le département de la Seine, sur le vu des certificats délivrés par les médecins, constatant les causes et la nature des infirmités ou maladies;

2° Les ouvriers faisant partie des sociétés de secours mutuels

[1] Ces convalescents, lorsqu'ils sont dignes d'intérêt, peuvent être secourus sur d'autres fonds.

ou travaillant chez des patrons qui ont passé des abonnements avec l'asile;

3° Les convalescents envoyés par les hôpitaux de Paris et de la banlieue, ou par les bureaux de bienfaisance de Paris;

4° Enfin, moyennant un prix de journée de 1 à 2 fr. 50, et sur une décision du ministre de l'Intérieur, les convalescents qui ne rentrent dans aucune de ces catégories.

Des voitures viennent chercher les convalescents dans les hôpitaux et les ramènent dans Paris à la sortie de l'asile. La durée moyenne du séjour est de deux semaines.

On peut voir les convalescents le dimanche et le jeudi de midi à quatre heures.

L'asile est desservi par un personnel laïque.

*Directeur :* M. Bobeuf.

A la sortie de l'Asile national de Vincennes, les convalescents qui le demandent sont admis gratuitement pendant trois jours dans un asile annexe, rue de Charenton, à Paris. Pendant leur séjour dans cet établissement, ils jouissent d'une liberté absolue afin de leur faciliter les moyens de se procurer du travail.

## ASILE NATIONAL DU VÉSINET

Au Vésinet (Seine-et-Oise).

400 lits. — Ministère de l'Intérieur.

### Femmes.

Cet asile a été fondé par un décret en date du 8 mars 1855, et affecté aux femmes convalescentes par un décret du 28 août 1859.

Les conditions d'admission et de séjour sont les mêmes que pour l'asile de Vincennes.

Il est desservi par un personnel laïque.

*Directeur :* M. Cassiat.

## ASILE NATIONAL VACASSY

A Saint-Maurice, par Charenton (Seine).

56 lits. — Ministère de l'Intérieur.

Cet asile est destiné à recevoir des ouvriers victimes dans Paris d'accidents ayant amené une incapacité absolue de travail. Il a été fondé en exécution d'une clause du testament de M. Vacassy, qui a légué à l'État, dans ce but, la plus grande partie de sa fortune.

*Directeur :* M. Bobeuf, directeur de l'asile national de Vincennes, délégué à la direction.

## MAISON DE CONVALESCENCE

A la Roche-Guyon, par Bonnières (Seine-et-Oise).

118 lits. — Assistance publique.

### Jeunes garçons.

M. le comte Georges de La Rochefoucauld a fondé cette maison, en 1850, pour les jeunes garçons convalescents sortant des hôpitaux, et l'a léguée, par testament du 22 octobre 1853, à l'administration de l'Assistance publique.

L'Assistance publique l'a acceptée en 1863, avec la donation faite en 1862, par le duc et la duchesse de La Rochefoucauld-Liancourt, de l'usufruit de cet établissement.

Les jeunes garçons sont envoyés en convalescence par les médecins des hôpitaux. La durée ordinaire du séjour est d'un mois, mais n'est pas limitée.

Le soin des malades est confié aux Sœurs de Saint-Vincent-de-Paul.

## ASILE MATERNEL

Fondé par la Société philanthropique.

Avenue du Maine, 201 (passage Rimbaut, 7, XIV<sup>e</sup> arrond.).

### Femmes.

Sœurs Auxiliatrices de l'Immaculée-Conception.

Cette maison de convalescence reçoit les femmes accouchées dans les hôpitaux de Paris. Elles sont admises avec leur enfant et gardées gratuitement.

Leur séjour ne doit pas dépasser quinze jours, à moins d'une autorisation spéciale du Conseil de surveillance.

Les pensionnaires peuvent obtenir la permission de sortir chaque après-midi pour trouver du travail.

Les femmes devront, pour entrer à l'asile, présenter un certificat constatant leur sortie de l'hôpital.

A leur sortie, la Directrice cherche à les placer et continue à les aider de ses conseils.

Voir chap. IV, *Société philanthropique*.

## ASILE LEDRU-ROLLIN

A Fontenay-aux-Roses (Seine).

48 lits et 48 berceaux. — Préfecture de la Seine.

### Femmes convalescentes.

Cet établissement reçoit en convalescence pour un temps plus ou moins long les femmes accouchées dans les hôpitaux de Paris.

Créé par le conseil municipal sur une propriété léguée à la ville de Paris par M^me^ Ledru-Rollin et inauguré en 1892.

## ASILE DU SAINT-CŒUR-DE-MARIE

MAISON DE CONVALESCENCE

Rue Notre-Dame-des-Champs, 39 (VI^e^ arrond.).

### Jeunes filles.

Cet asile, fondé par l'Œuvre de la visite des malades dans les hôpitaux (voir chap. IV), est destiné à recevoir les jeunes filles convalescentes à leur sortie de l'hôpital.

Elles sont admises entre 15 et 30 ans, et restent dans la maison jusqu'à leur complète guérison. On n'admet que celles dont la conduite n'a donné lieu à aucun reproche grave.

L'admission est gratuite.

La convalescente doit être munie d'un billet de sortie, délivré à l'hôpital, et d'une lettre de la dame de l'Œuvre qui l'a visitée, ou des religieuses de l'hôpital où elle a été soignée.

Elles sont, à leur sortie, rendues à leur famille, ou placées par les soins des Dames de l'Œuvre.

Un patronage les réunit tous les dimanches, avant comme après leur sortie de l'asile.

Pour les renseignements et les admissions, s'adresser à la Directrice de l'Asile, rue Notre-Dame-des-Champs, 39.

## ŒUVRE DE L'ENFANT-JÉSUS

Rue Dombasle, 30, avenue Sainte-Eugénie, 5 (XV^e^ arrond.).

### Convalescence et première Communion des jeunes filles pauvres.

Voir chap. I, *Œuvre de l'Enfant-Jésus*.

## MAISON DE CONVALESCENCE

A Drancy, par le Bourget (Seine).

Sœurs de Saint-Vincent-de-Paul.

Maison fondée par Mme la baronne de Ladoucette pour les jeunes filles des patronages de Paris, qui y sont reçues au prix de 35 fr. par mois.

Ouverte du 1er avril au 15 octobre.

Voir chap. III, *Œuvre des apprentis et des jeunes ouvrières.*

## MAISON DE CONVALESCENCE

**Retraite Sainte-Geneviève.**

Rue Bronzac, 6, à l'Hay, par Bourg-la-Reine (Seine).

**Femmes.**

Sœurs de Saint-Vincent-de-Paul.

Les personnes qui désirent aller dans cette maison à titre de convalescence payent une pension de 160 francs par mois.

Voir chap. VII, *Maison de retraite Sainte-Geneviève.*

## ISSY (Seine).

Place de l'Église, 6.

**Jeunes filles.**

Les Religieuses hospitalières de Saint-Thomas de Villeneuve reçoivent, pendant un temps déterminé, les jeunes filles convalescentes *non tuberculeuses*, de 13 à 30 ans, dont la conduite a toujours été irréprochable et qui sont recommandées par des personnes connues.

## ŒUVRE DES JEUNES CONVALESCENTES

Asile Sainte-Hélène, à Épinay-sous-Sénart, par Brunoy (Seine-et-Oise).
Reconnue d'utilité publique par décret du 18 avril 1863.

Le but de cette Œuvre est d'admettre gratuitement à la campagne, pendant tout le temps nécessaire à la consolidation de leur santé, les jeunes filles sortant des hôpitaux Trousseau et des Enfants (Sainte-Eugénie et Enfant-Jésus).

L'Œuvre admet également les enfants pauvres d'une santé délicate, pour lesquelles des bienfaiteurs veulent bien payer 40 francs par mois. Elles y reçoivent non seulement les soins nécessaires à leur santé, mais aussi une éducation professionnelle les mettant à même plus tard de gagner leur vie.

L'Œuvre est dirigée par un conseil d'administration qui a confié aux Sœurs de Saint-Vincent-de-Paul la gestion intérieure de la maison.

*Présidents :* M. l'abbé Le Rebours, curé de Sainte-Madeleine, et M. le docteur Bergeron, secrétaire perpétuel de l'Académie de médecine, boulevard Haussmann, 15.

*Secrétaire :* M. le docteur Marjolin, membre de l'Académie de médecine, rue Chaptal, 16.

## ASILE DE CONVALESCENCE

A Essey-lez-Nancy, par Nancy (Meurthe-et-Moselle).

**Convalescents des deux sexes.**

L'asile Saint-Joseph, tenu par les Sœurs de Saint-Vincent-de-Paul, de Strasbourg, sous la direction d'une commission administrative, ne reçoit ni les infirmes ni les incurables, ni les poitrinaires, mais seulement les convalescents, qui y font un séjour plus ou moins long, suivant l'état de leur santé.

Les prix varient suivant le régime et le logement, depuis 1 fr. 50 centimes par jour.

Adresser les demandes à la Supérieure de l'Asile.

Voir chap. VII, *Asile de vieillards.*

## MOUTIERS (Savoie).

Les religieuses de Saint-Joseph reçoivent des enfants en convalescence, dans le but de leur faire suivre un traitement des eaux de Salins.

Le prix est au moins de 3 francs par jour.

## ASILE DE CONVALESCENCE

A Royan (Charente-Inférieure).

**Enfants convalescents.**

Sœurs de Saint-Vincent-de-Paul.

La situation de la maison facilite les bains de mer et offre aux santés délicates le moyen de suivre un régime fortifiant.

Les enfants (filles et garçons) peuvent être reçus moyennant une pension de 65 francs par mois; les médicaments sont à la charge des parents.

Pour toutes les conditions, s'adresser à la Supérieure.

# HOPITAUX MARINS ET BAINS DE MER

## ŒUVRE NATIONALE DES HOPITAUX MARINS

Siège social : Rue de Miromesnil, 62 (VIII° arrond.).

Cette Société a pour objet d'assurer ou de seconder la création ou le fonctionnement sur les côtes de France d'établissements destinés au traitement des enfants et des adultes des deux sexes scrofuleux ou tuberculeux.

Elle a été fondée en 1887, sous le patronage du gouvernement. Son but est uniquement philanthropique.

On lui doit la création du sanatorium de Banyuls-sur-Mer. (Voir ci-dessous.)

Les demandes d'admission et les souscriptions sont reçues au siège de la Société.

*Président du Conseil d'administration* : M. le docteur Bergeron.

*Secrétaire général* : M. Brelet, rue de Miromesnil, 62.

## ARCACHON (Gironde).

Sanatorium.

Cet établissement, fondé par le docteur Armaingaud, est ouvert toute l'année aux enfants de 5 à 14 ans, atteints de lymphatisme, scrofule, anémie, etc., ou prédisposés à la phtisie par l'hérédité, mais non encore atteints.

Ceux qui sont atteints d'idiotie, épilepsie, maladies nerveuses ou contagieuses, ne sont pas admis.

Le prix de la pension est de 2 francs par jour. Les enfants ne peuvent être placés pour un séjour de moins de trois mois.

Les demandes d'admission, accompagnées d'un certificat du médecin, doivent être adressées soit à M. le Directeur du Sanatorium, à Arcachon, soit à M. Durand, rue Condillac, 20, à Bordeaux.

Le service est confié aux Sœurs de la Doctrine chrétienne, de Bordeaux.

## BANYULS-SUR-MER (Pyrénées-Orientales).

Sanatorium. — 200 lits.

### Garçons et filles.

Établissement fondé par le Conseil général des Pyrénées-Orientales, et cédé en 1888 à l'Œuvre nationale des hôpitaux marins (voir ci-dessus), qui l'a installé et organisé.

Consacré au traitement des enfants scrofuleux âgés de 4 ans au moins et de 14 ans au plus.

L'âge d'admission est exceptionnellement abaissé à 3 ans pour les enfants rachitiques.

Les enfants dits *secourus* sont envoyés par les départements, les hôpitaux, les bureaux de bienfaisance, etc. Le prix de journée pour cette catégorie est de 1 fr. 60 centimes.

Il est de 2 francs pour les pensionnaires et de 2 fr. 50 dans un pavillon spécial.

Les demandes d'admission doivent être adressées au Secrétaire général de l'Œuvre nationale des Hôpitaux marins, rue de Miromesnil, 62, à Paris, et être accompagnées de pièces constatant l'état-civil de l'enfant, d'un bulletin médical spécifiant sa maladie et établissant qu'il n'est atteint d'aucune maladie contagieuse, d'idiotie ou épilepsie, et enfin des engagements de la famille de payer les frais de séjour.

Desservi par un personnel laïque.

## BERCK-SUR-MER

Voir ci-dessus, même chapitre, *Hopitaux*.

## CANNES

### Hôpital Dolfus.

Voir chap. XVII, *Établissements protestants pour les enfants*.

## CAP-BRETON (Landes).

### Asile Sainte-Eugénie.

Pour les enfants scrofuleux ou délicats (garçons et filles).
Gratuit pour le département des Landes; payant pour les autres.
Desservi par un personnel laïque.

### Pensionnat des Dames Augustines de l'Intérieur de Marie.

Outre les pensionnaires à l'année, on reçoit des jeunes filles délicates, soit pendant la saison des bains de mer, soit en tout autre temps.

La pension est de 50 francs par mois.

Les fournitures classiques, le blanchissage, les bains, les frais de médecin, se payent à part.

S'adresser à la Supérieure, au Cap-Breton, ou au couvent du même ordre, au Grand-Montrouge (Seine), Grande-Rue, 17.

## CETTE (Hérault).

L'hôpital de Cette possède une annexe au bord de la mer où sont reçus les baigneurs pauvres (hommes et femmes) de tout âge et de tout pays, moyennant une pension de 1 fr. 25 par jour (logement, nourriture et frais médicaux compris).

L'établissement maritime contient 300 lits et est ouvert du 24 juin au 30 septembre.

## LE CROISIC (Loire-Inférieure).

Maison de Saint-Jean-de-Dieu.

### Traitement marin pour les jeunes garçons.

La maison des Frères de Saint-Jean-de-Dieu a pour but de procurer aux enfants et aux jeunes gens de constitution faible le bienfait du séjour plus ou moins prolongé au bord de la mer, avec celui des bains de mer et des bains d'eaux-mères. La pension est de 1 fr. 80 centimes par jour, de 8 à 15 ans ; elle est de 2 francs, de 15 à 20 ans. Il faut fournir le trousseau.

On peut fonder un lit moyennant un don de 15 000 francs.

La maison des Frères de Saint-Jean-de-Dieu, rue Lecourbe, 223, à Paris (voir chap. VII), envoie chaque année au Croisic, à ses frais, un certain nombre de ses jeunes malades.

## LA DÉLIVRANDE (Calvados).

Maison des Sœurs de N.-D. de la Charité, dites de la Vierge-Fidèle.

Dames pensionnaires pendant la saison des bains de mer.

## LE GRAU-DU-ROI, par Aigues-Mortes (Gard).

### Hommes et femmes.

Sœurs de Saint-Vincent-de-Paul.

Cet établissement de bains de mer, qui contient 200 lits, est divisé en deux parties distinctes pour les hommes et les femmes.

Le prix est de 1 franc par jour pour les indigents; un grand nombre sont reçus gratuitement.

Une section, au prix de 4 francs par jour, est réservée exclusivement pour des jeunes filles que leurs parents ne peuvent accompagner aux bains de mer.

L'établissement n'est ouvert que pendant trois mois.

Voir chap. XVII, *Œuvres protestantes*.

## GIENS. — HYÈRES (Var).

Hôpital maritime Renée-Sabran. — 100 lits.

### Garçons et filles scrofuleux et rachitiques.

Cet hôpital appartient aux hospices civils de Lyon et est administré par le conseil d'administration de ces hospices.

Les garçons sont reçus de 4 à 12 ans; les filles, de 4 à 16 ans.

L'hospitalisation est gratuite pour les enfants indigents de Lyon; pour tous les autres, le prix est de 2 francs par jour, chaque mois payable d'avance.

La durée normale du séjour est de quatre mois, sauf prolongation accordée par l'Administrateur-Directeur de l'hospice de la Charité, à Lyon, sur l'avis motivé du médecin de l'hôpital maritime.

Les soins sont donnés et les classes sont dirigées par les Sœurs hospitalières des hôpitaux de Lyon.

## HOPITAL MARIN DE PEN-BRON
## par le Croisic (Loire-Inférieure).

Reconnu d'utilité publique par décret du 3 juillet 1893.

### Garçons et filles.

Cet hôpital, fondé en 1887, a pour but d'assurer aux enfants de faible constitution ou atteints des maladies qui en résultent le bienfait des bains de mer et d'un traitement approprié à leur situation (scrofule, débilité et autres maladies analogues).

Les enfants sont reçus depuis l'âge de 4 ans, les garçons ne sont pas reçus après 15 ans.

La pension est de 1 fr. 80 centimes par jour, tous frais compris. L'enfant doit apporter un trousseau.

Les demandes d'admission doivent être adressées à M. l'Administrateur de l'hôpital, et contenir l'acte de naissance et un bulletin médical. Après examen de ces pièces, les parents sont informés de la date d'entrée.

L'hôpital est desservi par les Sœurs de Saint-Vincent-de-Paul.

Au terme d'une circulaire du 19 septembre 1890, adressée aux préfets par le Ministre de l'Intérieur, les préfets peuvent délivrer des bons de transport par voie ferrée à tous les enfants pauvres, indigents ou assistés, qui se rendent à Pen-Bron et qui en sortent, ainsi qu'à la personne qui les accompagne.

## PORNICHET, près Saint-Nazaire (Loire-Inférieure).

Plage de Bonne-Source.

### Dames.

Sœurs de l'Espérance.

7 à 8 francs par jour pendant la saison des bains de mer.

**Sœurs Oblates du Sacré-Cœur de Jésus.**

Voir ci-dessous, à Saint-Sébastien.

## ROYAN (Charente-Inférieure).

Bains de mer pour les enfants.

Voir ci-dessus, *Asile de convalescence.*

## SAINT-BROLADRE, par Dol (Ille-et-Vilaine).

### Garçons et filles.

Sœurs Franciscaines, de Calais.

Les enfants délicats ou convalescents reçoivent les soins nécessaires.

Bains de mer à Charrueix.

La pension est de 1 franc par jour.

Voir chap. II, *Orphelinats de garçons et de filles.*

## SAINT-QUAI-PORTRIEUX (Côtes-du-Nord).

Sœurs des Sacrés-Cœurs de Jésus et de Marie.

Pendant la saison des bains de mer, on reçoit des familles ou des personnes seules.

Les prix varient de 4 fr. 50 à 6 francs par jour.

### SAINT-SÉBASTIEN, près Saint-Nazaire (Loire-Inférieure).

**Dames et enfants.**

Les Sœurs Oblates du Sacré-Cœur de Jésus reçoivent, à Saint-Sébastien et à Pornichet, des enfants que leurs parents ne peuvent conduire aux bains de mer.

Le prix est de 2 et 3 francs par jour par enfant; pour les grandes personnes, le minimum est de 4 francs; le prix varie selon les chambres et le temps que l'on désire passer.

### SAINTE-MARIE DE PORNIC (Loire-Inférieure).

Sœurs de l'Immaculée-Conception.

Pensionnaires pendant les bains de mer.

## EAUX THERMALES

### ALLEVARD (Isère).

Les Sœurs Fransciscaines, de Lons-le-Saulnier, reçoivent, pour un prix peu élevé, pendant la saison des bains, les religieuses et les dames qui désirent suivre un traitement.

### CAUTERETS (Hautes-Pyrénées).

**Maison hospitalière, ouverte du 15 mai au 15 octobre.**

Cette maison, tenue par les Sœurs de Saint-Vincent-de-Paul, sous la direction d'une commission administrative, reçoit les malades pauvres de tout culte et de toute nationalité.

Avant de se déplacer, le malade doit adresser sa demande à M. le Président de la commission, en y joignant :

1° Un certificat de médecin attestant la nécessité de prendre les eaux de Cauterets;

2° Un certificat du maire de sa commune, constatant que le malade n'a pas les ressources nécessaires pour le traitement;

3° Un certificat du percepteur indiquant la quotité de ses contributions.

La réponse indiquera si la demande est accueillie et la date de l'entrée.

La rétribution, de 2 fr. 50 par jour (nourriture, logement et frais de traitement compris), doit être payée d'avance à l'entrée.

Sont dispensés de cette rétribution les malades envoyés par les villes, départements ou Sociétés de bienfaisance qui, ayant souscrit à la Société hospitalière, ont le droit d'envoyer chaque année un malade gratuitement.

## MAISONS DES SŒURS DE L'ESPÉRANCE

**Pau. — Luchon. — Bagnère-de-Bigorre. — Hyères.**

Dames souffrantes ou malades.

Les prix sont à peu près les mêmes qu'à Pornichet.

## DAX (Landes).

**Sanatorium thermal.**

**Garçons et filles.**

Les enfants peuvent être reçus de 5 à 15 ans, au prix de 3 fr. 50 ou 5 francs par jour, suivant qu'ils sont par groupes ou isolés.

Les administrations d'Assistance publique ont des conditions spéciales.

La durée du traitement est habituellement de 40 jours à 3 mois, selon la gravité des cas.

## SALINS (Jura).

Les Sœurs Franciscaines, de Lons-le-Saulnier, reçoivent les malades pendant la saison des bains.

Prix peu élevé.

Voir *Convalescence,* même chap., *Moutiers.*

---

# CHAPITRE VII

## HOSPICES

### Maisons de retraite pour les vieillards et les incurables.

---

## HOSPICES

### Assistance publique.

Les hospices sont des établissements fondés par la charité publique ou privée pour recevoir les personnes dont l'âge et les infirmités réclament un asile et des secours que, dans leur position, elles ne pourraient trouver ailleurs.

Le pauvre admis dans un hospice y est logé, nourri, vêtu, entretenu, soigné dans ses maladies, pendant le reste de sa vie.

Les hospices, à Paris, dépendent de l'administration de l'Assistance publique. Les uns reçoivent leurs pensionnaires gratuitement les autres moyennant une certaine pension ou le versement, en entrant, d'une somme fixe.

Pour être admis dans un hospice, il faut : 1° avoir 70 ans révolus, ou être reconnu incurable et avoir 20 ans accomplis; les infirmités doivent être constatées par le Bureau central (avenue Victoria, 3); 2° avoir fait un séjour de 10 ans au moins à Paris; 3° être inscrit au bureau de bienfaisance; 4° n'avoir pas de parents qui puissent recueillir.

Les admissions ont lieu : 1° sur la simple exhibition des titres du pétitionnaire; 2° sur la présentation des personnes qui ont le droit de nommer aux places vacantes.

Ont droit de présentation : le ministre de l'Intérieur, le préfet de police, le préfet de la Seine, et les familles qui ont fondé des lits.

Les demandes doivent être adressées au directeur de l'Assistance publique et accompagnées d'un certificat indiquant la durée du domicile à Paris, et d'un autre constatant l'inscription sur les contrôles du bureau de bienfaisance.

Une commission est chargée de dresser, après enquête, la liste de ceux des pétitionnaires qu'elle juge apte à être admis et qui ne sont pas présentés par les fonctionnaires ou fondateurs ci-dessus désignés. Le directeur de l'Assistance publique prononce seul l'admission.

La moitié au moins des admis doit être prise dans l'ordre indiqué par la commission.

Des admissions d'urgence peuvent être autorisées en faveur des octogénaires, des aveugles, des cancéreux, des épileptiques, qui doivent cependant satisfaire aux conditions ordinaires.

On peut fonder un lit à perpétuité aux Incurables moyennant l'abandon aux hospices d'une rente de 715 francs sur l'État, et une somme de 1 300 francs pour le mobilier. La rente et le capital doivent être déposés à l'administration de l'Assistance publique, avenue Victoria, 3, et l'acte est passé devant notaire. Les frais d'acte et d'enregistrement sont à la charge du fondateur.

En entrant dans un hospice, tout indigent est tenu de déclarer au directeur s'il possède quelque rente ou pension; l'excédent du revenu supérieur à 200 francs doit être abandonné au profit de la caisse des hospices.

En principe, l'administration n'admet pas, dans ses hospices, les personnes ayant subi une condamnation judiciaire.

## SECOURS REPRÉSENTATIFS DU SÉJOUR A L'HOSPICE

**Assistance publique.**

L'insuffisance du nombre des lits dans les hospices a fait créer des secours particuliers pour être distribués aux personnes qui ne peuvent y être reçues.

Le secours est de 30 francs par mois, payable d'avance.

Ces secours sont mis à la disposition des bureaux de bienfaisance en raison de la population indigente qu'ils secourent. Le Directeur de l'Assistance publique prononce l'admission.

Les conditions sont les mêmes que celles requises pour l'entrée à l'hospice. L'homme et la femme peuvent être admis tous les deux.

Les indigents admis au secours représentatif ne peuvent plus participer à d'autres allocations qu'au traitement à domicile en cas de maladie et à la délivrance des médicaments, des bains et des bandages.

## MAISON DE RETRAITE DES MÉNAGES

### A Issy (Seine).

**1461 lits, dont 70 d'infirmerie. — Assistance publique.**

Cet établissement est destiné à recevoir de vieux époux en ménage ou des veufs et veuves qui n'ont pas de moyens d'existence suffisants pour vivre d'une manière indépendante, et ne sont pas cependant dans un état complet d'indigence.

Il comprend des chambres particulières affectées soit à des époux en ménage, soit à des veufs ou veuves, et des lits en dortoir. Les chambres particulières ne peuvent être accordées qu'à des personnes valides.

Les époux qui sollicitent leur admission doivent réunir ensemble 120 ans d'âge, sans qu'aucun des deux puisse avoir moins de 60 ans; ils doivent, en outre, compter au moins 5 années de ménage passées ensemble.

La demande doit être accompagnée de :

1° L'acte de naissance de chacun des époux;

2° Leur acte de mariage;

3° Un certificat du maire constatant qu'ils habitent le département de la Seine depuis plus de 2 ans; qu'ils sont de bonnes vie et mœurs; qu'ils n'ont pas assez de ressources pour vivre d'une manière indépendante.

Les veufs et veuves doivent être âgés de 60 ans accomplis et avoir vécu au moins 10 ans en ménage.

Les pièces à fournir sont les mêmes que pour les époux, en y joignant l'acte de décès de l'époux décédé.

Pour les époux et pour les veufs et veuves, il est exigé un certificat d'un médecin du Bureau central constatant que le candidat n'est atteint ni d'épilepsie, ni de folie, d'idiotie, de cancer ou de toute autre maladie contagieuse ou repoussante.

Les personnes admises en chambres particulières doivent

fournir un mobilier composé d'un lit en fer, un sommier élastique, deux matelas, un traversin, deux oreillers, deux couvertures de laine, quatre draps en toile, deux chaises, une table, une commode, un buffet. Elles sont tenues de pourvoir aux frais de leur habillement et de leur blanchissage, et doivent justifier de ressources suffisantes pour parer à ces dépenses, qui sont évaluées à environ 150 francs par an et par personne.

Les pensionnaires en chambre reçoivent les prestations suivantes :

3 francs en argent tous les dix jours;

55 décagrammes de pain par jour pour les hommes et 50 pour les femmes;

50 décagrammes de viande crue le samedi de chaque semaine;

2 stères de bois et 4 hectolitres de charbon de bois par an.

Les personnes admises dans les dortoirs versent une somme de 200 francs en entrant pour le mobilier qui leur est fourni; elles ne reçoivent aucune prestation, soit en nature, soit en argent, et prennent leurs repas dans les réfectoires communs. Leur linge est blanchi et entretenu par la maison.

Le prix à payer pour l'admission aux Ménages doit être acquitté au moyen du payement d'une pension annuelle ou du versement d'un capital.

Le prix de la pension est de 250 francs par an pour les dortoirs, ou de 300 francs pour les chambres particulières par personne.

Ce payement doit être garanti par le dépôt de titres et de valeurs reconnus suffisants.

Le capital à payer est fixé ainsi :

Pour une place de dortoir, 1,200 francs;

Pour une place dans une chambre, 1,800 francs.

Les personnes inscrites peuvent choisir entre les deux modes de payement, ou payer partie par pension, partie par un capital.

En cas d'expulsion ou de sortie volontaire d'une personne ayant payé un capital, ce capital lui sera rendu, moyennant déduction des frais de séjour.

En cas de décès, les héritiers n'ont droit à aucune restitution de pension, capital ou mobilier.

Les demandes doivent être adressées au Directeur de l'Assistance publique. Les admissions ont lieu suivant l'ordre d'inscription; toutefois, sur deux vacances, il est réservé un tour de faveur pour les octogénaires.

Visites et sorties tous les jours.

## MAISON DE RETRAITE DE LA ROCHEFOUCAULD

Avenue d'Orléans, 15 (xive arrond.).

226 lits et 20 lits d'infirmerie. — Assistance publique.

**Hommes et femmes.**

Cette maison a été fondée, en 1781, sous les auspices de la vicomtesse de la Rochefoucauld, dont elle porte le nom.

Destinée à l'origine aux anciens employés des hospices, elle admet aujourd'hui les personnes des deux sexes, âgées ou infirmes, qui payent une pension ou une somme fixe déterminée.

Il faut, pour être reçu, être âgé de 60 ans révolus, ou être perclus de tous ses membres ou attaqué d'infirmités incurables qui mettent dans l'impossibilité de se livrer à aucun travail, et, dans les deux derniers cas, avoir au moins 20 ans.

Le prix de la pension est de 250 francs par an pour les vieillards valides et de 312 francs 50 centimes pour les infirmes incurables. Six mois doivent être acquittés d'avance à partir du jour de l'entrée dans l'établissement.

L'Administration exige, pour la garantie du payement de la pension, le dépôt entre ses mains, soit d'un titre de rente viagère ou perpétuelle sur l'État, soit des titres de pension sur l'État, les départements, les communes ou les administrations publiques, soit des obligations ou des actions de compagnies industrielles reconnues et autorisées. Nul ne pourra être admis s'il ne satisfait à cette condition ou si le payement de la pension n'est garanti par une personne notoirement solvable.

La pension peut être remplacée par le versement d'un capital fixé en raison de l'âge de la personne admise, et variant de 4,500 francs à 375 francs.

Avant d'entrer dans la maison, on est libre d'opter entre le payement de la pension et celui du capital; on peut aussi être admis en payant la demi-pension et en même temps la moitié du capital.

Chaque pensionnaire, en entrant dans l'établissement, est tenu en outre de verser une somme de 100 francs une fois payée, représentant la valeur du mobilier qui sera fourni par l'Administration, d'après les modèles uniformes qui ont été adoptés.

Les pièces à fournir par toute personne qui désire entrer à la Maison de retraite de la Rochefoucauld, sont :

1° L'acte de naissance;

2° Un certificat, délivré par le maire de son arrondissement ou de sa commune, attestant qu'elle habite le département de la Seine depuis plus de deux ans; qu'elle est de bonne vie et mœurs et n'a pas de moyens suffisants d'existence.

Les infirmités sont constatées par les médecins du Bureau central, avenue Victoria, 3, pour les personnes âgées de moins de 60 ans, au moment où elles forment leur demande d'admission comme infirmes; et pour les personnes âgées de 60 ans et au delà, au moment de leur entrée dans l'établissement.

Les admissions se font au fur et à mesure des vacances, par ordre d'inscription.

Lorsqu'il se trouve des octogénaires inscrits sur la liste des candidats, ils sont préférés pour une vacance sur deux.

Les anciens serviteurs de l'Administration sont admis jusqu'à concurrence du quart des vacances.

En cas de décès, les six mois payés d'avance, ainsi que les effets mobiliers du défunt, sont acquis à l'établissement.

Lorsqu'une personne admise moyennant capital sort volontairement de l'établissement, ou si l'Administration a prononcé son renvoi, il lui est alloué une pension de 230 francs ou de 286 francs, selon qu'elle est entrée comme valide ou comme infirme et incurable.

Visites tous les jours.

Desservi par un personnel laïque.

## INSTITUTION DE SAINTE-PÉRINE

Rue du Point-du-Jour, 69 (XVI^e arrond.).

253 lits et 34 lits d'infirmerie. — Assistance publique.

**Hommes et femmes.**

L'institution de Sainte-Périne, fondée en 1801, est destinée à venir en aide, sur la fin de leur carrière, à d'anciens fonctionnaires, à des veuves d'employés, à des personnes qui, après avoir été dans l'aisance, se trouvent dans la gêne ou la misère.

On y est admis à partir de l'âge de 55 ans révolus, et moyennant le payement d'une pension annuelle de 1400 fr., dont 100 fr. pour le trousseau.

La pension se paye par trimestre et d'avance. Tout trimestre commencé est acquis à l'établissement.

Les demandes d'inscription pour l'admission doivent être déposées à l'Administration centrale, avenue Victoria, 3.

Ces demandes doivent indiquer : 1° si le postulant est marié ou veuf et s'il a des enfants; 2° les positions qu'il a occupées; 3° ses moyens actuels d'existence et les ressources à l'aide desquelles il payera sa pension; 4° son âge; 5° s'il est domicilié depuis au moins deux années consécutives dans le département de la Seine, condition essentielle pour l'admission.

Les personnes qui, depuis leur admission, auraient acquis des ressources suffisantes pour vivre au dehors, ne peuvent être maintenues dans l'institution.

Si la demande est accueillie, elle est inscrite sur un registre d'attente tenu en double dans l'établissement et à l'Administration centrale (direction des hôpitaux et hospices), et le postulant doit produire : 1° son acte de naissance; 2° un certificat du médecin de l'établissement attestant qu'il n'est atteint d'aucune infirmité rebutante ou contagieuse qui pourrait l'empêcher de se conformer aux règlements de la maison. Il devra en outre signer l'engagement de se conformer à ces règlements.

Les admissions sont prononcées par le directeur de l'Assistance publique, d'après l'ordre des inscriptions.

Les pensionnaires ont chacun leur chambre et, excepté le cas de maladie, mangent au réfectoire commun; ils sont logés, nourris, blanchis, soignés quand ils sont malades; ils jouissent du jardin et des salles de réunion, qui sont chauffées et éclairées.

Le service spécial dans les chambres, le chauffage et l'éclairage particuliers, sont à leur charge, ainsi que leur habillement.

Le trousseau apporté en nature est entretenu par l'Administration; mais il reste à l'établissement, en cas de décès ou de sortie.

Tout ce qui est apporté en sus du trousseau demeure la propriété du pensionnaire.

Les pensionnaires peuvent sortir et recevoir des visites tous les jours.

## MAISON DE RETRAITE CHARDON-LAGACHE

A Auteuil, place d'Auteuil, 1 (xvi$^{e}$ arrond.).

145 lits et 15 lits d'infirmerie. — Assistance publique.

**Hommes et femmes.**

Cette maison, desservie par les Sœurs de Saint-Vincent-de-Paul, a été fondée par M. et M$^{me}$ Chardon-Lagache.

On y reçoit des époux en ménage, mariés au moins depuis cinq années, des veufs et veuves, des célibataires; tous doivent être âgés au moins de 60 ans.

On y est admis soit en chambre, soit en dortoir.

Les admissions en chambre ne peuvent être prononcées qu'en faveur des personnes valides, époux en ménage, veufs, veuves ou célibataires.

Les pensionnaires en chambre doivent fournir un mobilier composé de : un lit de fer, un sommier, deux matelas, un traversin, deux oreillers, deux couvertures de laine, quatre draps en toile, deux chaises, une table, une commode ou buffet, et, de plus, se pourvoir et s'entretenir de linge et d'effets.

Chaque personne admise en chambre reçoit :

5 francs en argent tous les dix jours;

55 décagrammes de pain par jour pour les hommes;

50 décagrammes pour les femmes;

30 centilitres de vin par jour;

50 décagrammes de viande crue le samedi de chaque semaine;

2 stères de bois pour chacun des époux admis dans une chambre de ménage, par an;

3 stères pour les pensionnaires dans une chambre à une place, par an;

4 hectolitres de charbon de bois pour chacun, par an. Le bois peut être remplacé par du charbon de terre.

On ne reçoit dans les dortoirs que les veufs, les veuves ou les célibataires. Ces personnes n'ont droit à aucune prestation en vivres ou en argent; elles prennent leurs repas au réfectoire; la maison leur donne le linge et le blanchit.

Elles doivent payer, à leur entrée, une somme de 200 francs pour le mobilier qui leur sera fourni par la maison.

Le prix de la pension est de 500 francs pour une personne en dortoir, de 700 francs pour les veufs, veuves ou célibataires en chambres particulières, et de 1,300 francs pour deux époux, le survivant des deux devant payer la pension de 700 francs.

Le payement doit s'effectuer d'avance, par trimestre, entre les mains du receveur de l'Assistance publique.

Le payement de la pension devra être garanti par le dépôt d'un titre de rente viagère ou perpétuelle, ou de créance sur l'État, les départements, les communes, les administrations publiques, ou des obligations de chemins de fer garanties par l'État.

Un aumônier est attaché à l'établissement.

Les admissions sont prononcées par le Directeur de l'Assistance publique suivant l'ordre d'inscription, auquel il n'est dérogé qu'en faveur des personnes présentées par M. et Mme Chardon-Lagache, fondateurs, lesquels se sont réservé le droit de nomination à un certain nombre de places.

L'épilepsie, la folie ou l'idiotie, le cancer et certaines maladies contagieuses font obstacle à l'admission.

Les pièces à produire sont : l'acte de naissance; l'acte de mariage pour les époux; l'acte de décès de l'époux décédé pour les veufs; un certificat du maire constatant le domicile dans le département de la Seine depuis plus de deux ans, qu'ils sont de bonnes vie et mœurs, et qu'ils n'ont pas assez de ressources pour subvenir à leurs besoins.

Les sorties et les visites ont lieu tous les jours.

Les demandes et les pièces à l'appui doivent être adressées au Directeur de l'Assistance publique.

Cette maison est sous la surveillance du Directeur de Sainte-Périne.

## HOSPICE DE BICÊTRE

Rue du Kremlin, à Gentilly (Seine).

1940 lits, dont 170 d'infirmerie; 1113 lits pour les aliénés, dont 63 d'infirmerie. — Assistance publique.

**Hommes.**

On reçoit dans cet hospice les septuagénaires, les épileptiques, les cancéreux curables et incurables, les aveugles, les indigents au-dessous de 70 ans, lorsqu'ils sont atteints d'infirmités incurables et hors d'état de travailler.

Il sert d'asile départemental pour les aliénés.

Il n'est accordé ni congés ni sorties aux cancéreux, aliénés, imbéciles, épileptiques et généralement à tous les admis de droit; on ne peut les voir qu'avec permission du médecin de la section. Les autres indigents, pourvu qu'ils soient valides, peuvent sortir le dimanche, le mardi et le jeudi, avec l'autorisation du Directeur. Le public est admis à les voir le dimanche et le jeudi, de une heure à trois heures.

Desservi par un personnel laïque.

## HOSPICE DE LA SALPÊTRIÈRE

Boulevard de l'Hôpital, 47 (XIIIe arrond.).

3150 lits, dont 279 d'infirmerie; 724 lits d'aliénées. — Assistance publique.

**Femmes.**

Cet hospice est destiné aux femmes; il est desservi par des surveillantes laïques.

On y est admis dans les mêmes conditions qu'à Bicêtre.

A l'exception des cancérées, aliénées, imbéciles et épileptiques, les femmes peuvent sortir de l'hospice le dimanche, le mardi et le vendredi, de 6 heures du matin à 9 heures du soir.

On peut les voir le dimanche et le jeudi, de midi à

4 heures. Pour visiter les aliénées et les épileptiques, il faut l'autorisation du médecin de la section.

Consultations externes tous les jours, de 8 à 9 heures, pour les maladies nerveuses.

## HOSPICE DE BELLEVILLE

Rue Pelleport (xx^e arrond.).

25 lits. — Assistance publique.

**Hommes et femmes.**

Cette maison a été fondée par la commune de Belleville, en 1851, et, depuis l'annexion de la banlieue, est à la charge de l'Assistance publique. Elle contient 25 lits réservés aux indigents des deux sexes du XX^e arrondissement, qui se trouvent dans les conditions d'admission aux hospices. Les pensionnaires sont en dortoir; ils sont servis par un personnel laïque.

## HOSPICE DEBROUSSE

Rue de Bagnolet, 148 (xx^e arrond.).

216 lits, dont 16 d'infirmerie. — Assistance publique.

**Hommes et femmes.**

Fondé en 1892, en vertu des dispositions testamentaires de M^me la baronne Alquier, née Debrousse.

Les conditions d'admission sont les mêmes que pour les autres hospices gratuits.

Desservi par les Sœurs Augustines hospitalières de l'Hôtel-Dieu.

## HOSPICE LEPRINCE

Rue Saint-Dominique, 109 (vii^e arrond.).

28 lits. — Assistance publique.

**Hommes et femmes.**

Cet hospice, fondé en 1819 par M. et M^me Leprince, reçoit gratuitement les vieillards domiciliés depuis 10 ans au moins dans le quartier du Gros-Caillou, et âgés au moins de 70 ans.

L'admission est prononcée par les administrateurs du bureau de bienfaisance du VIIe arrondissement.

Desservi par un personnel laïque.

## HOSPICE TISSERAND

Rue d'Alésia, 110 (XIVe arrond.).

48 lits. — Assistance publique.

**Hommes.**

Cet établissement, fondé à l'aide d'un legs fait à l'Assistance publique par M. Germain-Auguste Tisserand, décédé, route de Châtillon, 68, en janvier 1871, a été ouvert en 1878. Il contient 48 chambres destinées à loger gratuitement autant de vieillards âgés de 65 ans au moins, et comptant 3 ans de résidence dans les quartiers du Petit-Montrouge et de Montparnasse. L'admission du candidat est prononcée par le Directeur de l'Assistance publique, sur la proposition du maire du XIVe arrondissement.

Desservi par un personnel laïque.

## MAISON DE RETRAITE ROSSINI

Rue Mirabeau, 5 (XVIe arrond.).

54 lits, dont 4 d'infirmerie. — Assistance publique.

**Hommes et femmes.**

Maison de retraite destinée aux chanteurs français et italiens, infirmes ou âgés de 60 ans.

Personnel laïque.

S'adresser pour les admissions au Directeur de l'Assistance publique.

## HOSPICE DEVILLAS

Grande-Rue, 48, à Issy (Seine).

65 lits. — Assistance publique.

**Hommes et femmes.**

Cet hospice a été fondé par M. Devillas, négociant, mort en 1832.

Il est destiné à recevoir des indigents infirmes des deux sexes, ayant au moins 70 ans.

Les lits sont, pour les quatre cinquièmes, à la nomination des bureaux de bienfaisance de la ville de Paris, et répartis au prorata de la population indigente, et pour l'autre cinquième à celle des deux consistoires de l'Église réformée, et répartis dans la même proportion.

Pour être admis, il faut avoir 70 ans et remplir les conditions ordinaires d'entrée dans les hospices.

Desservi par un personnel laïque.

## MAISON DE RETRAITE GALIGNANI

Boulevard Bineau, 55, à Neuilly (Seine).

104 lits, dont 4 d'infirmerie. — Assistance publique.

**Hommes et femmes.**

Fondée par les frères Galignani et ouverte en 1889.

Cinquante places payantes et cinquante places gratuites. Pour les places payantes, la pension est de 500 francs par an, payables par semestre et d'avance. Les pensionnaires doivent en outre pourvoir à leurs frais d'entretien, de chauffage et d'éclairage.

Les cinquante places gratuites sont attribuées exclusivement aux anciens libraires, leurs veuves ou leurs filles, sur la présentation du cercle de l'imprimerie et de la librairie; aux savants français, leurs pères ou leurs mères, leurs veuves ou leurs filles, sur la présentation de la Société de secours des amis des sciences; aux hommes de lettres ou artistes français, leurs pères ou leurs mères; sur la présentation de l'Académie française ou de l'Académie des Beaux-Arts.

Pour les places payantes, s'adresser à l'administration générale de l'Assistance publique, avenue Victoria, 3.

Pour les places gratuites, s'adresser aux compagnies ou Sociétés indiquées plus haut.

Le service est fait par les Sœurs de Saint-Vincent-de-Paul.

## HOSPICE LENOIR-JOUSSERAN

Avenue du Bel-Air, 10, à Saint-Mandé (Seine).

132 lits et 10 lits d'infirmerie. — Assistance publique.

**Hommes et femmes.**

Cet hospice a été fondé au moyen des dons de Mme Lenoir-Jousseran.

Mêmes conditions d'admission que pour les autres hospices.

Desservi par un personnel laïque.

## HOSPICE SAINT-MICHEL

Avenue du Bel-Air, 10, à Saint-Mandé (Seine).

20 lits et 2 d'infirmerie. — Assistance publique.

**Hommes.**

Fondation Boulard.

Cette maison, fondée en 1830, par M. Boulard, tapissier, pour servir de retraite à 12 vieillards de 72 ans, peut en recevoir actuellement 20.

L'admission est gratuite et prononcée par les bureaux de bienfaisance de Paris.

Les pièces à fournir sont : 1° l'acte de naissance; 2° un certificat d'indigence; 3° un certificat de moralité; 4° une attestation d'un séjour d'au moins deux ans à Paris.

Les pensionnaires peuvent sortir et recevoir des visites tous les jours.

Desservi par un personnel laïque.

## HOSPICE DE LA RECONNAISSANCE

A Garches, par Saint-Cloud (Seine-et-Oise).

314 lits et 16 lits d'infirmerie. — Assistance publique.

**Hommes.**

Fondation Brézin.

Cet hospice a été fondé, en 1833, par M. Michel Brézin, ancien mécanicien et maître de forges, pour venir en aide à ceux qui avaient été ses compagnons et plus tard ses ouvriers.

Il est desservi par les Sœurs de la Compassion.

Sont admis de préférence : les commis de grosses forges, les ouvriers forgerons, fondeurs, fendeurs, mineurs, bûcherons, cuiseurs de charbon, affineurs, marteleurs, chauffeurs, leurs aides, valets ou journaliers dans les forges.

A défaut de ceux-ci, sont admis les armuriers, charpentiers, charrons, cloutiers, ciseleurs en fer ou fonte, foreurs en métaux, mouleurs en cuivre ou fonte, polisseurs en cuivre ou fonte, forgerons en boutique, menuisiers, maréchaux, mécaniciens en métaux et bois, taillandiers, tourneurs en métaux et bois, ouvriers travaillant le fer, la fonte, le cuivre.

Les demandes doivent être accompagnées des pièces suivantes :

1° Un acte de naissance constatant qu'on a 60 ans au moins;

2° Un livret indiquant la profession de l'ouvrier qui veut être admis, ou un certificat d'un directeur de grosses forges, d'un chef de manufacture, d'atelier ou de fabrique; ou un certificat de deux maîtres établis exerçant ou ayant exercé la même profession que l'ouvrier.

Quelle que soit celle de ces trois pièces que l'on fournira, elle doit constater que l'ouvrier a exercé pendant cinq ans au moins la profession qui motive son admission, et les signatures doivent être certifiées véritables soit par le maire, soit par le juge de paix, soit par le commissaire de police du dernier domicile de l'ouvrier.

Les signatures des maires, juges de paix ou commissaires de police des départements autres que celui de la Seine, seront en outre légalisées, soit par le préfet, soit par le sous-préfet, soit par le président du tribunal;

3° Un certificat du bureau de bienfaisance ou du maire de la commune constatant l'indigence absolue de l'ouvrier et l'absence de parents aux degrés fixés par la loi, qui puissent pourvoir à son existence : cette pièce sera légalisée dans les mêmes formes que les précédentes.

4° Un certificat de bonne vie et mœurs délivré soit par le maire, soit par le propriétaire ou principal locataire, soit par un chef de manufacture, et dont la signature, pour les trois derniers cas, sera légalisée dans la même forme que les pièces précédentes.

Tout individu qui aura été repris de justice ne peut pas être admis.

On reçoit de préférence les anciens ouvriers de M. Brézin, les octogénaires, les personnes âgées de 75 ans paralytiques, aveugles ou affectées d'un tremblement général.

Les admissions sont gratuites; les sorties et les visites sont libres.

Les demandes d'admission doivent être adressées au Directeur de l'Assistance publique, avenue Victoria, 3, à Paris.

## HOSPICE DE LIMEIL-BREVANNES

Limeil-Brevannes, par Boissy-Saint-Léger (Seine-et-Oise).

300 lits, dont 18 d'infirmerie. — Assistance publique.

**Hommes et femmes.**

L'administration de l'Assistance publique a acquis à Brevannes une grande propriété où elle a l'intention d'installer d'importants services hospitaliers. En attendant l'exécution de ses projets, elle a converti en un hospice de 300 lits pour vieillards ou infirmes des deux sexes le château existant dans cette propriété.

Sur les 300 lits, 200 sont réservés à des ménages logés en chambres particulières.

Les conditions d'admission sont les mêmes que pour les autres grands hospices.

Desservi par un personnel laïque.

## HOSPICE D'IVRY

Rue du Clos-de-l'Hospice, à Ivry (Seine).

2209 lits, dont 113 d'infirmerie et 56 pour enfants incurables.

**Hommes et femmes.**

Cet établissement est formé des deux hospices des Incurables qui existaient à Paris, rue des Récollets pour les hommes, rue de Sèvres pour les femmes; le premier avait été fondé par saint Vincent de Paul; le second était dû à la réunion de deux fondations, l'une de Mme Marguerite Rouillé, l'autre du cardinal de la Rochefoucauld.

Les indigents, pour être admis dans l'hospice actuel, doivent produire les pièces suivantes :

1o L'acte de naissance;

2o Un certificat du maire de l'arrondissement constatant la durée de leur séjour à Paris;

3o Un certificat constatant leur inscription au bureau de bienfaisance et qu'ils en reçoivent les secours;

4o Dans le cas d'infirmité, un certificat du médecin du bureau de bienfaisance.

Les vieillards admis comme tels doivent être âgés de 70 ans au moins. Les incurables ne peuvent être reçus avant l'âge de 20 ans. Les pensionnaires sont nourris, blanchis et défrayés de tout.

Les demandes d'admission doivent être adressées à M. le

Directeur de l'Assistance publique et accompagnées des pièces indiquées ci-dessus.

Un certain nombre de lits appartiennent à des fondateurs, qui conservent et transmettent le droit de présenter, en cas de vacances, un indigent réunissant les conditions exigées par les règlements.

Les pensionnaires peuvent sortir tous les jours. Le public est admis à les visiter tous les jours, de 1 heure à 4 heures.

Desservi par un personnel laïque.

## HOSPICE DHEUR

A Ivry (Seine).

**Assistance publique.**

**60 lits dont 6 pour 3 ménages payants, 14 pour 7 ménages gratuits, 6 lits en dortoir payants et 34 en dortoir gratuits. — Assistance publique.**

**Hommes et femmes.**

Fondé en 1892, en vertu des dispositions testamentaires de M. Dheur, pour les vieillards nés dans les quartiers du Jardin-des-Plantes et du Val-de-Grâce, ou y habitant depuis 10 ans au moins.

L'âge d'admission aux places gratuites ou payantes est de 65 ans en dortoir et 60 ans en chambre. La pension annuelle est de 650 francs pour les personnes admises en dortoir, et 1200 francs pour les deux époux admis en chambre, soit 600 francs pour chacun d'eux.

Les demandes d'admission doivent être adressées à M. le Directeur de l'Assistance publique, avenue Victoria, 3, à Paris.

L'hospice Dheur, situé en face de l'hospice d'Ivry, a le même Directeur et est soumis aux mêmes règlements que cet hospice.

## HOTEL DES INVALIDES

Place des Invalides (VII$^{e}$ arrond.).

600 lits, y compris 100 lits d'infirmerie. — Ministère de la Guerre.

Cet établissement a été fondé par Louis XIV, qui en ordonna la construction par un édit d'avril 1674.

Il est destiné à recevoir les militaires de tous grades des armées de terre et de mer, estropiés à la guerre ou vieillis dans le service.

Pour être admis aux Invalides, il faut jouir d'une pension de retraite et remplir l'une des conditions suivantes :

Être amputé ou aveugle;

Être pensionné pour ancienneté de service et avoir 60 ans d'âge au moins ;

Être atteint d'infirmités équivalentes à la perte absolue ou à l'usage d'un membre, ou être âgé de 70 ans accomplis.

Sont également admis à l'Hôtel :

Les Français pensionnés pour des blessures reçues dans les journées de juillet 1830;

Les sous-officiers et soldats des bataillons de la garde mobile, pensionnés pour blessures reçues dans les journées de juin 1848.

Les pièces devant composer le dossier d'une demande d'admission aux Invalides sont :

1° Une demande du pétitionnaire;

2° La copie légalisée du certificat d'inscription de la pension de retraite au trésor;

3° Un certificat de bonnes vie et mœurs (délivré par le commissaire de police);

4° Un certificat, délivré par le payeur du département, constatant qu'il n'existe aucune opposition sur la pension et qu'elle est entièrement libre de retenue;

5° Un relevé des services légalisés par le sous-intendant militaire.

Le dossier doit être remis au général de brigade commandant le département, qui le transmet au ministre par la voie hiérarchique.

Des secours peuvent être accordés aux veuves d'invalides domiciliées à Paris.

Les demandes de secours doivent être adressées au général commandant l'Hôtel, président du comité chargé de leur examen ; elles doivent être appuyées d'un certificat de l'autorité civile, constatant que la veuve a eu une bonne conduite et est réellement nécessiteuse.

Des Sœurs de Saint-Vincent-de-Paul sont attachées à l'établissement.

## INFIRMERIE DE MARIE-THÉRÈSE

**Pour les prêtres âgés ou infirmes du diocèse de Paris.**

Rue Denfert-Rochereau, 92 (XIVe arrond.).

**Reconnue d'utilité publique par ordonnance du 2 décembre 1827.**

L'infirmerie Marie-Thérèse a été établie en faveur des prêtres âgés ou infirmes du diocèse de Paris. La fondation a été faite par Mme la vicomtesse de Chateaubriand, et reprise ensuite par l'archevêché de Paris.

Les prêtres peuvent s'y faire soigner lorsqu'ils sont malades; ceux qui sont dans l'impossibilité, à cause de leur âge ou de leurs infirmités, de continuer les fonctions actives du saint ministère, trouvent à Marie-Thérèse une retraite honorable.

Les admissions sont gratuites; elles sont prononcées par l'archevêque de Paris.

Cette Œuvre se soutient par les dons et legs, les aumônes et souscriptions particulières.

La maison est desservie par les Sœurs de Saint-Vincent-de-Paul.

## ASILE NATIONAL DE LA PROVIDENCE

Rue des Martyrs, 77 (XVIIIe arrond.).

**Reconnu d'utilité publique par ordonnance du 24 décembre 1817.**

**Hommes et femmes.**

L'Asile de la Providence a été fondé, en 1804, par M. et Mme Micault de la Vieuville, pour servir de retraite aux vieillards des deux sexes.

Le service intérieur est confié aux Sœurs de la Charité, de Nevers.

L'Asile contient 55 places, dont 5 sont gratuites; 2 au choix de la famille des fondateurs, 2 à la nomination du ministre de l'Intérieur, et une à la nomination du Conseil municipal de Paris.

Le ministre peut fractionner les places dont il dispose en demi-bourses et quarts de bourses. Les autres places sont payantes au prix de 900 francs par an. Un certain nombre des personnes qui les occupent sont placées par le ministre de l'Intérieur, qui, outre les deux places gratuites, a droit à 18 places payantes, susceptibles également d'être fractionnées.

En outre, la Société de la Providence (voir chap. IV) contribue à la pension de quelques-unes des personnes admises, par un secours annuel de 100 à 250 francs.

Les pensionnaires doivent apporter un mobilier réglementaire qui, après leur mort, reste acquis à l'établissement. Ils sont logés, nourris, blanchis et soignés en cas de maladie. L'éclairage et le chauffage sont à leur charge.

L'âge d'admission est fixé à 60 ans.

*Administrateur en chef :* M. Julien Picory, rue Saint-Georges, 24.

*Agent comptable :* M. Schmeltz, rue des Martyrs, 77.

## PETITES-SŒURS DES PAUVRES

Rue Saint-Jacques, 277 (v^e arrond.).
Rue Notre-Dame-des-Champs, 45 (vi^e arrond.).
Avenue de Breteuil, 62 (vii^e arrond.).
Rue Philippe-de-Girard, 13 (x^e et xviii^e arrond.).
Rue de Picpus, 73 (xii^e arrond.).
A Saint-Denis (Seine), à l'Ermitage.
A Levallois-Perret (Seine), rue Gide, 45.

**Hommes et femmes.**

L'Œuvre, fondée en 1840 par deux jeunes ouvrières de Saint-Malo et une pauvre servante nommée Jeanne Jugand, a pour but de donner un asile gratuit aux vieillards indigents des deux sexes, en recueillant chaque jour, par des quêtes à domicile, les vivres, la desserte des tables, les dons de tout genre nécessaires pour subvenir à l'entretien des pensionnaires. Les dons en argent sont reçus; mais ils doivent pouvoir être immédiatement employés, les règles de l'ordre lui interdisant d'avoir aucun revenu. Les vieillards valides s'occupent dans la maison, selon leurs forces; ceux qui sont malades ou infirmes reçoivent les soins les plus assidus.

Les conditions d'admission sont d'être âgés au moins de 60 ans et d'être privé de tout moyen d'existence.

L'ordre des Petites-Sœurs des Pauvres s'est rapidement multiplié; un grand nombre de maisons se sont fondées en France et à l'étranger.

Paris en possède 5, pouvant recueillir en tout plus de 1,000 vieillards.

S'adresser, pour les admissions, à la Supérieure de chaque maison.

## MAISON DE LA SŒUR ROSALIE RENDU

Rue de l'Épée-de-Bois, 5 (v<sup>e</sup> arrond.).

**Femmes.**

Sœurs de Saint-Vincent-de-Paul.

Admission à 70 ans, gratuite pour les femmes du ve arrondissement inscrites au bureau de bienfaisance, payante pour les autres, au prix de 600 à 900 francs par an.

On ne reçoit pas d'incurables.

## SŒURS SERVANTES DE MARIE

Rue Duguay-Trouin, 7 (vi[e] arrond.).

Outre l'association pour les jeunes filles en service (voir chap. III, *Œuvres pour la jeunesse*), les sœurs reçoivent dans leurs maisons de Paris, de Versailles et de Toulon, des dames pensionnaires. Il n'y a pas d'âge fixé pour l'admission.

Les personnes malades ne peuvent être admises.

Le minimum de la pension est de 1 200 francs par an.

## ASILE POUR LES VIEILLARDS

Rue Saint-Benoît, 14 (vi[e] arrond.).

**Femmes.**

Sœurs de Saint-Vincent-de-Paul.

Exclusivement pour les femmes âgées de la paroisse de Saint-Germain-des-Prés, qui y sont reçues gratuitement.

Les anciennes orphelines et les enfants du patronage de la maison, malades ou sans place, sont reçues gratuitement.

## ASILE SAINTE-ANNE

Rue Perronet, 9 (viie arrond.).

**Femmes.**

Asile fondé par M. le curé de Saint-Thomas-d'Aquin pour les femmes âgées de la paroisse.

Desservi par les Sœurs de Saint-Vincent-de-Paul.

Places payantes au prix de 600 francs.

S'adresser, pour les admissions, à la Supérieure.

## ASILE DE VIEILLARDS

Rue du Général-Foy, 20 (VIIIe arrond.).

**Femmes.**

Sœurs de Saint-Vincent-de-Paul.

Réservé exclusivement pour les femmes âgées de la paroisse de Saint-Augustin. Gratuit.

## INSTITUT DE MARIE-AUXILIATRICE

Rue de Maubeuge, 25; rue de la Tour-d'Auvergne, 17 (IXe arr.); Avenue d'Iéna, 8 (XVIe arrond.).

**Dames pensionnaires. — Jeunes filles.**

Les dames sont reçues moyennant une pension qui peut varier de 2400 à 4200 francs par an.

Outre les dames pensionnaires, on reçoit, à Paris, rue de Maubeuge, 25, des jeunes filles ayant à suivre un traitement au gymnase Heiser. Les religieuses les y conduisent et se chargent de leur donner les soins indiqués.

## MAISON DES VEUVES

Rue de Belzunce, 21 (Xe arrond.).

Assistance publique.

**Femmes.**

Cette maison donne asile à un petit nombre de femmes âgées, qui doivent d'ailleurs pourvoir à leur nourriture et à leur entretien.

S'adresser, pour les admissions, à M. le Directeur de l'Assistance publique.

## ASILE DE VIEILLARDS

Rue Saint-Maur, 64 (XIe arrond.).

Sœurs de Sainte-Marie.

Pour les vieillards de la paroisse de Saint-Ambroise.

## HOSPICE D'ENGHIEN

Rue de Picpus, 12 (XIIe arrond.).

**Hommes et femmes.**

Cet hospice, fondé en 1819, par Mme la duchesse de Bourbon, appartient aux princes d'Orléans; il est desservi par les sœurs de Saint-Vincent-de-Paul.

On y reçoit des vieillards des deux sexes, anciens serviteurs de la famille d'Orléans.

S'adresser au siège de l'administration, rue de Varennes, 59.

## ASILE DE VIEILLARDS

Rue Vandrezanne, 22 (XIIIe arrond.).

**Hommes et femmes.**

Sœurs de Saint-Vincent-de-Paul.

Les vieillards admis dans cette maison sont logés et reçoivent des secours, mais ils doivent pourvoir à leur nourriture.

Cet asile est réservé aux vieillards âgés de plus de 60 ans demeurant sur la paroisse de Saint-Marcel de la Maison-Blanche.

## ASILE DE VIEILLARDS

Rue de la Glacière, 35, et rue des Tanneries, 20 (XIIIe arrond.).

**Femmes.**

Sœurs de Saint-Vincent-de-Paul.

Réservé aux femmes du quartier âgées de plus de 60 ans. Le logement seul est assuré, et elles ne sont pas nourries.

## ASILE NOTRE-DAME DE BON-SECOURS

Rue des Plantes, 66 (XIVe arrond.).

100 lits.

**Hommes et femmes.**

Desservi par les religieuses hospitalières de l'Hôtel-Dieu, de Paris, de l'ordre de Saint-Augustin.

Cet asile, fondé par l'abbé Carton, ancien curé de Montrouge, est depuis 1887 sous la direction de S. E. le Cardinal-Archevêque de Paris.

Un service d'hôpital est annexé à l'asile (voir au chap. VI, *Hôpital de Notre-Dame de Bon Secours*; on y trouvera l'indication des moyens de soutenir cette œuvre).

Un *Bulletin* mensuel est publié au prix de 3 francs par an.

Les demandes d'admission doivent être adressées à la supérieure de la maison, qui les transmet à la commission administrative.

## ŒUVRE DES DAMES DU CALVAIRE

Rue Lourmel, 55 (XVe arrond.).

**Femmes cancérées.**

Cette Œuvre a été fondée, à Lyon, par Mme Garnier, le 8 décembre 1842, et établie à Paris en 1874.

Son but est de réunir les dames veuves en une grande famille, pour les sanctifier et les consoler par l'exercice de la charité.

L'Œuvre reçoit dans son hospice des femmes incurables, atteintes de plaies vives, qui ne peuvent être reçues ou gardées assez longtemps dans les hôpitaux.

L'association se compose de dames veuves *sociétaires*, qui résident dans l'hospice et soignent les malades jour et nuit. Elles ne font aucun vœu et ne portent pas de costume religieux.

En dehors de l'hospice, l'association comprend :

1° Les dames veuves *agrégées*, qui prennent aux travaux de l'hospice une part aussi grande que possible; elles peuvent venir aider aux pansements quotidiens ;

2° Les dames veuves *zélatrices*, qui s'occupent des moyens d'augmenter le personnel et les ressources de l'Œuvre ;

3° Les *associés*, qui concourent à l'entretien de l'hospice par une aumône dont le minimum est fixé à 20 francs.

Un don de 1000 francs donne le titre de *fondateur*, avec droit à l'entrée d'une malade dans les conditions de l'Œuvre.

Un don de 10 000 francs assure à perpétuité la fondation d'un lit dans l'hospice.

Les provisions en nature, le linge neuf ou vieux, la charpie, etc., sont reçus avec reconnaissance.

S'adresser, pour tous renseignements, à M. le chanoine POUSSET, archiprêtre de Notre-Dame, et à Mme la Supérieure de l'hospice, rue Lourmel, 55.

Cette Œuvre est établie à Lyon, Marseille, Saint-Étienne, Rouen, Bruxelles, etc.

## ASILE DES JEUNES GARÇONS INCURABLES

Rue Lecourbe, 223 (xve arrond.).

400 lits.

Cet asile, fondé et dirigé par les Frères Hospitaliers de Saint-Jean de Dieu, reçoit les jeunes garçons indigents de Paris et des environs, atteints de maladies incurables, mais non contagieuses.

Les idiots ne sont pas admis.

Les enfants, à qui le séjour au bord de la mer peut être utile, sont envoyés dans la maison nouvellement fondée par les Frères au Croisic.

Voir ch. VI, *Hôpitaux marins*.

Pour être reçus, les enfants infirmes doivent être âgés de 5 à 12 ans; ils peuvent être gardés jusqu'à 20 ans, âge auquel les hospices publics sont ouverts aux incurables.

La pension est de 15 à 20 francs par mois. Il y a un grand nombre de places gratuites.

Les demandes d'admission doivent être adressées au supérieur des Frères de Saint-Jean de Dieu, directeur de l'asile. Elles doivent être accompagnées des bulletins de la naissance et du baptême du candidat, d'un certificat de médecin et être appuyées par M. le curé de sa paroisse.

L'asile se soutient au moyen de souscriptions annuelles, de quêtes et d'offrandes en argent, linge, vêtements, etc.

On peut fonder un lit moyennant une somme de 12 000 francs.

L'Œuvre est administrée par un conseil dont M. le marquis de Boisgelin, rue de Grenelle, 73, est *président*. Elle est patronnée par un comité de dames sous la *présidence* de Mme Henry COCHIN, rue de la Boëtie, 114; *vice-présidente* : Mme la baronne PIÉRARD, rue de Berlin, 40.

## ASILE DE NOTRE-DAME DE BON-REPOS

Rue Blomet, 128 (xve arrond.).

**Femmes.**

Sœurs de Notre-Dame du Calvaire.

Les conditions d'admission sont : Être fille ou veuve, âgée de 60 ans au moins, être née en France et habiter le département de la Seine depuis 20 ans, n'avoir aucune infirmité exigeant un traitement spécial.

Le prix de la pension est de 500 à 600 francs par an, suivant les chambres, payable par trimestre et d'avance. Il faut apporter un petit mobilier et un trousseau, dont l'entretien est à la charge des pensionnaires.

Les demandes d'admission doivent être adressées à Mme Saint-Père, rue du Vieux-Colombier, 21.

## ASILE ANSELME-PAYEN

Rue Violet, 77 (xve arrond.).

**Hommes et femmes.**

Sœurs de Saint-Paul, de Chartres.

Les vieillards ayant habité la paroisse de Saint-Jean-Baptiste de Grenelle sont reçus de préférence, à l'âge de 70 ans. Ceux qui sont infirmes peuvent entrer à 65 ans.

600 francs par an.

S'adresser pour les dons et les demandes, à M. le curé ou à la supérieure de l'asile.

## ASILE SAINT-JOSEPH

Avenue Victor-Hugo, 197 (xvie arrond.).

**Hommes et femmes.**

Sœurs de la Sagesse.

Cet asile a été fondé, en 1874, par M. le curé de Saint-Honoré. Les vieillards de cette paroisse, âgés de 60 ans au moins, sont seuls admis.

## ASILE DE VIEILLARDS

Rue Raynouard, 60 (XVI^e arrond.).

**Femmes.**

Sœurs de Saint-Vincent-de-Paul.

Les conditions se traitent de gré à gré avec la Supérieure.

## ASILE SAINT-VINCENT-DE-PAUL

Rue Salneuve, 19 (XVII^e arrond.).

Reconnu d'utilité publique par décret du 6 juin 1876.

**Femmes.**

Sœurs de Sainte-Marie.

Admission à 70 ans, gratuite pour le quartier des Batignolles. Il y a quelques places payantes au prix de 500 fr. par an.

**Hommes.**

Les hommes sont reçus aux mêmes conditions et envoyés à la maison de l'Œuvre, fondée aux Andelys (Eure), rue des Capucins. La pension est de 600 francs par an.

**Dames pensionnaires.**

La maison de Paris reçoit aussi quelques dames, qui sont nourries et logées en chambres particulières, au prix de 1 000 à 1 200 francs par an. Les autres frais sont à leur charge.

## ASILE DE VIEILLARDS

Rue Bouret, 20 (XIX^e arrond.).

**Femmes.**

Sœurs de Saint-Vincent-de-Paul.

Exclusivement réservé aux femmes de la paroisse Saint-Georges.

## HOSPICE DE LA SOCIÉTÉ PHILANTHROPIQUE

Rue de Crimée, 166 (XIXe arrond.).

**Femmes.**

Sœur du Calvaire, de Gramat.

Les femmes, âgées de 70 ans au moins, sont reçues, moyennant une pension annuelle de 500 francs, sans entrée ni mobilier à fournir.

Les personnes atteintes de maladies incurables ou contagieuses ne sont pas admises.

Les demandes doivent être adressées à l'Agent général de la Société Philanthropique, rue des Bons-Enfants, 21 (voir, chap. IV, *Société Philanthropique*).

## ASILE DE VIEILLARDS

**Fondation Lebaudy.**

Rue Botzaris, 6 (XIXe arrond.).

**Hommes.**

Sœurs de Saint-Vincent-de-Paul.

Exclusivement réservé aux anciens ouvriers de la raffinerie Gustave Lebaudy.

# MAISONS HORS PARIS

### DANS LE DÉPARTEMENT DE LA SEINE

## HOSPICE GREFFULHE

Rue de Villiers, 76, à Levallois-Perret (Seine).

**Femmes.**

Cet établissement, fondé par la famille Greffulhe, a été ouvert le 1er août 1873.

Il reçoit des femmes âgées de 70 ans au moins.

Les personnes atteintes d'infirmités incurables ou de maladies contagieuses ne peuvent être admises.

L'admission est gratuite. Les demandes doivent être adressées à Mme la comtesse Greffulhe ou à Mme la Supérieure de l'hospice Greffulhe.

La personne qui désire y entrer doit, en adressant sa demande, produire :

1° Son acte de naissance;

2° Un certificat de médecin;

3° Un certificat de bonnes vie et mœurs délivré par le maire de son arrondissement ou par le maire de la commune qu'elle habite, et assurant 5 ans de résidence dans le même quartier ou dans la même commune.

Les personnes admises dans l'hospice peuvent sortir le mardi et le samedi de chaque semaine, aux heures fixées par le règlement de la maison. Elles peuvent recevoir leurs parents et leurs amis le jeudi et le dimanche, de 2 à 4 heures.

La maison est desservie par les Sœurs de Saint-Vincent-de-Paul.

## NOTRE-DAME DES SEPT-DOULEURS

### ASILE MATHILDE

Avenue du Roule, 42, à Neuilly-sur-Seine (Seine).

Reconnu d'utilité publique par décret du 30 juin 1855.

**Jeunes filles incurables.**

Cet établissement a été fondé, en 1853, en faveur des jeunes filles pauvres, infirmes et incurables du diocèse de Paris; on les reçoit de 5 à 12 ans. Une fois admises, elles peuvent rester indéfiniment.

Les aveugles, sourdes-muettes, aliénées, idiotes, épileptiques, ou celles qui sont atteintes de maladies contagieuses, ne sont pas reçues.

Les admissions sont prononcées par le conseil de l'Œuvre,

et sur la production des actes de naissance et de baptême, d'un certificat de vaccine et d'un certificat constatant l'infirmité.

Le nombre des jeunes filles reçues gratuitement est environ de 200.

Une entrée de 100 francs est toujours exigée.

L'Œuvre admet aussi un certain nombre de jeunes filles remplissant les conditions voulues, moyennant une pension de 300 francs par an.

Les pensionnaires reçoivent une éducation morale et religieuse et un enseignement primaire et professionnel. On leur donne les soins médicaux que réclame leur situation.

L'asile est dirigé par les Sœurs de Saint-Vincent-de-Paul.

*Présidente de l'Œuvre :* Mme la princesse MATHILDE.

*Trésorière :* Mme ESPINASSE, rue de Calais, 13.

Les demandes d'admission doivent être adressées à Mme la Supérieure de l'Asile, avenue du Roule, 42, à Neuilly-sur-Seine.

## RETRAITE DE SAINTE-ANNE

Avenue du Roule, 68, à Neuilly-sur-Seine (Seine).

### Femmes.

Cette maison, fondée en 1852 par M. l'abbé Deguerry, alors curé de la Madeleine, est à présent une œuvre particulière et est dirigée par les sœurs de la Charité, de Nevers.

On ne peut être admise avant l'âge de 50 ans.

Les personnes atteintes de maladies chroniques ou incurables ne sont pas reçues.

Le prix de la pension varie suivant les chambres et le service demandé, depuis 1 000 francs au moins jusqu'à 2 000 francs au plus.

Le blanchissage, l'éclairage et le chauffage sont à la charge des pensionnaires. Tous les malades sont soignés à l'infirmerie aux frais de l'établissement. Toutefois on peut, en payant, se faire soigner dans sa chambre.

Toute pensionnaire, outre l'entrée, doit apporter son linge, ses vêtements, son mobilier, sa literie, qui, en cas de décès, restent acquis à l'établissement.

On peut sortir tous les jours.

S'adresser, pour les admissions, à Mme la Supérieure.

## SAINTE-ANNE D'AURAY

Rue de Fontenay, 5, à Châtillon-sous-Bagneux (Seine).

**Femmes.**

Sœurs de Saint-Vincent-de-Paul.

Cette maison a été fondée, en 1860, dans le but de venir en aide aux femmes âgées qui ont perdu leur fortune, ou aux personnes laborieuses qui n'ont pas les ressources nécessaires pour se procurer les soins que réclament la vieillesse et les infirmités.

Il faut, pour être admise, avoir 60 ans, à moins de graves motifs d'exception, et n'avoir aucune maladie exigeant un traitement spécial.

La pension est de 700 francs par an. Les pensionnaires sont nourries, blanchies et soignées en cas de maladie; mais le chauffage et l'éclairage sont à leur charge.

Chaque dame a sa chambre; elle doit, en entrant, apporter un mobilier qui, après son décès, reste acquis à l'établissement. Les repas se prennent au réfectoire.

S'adresser, pour les admissions, à la Supérieure, à Châtillon, ou au Frère AUDOUER, rue de Sèvres, 95.

## MAISON DE RETRAITE SAINTE-GENEVIÈVE

L'Hay, rue Bronzac, 6, par Bourg-la-Reine (Seine).

**Hommes et femmes.**

Sœurs de Saint-Vincent-de-Paul.

Cet établissement, fondé par l'Œuvre de Sainte-Geneviève, en 1851, renferme une maison de retraite pour les vieillards des deux sexes, une providence pour les jeunes filles, un asile et des classes gratuites pour les enfants du village.

La maison de retraite contient environ 60 lits. Il faut, à moins d'exception, avoir 60 ans pour être admis.

Le prix de la pension est, en moyenne, de 1200 francs par an.

Les infirmes payent en proportion des soins qu'ils réclament. Les personnes atteintes d'aliénation mentale ne sont pas admises.

Les personnes qui viennent en convalescence ou pour changer d'air payent 160 francs par mois.

Les pensionnaires doivent apporter leurs effets personnels et un petit mobilier, qui restent à l'établissement après leur décès.

La chapelle, le salon, le réfectoire, sont communs à tous les pensionnaires.

L'établissement se charge de la nourriture, du chauffage, du blanchissage, et des soins en cas de maladie; mais les visites du médecin, les médicaments et l'éclairage en chambre sont à la charge des pensionnaires.

Pour l'orphelinat de jeunes filles, voir chap. II, *Orphelinats de jeunes filles hors Paris.*

S'adresser, pour les admissions, à la Supérieure.

## MAISON DE SAINT-JOSEPH

A Cachan-Arcueil (Seine), rue des Tournelles, 7.

**Hommes et femmes.**

Cette maison, dirigée par les Sœurs de Saint-Vincent-de-Paul, reçoit des jeunes filles (voir *Orphelinats*, chap. II, 4e section) et des vieillards ou infirmes des deux sexes.

Les conditions d'admission, pour les personnes âgées ou infirmes, se traitent de gré à gré avec la Supérieure. Le prix, qui varie selon les infirmités et la position de la personne et selon son logement en chambre ou en dortoir, ne peut être au-dessous de 800 francs par an pour les femmes, et de 1 000 francs pour les hommes placés en dortoir.

S'adresser, pour les renseignements et les admissions, à la Supérieure de l'établissement.

### BOURG-LA-REINE (Seine).

Grande-Rue, 53.

**Dames.**

Sœurs de Notre-Dame du Calvaire, de Gramat.
Divers prix selon les appartements, depuis 200 francs par mois.

### CLAMART (Seine).

**Hospice Ferrari, place Ferrari.**

Asile de vieillards, fondé par Mme la duchesse de Galliera.

**Hommes et femmes.**

Sœurs de la Sagesse.

Admission gratuite à l'âge de 60 ans.

Produire, avec la demande, l'acte de naissance, l'acte de décès du mari ou de la femme, s'il y a eu mariage; un certificat de médecin; une note indiquant la situation de la famille et l'état d'indigence.

Les demandes d'admission doivent être adressées à M. le duc d'AUDIFFRET-PASQUIER, *Président* du Conseil d'administration de l'Œuvre, rue Fresnel, 23.

**Maison Saint-Joseph, rue Fauveau, 3.**

**Dames pensionnaires.**

Sœurs de Notre-Dame des Anges.

1 200 francs par an. Sauf le prix de la pension, les conditions sont les mêmes qu'à la maison Saint-Louis (voir Morangis, même chapitre).

S'adresser, pour les admissions, à Mme la Supérieure de l'Orphelinat Saint-Charles, rue Blomet, 147.

### CLICHY-LA-GARENNE (Seine), rue Martre, 84.

**Femmes.**

Sœurs de Saint-Vincent-de-Paul.

800 francs à 1 000 francs, tout compris.

Les malades et les infirmes ne sont pas admises.

### GENTILLY (Seine), rue Frileuse, 2.

**Femmes.**

Sœurs de Saint-Vincent-de-Paul.

Admission à tout âge, moyennant une pension variant depuis 600 francs par an, selon les soins à donner. Trousseau à fournir.

### NOISY-LE-SEC (Seine).

**Hospice pour les femmes, rue de Pantin, 32.**

**Hospice pour les hommes, rue du Goulet, 35.**

Sœurs hospitalières de Notre-Dame des Sept-Douleurs et de Sainte-Marthe.

Les hommes sont reçus à 70 ans, les femmes à 60 ans, sauf exception en faveur des infirmes.

250 francs par an ; 100 francs d'entrée.

On ne reçoit que les vieillards du diocèse de Paris.

### ASNIÈRES (Seine), rue Saint-Denis, 39.

**Femmes.**

Sœurs de Saint-François-Régis.

Admission, à 60 ans, des femmes indigentes de la commune.

### STAINS (Seine), Grande-Rue, 68.

**Hommes et femmes.**

Sœurs de Saint-Vincent-de-Paul.

Admission à 60 ans, moyennant une pension annuelle de 800 à 1 200 francs. Il faut fournir le trousseau et le mobilier.

## MAISONS DANS LES DÉPARTEMENTS

### ABBEVILLE (Somme).

**Femmes.**

Sœurs Augustines.

Dames pensionnaires au prix de 1 000 à 1 200 francs par an.

### AMBOISE (Indre-et-Loire).

Maison de retraite Saint-Joseph, rue Armand-Cazot, 4.

**Hommes et femmes.**

Sœurs de la Présentation de la Sainte-Vierge.

300 et 400 francs par an.

Les Sœurs ont une autre maison de retraite, pour les dames et les hommes, ecclésiastiques ou laïques, moyennant une pension annuelle de 600, 1 200 francs et au-dessus.

### AMIENS (Somme).

Rue Martin Bleu-Dieu, 39, et rue Deberly, 21.

**Femmes.**

Sœurs de Notre-Dame des Sept Douleurs et de Sainte-Marthe.

La première de ces deux maisons reçoit des dames moyennant une pension annuelle de 1 200 francs, et s'il y a des soins particuliers à donner, le prix s'élève jusqu'à 2 500 francs.

Chaque pensionnaire apporte son mobilier et est servie dans sa chambre.

Dans la maison de la rue Deberly, les prix varient de 700 à 900 francs; le chauffage et l'éclairage à la charge des pensionnaires, qui ont chacune leur chambre.

Les personnes atteintes de maladies contagieuses ne sont pas admises.

### LES ANDELYS (Eure).

Rue des Capucins.

**Hommes.**

Voir, à Paris, *Asile de Saint-Vincent-de-Paul,* XVIIe arrond.

## AUTUN (Saône-et-Loire).

Rue aux Rats, 4. Maison de la Providence.

### Femmes incurables ou âgées.

Sœurs du Saint-Sacrement.

Admission dès l'âge de 40 ans. On refuse les aliénées et les épileptiques.

400 francs par an; 600 francs si les personnes sont infirmes.

50 francs d'entrée pour la literie et un trousseau.

On peut fonder un lit en versant une somme de 10 000 francs.

## AVENAY (Marne).

Maison Saint-Joseph.

### Hommes et femmes.

Sœurs de Saint-Sauveur, de Niederbronn.

Admission à tout âge.

La pension habituelle et moyenne est de 800 francs.

Literie, linge et trousseau à fournir.

## AVIZE (Marne).

### Hommes et femmes.

Sœurs de Saint-Vincent-de-Paul.

Admission à 65 ans.

450 francs par an.

On reçoit aussi des pensionnaires au prix de 700 et 1 200 francs par an.

## BAUGÉ (Maine-et-Loire).

### Vieillards incurables.

Sœurs du Sacré-Cœur de Marie.

Les incurables, hommes, femmes et enfants, sont reçus à tout âge (depuis 5 ans). Les maladies contagieuses ne sont pas admises.

Le prix de la pension varie, suivant les conditions, de 300 à 1 500 francs par an.

Trousseau à fournir.

On paye un trimestre d'avance en entrant. Les places les moins chères sont occupées par des personnes de la ville ou du département.

### BEAUPRÉAU (Maine-et-Loire).

**Hommes et femmes incurables.**

Sœurs de Saint-Joseph.
Prix peu élevé.
On reçoit tous les genres d'infirmités, excepté la démence.

**Maison de retraite pour les ecclésiastiques infirmes, âgés ou malades.**

Même communauté et mêmes conditions.
Le prix est de 1200 francs par an.

### BEAUVAIS (Oise).

**Femmes.**

Voir *Domfront*, même communauté et mêmes conditions.

### BELVAL, par Portieux (Vosges).

**Hommes.**

Sœurs du Pauvre-Enfant-Jésus.
Une commission administrative règle les admissions, qui sont gratuites pour les indigents du canton, et payantes au prix de 550 à 800 francs par an pour les vieillards du dehors.

### BERCEAU DE SAINT-VINCENT-DE-PAUL, par Dax (Landes).

**Reconnu d'utilité publique par décret du 21 octobre 1865.**

**Hommes et femmes.**

Sœurs de Saint-Vincent-de-Paul.
Admission après 60 ans. On ne reçoit pas d'incurables.
300 francs par an. 100 francs d'entrée et un trousseau.
On peut fonder un lit dans l'hospice en donnant une somme de 7000 francs.
S'adresser au Supérieur.
Voir chap. III, *Berceau de Saint-Vincent-de-Paul.*

### BERGERAC (Dordogne).

**Faubourg de la Madeleine.**

**Hommes et femmes.**

Sœurs de Sainte-Marthe.
Admission depuis 50 ans.
Trousseau, s'il est possible, à fournir.
300 francs par an dans les salles communes.
Pensionnaires à des prix plus élevés variant de 400 à 1200 fr.

## BESANÇON (Doubs).

Hospice de Saint-Jean-l'Aumônier, dit de Bellevaux.

### Incurables, idiots, etc.

Voir chap. IX.

## BESSÉ (Sarthe).

### Hommes et femmes.

Sœurs Servantes de Marie, de Blois.

Admission à tout âge. On ne reçoit ni les fous, ni les épileptiques, ni les idiots.

500 francs par an en chambre commune; 600 et 700 francs en chambre particulière; le médecin, les médicaments, le chauffage et l'éclairage se payent à part en plus de la pension.

## BORDEAUX (Gironde).

Boulevard de Caudéran.

### Femmes.

Sœurs du Bon-Pasteur de la Visitation.

Admission à tout âge.

Pension modique suivant la position et les exigences.

Trousseau et literie à fournir.

## BRUGES, par le Bouscat (Gironde).

### Femmes.

Maison de retraite de Sainte-Germaine, tenue par les Sœurs du Bon-Pasteur de la Visitation.

L'âge d'admission n'est pas fixé.

Le prix varie de 600 à 2 000 francs par an.

Trousseau et mobilier à fournir.

## CANCALE (Ille-et-Vilaine).

### Hommes et Femmes.

Religieuses de la Providence, de Ruillé-sur-Loire.

Admission à l'âge de 60 ans.

900, 600 et 400 francs par an, suivant les conditions demandées.

On ne reçoit que les pensionnaires munis de recommandations de personnes connues.

Admissions temporaires pour le temps des bains de mer.

## CAUDÉRAN (Gironde).

### Femmes.

Les Sœurs du Bon-Pasteur de la Visitation ont une maison de retraite pour les dames, à peu près dans les mêmes conditions qu'à Bordeaux.

Voir ci-dessus.

## CHÂLONS-SUR-MARNE (Marne).

Maison Saint-Joseph. Rue Saint-Joseph, 1.

### Dames âgées.

Deux catégories : la première, de 1 400 à 2 000 francs par an, en fournissant son mobilier; la seconde, 600 francs par an sans mobilier à fournir.

Pour les deux catégories, il faut apporter le linge, les effets et la literie.

## CHAUMONT-EN-VEXIN (Oise).

### Hommes et femmes.

Religieuses de la Compassion, de Domfront (Oise).

Admission à 60 ans, et plus tôt s'ils sont infirmes.

600 francs par an. 25 francs d'entrée. Trousseau à fournir.

Il y a des pensionnaires mieux logés qui payent un prix plus élevé (800, 1 200, 2 000 francs et plus).

## CORMEILLES-EN-PARISIS (Seine-et-Oise).

Asile pour les vieillards.

### Hommes et femmes.

Sœurs de Saint-Vincent-de-Paul.

L'admission ne peut avoir lieu avant l'âge de 60 ans.

Gratuit pour les vieillards de la commune.

Les pensionnaires étrangers peuvent être reçus au prix de 700 fr. par an, en fournissant un lit et un trousseau.

S'adresser à la Supérieure.

## CUISERY (Saône-et-Loire).

Notre-Dame-de-la-Chaux.

### Prêtres âgés, malades ou infirmes.

Pères de Saint-Camille de Lellis.

La pension est de 1 000 francs par an, et plus, si l'état du malade exige des soins particuliers.

Il n'y a pas d'âge fixé pour l'admission.

## LA DÉLIVRANDE (Calvados).

Couvent de la Vierge-Fidèle.

**Dames pensionnaires** à l'année ou pendant la saison des bains de mer.

Différents prix.

### Dames pensionnaires.

Religieuses de la Sainte-Famille.

4, 5 et 6 francs par jour pour un court séjour. Une diminution est faite pour les pensions à l'année.

Retraites particulières toute l'année. Retraites générales quatre fois par an.

Voir chap. II, 4e sect., *Atelier d'apprentissage.*

## LA DEVÈZE, par Pierrefort (Cantal).

Asile d'incurables de Notre-Dame de Compassion.

Religieuses Franciscaines, dites Petites-Sœurs des âmes du Purgatoire.

Maison mère à La Devèze.

Les femmes peuvent être reçues moyennant une pension ou une somme une fois donnée.

S'adresser à la Supérieure.

Voir chap. IX, même maison.

## DIGNE (Basses-Alpes).

Asile Saint-Domnin.

### Femmes.

Dirigé par les Sœurs de Notre-Dame des Anges.

Voir *Orphelinats à Paris,* rue Blomet, 147, chap. II.

Les dames, âgées de 50 ans au moins, sont reçues moyennant une pension de 600 francs par an.

## DIJON (Côte-d'Or).

Maison de retraite pour les dames. Rue Saint-Philibert, 40.

Sœurs de l'Adoration-Perpétuelle.

Pension à divers prix, 1 500, 1 200 et 1 000 francs par an.

Le blanchissage, l'éclairage, le chauffage, sont à la charge des pensionnaires.

## DOMFRONT, par Maignelay (Orne).

### Hommes et femmes âgés et incurables.

Sœurs de la Compassion.

Maison mère à Domfront.

Admission des vieillards après 60 ans et des infirmes à tout âge.

Pension annuelle : 600, 800, 1 200, 2 000 francs et plus.

25 francs d'entrée. Trousseau à fournir.

Maison de retraite du même ordre dans les mêmes conditions à Beauvais, pour les dames, et une pour les hommes; à Chaumont-en-Vexin, pour les hommes et les femmes; à Noyon, pour les dames âgées; à Bruxelles, une maison où les malades viennent se faire opérer.

## DOUÉ-LA-FONTAINE (Maine-et-Loire).

Maison des Récollets.

### Incurables hommes et femmes.

Religieuses de Saint-François.

La pension varie de 400 à 1 200 francs par an, selon les soins à donner. On peut aussi entrer moyennant une somme une fois donnée de 3 000 à 8 000 francs, selon l'âge et les soins exigés.

Les épileptiques et les aliénés ne sont pas admis.

Trousseau à fournir.

## ENGHIEN-LES-BAINS (Seine-et-Oise).

Villa Sainte-Marie. Boulevard d'Ormesson, 42.

### Maison des dames pensionnaires, dirigée par des Religieuses.

## ESSEY-LÈS-NANCY, par Nancy (Meurthe-et-Moselle).

### Hommes et femmes.

Sœurs de Saint-Vincent-de-Paul, de Strasbourg.

400 francs par an. Lit et trousseau à fournir.

Il faut un certificat du médecin constatant l'absence de maladie.

La même maison reçoit aussi des personnes qui désirent faire à la campagne un séjour plus ou moins long. Le prix varie suivant les chambres et le régime demandé : il est au moins de 5 francs par jour. Pension à l'année, au prix de 1200 francs.

Voir chap. VI, *Convalescence*, même maison.

## ESTAIRES (Nord).

### Hommes et femmes.

Sœurs de Saint-Vincent-de-Paul.

Admission sans condition d'âge.

400 francs par an.

## LA FLÈCHE (Sarthe).

Asile de la Providence.

### Vieillards et incurables.

Sœurs du Saint-Cœur de Marie.

On reçoit les vieillards des deux sexes et les incurables encore jeunes, mais dont l'infirmité est complète.

400 francs par an. Literie et trousseau à fournir.

Les aliénés et les épileptiques ne sont pas admis.

## GUISCARD (Oise).

Hospice Notre-Dame des Victoires.

### Hommes et femmes.

Sœurs de l'Immaculée-Conception de Notre-Dame de Lourdes.

Admission à 60 ans et avant cet âge en cas d'infirmités incurables.

400 francs par an. 100 francs d'entrée et un trousseau.

## HARBONNIÈRES (Somme).

### Hommes et femmes.

Même communauté et mêmes conditions qu'à Noisy-le-Sec, rue des Goulets, 35.

### L'HOUMEAU-PONTOUVRE, par Angoulême (Charente).

Providence Sainte-Anne.

**Dames âgées.**

Sœurs de la Sagesse.

Gratuit pour les femmes indigentes de la commune.

Pour les dames pensionnaires, 1500 francs par an, tout compris, sauf les frais de médecin, ou 800 francs en payant à part le chauffage, l'éclairage et le médecin.

Trousseau à fournir.

### ISSOUDUN (Indre).

**Hommes et femmes.**

Sœurs de Saint-Vincent-de-Paul.

Les vieillards indigents de la commune sont reçus gratuitement. Les étrangers peuvent être admis moyennant une pension annuelle de 400 francs.

Trousseau à fournir.

### LANGRES (Haute-Marne).

Maison de la Compassion.

**Femmes.**

Sœurs du Cœur-Immaculé de Marie, de Saint-Loup-sur-Aujon.

Dames pensionnaires. Deux classes : 720 et 480 francs par an ; le blanchissage, le chauffage, l'éclairage, ainsi que les frais de maladie, sont à la charge des pensionnaires.

Dames malades ou ayant une opération à subir, 3 et 5 francs par jour, tout compris, sauf les frais de médecin et de pharmacien.

### LILLE (Nord).

Boulevard Victor-Hugo, 199.

**Femmes.**

Sœurs Franciscaines de la Propagation de la Foi.

On reçoit les jeunes filles et les femmes atteintes de maladies chroniques.

Voir chap. IX.

S'adresser, pour les conditions, à la Supérieure.

Rue d'Angleterre, 26.

### Dames pensionnaires.

Sœurs de Notre-Dame de la Treille.

On reçoit, outre les dames pensionnaires, des dames malades ou ayant à subir une opération. Elles peuvent être accompagnées par une personne de leur famille.

S'adresser, pour les conditions, à la Supérieure.

Maison Saint-Charles. Boulevard de la Moselle.

### Dames pensionnaires.

Sœurs de Saint-Vincent-de-Paul.

1 200 francs par an, tout compris. Le vin se paye à part.

S'adresser à la Supérieure.

Façade de l'Esplanade, 56.

### Dames pensionnaires.

Sœurs Fransciscaines, dites de Notre-Dame-des-Anges.

La pension est de 1 000 francs par an. On paye en plus le logement (prix divers suivant les chambres), le chauffage et l'éclairage.

## LONGPRÉ-LES-CORPS-SAINTS (Somme).

### Hommes et femmes.

Même communauté et mêmes conditions qu'à Noisy-le-Sec, rue des Goulets, 39.

## LE MANS (Sarthe).

Rue Saint-Vincent, 51.

### Dames.

Sœurs de l'Enfant-Jésus.

Logement et service en chambre particulière.

1 200 francs par an, non compris le blanchissage, l'éclairage, le chauffage et les frais de maladie.

On reçoit aussi des hommes âgés ou infirmes, pour une pension annuelle de 1 600 francs.

Voir chap. VI, *le Mans, Maison de santé,* établie dans un local entièrement séparé.

## LE MANS (Sarthe).

Rue Saint-Vincent, 34.

### Dames âgées ou infirmes.

Sœurs Servantes de Marie.

Prix divers selon les soins à donner et le logement en chambre particulière et en dortoir.

## HOSPICE NATIONAL DU MONT-GENÈVRE (Hautes-Alpes).

Ministère de l'Intérieur.

Cet établissement, situé sur le mont Genèvre, dans l'arrondissement de Briançon, sert de refuge momentané, pendant les temps de tourmente et de neige, aux voyageurs qui vont de France en Italie, par la route nationale d'Espagne en Italie.

Cette maison hospitalière, dont l'origine remonte au XIVe siècle, possède quelques propriétés rurales dont les revenus, joints à une subvention de l'État, lui permettent de venir en aide à un certain nombre de voyageurs, qui pour la plupart sont indigents.

*Directeur-économe :* M. FRANCON.

## MORANGIS (Seine-et-Oise).

Maison Saint-Louis.

### Dames pensionnaires.

Sœurs de Notre-Dame des Anges.

Admission à tout âge. Il n'y a pas de table commune. Chaque dame est servie dans sa chambre.

800 francs par an.

Le blanchissage, le chauffage, l'éclairage, les frais de médecin et de médicaments, ne sont pas compris dans le prix de la pension.

Il faut fournir le linge et la literie.

Les conditions seraient différentes pour les personnes qui ne devraient passer que l'été.

Aucune pensionnaire n'est admise sans avoir fourni les renseignements sur son honorabilité.

S'adresser, pour les admissions, à Mme la Supérieure de l'orphelinat Saint-Charles, rue Blomet, 147.

## MOUTIERS (Savoie).

### Maison pour les vieillards.

### Hommes et femmes.

Dirigée par les Religieuses de Saint-Joseph.

Vieillards des deux sexes, malades et incurables.

Gratuit pour la paroisse, payant pour les personnes étrangères, suivant les soins à donner et les conditions déterminées par la commission administrative.

Le prix est au minimum de 2 fr. 50 à 3 francs par jour.

Il existe une maison analogue à Bourg-Saint-Maurice.

Celles des Religieuses du même ordre, à Conflans, à Beaufort et à Bozel (Savoie), sont réservées exclusivement aux vieillards.

## NANCY (Meurthe-et-Moselle).

### Rue Saint-Julien.

### Hommes et femmes.

Sœurs de Saint-Charles, de Nancy.

1re classe, 1000 francs par an; 2e classe, 800 francs; 3e classe, 750 francs; 4e classe, 418 francs.

Pour les vieillards de Nancy, le prix des trois premières classes est diminué de 100 francs chacune; le prix de la 4e est de 368 fr.

## NEUFCHÂTEL (Sarthe).

### Hommes et femmes.

Sœurs de l'Enfant-Jésus.

400 francs par an, en dortoir.

Une partie de l'établissement est réservée aux dames en chambre, reçues à tout âge.

La pension varie suivant le logement et le service demandé, de 600 à 800 francs.

## NIEUL-L'ESPOIR, par la Villedieu (Vienne).

### Dames.

Sœurs de Saint-Vincent-de-Paul.

Vaste établissement.

Voir *Orphelinats*, chap. II, 4e sect.

Le prix varie depuis 800 francs jusqu'à 2000 francs par an, suivant les chambres et le service demandé.

## NÎMES (Gard).

Établissement Saint-Charles. Rue Guiran, 3.

### Dames âgées.

Religieuses de Saint-Thomas, de Villeneuve.

Les dames munies d'une lettre de recommandation du curé de leur paroisse peuvent être reçues moyennant une pension de 660 francs par an pour une chambre non meublée, ou 810 francs pour une chambre meublée, nourriture comprise.

Le chauffage, l'éclairage, le blanchissage, les frais de maladie sont à la charge des pensionnaires.

## NOGENT-LES-VIERGES, par Creil (Oise).

Hospice Saint-Vincent-de-Paul.

### Hommes et femmes.

Sœurs de Saint-Vincent-de-Paul.

Admission à 65 ans. Les incurables ne sont pas admis.

500 francs par an.

## NOYON (Oise).

### Dames âgées.

Voir *Domfront*, même chapitre.

## LE PECQ (Seine-et-Oise).

Maison de retraite Notre-Dame. Rue de Paris, 53.

### Hommes et femmes.

Sœurs de la Charité, de Besançon.

Le prix de la pension annuelle varie de 1 000 à 2 000 francs.

Les frais de médecin et de pharmacie, le chauffage et l'éclairage, sont en plus, à la charge des pensionnaires.

Les conditions pour la pension des personnes infirmes se traitent de gré à gré avec la Supérieure.

Les maladies contagieuses ne sont pas admises.

Il faut, pour être admis, produire l'acte de naissance et des références satisfaisantes.

On reçoit aussi des personnes pour un temps limité, qui ne peut être inférieur à 15 jours ; la pension est alors de 150 francs par mois.

## PERROU, par Juvigny-sous-Andaine (Orne).

### Vieillards, infirmes et malades des deux sexes.

Religieuses Franciscaines de Notre-Dame de Pitié.
Les malades ou infirmes sont reçus à tout âge.
360 francs par an, ou une somme une fois donnée.
Literie et trousseau à fournir.

## ASILE DÉPARTEMENTAL DES PETITS-PRÉS par Neauphle-le-Château (Seine-et-Oise).

### Hommes et femmes, infirmes ou âgés.

Établissement complètement distinct du dépôt de mendicité.

Les conditions d'admission, vérifiées à l'entrée par le médecin de l'asile, sont un état d'invalidité ne nécessitant pas les soins qui ne peuvent être donnés que dans un hôpital ou un hospice.

Prix pour les personnes valides : 2e classe, 300 francs par an, sans trousseau; pour les personnes demi-valides, 1re classe, 500 francs par an et 50 francs de trousseau à l'entrée.

Les demandes doivent être adressées à M. le Préfet de Seine-et-Oise, et être accompagnées des pièces suivantes :

1° Bulletin de naissance ;

2° Attestation de trois années de résidence dans le département, s'il s'agit de la seconde classe;

3° Attestation d'indigence;

4° Certificat médical constatant l'état physique et mental;

3° Engagement par la commune, ou par l'association charitable, ou par les particuliers, de payer la pension.

Le service hospitalier est confié aux Sœurs de la Présentation de la Sainte-Vierge.

## POISSONS (Haute-Marne).

### Femmes.

Sœurs de la Providence, de Langres.

1 000 francs par an, y compris le chauffage, l'éclairage, le blanchissage, mais non les frais de médecin et médicaments.

On peut passer un ou deux mois à titre d'essai.

S'adresser à la Supérieure générale des Sœurs de la Providence, à Langres.

## POITIERS (Vienne).

Voir chap. VI, *Maison de santé.*

### PORT-SAINTE-FOY, par Sainte-Foy (Dordogne).

Asile catholique.

**Hommes et femmes.**

Sœurs de Sainte-Marthe, de Périgueux.

La commission règle les conditions de prix, depuis un minimum de 200 francs par an.

Cet asile est destiné au vieillards de la Dordogne, et par exception seulement reçoit ceux des autres départements.

### ROCHEFORT (Charente-Inférieure).

Hospice maritime. — Ministère de la Marine.

Sœurs de Saint-Vincent-de-Paul.

Pour les veuves indigentes de marins, militaires de la marine ou ouvriers du port de Rochefort.

### ROSIÈRES-AUX-SALINES (Meurthe-et-Moselle).

Hospice Sainte-Odile.

**Hommes et femmes.**

Sœurs de Saint-Charles.

Admission à tout âge; il n'y a pas d'incurables.

Gratuit pour la ville.

Pensionnaires de tout pays.

Les prix varient de 600 à 2 000 francs tout compris, suivant la nourriture et les soins exigés.

Trousseau à fournir. Le mobilier se règle à part.

### ROYAN (Charente-Inférieure).

**Hommes et femmes.**

Sœurs de Saint-Vincent-de-Paul.

Les vieillards sont admis moyennant une pension de 600 francs par an.

### SAINT-ACHEUL-LÈS-AMIENS (Somme).

**Dames âgées.**

Religieuses des Sacrés-Cœurs, dites de Louvencourt.

1 200 et 1 500 francs par an, suivant l'appartement.

Le blanchissage, le chauffage et l'éclairage, restent à la charge des pensionnaires.

## SAINT-BROLADRE, par Dol (Ille-et-Vilaine).

**Maison Saint-Joseph.**

**Pour les dames.**

Sœurs Franciscaines, de Calais.

Admission à tout âge, moyennant une pension de 600, 900 ou 1 200 francs par an.

On reçoit pendant la saison les personnes qui désirent prendre des bains de mer; la pension est alors de 4 francs par jour.

La proximité permet de se rendre chaque jour à l'établissement de bains, à Cherrueix.

## SAINT-FRAIMBAULT-DE-LASSAY (Mayenne).

**Hommes et femmes.**

Sœurs de l'Immaculée-Conception de Marie.

Les femmes, les malades et les infirmes sont reçus à tout âge; les hommes valides sont reçus après 40 ans.

Le prix de la pension varie de 400 à 2 000 francs par an, suivant le logement et le service demandés.

Il faut fournir la literie.

Les pensionnaires en chambre particulière ont de plus à payer leur mobilier, l'éclairage et le chauffage au bois.

Les frais de médecin et les médicaments sont à la charge des pensionnaires.

Les aliénés et les épileptiques ne sont pas admis.

On ne reçoit que des personnes honorablement connues.

## SAINT-GERMAIN-EN-LAYE (Seine-et-Oise).

**Place de Nantes.**

**Dames pensionnaires.**

Sœurs Augustines Hospitalières.

Les conditions se traitent avec la Supérieure.

**Rue de Poissy, 89.**

**Dames.**

Sœurs Fransciscaines, de Calais.

1 400 à 1 800 francs par an.

## SAINT-LOUANS, près Chinon (Indre-et-Loire).

Maison de retraite pour les ecclésiastiques et les laïques âgés ou infirmes.
Maison pour les dames.

Sœurs Augustines Hospitalières.

Le prix varie de 1 000 à 1 500 francs par an.

Location du mobilier en plus, s'il n'est pas apporté.

On reçoit aussi, dans des conditions spéciales, les personnes qui désirent faire un séjour de quelques mois seulement.

Les maladies mentales ou contagieuses ne sont pas reçues.

S'adresser à la Supérieure de la maison.

## SAINT-MACAIRE (Gironde).

Asile Saint-Joseph.

**Hommes et femmes.**

Sœurs de Saint-Vincent-de-Paul.

Les indigents de la commune sont reçus gratuitement. Les autres payent une pension de 700 francs par an en salles communes, et de 1 000 francs au moins en chambres particulières.

## SAINT-MÉEN-LE-GRAND (Ille-et-Vilaine).

**Hommes et femmes.**

Sœurs de Saint-Vincent-de-Paul.

L'hôpital reçoit des pensionnaires au prix de 1 fr. 25 par jour (456 fr. 25 par an).

Traitement spécial pour les teigneux, reçus à tout âge, pour 1 franc par jour.

## SAINT-NICOLAS-DU-PORT (Meurthe-et-Moselle).

**Dames.**

Sœurs de Saint-Charles, de Nancy.

Outre la maison de santé pour les dames aliénées annexée à l'hospice Saint-François, les Sœurs ont un quartier séparé pour les dames pensionnaires.

Les prix varient de 1 200 à 2 400 francs par an, tout compris.

## SOUCHEZ (Pas-de-Calais).

**Hommes et femmes.**

Religieuses Franciscaines, de Calais.

Admission vers 50 ans. Les infirmes sont admis à tout âge.

350 francs par an en dortoir.
Pour les chambres, on traite de gré à gré.
Les Sœurs Franciscaines reçoivent les vieillards dans les mêmes conditions à Barastre, par Bertincourt; à Desvres, à Fruges et à Vitry (Pas-de-Calais); à Bouloire (Sarthe).

## TALENCE (Gironde).

Chemin de Pessac, 52.

**Hommes.**

Sœurs de la Charité de la Sainte-Agonie.
Les hommes âgés, valides ou infirmes, sont reçus moyennant une pension dont le prix se traite de gré à gré avec la Supérieure.

## TONDU, à Bordeaux (Gironde).

**Hommes et femmes. — Vieillards et incurables.**

Sœurs de la Charité de la Sainte-Agonie.
Le prix est peu élevé et se traite de gré à gré.
Les infirmes sont reçus à tout âge.

## TOURS (Indre-et-Loire).

Rue Bernard-Palissy, 16.

Succursale de la maison de Saint-Louans, de Chinon.

**Dames.**

Sœurs Augustines Hospitalières.
Les conditions sont les mêmes qu'à Saint-Louans, sauf le prix, qui varie de 1 200 à 1 000 francs.
La maison des hommes est située au n° 11 de la même rue.

Rue Colbert, 32.

**Femmes.**

Sœurs Servantes de Marie.
300 francs par an en salle commune.
Prix plus élevé en chambre particulière.

## TROYES (Aube).

Rue Saint-Vincent-de-Paul, 28.

**Femmes incurables ou âgées.**

Sœurs de Saint-Vincent-de-Paul.
600 francs par an en dortoir, 800 et 1 000 francs en chambre.

Trousseau et literie à fournir; on peut les emporter si l'on quitte.

Admission dès l'âge de 50 ans.

Quelques places gratuites sont réservées aux personnes de la ville.

Rue Charles-Delaunay, 30.

**Dames pensionnaires.**

Sœurs Augustines, de Troyes.

900 francs par an.

Le blanchissage, l'éclairage, le chauffage, le vin, les frais du médecin, sont à la charge des pensionnaires.

Les repas ne se prennent pas en commun.

## VENDÔME (Loir-et-Cher).

**Hommes et femmes âgés ou incurables.**

Religieuses du Saint-Cœur de Marie, de Vendôme.

Les femmes ou filles incurables sont reçues à tout âge.

Les hommes ne sont admis qu'à un âge avancé.

On ne recoit ni les fous ni les épileptiques.

Les infirmes habitent des salles communes.

La pension varie selon le degré d'infirmité; le minimum est de 350 francs par an.

Une autre pension, dont le minimum est de 600 francs, se trouve également en salle commune; mais la nourriture est plus soignée.

La Communauté reçoit des dames qui payent une pension dont le prix varie, à partir de 1000 francs par an, suivant le local qu'elles occupent. Chaque dame prend ses repas dans sa chambre.

Dans ces diverses catégories, il faut apporter un mobilier et un trousseau.

## VERDUN (Meuse).

Rue Saint-Maur, 6.

**Dames pensionnaires.**

Sœurs de Saint-Vincent-de-Paul.

On ne reçoit ni les incurables ni les infirmes.

Pension : 750 francs par an. Le logement se paye à part et varie de 200 à 350 francs par an.

Il faut apporter le mobilier.

Le chauffage et l'éclairage sont à la charge des pensionnaires.

Cette maison est sous la dépendance du Bureau de bienfaisance, mais elle reçoit les dames de tous pays.

## VERSAILLES (Seine-et-Oise).

Maison de retraite de Sainte-Agathe. Rue Édouard-Charton, 23.

### Dames âgées ou infirmes.

Religieuses Augustines Hospitalières.

Admission à tout âge et dans toutes conditions.

La pension varie de 1 000 à 2 700 francs par an.

Au n° 21 de la même rue, sont reçues des pensionnaires qui ne payent que 400 à 500 francs de pension.

La communauté entretient 20 places gratuites et l'évêché de Versailles en entretient 10.

Maison de la Providence. Rue des Chantiers, 63 et 65.

### Hommes et femmes.

Sœurs de la Sagesse.

Gratuit pour les vieillards de Versailles.

On ne reçoit pas de pensionnaires payants.

Rue de Maurepas, 29 et 31.

### Hommes et femmes.

Sœurs Franciscaines, de Calais.

Le prix de la pension varie selon le logement et les soins réclamés. La moyenne est de 2 400 fr. pour les hommes, et 1 500 fr. pour les dames.

Les personnes atteintes de maladies contagieuses ne sont pas admises.

S'adresser à la Supérieure.

## LE VIGEAN, par Blanquefort (Gironde).

### Femmes.

Sœurs du Bon-Pasteur de la Visitation.

Admission à tout âge.

Le prix varie selon les exigences et les infirmités, de 400 à 2 000 francs par an.

Trousseau et mobilier à fournir.

Les Sœurs du Bon-Pasteur ont à Saint-Brice, par Sauveterre (Gironde), une maison de retraite pour les femmes, à peu près dans les mêmes conditions.

## VILLECRESNES (Seine-et-Oise).

### Maison de retraite Saint-Pierre.

### Hommes et femmes.

Sœurs de Sainte-Marie.

Admission à 60 ans au moins. Il faut joindre à la demande :

1° L'acte de naissance ou de baptême;

2° Un certificat de bonnes vie et mœurs;

3° Un certificat de médecin constatant l'absence de maladie incurable ou de nature à nuire aux autres pensionnaires;

4° Une recommandation d'une personne connue.

La pension est de 500 francs par an en dortoir, et 600 francs en chambre particulière.

Le médecin, les médicaments et le blanchissage sont à la charge des pensionnaires; ceux qui ont une chambre particulière doivent en plus se chauffer et s'éclairer à leurs frais.

Trousseau et mobilier à fournir en entrant.

Les demandes doivent être adressées à la Supérieure, à Villecresnes.

---

# CHAPITRE VIII

## Sourds-muets. — Bègues. — Aveugles.

## SOURDS-MUETS

### SOCIÉTÉ CENTRALE D'ÉDUCATION ET D'ASSISTANCE POUR LES SOURDS-MUETS EN FRANCE

Rue Saint-Jacques, 254 (v[e] arrond.).

Société reconnue d'utilité publique par décret du 16 mars 1870.

Le but de cette Société, fondée en 1850, est l'amélioration du sort physique et moral des sourds-muets de l'un et de l'autre sexe. Elle procure aux enfants le bienfait de l'instruction en les plaçant dans des écoles primaires ou dans des internats, jusqu'à ce qu'ils puissent entrer dans les institutions spéciales. Elle facilite aux adultes valides les moyens d'existence par le travail et procure aux malades et aux vieillards l'assistance que leur position réclame; elle assure enfin aux sourds-muets, dans toutes les circonstances de la vie, une protection et un patronage.

Elle a établi pour ses protégés des instructions religieuses.

Les ressources de la Société proviennent des subventions de l'administration et des dons de la charité. Le minimum de la cotisation de ses membres titulaires est fixé à 10 fr.

*Président :* M. Roy, premier président honoraire à la Cour des comptes.

*Secrétaire général :* M. le docteur LADREIT DE LACHARRIÈRE, médecin en chef de l'institution nationale des sourds-muets.

*Trésorier :* M. BOCQUIN, professeur à la même institution.

Les demandes de renseignements et de secours doivent être adressées au siège de la Société, rue Saint-Jacques, 254, au secrétaire général.

Le secrétariat est ouvert le premier mercredi de chaque mois, de midi à 2 heures.

La clinique ontologique est ouverte au public les mardis, jeudis, samedis à 9 heures, sous la direction de M. le docteur LADREIT DE LACHARRIÈRE.

## SOCIÉTÉ POUR L'INSTRUCTION ET LA PROTECTION DES SOURDS-MUETS

### PAR L'ENSEIGNEMENT SIMULTANÉ DES SOURDS-MUETS ET DES ENTENDANTS-PARLANTS

Secrétariat : rue Serpente, 28 (VIe arrond.).

**Reconnue d'utilité publique par décret du 10 mai 1875.**

La Société a pour but la protection des sourds-muets :

1° Par les bourses et subventions qu'elle leur accorde pour leur admission dans les écoles comme externes ou comme internes ;

2° Par le patronage qu'elle continue après leur sortie de l'école, pour les aider à exercer une profession et à se créer des moyens d'existence.

Elle se propose notamment, pour faciliter leur existence au milieu de la société, la recherche et l'application des moyens propres à permettre leur enseignement simultané avec les autres enfants.

Cette Société a été fondée, en 1866, par M. Augustin Grosselin, inventeur de la méthode phonomimique, qui est employée dans un grand nombre d'écoles. Les sourds-muets instruits, à l'aide de cette méthode, dans les écoles d'enfants parlants, arrivent eux-mêmes à parler distinctement.

La Société pour l'instruction et la protection des sourds-muets est exclusivement philanthropique.

Elle accorde des prix, des médailles, des récompenses aux élèves les plus méritants, et aux instituteurs les plus dévoués à cet enseignement spécial.

Sont fondateurs ceux qui versent en une seule fois une somme de 100 francs au moins, et souscripteurs ceux qui payent une cotisation annuelle de 10 francs.

*Président :* M. SPULLER, sénateur.

*Vice-Présidents :* M. Émile GROSSELIN; Mme H. BLONDEL.

*Secrétaire général :* M. CLAIRIN.

*Trésorier :* M. Georges BROCA.

## SOCIÉTÉ D'ASSISTANCE, D'ÉDUCATION
### ET DE PATRONAGE EN FAVEUR DES SOURDS-MUETS

Reconnue d'utilité publique par décret du 8 avril 1878.

Cette Société a été fondée, en 1849, par le docteur Blanchet, dans le but :

1° De secourir les sourds-muets indigents;

2° De faciliter l'éducation chrétienne de leurs enfants;

3° De former un patronage pour les jeunes filles et les femmes sourdes-muettes. Les réunions ont lieu chez les Sœurs de Saint-Vincent-de-Paul, rue Saint-Hyacinthe-Saint-Honoré, 4.

S'adresser pour les secours à la supérieure des Sœurs de Saint-Vincent-de-Paul, rue du Marché-Saint-Honoré, 32.

*Président :* M. le curé de Saint-Roch.

*Secrétaire et directeur spirituel :* M. l'abbé GOISLOT, à Saint-Roch.

## INSTITUTION NATIONALE DES SOURDS-MUETS

Rue Saint-Jacques, 254 (v<sup>e</sup> arrond.).

Ministère de l'Intérieur.

### Garçons.

Cette Institution, fondée par l'abbé de l'Épée en 1760, et dotée par Louis XVI, en 1778, n'a pas cessé depuis cette époque d'être soutenue par l'État, qui y entretient des bourses divisibles par fractions de bourses.

La Ville de Paris y envoie aussi un certain nombre de boursiers.

Pour être admis dans l'institution comme boursier de l'État, il faut en adresser la demande au ministre de l'Intérieur et produire l'acte de naissance, l'acte de baptême, des certificats d'indigence, de vaccine et constatant l'infirmité, toutes ces pièces dûment légalisées.

L'enfant devra avoir 9 ans accomplis et pas plus de 12 ans; il est examiné à son entrée par le médecin de l'établissement.

Les départements, les communes, les administrations charitables peuvent fonder et entretenir des bourses, dont le prix est de 1 400 francs par an.

La durée des études est de 8 ans. Les cours de la division élémentaire comprennent la langue écrite, l'articulation de la parole et sa lecture sur les lèvres de celui qui parle, le calcul et l'enseignement religieux préparatoire à la première communion.

Des ateliers de lithographie, de typographie, de sculpture sur bois, de menuiserie et de cordonnerie, sont établis pour les enfants qui devront demander au travail manuel leurs moyens d'existence. L'horticulture est également enseignée dans cet établissement.

Les élèves que leurs parents destinent à une profession libérale suivent, dans la division supérieure, un cours complémentaire.

Le prix de la pension des élèves libres est fixé à 1400 francs par an. Le prix du trousseau est de 400 francs.

Depuis 1859, cette Institution est exclusivement consacrée aux garçons; les filles sont placées à Bordeaux.

*Directeur :* M. JAVAL.

## INSTITUTION NATIONALE DES SOURDES-MUETTES

A Bordeaux (Gironde).

Ministère de l'Intérieur.

**Filles.**

Cette institution, fondée par l'abbé Sicard, est aujourd'hui un établissement public exclusivement consacré, par décret du 11 septembre 1859, à l'enseignement des jeunes filles sourdes-muettes.

L'État y entretient des bourses, divisibles par fractions.

La durée des études est de 8 ans.

Les conditions d'admission sont les mêmes que pour l'Institution des sourds-muets, à Paris.

La pension des élèves libres et le prix des bourses fondées par les départements, les villes et les administrations hospitalières, est de 1000 francs par an. Le prix du trousseau est de 320 francs.

L'enseignement et la surveillance sont confiés aux Sœurs de la Charité de Nevers.

Outre l'instruction ordinaire et spéciale, les jeunes filles apprennent à s'occuper à divers travaux de ménage, broder, dessiner, peindre sur porcelaine, etc.

Une école enfantine annexée à l'établissement permet de recevoir les jeunes sourdes-muettes dès l'âge de 6 ans.

*Directeur :* M. CAVÉ-ESGARIS.

## INSTITUTION NATIONALE DES SOURDS-MUETS

### A Chambéry (Savoie).

Reconnue d'utilité publique par décret du 17 octobre 1861.

Ministère de l'Intérieur.

**Garçons et filles.**

Cet établissement, destiné à l'éducation des sourds-muets des deux sexes, était une institution royale des États sardes.

Le quartier des garçons est installé dans le domaine de Corinthe, à trois kilomètres de Chambéry.

Les élèves y sont particulièrement dirigés vers la pratique d'une profession agricole. Il est desservi par un personnel laïque.

Le quartier des filles forme une section spéciale dans le couvent tenu à Chambéry par les Religieuses du Sacré-Cœur.

On reçoit des pensionnaires et des boursiers. Les bourses, entretenues par les départements, les communes et les établissements hospitaliers, sont fixées au prix de 500 francs par an.

Les nominations aux bourses de l'État sont faites par le ministre de l'Intérieur. On ne peut être reçu boursier que de 9 à 15 ans.

La pension des élèves libres est de 600 francs. Pour tous les pensionnaires, boursiers ou autres, le prix du trousseau est de 240 francs.

Aucun élève n'est conservé après 21 ans.

Les élèves reçoivent une éducation morale et religieuse, une instruction élémentaire et un enseignement professionnel.

Les demandes d'admission doivent être adressées au ministre de l'Intérieur, et être accompagnées :

1° De l'acte de naissance;

2° D'un certificat de médecin constatant l'infirmité;

3° D'un engagement de payer la somme de 240 francs pour le trousseau.

*Directeur :* M. Blandin.

---

# ÉTABLISSEMENTS PRIVÉS

## POUR LES SOURDS-MUETS

### Observations générales.

Dans ces Institutions, on enseigne aux élèves les meilleures méthodes pour se faire comprendre et comprendre eux-mêmes. On leur donne l'usage de la parole et on les habitue à comprendre, par le mouvement des lèvres de l'interlocuteur, les paroles qui leur sont adressées.

La méthode orale pure est généralement employée.

L'enseignement primaire est poussé plus ou moins loin, suivant les circonstances, et l'enseignement professionnel est dirigé de manière à assurer aux élèves les moyens de gagner leur vie ou de s'occuper utilement.

Dans un grand nombre d'institutions, on reçoit à la fois des aveugles et des sourds-muets.

La plupart des départements payent des bourses dans les établissements privés. La demande doit en être adressée au préfet de la résidence de l'enfant.

Pour l'admission des élèves libres, il faut s'adresser au directeur ou à la supérieure de chaque maison.

### ALENÇON (Orne).

#### Garçons et filles sourds-muets.

Sœurs de la Providence.

Admission de 7 à 8 ans.

400 francs et plus suivant les conditions. Trousseau à fournir.

On reçoit des boursiers de divers départements.

Cette maison est spécialement une maison d'éducation.

### ANGERS (Maine-et-Loire).

A Sainte-Marie de la Forêt.

**Garçons et filles sourds-muets.**

Sœurs de la Charité de Sainte-Marie, d'Angers.

Les boursiers du département sont admis à 9 ans. Pour les autres, l'âge n'est pas fixé.

500 francs par an. Trousseau à fournir.

### ARRAS (Pas-de-Calais).

Rue des Augustines, 4.

**Garçons et filles sourds-muets.**

Sœurs de Saint-Vincent-de-Paul.

500 francs par an. 300 francs pour le trousseau, à moins que les familles ne se chargent de l'entretien.

La durée des études est de 8 ans. Si l'élève reste davantage, il doit ajouter 50 francs par chaque année supplémentaire.

### AURILLAC (Cantal).

Rue du Monastère.

**École départementale de sourds-muets (garçons et filles).**

Sœurs de la Sainte-Famille.

On peut recevoir des enfants des autres départements.

L'âge n'est pas fixé.

400 francs par an pour les garçons, 300 francs pour les filles.

### BESANÇON-SAINT-CLAUDE (Doubs).

**Institution Saint-Joseph pour les garçons sourds-muets.**

Frères des Écoles chrétiennes.

Admission de 8 à 13 ans, sauf de rares exceptions.

La pension est de 500 francs par an et peut varier suivant des conventions particulières. Trousseau à fournir.

La durée minimum du cours est de 7 ans.

Enseignement par la parole. Correction des vices de prononciation. Après les études, apprentissage de divers états, cordonnerie, confection des habits, reliure, menuiserie, modelage, dessin, boulangerie, etc. On reçoit des apprentis, pour une somme de 300 francs, une fois donnée.

S'adresser pour les admissions au Frère directeur. Les demandes de bourses ou fractions de bourse doivent être adressées au préfet du département du domicile des parents.

## BORDEAUX (Gironde).

Rue de Marseille, 61.

### Garçons sourds-muets.

Frères de Saint-Gabriel.

Admission à 6 ou 7 ans. Sortie à 15 ou 16 ans.

600 francs par an. 50 francs d'entrée.

On suit pour l'instruction les règlements de l'institution nationale.

Cordonnerie. Menuiserie. Jardinage.

## BOURG (Ain).

### Garçons sourds-muets, à Bel-Air.

Institution fondée en 1856, dirigée par les Frères des Écoles chrétiennes.

Admission de 6 à 15 ans. La durée des études est de 7 à 8 ans.

400 francs par an; un trousseau ou 200 francs.

Enseignement par la méthode orale pure.

On s'occupe de tout ce qui se rattache aux défectuosités de langage (bègues, etc.).

La pension est de 700 à 800 francs par an pour les élèves qui demandent un régime particulier.

### Filles sourdes-muettes.

Sœurs de Saint-Joseph, de Bourg.

Institution fondée en 1847.

Admission dès 6 ans.

La durée des études est de 6 à 8 ans.

Emploi de la méthode orale pure. Enseignement primaire et professionnel. Cours complémentaires et arts d'agrément si on le désire.

400 francs par an. Trousseau à fournir.

S'adresser à la supérieure.

## BOURG-LA-REINE (Seine), Grande-Rue, 53.

### Filles sourdes-muettes.

Sœurs de Notre-Dame-du-Calvaire, de Gramat.

L'internat comprend deux sections :

1° Les élèves boursières et autres, 400 francs par an.

2° Les élèves des familles demandant un cours séparé, 800 fr. par an.

Admission dès 6 ans.

La durée des études est de 8 à 10 ans.

On admet aussi, dans un cours spécial, des élèves parlantes.

Études complètes. Dessin. Peinture sur porcelaine. Musique.

Un ouvroir annexé au pensionnat permet de garder, après leurs études, les jeunes filles sans famille.

Voir chap. VII, *Même maison.*

## CAEN (Calvados).

### Établissement du Bon-Sauveur.

### Garçons et filles sourds-muets.

Sœurs du Bon-Sauveur.

Admission dès 8 ans.

La durée de l'instruction est en moyenne de 8 années. La première communion a lieu généralement vers la sixième année.

500 francs par an. Trousseau à fournir.

Blanchissage, entretien, frais classiques à la charge des familles.

Ateliers de tailleurs, cordonniers, vanniers, etc., pour les garçons; couture pour les filles.

Cet établissement est très vaste et comprend diverses sections entièrement distinctes les unes des autres.

Les sœurs du Bon-Sauveur ont à Albi (Tarn), à Pont-l'Abbé (Manche) et à Bégard (Côtes-du-Nord), des maisons où l'on instruit les sourds-muets dans les mêmes conditions qu'à Caen.

Voir même maison : *Aliénés*, chap. IX.

## CHAMALIÈRES, par Clermont (Puy-de-Dôme).

### Institution de sourds-muets (garçons).

Frères de Saint-Gabriel.

Admission de 7 à 14 ans; les idiots sont refusés.

Le prix de la pension se traite de gré à gré. Trousseau et literie à fournir.

Méthode orale pure.

## CLERMONT-FERRAND (Puy-de-Dôme).

### Institution de sourdes-muettes.

Sœurs de Saint-Joseph-du-Bon-Pasteur.

## CURRIÈRE, par Saint-Laurent-du-Pont (Isère).

École Saint-Bruno.

### Garçons sourds-muets.

Frères de Saint-Gabriel.

Cette école, fondée et entretenue par les RR. PP. Chartreux, a pour but de donner gratuitement aux enfants sourds-muets pauvres du département de l'Isère une instruction morale, religieuse et intellectuelle, et de leur enseigner un métier.

Divers ateliers sont ouverts dans l'institution, afin d'assurer l'apprentissage des élèves.

On reçoit, par exception, des sourds-muets des autres départements.

La durée du cours est de 7 ans.

Le certificat d'indigence doit être joint aux pièces présentées pour l'admission, qui ne peut avoir lieu que de 9 à 13 ans.

## LAON (Aisne).

Place Saint-Pierre-au-Marché.

### Institution Notre-Dame pour les sourdes-muettes.

Sœurs de la Sagesse, sous la haute direction de M. l'abbé Bourse, vicaire général, à Soissons.

Admission de 8 à 12 ans.

La durée du cours est de 7 ans.

550 francs par an, un trousseau et un uniforme.

Présenter un certificat légalisé constatant que l'enfant n'est atteinte ni d'épilepsie, ni de scrofules, ni d'aucune maladie contagieuse.

On reçoit des boursières des départements.

## LARNAY, par Poitiers (Vienne).

Institution Notre-Dame-de-Larnay.

### Filles sourdes-muettes.

Sœurs de la Sagesse, de Saint-Laurent-sur-Sèvre.

Admission de 7 à 12 ans.

L'instruction doit durer de 7 à 8 ans.

Inutile de rien entreprendre pour celles qui présentent des caractères d'idiotisme. On ne reçoit aucune enfant atteinte de maladies contagieuses ou incurables. La méthode orale pure est suivie depuis 1880, et donne les meilleurs résultats.

400 francs par an. 300 francs d'entrée pour le trousseau et l'entretien ou 50 francs par an.

Un ouvroir pour tous les genres d'ornements d'église est annexé à l'institution dans le but de procurer du travail et des ressources aux sourdes-muettes qui restent dans la maison après leur instruction.

On peut lui adresser des commandes de travaux.

Une succursale est établie à Poitiers, rue Saint-Paul, 26.

Outre les travaux d'ornements, les sourdes-muettes sont occupées à tous les ouvrages de lingerie.

### LILLE (Nord).

Rue Royale, 131.

#### Filles sourdes-muettes.

Sœurs de la Sagesse.

Admission à 8 ou 9 ans.

550 francs par an. Trousseau à fournir.

### MARSEILLE (Bouches-du-Rhône).

#### Garçons et filles sourds-muets.

Sœurs de l'Immaculée-Conception, de Marseille.

Admission dès 8 ans.

Externat gratuit pour les indigents. L'internat se paye aux conditions ordinaires.

### MONTPELLIER (Hérault).

Rue Saint-Vincent-de-Paul, 16.

#### Garçons et filles sourds-muets.

Sœurs de Saint-Vincent-de-Paul.

400 ou 500 francs par an. 200 francs pour le trousseau.

On reçoit des boursiers des départements et des communes.

La durée des études est de 7 ans environ.

Pour les filles, outre les classes, lingerie, repassage.

Pour les garçons, diverses professions, tailleur, menuisier, cordonnier, horticulteur, etc.

Enseignement du dessin.

**NANCY (Meurthe-et-Moselle), à la Malgrange.**

**Garçons et filles sourds-muets.**

Sœurs de Saint-Charles, de Nancy.
500 francs par an, sauf les 2 mois de vacances. Trousseau.

**NANTES (Loire-Inférieure).**

**Rue du Frère-Louis.**

**Institution départementale des sourds-muets.**

Frères de Saint-Gabriel.
Les garçons sont admis de 9 à 13 ans.
La durée du cours est de 7 ans.
500 francs par an. Trousseau à fournir.
Méthode orale. Enseignement intellectuel et professionnel.
Divers ateliers.
S'adresser au directeur de l'institution.

**NOGENT-LE-ROTROU (Eure-et-Loir).**

**Garçons et filles sourds-muets.**

Sœurs de l'Immaculée-Conception.
Admission dès 5 à 6 ans.
La durée des cours est de 8 à 9 ans.
300 à 350 francs par an, non compris l'entretien et le blanchissage.
Trousseau à fournir. Lingerie et divers métiers.
On reçoit des boursiers des départements.

**ORLÉANS (Loiret).**

**Rue Saint-Marceau, 117.**

**Filles sourdes-muettes.**

Sœurs de la Sagesse.
Admission de 6 à 8 ans.
La durée des cours est de 8 ans.
450 francs par an. Trousseau à fournir.
Enseignement par la méthode orale pure.

**PELOUSEY, par Audeux (Doubs).**

**Filles sourdes-muettes.**

Sœurs de la Sagesse.
Admission de 6 à 13 ans.

La durée des études est de 7 ans.

450 francs par an. Trousseau à fournir ou 300 francs à verser, 30 francs pour l'uniforme, 12 francs pour le lit.

Méthode orale pure.

Travaux manuels. Lingerie. Ménage.

## POITIERS (Vienne).

### Faubourg de la Tranchée.

### Garçons sourds-muets.

Frères de Saint-Gabriel.

Admission à tout âge.

La durée du cours est de 7 ans.

500 francs par an pour l'année scolaire, 800 francs si l'on exige des soins particuliers; blanchissage, raccommodage et entretien en plus moyennant 60 francs par an.

Les frais de maladie sont à la charge des familles.

Il est fait des concessions pour les indigents.

On reçoit des boursiers des départements.

Enseignement de la parole. Dessin, peinture, sculpture, modelage, horticulture, menuiserie, cordonnerie, couture et petite imprimerie.

## LE PUY (Haute-Loire).

### Garçons et filles sourds-muets.

Sœurs de la Présentation de Marie, de Bourg-Saint-Andéol.

Admission à 8 ou 9 ans.

350 francs par an pour les garçons, 250 francs pour les filles. Trousseau à fournir.

Enseignement par la méthode orale pure.

## RILLÉ-FOUGÈRES (Ille-et-Vilaine).

### Garçons et filles sourds-muets.

Sœurs Adoratrices de la Justice de Dieu.

Le prix de la pension est de 400 francs par an.

Enseignement de l'articulation de la parole.

Pour les garçons, menuiserie, cordonnerie, jardinage, dessin linéaire et d'imitation.

Pour les filles, couture, repassage.

## RODEZ (Aveyron).

### Sourds-muets.

Frères de Saint-Viateur pour les garçons; religieuses pour les filles.

Admission à 9 ans.

300 francs par an et un trousseau.

## RONCHIN-LÈS-LILLE (Nord).

### Garçons sourds-muets.

Frères de Saint-Gabriel.

Admission de 8 à 11 ans.

La durée du cours est de 7 ans.

La pension ordinaire est de 550 francs par an; avec soins particuliers et table à part, 250 francs en plus. Trousseau à fournir.

Enseignement de la parole. Instruction primaire. Apprentissage de divers états, de l'horticulture, etc.

On reçoit des boursiers.

## SAINT-BRIEUC (Côtes-du-Nord).

### Institution des sourds-muets (garçons et filles).

Sous la direction de Mgr l'évêque de Saint-Brieuc.

Admission à 7 ans.

Le cours dure au moins 7 ans.

400 francs par an. Trousseau à fournir.

Couture, ménage pour les filles. Horticulture, cordonnerie pour les garçons.

## SAINT-JEAN-DE-LA-RUELLE, par Orléans (Loiret).

### Garçons sourds-muets.

Frères de Saint-Gabriel.

Admission à 8 ans. Sortie à 16 ans.

500 francs par an. Trousseau à fournir.

Après l'enseignement spécial de la parole, on apprend divers états, tels que tailleur, cordonnier, jardinage, etc.

### SAINT-LAURENT-EN-ROYANS
### par Saint-Jean-en-Royans (Drôme).
#### Garçons et filles sourds-muets.

Sœurs franciscaines, de Calais.

Admission dès 8 ans. Sortie selon leur volonté.

300 francs par an. 30 francs d'entrée pour le lit. Trousseau.

Classes, couture, travaux agricoles.

Asile à vie pour les adultes.

### SAINT-MÉDARD-LÈS-SOISSONS (Aisne).
#### Institution des sourds-muets et des jeunes aveugles.

Sous la direction de Mgr l'évêque de Soissons.

Les jeunes garçons sourds-muets ne sont pas admis avant 8 ans, ni après 14 ans. Cependant si l'élève possédait des connaissances suffisantes pour suivre à son entrée les cours correspondant à son âge, il pourrait être admis jusqu'à l'âge de 19 ans.

550 francs par an. 300 francs d'entrée pour le trousseau, ou 50 francs chaque année.

La durée du cours est de 7 ans.

On reçoit des boursiers des départements.

### TARBES (Hautes-Pyrénées).
#### Filles sourdes-muettes.

Sœurs de Saint-Joseph, de Tarbes.

Admission de 5 à 15 ans. Sortie quand elles sont instruites.

La maison garde les enfants et surtout les orphelines qui ne pourraient retourner chez elles.

250 francs par an. Trousseau et entretien à fournir.

Enseignement spécial. Couture, broderie, ménage.

Cet établissement est celui de Ponsan-Soubiran, transféré à Tarbes.

### TOULOUSE (Haute-Garonne).
Rue des Trente-Six-Ponts, 25.

#### Garçons et filles sourds-muets.

Institution pour les garçons, dirigée par les Frères de Saint-Gabriel. Apprentissage de divers états (menuisiers, cordonniers, tailleurs, etc.

Institution pour les filles, dirigée par les Sœurs de la Sagesse. Couture, soins du ménage.

Pour tous, admission de 7 à 10 ans.
500 francs de pension. Trousseau à fournir.
Enseignement par la méthode orale.
L'instruction dure 7 ans.
On reçoit des boursiers de divers départements.

### VEYRE (Puy-de-Dôme).

### École pour les jeunes filles sourdes-muettes.

Petites-Sœurs de Jésus, franciscaines.
Admission de 7 à 14 ans. Sortie après 8 ans d'études.
Les élèves qui le désirent peuvent rester dans la maison.
Pension gratuite ou suivant ce que l'on peut donner. 100 francs d'entrée.
Instruction primaire et professionnelle. L'enseignement se fait par la méthode orale.
L'établissement se soutient par des quêtes et des souscriptions.

---

## CONFESSEURS POUR LES SOURDS-MUETS

### DANS LE DÉPARTEMENT DE LA SEINE

MM. Beaudinot, à Saint-Lambert de Vaugirard.
Goislot, à Saint-Roch.
Laminette, à Gentilly.
Lefèvre, à Saint-Pierre du Petit-Montrouge.
de la Perche, à Puteaux.

# BÈGUES

---

## INSTITUTION DES BÈGUES DE PARIS

Avenue Victor-Hugo, 82 (XVIe arrond.).

Traitement et guérison du bégaiement et de tout autre défaut de prononciation, sans remède ni opération, ni le secours d'aucun instrument, mais par l'emploi d'une méthode de langage.

Internat et externat. La durée du cours est de 20 jours.

Il est réservé des places gratuites pour les bègues indigents envoyés par le ministère de l'Intérieur, la ville de Paris et les départements qui subventionnent l'institution.

Le prix du traitement varie de 400 à 800 francs, selon la gravité du mal. Il faut, pour être traité gratuitement, adresser une demande au Préfet de la Seine, si l'on réside à Paris, en y joignant l'acte de naissance et un certificat d'indigence.

*Directeur :* M. le docteur Chervin.

Consultations tous les jours de 11 heures à midi.

### BOURG (Ain), à Bel-Air.

L'institution des Frères des Écoles chrétiennes pour les garçons sourds-muets (voir ci-dessus) s'occupe de tout ce qui a rapport aux défectuosités du langage (bègues, etc.).

## AVEUGLES[1]

### HOSPICE NATIONAL DES QUINZE-VINGTS

Rue de Charenton, 28 (XIIe arrond.).

Ministère de l'Intérieur.

L'hospice des Quinze-Vingts a pour but de secourir des aveugles français, adultes et indigents, de l'un et de l'autre sexe.

Les pensionnaires secourus se divisent en pensionnaires *internes* et pensionnaires *externes*.

Les pensions *externes* sont de trois classes, c'est-à-dire de 100 francs, 150 francs et 200 francs par an.

Pour être admis à recevoir les secours annuels, il faut :

1° Être Français ;

2° Être âgé de 21 ans au moins et produire son acte de naissance ;

[1] Voir ci-après : *Association Valentin-Haüy*. Cette association facilite aux personnes s'intéressant aux aveugles toutes les démarches faites en leur faveur.

3° Justifier d'une cécité complète et incurable, et, pour la province, produire un certificat délivré par un médecin désigné par le préfet ou sous-préfet du domicile du pétitionnaire. A Paris, celui-ci doit se présenter, pour obtenir ce certificat, à la visite des médecins, qui a lieu à la salle des consultations de l'établissement, rue de Charenton, 28;

4° Être dans un état d'indigence constaté par un certificat délivré par le maire de la commune.

Pour être admis à l'hospice des Quinze-Vingts en qualité d'*interne*, il faut :

1° Avoir fait successivement partie des deux classes de pensionnaires externes à 100 et 150 francs et être, au moment de la demande, dans la classe des pensionnaires externes à 200 francs;

2° Être âgé de 40 ans au moins.

Le conjoint et les enfants d'un aveugle interne peuvent demeurer avec lui dans l'hospice; toutefois les garçons doivent en sortir à 15 ans, les filles à 21 ans.

Tout aveugle admis à l'internat reçoit par jour :

1° 1 franc 50 centimes;

2° 625 grammes de pain.

Les femmes d'aveugles reçoivent un secours de 30 centimes par jour à tout âge; les maris d'aveugles ne reçoivent ce secours qu'à l'âge de 60 ans.

Chaque enfant au-dessous de 14 ans reçoit un secours de 15 centimes par jour; à partir de 14 ans, il est mis en apprentissage par les soins de l'Administration.

On reçoit l'aveugle seul ou en famille. S'il est seul, il peut, à sa volonté, faire sa cuisine ou prendre ses repas aux cantines de la maison, moyennant une rétribution proportionnée à ses ressources; mais nul n'est nourri dans la maison, à l'exception des malades ou des infirmes qui sont placés à l'infirmerie, et, dans ce cas, une retenue est faite sur leur allocation journalière.

Tout aveugle admis à résider dans l'hospice doit apporter

tout son mobilier ou l'argent indispensable pour se le procurer.

Un grand nombre d'aveugles internes exercent une profession qui leur procure quelques ressources.

Dès le XIe siècle, il existait une *Confrérie* pour les aveugles. Il paraît certain qu'elle possédait, avant 1250, un terrain situé à peu près sur l'emplacement actuel de la rue de Rohan. Le roi saint Louis acheta pour elle un terrain voisin, et chargea, en 1254, Eudes de Montreuil de reconstruire la maison. Ce travail fut terminé en 1260 une église, sous le vocable de Saint-Denis, avait été achevée en même temps, et au mois de mars 1260 saint Louis nommait Jean le Breton premier chapelain de la communauté et lui assignait 15 livres de rentes.

En 1269, le roi donnait aux Quinze-Vingts une rente annuelle et perpétuelle de 30 livres parisis, *ad opus potagii*[1].

Par la même lettre, le roi décidait que le nombre des Quinze-Vingts (trois cents aveugles) serait toujours maintenu complet, et chargeait son chapelain et ses successeurs de pourvoir aux vacances.

En 1297, quand le roi fut canonisé, les aveugles reconnaissants le prirent pour patron.

En 1785, les Quinze-Vingts furent transférés dans l'ancien hôtel des Mousquetaires noirs, où ils se trouvent encore aujourd'hui.

Tout en restant fidèle au principe de la donation pour l'entretien de 300 aveugles internes, l'établissement secourt, ainsi qu'il a été dit plus haut, des aveugles externes : le nombre s'en élève à plus de 1700, dont 250 reçoivent une pension de 200 francs, 450 une de 150 francs, et 1050 une de 100 francs.

Les ressources de l'hospice proviennent d'une subvention du gouvernement, de rentes sur l'État et des baux à ferme et à loyer de diverses propriétés.

L'infirmerie de l'hospice est desservie par les Sœurs de Saint-Vincent-de-Paul.

Les demandes d'admission et de pension doivent être adressées au ministre de l'intérieur et être accompagnées des pièces indiquées ci-dessus.

*Directeur :* M. PÉPHAU.

[1] La lettre patente établissant cette donation existe intacte dans les riches archives de l'hospice.

## CLINIQUE OPHTALMOLOGIQUE

### ANNEXÉE A L'HOSPICE DES QUINZE-VINGTS

Ministère de l'Intérieur.

Cette clinique a été créée dans le but de diminuer le nombre des aveugles en France, par des soins préventifs et gratuits donnés aux indigents de l'un et de l'autre sexe, français ou naturalisés, menacés de cécité. On y hospitalise ceux dont l'affection nécessite des soins particuliers et qui sont porteurs :

1° D'un certificat médical constatant la maladie;

2° D'un certificat d'indigence délivré par le maire de leur domicile.

La clinique, située à l'hospice national des Quinze-Vingts, est ouverte tous les jours à midi.

## SOCIÉTÉ D'ASSISTANCE POUR LES AVEUGLES

Autorisée par décision du ministre de l'Intérieur du 4 août 1881.

Siège social : à l'hospice national des Quinze-Vingts.

Cette Société a pour objet de soustraire à la mendicité le plus grand nombre possible d'aveugles, en leur assurant des moyens de travail et des secours suffisants.

*Directeur de la Société :* M. Péphau.

## INSTITUTION NATIONALE DES JEUNES AVEUGLES

Boulevard des Invalides, 56 (VII^e^ arrond.).

Ministère de l'Intérieur.

Cette Institution, consacrée à l'instruction des jeunes garçons et des jeunes filles aveugles, a été créée en 1784 par Valentin Haüy, avec l'aide de la Société Philanthropique. Adoptée par l'État en 1791, elle est devenue l'Institution nationale des jeunes aveugles.

Le gouvernement, au moyen d'une subvention accordée à l'Institution, y entretient un certain nombre d'élèves.

Les demandes d'admission gratuite ou de fractions de bourses doivent être adressées au ministre de l'Intérieur (sur papier libre) et être accompagnées :

1° D'un acte de naissance de l'enfant, qui ne doit avoir ni moins de 10 ans, ni plus de 13 ans. Toutefois une exception est faite à cette dernière limite d'âge, en ce qui concerne les jeunes gens et les jeunes filles qui possèdent les connaissances suffisantes pour suivre à leur entrée les cours correspondant à leur âge;

2° De l'acte de baptême;

3° D'un certificat, délivré par un médecin et légalisé par qui de droit, constatant le degré de cécité du postulant, et si l'infirmité paraît incurable, déclarant qu'il jouit de toutes ses facultés intellectuelles, qu'il n'est pas épileptique, qu'il n'est atteint ni de scrofule au second degré, ni de maladie contagieuse, ni d'aucune infirmité qui le rende inhabile aux travaux dont les aveugles sont capables; enfin qu'il a eu la petite vérole ou a été vacciné avec succès.

Indépendamment des boursiers de l'État, on admet dans l'institution des élèves boursiers des départements, des villes ou des administrations hospitalières, ainsi que des pensionnaires des familles. De plus, l'Institution dispose, en vertu de fondations particulières, d'un certain nombre de bourses, pour l'obtention desquelles il faut s'adresser au Directeur de l'établissement.

Le prix de la pension est fixé à 1200 francs par an. Pour tous, le trousseau coûte 320 francs.

Les élèves reçoivent l'éducation morale et religieuse, l'instruction primaire et l'enseignement professionnel le mieux approprié à leur situation.

Cet enseignement comprend spécialement la musique et les arts qui s'y rattachent, et quelques ateliers de travaux manuels, tels que la fabrication du filet, le cannage et l'empaillage des sièges, etc.

La durée du cours d'étude est de 8 années pour les élèves appliqués à l'étude de la musique et de l'accord des pianos; elle est de 5 années pour tous les autres pensionnaires.

Un comité de patronage (*Société de placement et de secours*) s'occupe des élèves à leur sortie de l'établissement.

*Directeur :* M. Émile MARTIN.

## ASSOCIATION VALENTIN-HAÜY

### POUR LE BIEN DES AVEUGLES

Reconnue d'utilité publique par décret du 1er décembre 1891.

Secrétariat général : avenue de Villars, 14 (VIIe arrond.).

Cette Association a pour but d'étendre le mouvement d'opinion en faveur des aveugles, d'unir les personnes et les œuvres qui s'intéressent à eux, d'aider ceux qui sont ignorants à se procurer une instruction pratique, et ceux qui sont instruits à se procurer du travail.

La cotisation est de 1 franc par an. Un versement unique de 25 francs dispense de cette cotisation et confère le titre de *membre perpétuel.*

Le Secrétariat, ouvert le mercredi de 2 à 4 heures, fournit gratuitement tous les renseignements spéciaux dont on a besoin.

Il peut indiquer aux personnes qui désirent donner leur clientèle aux aveugles, l'adresse d'ouvriers, d'accordeurs de pianos et d'harmoniums, de professeurs de musique établis à Paris, en province ou à l'étranger, ainsi que l'adresse des dépôts des objets manufacturés par les aveugles.

Il est à même de procurer aux églises, communautés, hospices, pensionnats, des organistes et des professeurs de musique aveugles, dans des conditions très favorables.

*Secrétaire général :* M. Maurice DE LA SIZERANNE, avenue de Villars, 14.

## ŒUVRES DÉPENDANT DE L'ASSOCIATION VALENTIN-HAÜY

### Patronage.

L'Association exerce son patronage sur tous les aveugles dignes d'intérêt qui lui sont signalés ou qui ont recours directement à elle, tels que :

1° *Enfants en bas âge,* pour veiller sur leurs premières années ;

2° *Enfants en âge scolaire,* pour les faire admettre dans des écoles spéciales ou dans des établissements d'apprentissage ;

3° *Adultes,* pour les protéger contre ceux qui pourraient les maltraiter ou les exploiter, leur obtenant une bourse, les mettant à même d'apprendre un état, donnant à ceux qui ont une profession l'aide dont ils peuvent avoir besoin ;

4° *Vieillards ou incurables,* pour les faire hospitaliser ou secourir.

### Salle de réunion pour les hommes aveugles.

Rue de Vanves, 179 (XIVe arrond.).

Ouverte le dimanche, de 1 heure à 5 heures.

### Vestiaire.

Mme Martin Côme, boulevard Montparnasse, 141.

Au moyen de bons délivrés par le Secrétariat général, les aveugles sans famille peuvent faire réparer leurs vêtements ou s'en procurer de neufs, soit gratuitement, soit à prix réduit.

### Assistance aux aveugles par le travail.

1° *Atelier d'apprentissage* pour la fabrication des sacs en papier, et boutique pour la vente de ces objets, rue Bailleul, 6 (1er arrond.).

(L'Association sollicite les dons de vieux papiers, rapports, livres dépareillés, journaux, etc.).

2° *Atelier d'apprentissage pour la brosserie* (femmes), rue Denfert-Rochereau, 88 (XIVe arrond.).

3° *Maison de famille* pour les brossières aveugles, à Tracy-le-Mont (Oise).

4° *Travail à domicile* (tricot et crochet pour les femmes, préparation d'étoupe pour les hommes).

**Propagande pour prévenir la cécité.**

Distribution gratuite de notices populaires pour la prévention de la cécité.

**Bibliothèque Braille, rue Rousselet, 24** (VIIe arrond.).

Ouverte le mercredi, de 3 à 6 heures.

Cette bibliothèque renferme des livres et de la musique, imprimés ou manuscrits en points saillants.

Ces livres étant habituellement fort coûteux, des femmes du monde ont appris l'écriture Braille, afin de pouvoir transcrire, à l'usage des aveugles, des ouvrages utiles ou agréables. Les aveugles habitant Paris peuvent emprunter ces livres pour les lire chez eux. Au moyen des bibliothèques roulantes, ces livres circulent dans les principales villes de France.

**Recueils périodiques.**

Direction : avenue de Villars, 14.

Le *Louis Braille*, recueil mensuel imprimé en relief. Renseignements et conseils spéciaux pour les aveugles.

La *Revue Braille*, imprimée en relief. Lettres, sciences, arts, politique.

Le *Valentin Haüy*, revue mensuelle des questions relatives aux aveugles, imprimée en caractères ordinaires.

**Publication à bon marché de livres imprimés en relief.**

L'association peut les procurer à un prix considérablement réduit.

**Conférences Valentin-Haüy, avenue de Villars, 14.**

Le troisième jeudi de chaque mois, réunion de spécialistes français et étrangers, pour l'étude des questions relatives aux aveugles.

**Bibliothèque Valentin-Haüy, même adresse.**

Elle contient toutes les publications concernant les aveugles.

**Musée Valentin-Haüy, rue Bertrand, 14** (VIIe arrond.).

Ouvert le mercredi, de 4 à 5 heures.

M. Guilbeau, fondateur et conservateur de ce musée, a réuni une collection complète des travaux, outils et appareils servant à l'enseignement spécial des aveugles.

## ÉCOLE BRAILLE

A Saint-Mandé (Seine), rue Mongenot, 5 et 7.

**Garçons et filles aveugles.**

Cette école reçoit les enfants de 5 à 13 ans appartenant au département de la Seine. Le prix de la pension est de 700 francs par an, et celui du trousseau est de 300 francs.

Les demandes d'admission doivent être adressées au préfet de la Seine.

Les pièces à produire sont : 1° un extrait de naissance de l'enfant délivré sur papier libre ; 2° un certificat de vaccination ; un certificat d'un docteur en médecine portant le degré de cécité, et que l'infirmité ne paraît pas curable ; que l'enfant jouit de toutes ses facultés intellectuelles ; qu'il n'est pas épileptique ; qu'il n'est atteint ni de scrofule au second degré, ni de maladie contagieuse, ni d'aucune infirmité qui puisse le rendre inhabile à recevoir l'instruction de l'école.

Un certain nombre de bourses avec trousseau ont été fondées dans cette École par le Conseil général de la Seine et par le Conseil municipal de Paris.

Les enfants dont les parents le désirent reçoivent l'instruction religieuse et sont préparés à la première communion.

## ŒUVRE DES SŒURS AVEUGLES DE SAINT-PAUL

Rue Denfert-Rochereau, 88 (XIVe arrond.).

Approuvée par décret du 24 août 1857.

**Dames et filles aveugles ou demi-voyantes.**

Cette Œuvre, fondée en 1851, a pour but :

1° De secourir les jeunes filles aveugles en leur ouvrant pour toute la vie, si elles le veulent, un asile assuré. On les reçoit dès l'âge de 4 ans; on pourvoit à leur éducation et on leur enseigne les travaux qu'elles sont capables de faire;

2° De procurer aux jeunes aveugles qui s'y sentiraient appelées la consolation de se consacrer au service de Dieu, la communauté se composant de sœurs aveugles et de sœurs voyantes.

3° L'Œuvre admet également des dames pensionnaires aveugles auxquelles un revenu modeste ne permettrait pas de vivre dans le monde. Le prix se traite de gré à gré avec la Supérieure.

4° Enfin l'Œuvre reçoit aussi, dès l'âge de 4 ans, des jeunes filles appelées *demi-voyantes*, qui, ne pouvant pas s'appliquer au travail de la couture dans les ouvroirs, ont besoin d'apprendre un état à la portée de leur vue.

La pension des enfants, aveugles ou demi-voyantes, est de 400 francs par an.

Une Œuvre dite *Auxiliaire des Sœurs aveugles de Saint-Paul* a été créée dans le but de propager l'Œuvre principale et d'attirer vers elle les bienfaits des personnes charitables. Les membres de cette Œuvre payent une cotisation de 24 francs par an. On reçoit aussi des souscriptions de 6 francs par an.

Les offrandes et les demandes d'admission doivent être adressées à la Supérieure, rue Denfert-Rochereau, 88.

## JEUNES INCURABLES

Rue Lecourbe, 223 (xve arrond.).

**Garçons aveugles.**

Maison des Frères de Saint-Jean-de-Dieu. Les jeunes aveugles peuvent y être admis. (Voir, chap. VII, *Incurables.*)

---

## ÉTABLISSEMENTS PRIVÉS HORS PARIS

### POUR L'ÉDUCATION DES AVEUGLES

En dehors des établissements de l'État, il existe un certain nombre d'institutions privées pour les aveugles.

Dans ces institutions, outre l'instruction religieuse qui leur est donnée, on leur fait suivre les classes et on leur enseigne un état (vannerie, brosserie, tricot, musique, etc.).

**ALENÇON (Orne).**

**Filles.**

Sœurs de la Providence.
Admission de 9 à 18 ans. Sortie lorsque l'éducation est terminée.
400 francs par an. Trousseau à fournir.

**AMIENS (Somme).**

Hospice Saint-Victor.

**Garçons et filles.**

Admission à partir de 6 ans.
600 francs par an. 300 francs pour le trousseau.

**ANGERS (Maine-et-Loire).**

Route de la Meignanne.

**Jeunes aveugles.**

500 à 600 francs par an.

### ARRAS (Pas-de-Calais).

Rue des Augustines, 4.

**Garçons et filles.**

Sœurs de Saint-Vincent-de-Paul.

Admission à partir de 8 ans. Sortie lorsqu'on leur a trouvé un emploi.

500 francs par an. Trousseau de 260 francs.

### BORDEAUX (Gironde).

Rue de Marseille, 61.

**Garçons.**

Frères de Saint-Gabriel.

Admission à partir de 7 ans.

650 francs par an. 50 francs d'entrée et la literie à fournir.

### CLERMONT-FERRAND (Puy-de-Dôme).

Rue Sainte-Rose.

**Garçons et filles.**

Sœurs de Saint-Vincent-de-Paul.

Admission de 9 à 14 ans. Sortie lorsque les études sont terminées.

400 francs par an. Le trousseau varie selon les circonstances.

### FONTAINE-LÈS-DIJON (Côte-d'Or).

**Garçons et filles.**

Admission de 4 à 16 ans.

450 francs par an. Trousseau à fournir.

### LAON (Aisne).

**Filles.**

Sœurs de la Sagesse.

Admission à partir de 8 ans. Sortie après 8 ans d'études.

600 francs par an. (Les bourses pour les départements et les communes sont de 550 francs.) 300 francs pour le trousseau en une fois ou par annuités de 50 francs.

### LARNAY, près Poitiers (Vienne).

#### Filles.

Sœurs de la Sagesse.
Admission de 7 à 15 ans. Sortie après 8 ou 9 ans d'études.
450 francs par an. 300 francs d'entrée ou un trousseau.

### LILLE (Nord).

Rue Royale, 131.

#### Filles.

Sœurs de la Sagesse.
Admission de 8 à 12 ans. Sortie selon les conventions.
550 francs par an. 50 francs d'entrée.

### LIMOGES (Haute-Vienne).

Route de Paris.

#### Garçons et filles.

Admission à partir de 6 ans. Sortie à 21 ans.
300 francs par an. Trousseau à fournir.

### LYON-VAISE (Rhône).

Chemin de Saint-Cyr, 49.

#### Filles.

Sœurs de Marie-Immaculée, de Marseille.
Admission à partir de 6 ans. Sortie après 8 ou 10 ans d'études.
Prix divers : 300, 400 et 500 francs par an. 300 francs d'entrée pour le trousseau.

### LYON-VILLEURBANNE (Rhône).

Rue des Maisons-Neuves, 77.

#### Garçons et filles.

Institution fondée par la Société d'assistance et de patronage pour les sourds-muets et les aveugles de Lyon.
Admission de 8 à 13 ans.
Prix divers. Les bourses payées par les départements et les communes sont de 600 francs par an.

### MARSEILLE (Bouches-du-Rhône).

Montée de l'Oratoire, 2.

**Garçons et filles.**

Sœurs de Marie-Immaculée, de Marseille.
Admission à partir de 6 ans. Sortie après 8 ou 10 ans d'études.
300 et 500 francs par an. 300 francs d'entrée.

### MONTPELLIER (Hérault).

Rue Saint-Vincent-de-Paul, 6.

**Garçons et filles.**

Sœurs de Saint-Vincent-de-Paul.
Admission à partir de 8 ans.
500 francs par an. 200 francs d'entrée.

### NANCY (Meurthe-et-Moselle).

Maison Saint-Paul. Chemin de Santifontaine.

**Garçons et filles.**

Sœurs de Saint-Charles, de Nancy.
Admission de 7 à 15 ans. Sortie après 6 ou 8 ans d'études.
600 et 700 francs par an. 300 francs d'entrée.

### NANTES (Loire-Inférieure).

A la Persagotière.

**Garçons.**

Frères de Saint-Gabriel.
Admission de 9 à 13 ans. Sortie après 7 ans d'études.
600 francs par an. Le trousseau est fourni et entretenu par les parents.

### RONCHIN-LÈS-LILLE (Nord).

**Garçons.**

Frères de Saint-Gabriel.
Admission de 9 à 14 ans. Sortie après 7 ans d'études.
600 francs par an. Le trousseau est fourni et entretenu par les parents.

### TOULOUSE (Haute-Garonne).

Rue Montplaisir, 26.

**Garçons et filles.**

Sœurs de l'Immaculée-Conception, de Toulouse.

Les garçons sont reçus à partir de 7 ans; les filles à partir de 5 ans. La sortie dépend des conventions.

500 francs par an. 250 francs d'entrée.

---

## MAISONS DE TRAVAIL POUR LES AVEUGLES

### A PARIS

### SOCIÉTÉ DES ATELIERS D'AVEUGLES

Reconnue d'utilité publique par décret du 7 août 1885.

**École professionnelle pour les hommes, rue Jacquier (XV^e^ arr.).**

Cette école, fondée par la Société des ateliers d'aveugles en 1881, rue Basfroy, a été transférée, en 1884, rue Jacquier dans un immeuble construit à cette intention par Mme Heine.

Apprentissage gratuit d'une profession manuelle (brosserie, sparterie, etc.).

Dépôts de vente des objets fabriqués, rue de l'Échelle, 9, et rue Lafayette, 113.

Les aveugles sont reçus à tout âge; ils ne sont pas logés.

*Présidente d'honneur :* Mme la duchesse DE MAILLÉ.

*Présidente du Comité des dames patronnesses :* Mme la baronne ALPHONSE DE ROTHSCHILD.

*Président du Comité de direction :* M. le baron F. DE SCHICKLER.

Les demandes d'admission peuvent être adressées à M. LAURENT, directeur de l'École, rue Jacquier, 1.

### HORS PARIS

### AMIENS (Somme).

Hospice Saint-Victor.

**Ateliers pour les hommes et les femmes.**

Admission à partir de 21 ans.

## ARGENTEUIL (Seine-et-Oise).

**Société de placement et de secours, en faveur des élèves** sortant de l'institution nationale des jeunes aveugles.

**Atelier** pour les ouvrières, anciennes élèves de cette institution.

## MARSEILLE (Bouches-du-Rhône).

Société marseillaise des ateliers d'aveugles.

### École professionnelle pour les hommes et les femmes.

Boulevard de la Corniche, 20.

Externat gratuit. Les aveugles sont admis de 18 à 50 ans et ne sortent qu'à la fin de leur apprentissage.

Ils reçoivent de la société un subside journalier de 1 franc, qui s'ajoute au produit de leur travail.

La Société accepte comme apprentis les aveugles sans distinction de nationalité ni de culte.

Exercice d'une profession manuelle : brosserie, vannerie, sparterie, quelques travaux de menuiserie.

Les aveugles illettrés reçoivent tous les jours une demi-heure de leçons de lecture, écriture et musique.

## NANCY (Meurthe-et-Moselle).

Maison Saint-Paul. Chemin de Santifontaine.

### Ateliers pour les hommes.

400 francs par an.

Voir ci-dessus même maison.

## NANTES (Loire-Inférieure).

Passage Bouchaud.

### Ateliers pour les hommes.

## SAINTES (Charente-Inférieure).

Rue des Ballets, 9.

### Ateliers pour les femmes.

Sœurs de l'Immaculée-Conception, de Toulouse.

250 francs par an. 200 francs d'entrée.

---

## CLINIQUES POUR LES MALADIES DES YEUX

### PARIS

Voir ci-dessus : *Clinique ophtalmologique.*

### AMIENS (Somme).

Hospice Saint-Victor.

Admission gratuite pour les habitants du département de la Somme.

### CAEN (Calvados).

Rue de Langanerie, 11.

Sœurs oblates du Sacré-Cœur-de-Jésus.
Maladies des yeux. Traitement pour hommes, femmes et enfants.
Les prix varient de 5 à 10 francs par jour.

### NANCY (Meurthe-et-Moselle).

Chemin de Santifontaine.

Maison Saint-Paul, 3 francs, 5 francs et 10 francs par jour, les soins du médecin se payent en plus.

# CHAPITRE IX

**Aliénés. — Idiots. — Arriérés. — Épileptiques.**

## ALIÉNÉS

### MAISON NATIONALE DE CHARENTON

A Saint-Maurice, par Charenton (Seine).

580 lits. — Ministère de l'Intérieur.

Cette maison, fondée en 1642, est exclusivement consacrée au traitement des personnes des deux sexes atteintes d'aliénation mentale.

Le quartier des femmes, entièrement séparé de celui des hommes, est confié, quant à la surveillance, aux Dames Augustines Hospitalières.

Il y a, dans cet établissement, trois classes de pensions : la première classe est de 1 800 francs par an ; la deuxième, de 1 400 francs ; la troisième, de 1 000 francs, non compris l'entretien des malades en vêtements et linge de corps, etc., qui reste à la charge des familles, à moins qu'elles ne prennent un abonnement dont le prix est de 200, 250 et 300 francs, suivant la classe. Le blanchissage, le raccommodage, le chauffage et l'éclairage en commun, sont compris dans le prix de la pension. On peut avoir un domestique ou une femme de chambre pour son service personnel, moyennant un supplément de 1 000 ou 1 200 francs par an.

Un certain nombre de bourses et de demi-bourses, payées

sur les fonds de l'État, sont à la nomination du ministère de l'Intérieur.

Le placement des malades est volontaire ou d'office.

Les placements d'office sont ordonnés par le préfet de police et par les commissaires de police de Paris, les préfets des départements et les maires des communes. (Voir *Pièces à fournir pour le placement des aliénés*).

Les malades peuvent recevoir le dimanche et le jeudi, de midi à 4 heures, les visites de leurs parents, tuteurs ou correspondants, à moins que les médecins ne les interdisent comme nuisibles ou dangereuses.

Il existe dans cet établissement un petit hôpital de 14 lits, appelé *Salle du canton*, et qui est distinct des bâtiments occupés par les aliénés. On y reçoit les malades indigents du canton de Charenton. Des consultations gratuites y sont données tous les jours, excepté le dimanche.

*Directeur:* M. DUMANGIN.

## PIÈCES A FOURNIR POUR LE PLACEMENT DES ALIÉNÉS DANS LES HOSPICES OU ASILES PUBLICS OU PRIVÉS

1° Une demande d'admission contenant les noms, prénoms, âge, domicile, tant de la personne qui la forme que de celle dont le placement est réclamé, et l'indication du degré de parenté, ou, à défaut, de la nature des relations qui existent entre elles.

La demande doit être écrite par celui qui la forme et visée par le maire ou le commissaire de police. Si la personne ne sait pas écrire, la demande sera reçue par le maire ou le commissaire de police, qui en donneront acte.

Si cette demande d'admission est formée par le tuteur d'un interdit, il devra fournir à l'appui un extrait du jugement d'interdiction.

2° Un certificat de médecin, ayant moins de quinze jours de date, constatant l'état mental de la personne à placer, et indiquant avec les particularités de sa maladie la nécessité de faire traiter la personne désignée dans un établissement d'aliénés et de l'y tenir renfermée.

Le médecin doit être étranger à l'établissement, et n'être ni parent ni allié au second degré inclusivement du directeur ou de la personne qui fera effectuer le placement.

3° Un acte de naissance ou un extrait de l'acte de mariage.

4° Un passeport ou toute autre pièce propre à constater l'identité.

Toutes ces pièces doivent être rédigées sur papier timbré.

En cas d'urgence, le placement est ordonné par le Préfet de police et par les commissaires de police de Paris, par les Préfets des départements et les maires des communes.

Voir la *Loi sur les aliénés du 30 juin 1838*.

## ASILES D'ALIÉNÉS

Depuis un certain nombre d'années, les placements volontaires dans les asiles publics du département de la Seine, ouverts aux aliénés indigents, ont cessé d'être possibles, à cause du trop grand nombre de malades.

Les placements gratuits ont lieu d'office, par les soins de la police, pour tous les aliénés dont l'état mental présente un danger pour leurs familles ou leurs voisins, et qui manquent des ressources nécessaires pour se faire soigner convenablement.

Le malade est amené à la préfecture de police, soumis à un premier examen et dirigé vers l'asile Sainte-Anne, où il peut rester ou être envoyé en province, suivant les circonstances.

Le département de la Seine possède plusieurs asiles publics pour les aliénés indigents :

Asile Sainte-Anne, rue Cabanis, 1 (XIV^e^ arrond.), pour les malades des deux sexes (personnel laïque);

Asile départemental de Ville-Évrard, à Neuilly-sur-Marne (Seine-et-Oise). Indépendamment de l'asile public et gratuit, on a ouvert, à Ville-Évrard, une division spéciale où les aliénés du département de la Seine peuvent être reçus moyennant une pension de 900 francs.

Asile départemental de Vaucluse, à Épinay-sur-Orge (Seine-et-Oise) et à Villejuif (Seine).

Ces asiles sont considérés comme des annexes de l'asile Sainte-Anne.

Les aliénés sont aussi placés à Bicêtre, pour les hommes

(voir chap. VII); à la Salpêtrière, pour les femmes (voir chap. VII); et enfin les aliénés incurables non visités par leurs familles sont dirigés vers les établissements de province avec lesquels le département de la Seine a pris des arrangements.

## SERVICE DES ALIÉNÉS

Les établissements affectés aux aliénés se répartissent, indépendamment de la maison nationale de Charenton, en quatre catégories; ils comprennent :

1° Les asiles publics d'aliénés (au nombre de 50);

2° Les quartiers spéciaux d'hospice (15);

3° Les asiles privés faisant fonction d'asiles publics (17);

4° Les maisons de santé (26).

Les **Asiles publics d'aliénés** sont des établissements départementaux, à l'exception de ceux de Saint-Pierre à Marseille, et d'Aix (Bouches-du-Rhône), de Bordeaux et de Cadillac (Gironde), d'Armentières et de Bailleul (Nord), et de Bassens (Savoie), qui constituent des établissements dits autonomes.

Les **Quartiers spéciaux** forment une annexe de certains hospices, et sont gérés par les commissions qui administrent ces établissements.

Les **Asiles privés faisant fonction d'asiles publics** sont des établissements appartenant à des particuliers et où certains départements qui ne possèdent ni asile public ni quartier spécial placent, moyennant traité, leurs aliénés indigents.

Les **Maisons de santé** sont des établissements purement privés qui ne reçoivent que des pensionnaires.

On croit utile de donner ci-après la liste des quatre catégories d'établissements dont le caractère vient d'être défini.

### 1° Asiles publics.

| | |
|---|---|
| AISNE . . . . . . . . . . | Prémontré. (*Srs de la Charité.*) |
| ALLIER . . . . . . . . . . | Sainte-Catherine, à Yzeure. |
| ARIÈGE . . . . . . . . . . | Saint-Lizier. |
| AVEYRON . . . . . . . . . | Rodez. |
| BOUCHES-DU-RHÔNE . . . | Saint-Pierre, à Marseille.<br>Aix. |
| CHARENTE . . . . . . . . | Breuty, près Angoulême. (*Srs de Sainte-Marthe*). |
| CHARENTE-INFÉRIEURE . . . | Lafond, à Cognehors. |

Cher . . . . . . . . . . . Bourges.
Côte-d'Or. . . . . . . . La Chartreuse, à Dijon.
Eure . . . . . . . . . . Évreux. (*Srs de la Sagesse.*)
Eure-et-Loir . . . . . Bonneval.
Finistère . . . . . . . . Saint-Athanase, près Quimper.
Garonne (Haute-) . . . Toulouse.
Gers. . . . . . . . . . . Auch.
Gironde . . . . . . . . { Bordeaux. (*Srs de la Charité, de Nevers.*)<br>Cadillac. (*Srs de la Sagesse.*)
Ille-et-Vilaine . . . . Saint-Méen, à Rennes. (*Srs de Saint-Vincent-de-Paul.*)
Isère . . . . . . . . . . Saint-Robert, à Saint-Égrève.
Jura. . . . . . . . . . . Dôle.
Loir-et-Cher . . . . . Blois. (*Srs de Saint-Paul, de Chartres.*)
Lozère . . . . . . . . . Saint-Alban. (*Srs de St-François-Régis.*)
Maine-et-Loire. . . . . Sainte-Gemmes, près Angers.
Marne. . . . . . . . . . Châlons. (*Srs de St-Charles, de Nancy.*)
Marne (Haute-) . . . . Saint-Dizier.
Mayenne. . . . . . . . La Roche-Gandon, à Mayenne.
Meurthe-et-Moselle . . Maxéville, près Nancy.
Meuse. . . . . . . . . . Fains, près Bar-le-Duc.
Morbihan . . . . . . . Lesvellec, près Vannes.
Nièvre. . . . . . . . . . La Charité.
Nord . . . . . . . . . . { Armentières.<br>Bailleul.
Oise . . . . . . . . . . . Clermont.
Orne. . . . . . . . . . . Alençon.
Pas-de-Calais . . . . . Saint-Venant.
Pyrénées (Basses-). . . Pau. (*Srs de Saint-Vincent-de-Paul.*)
Rhône . . . . . . . . . . Bron.
Sarthe. . . . . . . . . . Le Mans.
Savoie. . . . . . . . . . Bassens.
Seine . . . . . . . . . . { Sainte-Anne, à Paris (asile clinique).<br>Ville-Évrard, à Neuilly-sur-Marne.<br>Vaucluse, à Épinay-sur-Orge.<br>Villejuif.
Seine-Inférieure. . . . { Saint-Yon, à Sotteville-lès-Rouen.<br>Quatre-Mares, à Sotteville-lès-Rouen. (*Srs de Saint-Joseph, de Cluny.*)
Var. . . . . . . . . . . . Pierrefeu.
Vaucluse . . . . . . . . Montdevesques, à Avignon.
Vendée . . . . . . . . . La Roche-sur-Yon.
Yonne. . . . . . . . . . Auxerre.

## 2° Quartiers d'hospices.

| | |
|---|---|
| Cantal . . . . . . . . . . | Aurillac. |
| Côtes-du-Nord . . . . . | Saint-Brieuc. |
| Finistère. . . . . . . . . | Morlaix. |
| Hérault. . . . . . . . . | Montpellier. (*Srs de S.-V.-de-Paul.*) |
| Indre-et-Loire . . . . . | Tours. (*Srs de la Présent. de la Ste-V.*) |
| Loire-Inférieure . . . . | Saint-Jacques, à Nantes. |
| Loiret. . . . . . . . . . | Orléans. |
| Lot-et-Garonne . . . . | Agen. (*Srs de Saint-Vincent-de-Paul.*) |
| Manche . . . . . . . . . | Pontorson. |
| Seine . . . . . . . . . . . | Bicêtre.<br>La Salpêtrière. |
| Sèvres (Deux-). . . . . | Niort. |
| Tarn-et-Garonne . . . | Montauban. |
| Vienne. . . . . . . . . . | Poitiers. |
| Vosges. . . . . . . . . . | Épinal. |

## 3° Asiles privés faisant fonction d'asiles publics.

| | | |
|---|---|---|
| Ain. . . . . . . . | *Saint-Georges, à Bourg.*<br>*Sainte-Madeleine.* | |
| Alpes-Maritimes. | *Saint-Pons, à Nice.* | Frères et Sœurs de l'Assomption. |
| Ardèche . . . . | *Sainte-Marie, à Privas.* | Frères pour les hommes, Sœurs pour les femmes. |
| Aude. . . . . . | *Limoux.* | Sœurs de Saint-Joseph, de Cluny. |
| Calvados. . . . | *Bon-Sauveur, à Caen.* | Sœurs du Bon-Sauveur. Habitations isolées ou chambres particulières avec une religieuse ou un gardien pour un, deux, trois malades ou plus, suivant les classes. Il y a huit classes, de 600 à 6 000 francs par an. Il faut toujours fournir le trousseau. |
| Corrèze . . . . | *La Cellette.* | |

| | | |
|---|---|---|
| Côtes-du-Nord. . | *Bégard.* | Sœurs du Bon-Sauveur de Caen. Cette maison ne reçoit que des femmes aliénées. |
| | *Lehon, près Dinan.* | Frères de Saint-Jean-de-Dieu. Il y a 5 classes, de 500 à 1 600 fr. par an. Le blanchissage se paye à part. Lorsqu'on désire qu'un Frère soit spécialement affecté au service d'un malade, on traite de gré à gré avec l'établissement, qui est uniquement réservé aux hommes. |
| Haute-Loire . . | *Montredon, près Le Puy.* | Les hommes sont soignés par des Frères, les femmes par des religieuses. |
| Lot . . . . . . | *Leyme.* | |
| Manche. . . . . | *Pont-l'Abbé.* | Sœurs du Bon-Sauveur de Caen. (V. ci-dessus.) |
| | *Saint-Lô.* | S[rs] du Bon-Sauveur. |
| Nord. . . . . . | *Lommelet, près Lille.* | Frères de Saint-Jean-de Dieu. Spécial pour les hommes. Division supérieure avec gardien particulier. Pour cette division, on traite de gré à gré, depuis 10 fr. par jour. 4 divisions au prix de 5, 4, 3 et 2 fr. par jour. Les malades de la classe ouvrière sont admis pour une pension de 1 fr. 25 par jour. Le blanchissage et le raccommodage sont, dans toutes les divisions, à la charge des familles. Il faut fournir un trousseau. |
| Puy-de-Dôme . | *Sainte-Marie, à Clermont-Ferrand, au Bois de Cros.* | Sœurs de Notre-Dame de l'Assomption. |

| | | |
|---|---|---|
| RHÔNE. . . . . | *Lyon, route de Vienne*, 206. | Frères de Saint-Jean-de-Dieu. Classe supérieure, 10 fr. par jour. Les autres divisions sont au prix de 6, 4, 3 et 2 fr. par jour. Il faut fournir un trousseau. Cet établissement ne reçoit que des hommes. |
| TARN . . . . . | *Bon-Sauveur, à Albi.* | Sœurs du Bon-Sauveur, de Caen. (Voir ci-dessus.) |

### 4° Maisons de santé.

| | |
|---|---|
| BOUCHES-DU-RHÔNE. . . | Saint-Paul, à Saint-Remy.<br>Le Canet, à Marseille. |
| GARONNE (HAUTE-) . . . | Maison Delaye, à Toulouse. |
| GIRONDE . . . . . . . . | Au Bouscat, près Bordeaux. (*S^rs de la Charité, de Nevers.*) |
| HÉRAULT. . . . . . . . | Le Pont-Saint-Côme, à Montpellier. |
| JURA. . . . . . . . . . | Les Capucins, à Dôle. |
| LOIRE-INFÉRIEURE . . . . | Maison Francheteau, à Nantes. |
| MEURTHE-ET-MOSELLE. . | La Malgrange, à Jarville, près Nancy.<br>Saint-François, à Saint-Nicolas-du-Port. (*S^rs de Saint-Charles.*) |
| RHÔNE. . . . . . . . . | Maison Champvert, à Lyon.<br>Maison Saint-Joseph, à Vaugneray.<br>Maison Saint-Vincent-de-Paul, à la Guillotière, Lyon. Fr. de Saint-Jean-de-Dieu. (V. ci-dessus.)<br>Maison à Villeurbanne. |
| SEINE . . . . . . . . . | Château de Suresnes.<br>Reboul-Richebracque, Grande-Rue, 106, à Saint-Mandé.<br>Couderc, rue de Picpus, 10.<br>Belhomme-Archambault.<br>Esquirol, à Ivry-sur-Seine.<br>Bonnemain, rue de la Glacière, 130.<br>Docteur Blanche, rue Berton, 19 (Passy).<br>Docteur Falret, à Vanves.<br>Saint-James, à Neuilly.<br>Villa Penthièvre, à Sceaux.<br>Docteur Mouribot, à Épinay-sur-Seine.<br>Brière de Boismont, Grande-Rue, 108, à Saint-Mandé. |
| VOSGES. . . . . . . . . | A Mattaincourt. *S^rs de S.-Charles de Nancy.* |

## ŒUVRE DE PATRONAGE ET ASILE

**Pour les aliénés convalescents.**

**Reconnue d'utilité publique par décret du 16 mars 1849.**

Rue du Théâtre, 52 (xv$^{e}$ arrond.).

Cette Œuvre, fondée en 1841, par le docteur J.-P. Falret, médecin de la Salpêtrière, et par M$^{gr}$ Christophe, alors aumônier de cet hospice et depuis évêque de Soissons, a pour but de venir en aide aux aliénés des deux sexes qui sortent des asiles du département de la Seine.

Son patronage s'exerce par les soins des Sœurs de Notre-Dame-du-Calvaire, et comprend :

1° Un *asile-ouvroir,* rue du Théâtre, 52, où l'on reçoit un petit nombre de femmes, exceptionnellement malheureuses et abandonnées. L'Œuvre s'occupe de les placer ou de les rendre à leurs familles et les garde le temps nécessaire, mais cette maison n'est qu'un asile temporaire ;

2° Les *secours à domicile* et les visites des Sœurs. C'est le mode de patronage le plus étendu ; il s'adresse également aux hommes, aux femmes et aux enfants.

3° Les *réunions du dimanche,* mode de secours intermédiaire entre le séjour dans l'*asile-ouvroir* et le *patronage à domicile;* les hommes et les femmes patronnés et leurs enfants se réunissent, sous la direction des Sœurs, chaque dimanche, rue du Théâtre, 52.

Les personnes qui voudront s'associer aux bienfaits de l'Œuvre sont priées d'adresser leurs dons et souscriptions à M. le Trésorier ou à M$^{me}$ la Supérieure de l'asile, rue du Théâtre, 52.

*Président du conseil de l'Œuvre :* S. Ém. le cardinal-archevêque de Paris.

*Président de l'Œuvre :* M. le docteur J. Falret, médecin de la Salpêtrière, rue du Bac, 114.

*Vice-Président :* M. le docteur E. Ferdut.

*Trésorier :* M. Baille.

*Secrétaire :* M. Ernest Saulnier.

# IDIOTS. — ARRIÉRÉS. — ÉPILEPTIQUES

## COLONIE DE VAUCLUSE

A Épinay-sur-Orge, par Savigny-sur-Orge (Seine-et-Oise).

**Préfecture du département de la Seine.**

**Traitement et éducation des jeunes garçons idiots ou arriérés.**

Cet établissement, fondé en 1876, et réorganisé en 1885 par la préfecture de la Seine, est une annexe de l'asile des aliénés.

Il a pour but de recueillir les jeunes garçons indigents, de 7 à 18 ans, valides, atteints de débilité mentale, imbécillité, idiotie, mais non d'épilepsie ou de gâtisme.

Le traitement est à la fois médical, hygiénique, pédagogique; il comprend tout ce qui peut favoriser le développement moral et l'éducation physique par une gymnastique spéciale, le travail agricole et l'instruction professionnelle à l'aide d'ateliers.

La Colonie de Vaucluse n'admet que des enfants aliénés, ou arriérés, ou idiots, ayant leur domicile de secours dans le département de la Seine; ceux qui, par le fait de leur naissance en dehors de la Seine, auraient leur domicile de secours dans un autre département, peuvent néanmoins être admis, lorsque les parents sont domiciliés à Paris ou dans une commune de la Seine, depuis 3 ans, au moment de la demande d'admission et si l'enfant habite avec eux.

Les *placements volontaires* peuvent avoir lieu directement à la Colonie de Vaucluse; le prix est actuellement de 2 francs 22 centimes par jour, payables à la préfecture de police.

Les *placements d'office* se font par l'intermédiaire de la préfecture de police.

Le régime de tous les pensionnaires est le même.

Les pièces à fournir sont :

1° Une demande d'admission; 2° un certificat de médecin (signature légalisée) ayant moins de 15 jours de date, concluant à la nécessité du placement; 3° l'acte de naissance de la personne à placer; 4° une pièce constatant l'état-civil de la personne qui opère le placement.

*Directeur et médecin en chef:* M. le docteur BOUDRIE.

*Médecin de la Colonie:* M. le docteur LEGRAIN.

## HOSPICE DE BICÈTRE

A Gentilly (Seine).

Une section spéciale, sous la direction du docteur Bourneville, est réservée aux enfants indigents arriérés, nerveux, idiots; ils y sont l'objet d'un traitement spécial et d'une éducation appropriée à leur situation. Gymnastique. Hydrothérapie. Instruction. Enseignement professionnel dans divers ateliers.

## VITRY (Seine).

Rue du Mont, 2.

**Institut médico-pédagogique, pour le traitement et l'éducation des enfants arriérés et nerveux des deux sexes.**

Les enfants de ces diverses catégories forment des groupes tout à fait distincts.

Traitement et éducation selon les méthodes employées dans la section de Bicêtre (voir ci-dessus).

Le placement est à la charge des familles.

Cet établissement est exclusivement philanthropique.

*Médecin-Directeur:* M. le docteur BOURNEVILLE.

## INSTITUTION DES ENFANTS ARRIÉRÉS

A Eaubonne, par Ermont (Seine-et-Oise).

**Fondée à Gentilly en 1847; transférée à Eaubonne en 1889.**

**Garçons.**

Sous la dénomination d'enfants arriérés reçus dans cette institution, se placent tous ceux dont l'intelligence se développe lentement, et pour lesquels des soins d'éducation spéciaux sont réclamés.

L'instruction est élémentaire ou complète, suivant les circonstances. Une large part est faite aux exercices physiques.

Aucune limite d'âge n'est fixée pour l'admission.

M. le curé de la paroisse est chargé de l'instruction religieuse des élèves, et il s'occupe particulièrement de ceux qui se préparent à leur première communion.

Le prix de la pension se traite de gré à gré et est fixé en raison de l'importance des soins éducateurs, hygiéniques ou domestiques à donner.

S'adresser aux Directeurs, MM. Otto Baetge et A. Langlois.

## BESANÇON (Doubs).

Hospice de Saint-Jean-l'Aumônier, dit hospice de Bellevaux.

### Idiots inoffensifs. — Épileptiques. — Incurables.

Outre les malades envoyés dans cet asile par un arrêté du Préfet du département, on peut y faire admettre, moyennant une pension déterminée, diverses catégories d'indigents infirmes, idiots inoffensifs, teigneux, épileptiques, au-dessous de 10 ans, au prix de 1 franc par jour, et les adultes dans les mêmes conditions au prix de 1 fr. 50 centimes, hommes et femmes.

Il est indispensable de produire, au moment de l'entrée, des pièces établissant l'état-civil de la personne admise.

S'adresser au Directeur de l'asile de Bellevaux, à Besançon (Doubs).

## CAEN (Calvados).

Établissement du Bon-Sauveur.

### Idiots et épileptiques des deux sexes.

Admis à tout âge dans une section spéciale.

Voir ci-dessus, *Aliénés, asiles privés faisant fonction d'asiles publics,* à Caen, maison des Sœurs du Bon-Sauveur.

Les conditions de prix sont les mêmes.

## LA DEVÈZE, par Pierrefort (Cantal).

Asile de Notre-Dame-de-Compassion.

### Femmes incurables et épileptiques.

Religieuses Franciscaines, dites Petites-Sœurs des âmes du Purgatoire. Maison mère à la Devèze.

Maisons du même ordre, recevant aussi les femmes incurables et épileptiques :

A **Rolleville**, par Montivilliers (Seine-Inférieure).
Asile Marie-Joseph.

A **Mirabel**, près Pompignan (Gard).
Asile Saint-Joseph.

A **La Tresne** (Gironde).
Asile Saint-Joseph-du-Rocher.

Les conditions d'admission dans ces différents asiles se traitent de gré à gré avec la Supérieure de chacun d'eux.

## LILLE (Nord).

Boulevard Victor-Hugo, 199.

Asile des Cinq Plaies de Notre-Seigneur.

### Hôpital des enfants.

### Asile pour les jeunes filles ou femmes incurables, idiotes, épileptiques.

Dirigé par les Sœurs Franciscaines de la Propagation de la Foi.

Asile fondé en 1877, pour les femmes ou les jeunes filles atteintes d'infirmités chroniques ou incurables.

Les jeunes idiotes et les jeunes épileptiques sont reçues dans un quartier séparé.

Le prix minimum de la pension est de 400 francs par an pour les personnes qui ne sont pas de Lille.

S'adresser à la Supérieure de l'Asile.

Cette maison contient aussi un hôpital spécial pour les enfants.

## MARSONNAS, par Thoirette (Jura).

Asile des infirmes, à Aromas.

### Jeunes filles idiotes.

Fondé en 1863 par les Petites-Sœurs de Jésus, religieuses Franciscaines, dont la maison mère est à Saint-Sorlin (Rhône).

On y reçoit les jeunes filles idiotes de 10 à 16 ans, moyennant une somme de 150 francs une fois donnée.

Elles doivent avoir un trousseau et présenter leurs actes de naissance, de baptême et un certificat médical.

Les enfants atteintes de maladies contagieuses ne sont pas reçues.

Les pensionnaires peuvent, lorsque leur état ne devient pas nuisible au personnel de la maison, rester indéfiniment sans payer aucune rétribution. L'œuvre se soutient au moyen de quêtes à domicile, souscriptions et dons des parents ou bienfaiteurs.

Les demandes, étant très nombreuses, doivent être faites assez longtemps à l'avance.

S'adresser, pour les dons et les demandes, à la Supérieure de l'asile.

## MERRIS, par Bailleul (Nord).

### Jeunes filles idiotes ou infirmes.

Petites-Sœurs de Jésus Franciscaines.

Admission de 15 à 20 ans, principalement pour le département, sans exclusion des autres.

On ne reçoit ni les folles ni les épileptiques.

250 francs par an.

Trousseau.

## ROYAT (Puy-de-Dôme).

### Asile de femmes idiotes et incurables.

Sœurs Franciscaines, de Calais.

Admission à tout âge, pour 300 francs par an.

## SAINT-MARTIN-LE-VINOUX, par Grenoble (Isère).

Asile Sainte-Agnès.

### Filles idiotes incurables.

L'œuvre est soutenue par une société de dames charitables, à Grenoble.

L'asile, fondé en 1868, est dirigé par les Sœurs de Notre-Dame de la Salette.

240 francs par an et un petit trousseau pour les malades du département.

La pension est plus élevée pour celles de Paris ou des autres parties de la France, et pour celles dont l'état exige des soins particuliers.

Les idiotes ne sont pas admises au-dessous de 10 ans, ni au-dessus de 30 ans. Les épileptiques sont refusées.

Adresser les demandes à M. le Curé de Saint-Martin-le-Vinoux ou à la Supérieure de l'asile.

## SALINS (Jura).

### Jeunes filles infirmes ou idiotes.

Religieuses Franciscaines.

Les jeunes filles infirmes intelligentes ou idiotes sont reçues moyennant une pension annuelle, qui varie de 200 à 300 francs.

Il y a à Salins des eaux thermales qui sont suivies avec succès dans certains cas par les pensionnaires infirmes, atteintes de maladies scrofuleuses.

S'adresser à la Supérieure.

## ASILE DE SAINT-VINCENT-DE-PAUL, à la Teppe, par Tain (Drôme).

### Épileptiques.

Cet Asile a été fondé, en 1857, par M. le comte de Larnage, dont la famille possédait et distribuait depuis plus de deux cents ans un remède antiépileptique; il est devenu, en 1859, la propriété des Sœurs de Saint-Vincent-de-Paul, à la condition qu'un dixième au moins des places serait consacré aux indigents.

L'établissement compte environ 250 pensionnaires.

Les soins sont donnés par les Sœurs et par des gardes-malades.

Les malades sont divisés en deux sections (hommes et femmes), et en cinq classes, payant, par trimestre, 975, 750, 375, 200, 127 fr. 50; soit, par an, 3 900, 3 000, 1 500, 800 et 510 francs.

Les quatre premières classes ont, en outre, à payer 50 francs d'entrée pour le lit. Les pensionnaires doivent apporter un trousseau. Le linge peut en être fourni par la maison, moyennant un supplément de pension.

Les enfants des deux sexes sont admis au-dessus de 5 ans.

L'Asile reçoit les malades indigents dont la pension est payée par leur département ou par leur commune ou par des personnes charitables.

Toute demande d'admission doit être accompagnée :

1° D'un acte de naissance du malade;

2° D'un certificat de médecin constatant la maladie et affirmant que le malade n'est pas atteint de paralysie, d'aliénation mentale ou d'idiotisme.

Le séjour dans l'Asile doit être d'un an au moins et peut durer autant d'années que la personne malade en a besoin.

Deux fois par an, le jour de la pleine lune, qui se trouve dans les mois de mai et de septembre, une distribution gratuite du remède antiépileptique est faite à tous les malades qui se présentent à l'établissement, munis d'un certificat de médecin constatant la nature de la maladie.

Ce remède a pour base le suc frais du *gallium album*.

Des consultations peuvent être demandées au médecin de l'Asile par les personnes du dehors, et des remèdes peuvent être envoyés à celles qui voudraient suivre chez elles un traitement analogue à celui des pensionnaires.

S'adresser, pour les admissions et les médicaments, à la Supérieure des Sœurs de Saint-Vincent-de-Paul, à la Teppe, par Tain (Drôme).

### TONDU, Bordeaux (Gironde).

### Épileptiques (jeunes filles et femmes).

Sœurs de la Charité de la Sainte-Agonie.

Le minimum de la pension est de 400 francs par an dans la salle commune; le prix est plus élevé lorsque le régime est meilleur et pour les personnes qui ne sont pas du pays.

### TOURS (Indre-et-Loire).

### Hospice général.

Sœurs de la Présentation de la Sainte-Vierge.

Les enfants dès l'âge de 7 ans, les hommes et les femmes de tout âge, incurables, idiots, épileptiques, et les femmes aliénées, sont reçus moyennant une pension de 500 francs par an pour les personnes du département, de 700, 800, 1 200 et 1 800 francs pour les autres.

S'adresser à la Supérieure.

### VIENNE (Isère).

Maison du Bon-Pasteur.

### Petites filles abandonnées, idiotes, incurables.

Sœurs Franciscaines.

Admission pour une somme de 500 francs une fois donnée.

# CHAPITRE X

## Épargne. — Prévoyance. — Secours mutuels. — Loyers. — Habitations économiques.

---

### CAISSES D'ÉPARGNE [1]

**Lois des 5 juin 1835, 31 mars 1837, 22 juin 1845, 30 juin 1851, 7 mai 1853 et 9 avril 1881.**

#### Caisse d'épargne de Paris.

**Siège social : rue Coq-Héron, 9 (1er arrond.).**

La Caisse d'épargne est une des institutions publiques destinées à favoriser les habitudes de prévoyance dans les classes laborieuses parmi les ouvriers, les artisans, les cultivateurs, les domestiques, et les autres travailleurs à modiques ressources.

Le rôle de cette institution est de recevoir les plus petites épargnes, de faire valoir ces fonds et de rendre dans le plus court délai possible, à toute demande du déposant ou ayant droit, le capital ainsi formé et l'intérêt produit, sauf une retenue pour les frais administratifs.

L'idée première de cette institution fut émise en 1611, en forme très précise, par un savant administrateur français, Hugues Delestre, docteur ès-droicts, conseiller du roi, dans un ouvrage dédié à la reine mère, et publié sous le patronage du cardinal du Perron, archevêque de Sens, grand aumônier de France, et de Brûlart de Sillery, chancelier de France. Le premier établissement, réalisé en organisation, fut créé à Hambourg, en 1778, d'où l'institution se propagea en Allemagne, en Suisse, en Suède, en Angleterre, aux États-Unis, etc.

1 Des projets et propositions de loi sur les Caisses d'épargne (depuis 1886), sur les Sociétés de secours mutuels (depuis 1881), sont à l'étude et semblent devoir aboutir prochainement.

La première loi organique relative aux Caisses d'épargne fut faite par le parlement anglais, en 1817.

La première Caisse d'épargne en France fut établie à Paris en 1818, par l'initiative du duc de la Rochefoucaul-Liancourt et de Benjamin Delessert.

Actuellement les Caisses d'épargne ordinaires, constituées par des Sociétés privées ou par des communes, et autorisées par décret, sont des établissements autonomes; elles fonctionnent comme agences administratives, simples intermédiaires entre les déposants, qui leur remettent ou retirent leurs épargnes, et la Caisse nationale des dépôts et consignations, qui réunit et fait valoir les fonds déposés.

Chaque Caisse d'épargne ordinaire touche l'intérêt à un taux déterminé par la loi annuelle de finances, bonifié par la Caisse des dépôts et consignations pour les fonds gérés; et chaque déposant reçoit, comme intérêt de ses épargnes, une somme égale à ce taux, moins une retenue opérée par la Caisse d'épargne pour ses frais administratifs. Cette retenue est de 25 à 50 centimes p. °/₀.

Tout déposant reçoit de la Caisse d'épargne où il fait un premier versement un livret numéroté, destiné à recevoir l'inscription de toutes ses opérations à la Caisse et qui est son titre de créance.

Aucun déposant ne peut avoir plus d'un livret, soit dans la même Caisse d'épargne, soit dans des Caisses différentes.

Toute Caisse d'épargne reçoit et ne peut se refuser à recevoir tout dépôt d'épargne à partir de 1 franc, alors même que le versement est fait par un intermédiaire.

Le compte d'un déposant, capital et intérêt, ne peut excéder 2000 francs.

Tout livret dépassant 2000 francs est converti d'office en rentes sur l'État, au nom du déposant, et sans frais pour lui.

Le compte d'une Société de secours mutuels peut s'élever à 8000 francs; d'autres associations dûment autorisées peuvent être admises à la même faveur.

Les marins de l'inscription maritime sont admis à déposer en un seul versement le montant de leur solde à l'embarquement ou au débarquement.

Tout déposant dont l'avoir est suffisant pour acheter 10 francs de rentes au moins peut faire convertir gratuitement totalité ou partie de son avoir en rentes françaises par les soins de sa Caisse d'épargne, qui peut même être chargée par le déposant, toujours gratuitement, de garder les titres et de recevoir les arrérages.

Les fonds déposés sont toujours remboursables à la demande des déposants, sauf certains délais de trésorerie.

Les femmes mariées, quel que soit le régime de leur contrat de mariage, sont admises à se faire ouvrir des livrets sans l'assistance de leur mari, et elles peuvent aussi retirer sans cette assistance les sommes inscrites aux livrets ainsi ouverts, sauf opposition de la part de leur mari.

Les mineurs sont admis à se faire ouvrir des livrets sans l'intervention de leur représentant légal. Ils peuvent également retirer sans cette intervention, mais seulement après l'âge de 16 ans révolus, les sommes figurant sur les livrets ainsi ouverts, sauf opposition de la part de leur représentant légal.

Les mineurs, comme tout autre déposant, peuvent employer l'intermédiaire d'un tiers quelconque pour se faire ouvrir un livret à une Caisse d'épargne. Ainsi les écoliers peuvent verser sur leur livret personnel, à une Caisse d'épargne, par l'intermédiaire du directeur de leur école, qui aura reçu leurs versements par fractions au-dessous d'un franc à la Caisse d'épargne scolaire (voir ci-dessous) de leur école.

Sont admis les versements faits en faveur d'un mineur dont le représentant légal n'est pas désigné.

La plupart des Caisses d'épargne ont des succursales (1053) qui opèrent comme un bureau détaché de la Caisse principale, et quelques bureaux auxiliaires. On compte en France 545 Caisses d'épargne, et des agences chez un certain nombre de percepteurs.

A Paris, la Caisse principale, située rue Coq-Héron, 9, est ouverte tous les jours, et les succursales établies dans les mairies des arrondissements de Paris et de quelques communes de la banlieue sont ouvertes au public à des jours déterminés.

Les Caisses d'épargne ordinaires, absolument indépendantes pour leur administration intérieure les unes à l'égard des autres, sont placées dans les attributions du Ministère du commerce, pour leur approbation, leurs procédés d'opération et de comptabilité; les inspecteurs des finances les vérifient; la Cour des comptes contrôle leurs comptes. Le Ministère du commerce centralise leurs rapports annuels et en publie le résumé dans un rapport d'ensemble.

En vertu du décret du 23 août 1875, qui a offert l'auxiliaire des perceptions des contributions directes aux Caisses d'épargne lorsqu'elles désirent ce concours, un certain nombre de percepteurs (401) opèrent comme agents auxiliaires des Caisses d'épargne ordinaires de leur voisinage, et facilitent ainsi les opérations des ouvriers économes en multipliant les occasions de mettre à l'épargne.

Les Caisses d'épargne ordinaires comptent près de six millions deux cent mille déposants, dont plus de six cent mille pour la Caisse d'épargne de Paris.

## CAISSE NATIONALE D'ÉPARGNE (POSTALE)

**Loi du 9 avril 1881.**

**Direction centrale à Paris : rue Saint-Romain, 6 (VIe arrond.).**

Cette Caisse nationale d'épargne, établie au Ministère des postes (aujourd'hui Ministère du commerce, de l'industrie et des postes, *Direction générale des postes*), et servie par plus de 7000 bureaux de poste répartis sur tout le territoire de la France, a pour but principal d'offrir un service d'épargne aux habitants des localités rurales qui ne peuvent avoir à leur portée une Caisse d'épargne ordinaire. Elle a été organisée en France le 1er janvier 1882, sur le modèle de la Post-Office Savings Bank d'Angleterre (créée en 1861), par l'action de sir Charles Sikes et de M. Gladstone, chancelier de l'Échiquier, et propagée sur le continent d'Europe depuis 1875, notamment par les travaux de M. de Malarce.

Elle compte actuellement plus de deux millions de déposants.

Les règlements généraux de la Caisse d'épargne postale sont à peu près les mêmes que ceux des Caisses d'épargne ordinaires. Sept mille bureaux de poste, ouverts tous les jours et toute la journée, opèrent comme agences de la Caisse d'épargne postale, qui centralise les comptes courants des déposants et transmet les sommes à la Caisse nationale des dépôts et consignations.

Tout déposant reçoit un livret de la Caisse nationale d'épargne postale, qui lui permet de continuer ses versements, d'obtenir ses remboursements et de faire toutes les opérations relatives à ses fonds, dans tout bureau de poste de France.

Cette institution nouvelle est aujourd'hui organisée dans vingt-deux pays, en Europe, Amérique, Afrique, Asie et Australie.

## CAISSES D'ÉPARGNE SCOLAIRES

### ŒUVRE ANNEXE
### DE LA SOCIÉTÉ DES INSTITUTIONS DE PRÉVOYANCE

**Rue de Rennes, 44 (VIe arrond.).**

**Secrétariat général : rue de Babylone, 68 (VIIe arrond.).**

La Caisse d'épargne scolaire a pour but de donner à l'enfant des habitudes d'ordre, de sobriété et de prévoyance, en lui procurant le moyen facile de déposer ses petites épargnes, inférieures au franc admis par la Caisse d'épargne ordinaire, entre les mains de l'instituteur, dans l'école même, sans déplacement ni difficulté.

Les petites sommes ainsi versées sont inscrites par l'instituteur sur un registre scolaire qui sauvegarde la responsabilité de l'instituteur et sur un feuillet duplicata remis à l'élève dépositaire, qui peut ainsi se rendre compte de ses opérations et s'habituer à tenir une comptabilité réglée.

Quand les sous épargnés ont atteint la somme de 1 franc, ce franc est versé mensuellement par l'instituteur à la Caisse d'épargne de la localité; il est inscrit sur un livret ordinaire au nom de l'écolier, qui devient ainsi un véritable déposant de la grande Caisse d'épargne.

L'écolier peut toujours, avec l'autorisation de son père ou de sa mère ou de son tuteur, retirer tout ou partie de ses épargnes.

L'exercice de la Caisse d'épargne scolaire a été officiellement reconnu comme Branche auxiliaire de l'Enseignement primaire en 1879. Il se pratique dans l'École même, sous les yeux de l'instituteur. A la fin de 1886, près de 24 000 écoles étaient, par l'action et la libre initiative de M. de Malarce, dotées de ce nouveau service d'éducation populaire, suivant la méthode formulée par lui, en 1874, dans son *Manuel des Caisses d'épargne scolaires*, en France. Près d'un demi-million d'écoliers, volontairement épargnants, pratiquent aujourd'hui cet exercice scolaire dont l'idée première remonte à 1834, par un essai dans l'école primaire du Mans, mais qui n'a pris un développement régulier et considérable en France qu'à partir de 1874.

## INSTITUTION DES BUREAUX D'ÉPARGNE

### DES MANUFACTURES ET ATELIERS

Cette institution, créée en 1876 par M. de Malarce, a été mise en œuvre d'abord à la manufacture nationale des Tabacs de Nantes, avec le concours de la direction générale des manufactures de l'État, de la direction de la manufacture de Nantes et de la Caisse d'épargne de cette ville; ayant réussi comme fonctionnement et comme résultat, elle a été propagée par le fondateur dans sept autres manufactures nationales, dans des établissements de la marine et de l'industrie privée en France, en Angleterre, en Italie, etc.

Le Bureau d'épargne a pour but de mettre le service d'épargne à la portée des ouvriers et ouvrières d'une manufacture en leur procurant l'avantage de déposer leurs épargnes sans déplacement et sans perte de temps, à l'instant et à l'endroit même où ils viennent de toucher leur salaire, et en leur ménageant les mêmes facilités pour retirer les sommes qu'ils auront ainsi versées à la

Caisse d'épargne par l'intermédiaire du Bureau d'épargne. Ce Bureau se compose d'un certain nombre de contremaitres désignés à cet effet.

Pour la seule manufacture nationale des Tabacs de Nantes, les sommes ainsi épargnées par l'intermédiaire gratuit du Bureau d'épargne de la manufacture représentent, de 1876 à 1893, une valeur totale de plus d'un demi-million; un millier d'ouvriers et d'ouvrières profitent là de ce service.

Les personnes qui désireraient propager ces institutions de prévoyance peuvent s'adresser à M. de Malarce. (Voir même chapitre, *Société des Institutions de prévoyance.*)

## CAISSE DE RETRAITES POUR LA VIEILLESSE

**Rue de Lille, 56 (VIIe arrond.), à la Caisse des dépôts et consignations.**

**Lois des 18 juin 1850,**
**30 janvier 1884, 20 juillet 1886, et décret du 28 décembre 1886.**

La Caisse des retraites pour la vieillesse est gérée par l'État et placée sous sa garantie.

Elle a pour objet la constitution au profit de toute personne de l'un et l'autre sexe, âgée de plus de 3 ans, d'une rente payable jusqu'à son décès, à partir d'une année d'âge, fixée au choix du déposant, au-dessus de 50 ans.

Les rentes viagères sont inscrites au grand Livre de la dette publique.

Elles sont payables par trimestre : à Paris, à la Caisse centrale du Trésor public; dans les départements, chez les trésoriers-payeurs généraux, les receveurs particuliers, et, dans les communes, par l'entremise des percepteurs.

Les versements sont reçus, à Paris, à la Caisse des dépôts et consignations, rue de Lille, 56; en province, dans les bureaux indiqués ci-dessus, et de plus dans tous les bureaux de poste.

En outre, toutes les opérations, ouvertures de livrets, versements, etc., peuvent être faits par un intermédiaire; ainsi, dans un assez grand nombre de Sociétés de secours mutuels, l'agent ou trésorier de la Société est constitué intermédiaire, commode et gratuit, pour les versements individuels que les sociétaires veulent faire à cette Caisse sur livrets individuels.

Les versements peuvent être faits à capital aliéné, c'est-à-dire à fonds perdu, ou capital réservé. Dans ce dernier cas, ils sont remboursés, lors du décès du titulaire, à ses héritiers ou ayants droit.

Ils peuvent être faits en une seule fois, suivant des conditions spéciales, ou en plusieurs fois par sommes de 1 franc au moins.

Les versements faits au compte de la même personne, du 1er janvier au 31 décembre de la même année, ne peuvent excéder 500 francs.

La rente viagère au profit de la même personne ne peut dépasser 1 200 francs.

Les versements faits pendant le mariage par l'un des conjoints profitent séparément à chacun d'eux par moitié, sauf dans le cas de séparation de biens ou d'autorisation judiciaire.

Les versements peuvent être faits par le titulaire lui-même, par un intermédiaire ou par un donateur.

Le donateur peut stipuler la réserve du capital à son profit ou à celui des héritiers du donataire.

Les rentes sont incessibles et insaisissables jusqu'à concurrence de 360 francs.

A l'appui du premier versement, il doit être produit un acte de naissance (délivré dans ce but sur papier libre et sans frais), ou toute autre pièce établissant la date et le lieu de la naissance.

Un livret contenant le texte de la loi et le règlement d'administration est remis, moyennant 25 centimes, aux déposants lors du premier versement. Ce livret leur sert de titre. A l'ouverture de la retraite, il est remplacé par une inscription de rente sur l'État.

L'ouverture de la pension ne peut avoir lieu avant l'âge de 50 ans, à moins de cas exceptionnels d'infirmités ou de blessures. Mais le déposant est libre d'en reculer lui-même l'époque par une déclaration nouvelle jusqu'à l'âge de 65 ans; dans ce cas, l'abandon de ses arrérages produit intérêt comme un versement nouveau.

La Caisse de retraite offre à l'ouvrier une ressource précieuse pour le temps de sa vieillesse.

Les tarifs, que les intéressés peuvent se procurer dans toutes les Caisses d'épargne et les bureaux de poste, indiquent les conditions des retraites suivant l'âge et les sommes versées.

Les opérations de la Caisse des retraites sont applicables aux usines, aux grandes Compagnies, aux Sociétés de secours mutuels, aussi bien qu'aux individus isolés. Les Sociétés de secours mutuels ne sont pas astreintes à observer les limites indiquées ci-dessus pour le dépôt des fonds, quand ces Sociétés versent à la Caisse nationale des retraites pour la vieillesse à titre de versement collectif pour créer des retraites à leurs membres les plus âgés.

## CAISSE D'ASSURANCE EN CAS DE DÉCÈS

**Rue de Lille, 56, à la Caisse des dépôts et consignations.**

**Loi du 11 juillet 1868.**

La Caisse d'assurance en cas de décès a pour objet d'assurer aux héritiers ou ayants droits de l'assuré, lors du décès de celui-ci, le payement d'un capital déterminé.

Les assurances peuvent être contractées sur la tête de toute personne âgée de 16 ans au moins et de 60 ans au plus.

Elles sont contractées moyennant le payement d'une prime unique ou de primes annuelles payables jusqu'au décès de l'assuré ou pendant un nombre d'années déterminé.

Les sommes assurées sur une même tête ne peuvent excéder 3 000 francs. Elles ne peuvent être saisies ni cédées jusqu'à concurrence de la moitié, sans toutefois que la partie incessible et insaisissable puisse descendre au-dessous de 600 francs.

Le payement des primes et le payement des sommes assurées se fait dans les endroits indiqués pour la Caisse des retraites.

L'acte de naissance est nécessaire pour le premier versement des primes. Pour le payement de l'assurance, on exige les pièces établissant les droits des héritiers; ces pièces peuvent être sur papier libre.

Les assurés ne sont pas soumis à la visite d'un médecin; mais les assurances contractées moins de deux ans avant le décès de l'assuré demeurent sans effet. Les primes sont alors seulement remboursées avec un intérêt de 4 p. %.

Les personnes qui n'ont que des ressources viagères peuvent avoir un grand intérêt à assurer par un léger sacrifice le payement d'une somme à leur famille après leur décès.

Ainsi, une personne de 20 ans, en donnant une prime unique de 27 francs 53 centimes, assurerait à ses héritiers une somme de 100 francs payable à son décès. La somme de 100 francs serait également assurée si une personne de 20 ans payait pendant vingt ans une prime annuelle de 2 francs 8 cent.

## CAISSE D'ASSURANCE EN CAS D'ACCIDENTS

**Rue de Lille, 56, à la Caisse des dépôts et consignations.**

**Loi du 11 juillet 1868.**

Cette Caisse a pour objet de constituer des pensions viagères au profit des personnes assurées qui, dans l'exécution des travaux agricoles ou industriels, seront atteintes de blessures entraînant une incapacité absolue ou temporaire de travail, et de donner des secours aux veuves et aux enfants mineurs, ou à leur défaut au père et à la mère sexagénaires des personnes assurées qui auraient péri par suite d'accidents survenus dans l'exécution desdits travaux.

Les assurances en cas d'accidents sont faites pour un an, moyennant le versement d'une prime de 8 francs, 5 francs ou 3 francs. Elles peuvent être renouvelées indéfiniment.

Tout individu âgé de plus de 12 ans peut s'assurer ou être assuré par un tiers.

Les pensions viagères sont réglées d'après les accidents survenus. Ceux-ci sont distingués en deux classes :

1° Accidents entraînant une incapacité absolue de travail;

2° Accidents entraînant une incapacité permanente de la profession.

L'appréciation de l'importance des accidents est attribuée à une commission spéciale désignée dans chaque localité.

L'avis de l'accident doit être donné par les personnes intéressées au maire de la commune où l'accident est arrivé; celui-ci se charge des constatations ou formalités à remplir. (Art. 25 à 27 du décret du 10 août 1868.)

Le minimum de la pension allouée pour la première catégorie est de 150 francs pour les personnes versant 3 francs par an seulement, et le maximum est de 644 francs pour celles qui payent une prime de 8 francs, la pension variant suivant l'importance de la prime versée (3, 5 ou 8 francs) et l'âge de l'assuré.

Les pensions allouées pour la seconde catégorie des accidents sont moitié moins considérables.

Le secours alloué en cas de mort à la veuve, ou à son défaut au père et à la mère sexagénaires de l'assuré, est égal à deux années de la pension à laquelle il aurait eu droit. Les enfants mineurs reçoivent un secours égal à celui qui est attribué à la veuve.

Les administrations, ateliers, compagnies de sapeurs-pompiers, peuvent être assurés collectivement.

## MONT-DE-PIÉTÉ

**Administration centrale : rue des Francs-Bourgeois, 55, et rue des Blancs-Manteaux, 16.**

**Succursales : rue de Rennes, 112; rue Servan, 2, et rue Capron, 31.**

**Bureaux auxiliaires dans les vingt arrondissements de Paris.**

L'institution du Mont-de-Piété a pour but de faciliter à ceux qui ont besoin d'argent un emprunt immédiat contre le dépôt d'un nantissement; mais ce n'est pas précisément un établissement charitable ou de bienfaisance. Il sert en réalité à toutes les classes de la société; ses services ne sont pas gratuits, au moins à Paris.

Le Mont-de-Piété prête sur dépôt d'objets de toute nature, en conservant le droit de vendre le gage s'il n'est pas retiré à l'époque fixée dans la reconnaissance qu'il délivre.

Sur les matières d'or et d'argent, il prête les 4/5 de la valeur, et, sur les objets mobiliers, les 3/4.

Le prêt est fait pour quatorze mois, avec la faculté de dégager le nantissement avant l'expiration du terme, mais à la charge de l'emprunteur de payer l'intérêt des mois échus, ou, à l'expiration du terme, de renouveler son engagement. L'intérêt est de 3/4 p. % par mois, ou 9 % par an. Il faut payer en outre un droit fixe de 1/2 p. % pour les commissaires-priseurs.

Si, le terme échu, l'emprunteur n'a pas retiré son gage ou renouvelé son engagement, le gage est vendu aux enchères publiques, et le boni ou la plus-value sur l'estimation, prêt et frais prélevés, reste pendant trois ans à la disposition de l'emprunteur; passé ce temps, le boni appartient à l'Assistance publique, entre les mains de laquelle le Mont-de-Piété est tenu de verser ses bénéfices, tous frais de gestion et autres prélevés.

Le Mont-de-Piété reçoit à Paris, par an, environ 1 600 000 articles pour une valeur de 32 150 000 francs. Il en est dégagé environ 1 400 000, représentant une somme de 28 millions. Les engagements sont renouvelés pour près de 600 000 articles, représentant une somme de 15 à 16 millions; il en est vendu 130 à 150 000, représentant une somme de 2 à 3 millions.

Douze commissionnaires, accrédités par l'Administration, établis dans les divers quartiers de Paris, en plus des bureaux auxiliaires, reçoivent les articles et en donnent reconnaissance, font les avances, déposent les gages au Mont-de-Piété et les retirent.

Ils perçoivent un droit de commission de 3 p. %.

Le Mont-de-Piété est administré, sous l'autorité du préfet de la Seine, par un directeur et un conseil de surveillance.

## SOCIÉTÉ DES INSTITUTIONS DE PRÉVOYANCE DE FRANCE

**Autorisée par arrêté du 24 mars 1876.**

**Rue de Rennes, 44 (VI^e arrond.).**

**Secrétariat général : Rue de Babylone, 68 (VII^e arrond.).**

Cette Société a été fondée, en 1875, sur la proposition de M. de Malarce. Son but est ainsi défini par les statuts :

1° Poursuivre et favoriser l'étude comparée des législations, des procédés et des faits relatifs aux institutions de prévoyance dans les divers pays du monde : Caisses d'épargne, Caisses d'épargne scolaires, Bureau d'épargne des manufactures, Sociétés de secours mutuels, Assurances sur la vie, Retraites pour la vieillesse, Retraites civiles et militaires, Unions économiques de consommation, de crédit et de production;

2° Encourager les institutions et sociétés de prévoyance fondées ou à fonder et aider à leur développement, mais sans prendre aucune action de direction, de patronage ou d'affiliation qui pourrait engager sa responsabilité;

3° Propager les vues et les moyens reconnus les plus propres à répandre les habitudes de prévoyance.

Cette association a fondé, en 1876, un Congrès scientifique universel et permanent, qui a tenu ses premières sessions à Paris, en 1878, 1883 et 1889; il a pour objet de réunir les hommes d'État, de science ou de bien les plus compétents des divers pays du monde civilisé, dans des conférences périodiques et de provoquer par des relations constantes, des travaux sur les lois, les organisations, les procédés d'opération, de comptabilité et de contrôle, les statistiques et les résultats économiques et moraux des institutions de prévoyance des divers pays. Elle publie les résumés ou les principaux mémoires de ses travaux. Le congrès scientifique s'est constitué en association permanente, dont le siège est rue de Babylone, 68; là se trouvent réunis de nombreux documents relatifs aux institutions d'intérêt populaire.

*Fondateurs :* MM. Hippolyte Passy (de l'Institut); le marquis d'Audiffret (de l'Institut); François Bartholomy; Michel Chevalier (de l'Institut); Faye, de l'Institut; L. de Gaillard, ancien conseiller d'État; Levasseur (de l'Institut); Rolland (de l'Académie des sciences); Roy, premier président de la Cour des comptes; Léon Say (de l'Académie française); Jules Simon (de l'Académie française);

Augustin Chaurand de Malarce, secrétaire perpétuel de la Société française et du Congrès universel des institutions de prévoyance.

Adresser les communications au *secrétariat général de la Société*, rue de Babylone, 68.

## COURTAGE D'ASSURANCES

### Au profit des Œuvres catholiques de France.

Direction générale : rue Saint-Honoré 173 (1er arrond.).

Dans le but de procurer des ressources aux Œuvres catholiques, on a cherché à les faire participer aux remises importantes que les compagnies d'assurances de toutes sortes accordent aux intermédiaires qui leur apportent des assurances nouvelles.

Les personnes qui s'intéressent à ces œuvres peuvent, lorsqu'elles ont une assurance à contracter ou à renouveler, s'adresser à l'agence en indiquant la compagnie à laquelle elles désirent s'assurer et l'œuvre qui devra bénéficier de la remise.

*Président de la commission centrale :* M. le vicomte de Damas.

*Directeur général :* M. Guillemet, rue Saint-Honoré, 173; c'est à lui que doivent être adressées les demandes de renseignements et autres.

## CRÉDIT MUTUEL ET POPULAIRE

Rue de Valois, 2 (1er arrond.).

Cette institution a pour but de procurer aux patrons, à très bon marché, l'escompte de leur papier commercial, qu'elle fait accepter à la Banque de France. L'Œuvre a la forme d'une société financière dont les actions de 50 francs ne rapportent ni dividende ni intérêt. Toute personne qui prend des actions pour favoriser les prêts gratuits peut, quand elle le désire, se retirer de la Société et se faire rembourser ses actions.

Le Crédit mutuel consacre la meilleure partie de ses bénéfices à récompenser les ouvriers qui font des actes d'économie et de prévoyance.

L'Œuvre du placement (voir chap. III) est un service gratuit du Crédit mutuel et populaire.

Tout patron qui veut entrer dans la Société doit se rendre auprès du P. Ludovic de Besse, capucin, fondateur et secrétaire général de cette Société. Le P. Ludovic reçoit, rue de Valois, 2, les lundis et samedis de 3 à 5 heures.

Les bureaux sont ouverts tous les jours, excepté les dimanches et jours de fêtes, de 9 heures à 5 heures.

*Directeur :* M. Pierre ROBERT.

## SOCIÉTÉS DE SECOURS MUTUELS

**Loi du 15 juillet 1850, décrets du 14 juin 1851, du 26 mars 1852 et 26 avril 1856.**

Les Sociétés de Secours mutuels accordent, moyennant une cotisation mensuelle dont le chiffre est fixé par les statuts, les soins du médecin, les médicaments et une indemnité quotidienne pendant la maladie et la convalescence des sociétaires; elles pourvoient aux frais funéraires, et la plupart d'entre elles donnent un secours à la femme et aux enfants des membres décédés.

En dehors des membres participants, elles admettent des membres honoraires, qui payent des cotisations sans recevoir les secours, augmentent ainsi les ressources et apportent à la bonne administration de la Société l'aide de leur expérience.

Un grand nombre de Sociétés versent à la Caisse des dépôts et consignations (voir *Caisse des retraites pour la vieillesse*) une partie de leurs économies, pour assurer des pensions de retraite à leurs membres les plus anciens et les plus âgés.

A Paris, la cotisation est en général de 2 francs par mois pour les hommes et de 1 franc pour les femmes. Le chiffre de l'indemnité par jour de maladie varie selon les Sociétés; il égale ordinairement celui de la cotisation mensuelle.

Les associations d'assistance mutuelle sont de trois sortes :

1° *Les Sociétés simplement autorisées* (par les préfets dans les départements, par la préfecture de police à Paris), eu égard à l'article 291 du code pénal sur les Associations;

2° *Les Sociétés approuvées*, qui remplissent les conditions et jouissent des avantages du décret du 26 mars 1852;

3° *Les Sociétés reconnues comme établissements d'utilité publique* (loi du 15 juillet 1850 et décret du 14 juin 1851), qui possèdent dans la plénitude les droits des personnes civiles.

Le ministre de l'Intérieur répartit chaque année, entre les Sociétés reconnues ou approuvées, un fonds spécial mis à sa disposition, soit pour aider à la formation des Sociétés nouvelles, soit pour verser à la Caisse des retraites, au nom des Sociétés, une somme proportionnée à celles que versent les Sociétés elles-mêmes.

Il existe dans chaque arrondissement de Paris et dans presque toutes les communes de la banlieue des Sociétés municipales de Secours mutuels, ayant dans les mairies un bureau d'admission et un local de réunion.

Presque tous les corps d'état ont organisé des Sociétés de Secours mutuels. On compte en plus un grand nombre de Sociétés spéciales pour les médecins, notaires, écrivains, artistes, employés, anciens condisciples, compagnons d'armes, compatriotes, etc.

Beaucoup d'entre elles accordent des secours aux familles de leurs membres décédés.

Le service des Sociétés de Secours mutuels est placé dans les attributions du ministère de l'Intérieur.

On compte en France actuellement :

13 *Sociétés reconnues d'utilité publique*, avec 29 566 membres participants, dont 24 987 hommes, 4 242 femmes, 337 enfants et 4 025 membres honoraires. (Total : 33 591 membres.)

6 863 *Sociétés approuvées*, dont 4 802 exclusivement d'hommes, 1 860 hommes et femmes, 201 exclusivement de femmes, composées de 750 901 hommes, 153 062 femmes, 26 253 enfants, en tout 930 216 membres participants et 184 343 membres honoraires. (Total : 1 114 559 membres).

2 251 *Sociétés autorisées*, dont 2 071 exclusivement d'hommes, 338 hommes et femmes, 136 exclusivement de femmes, composées de 279 880 hommes, 45 057 femmes, 5 582 enfants, en tout 330 519 membres participants et 25 207 membres honoraires. (Total : 355 726 membres.)

## SOCIÉTÉS DE SAINT-FRANÇOIS-XAVIER

Les Sociétés de Saint-François-Xavier ont pour but principal de procurer aux ouvriers l'instruction chrétienne et les secours de tous genres en cas de maladie. Elles sont placées, dans chaque paroisse, sous la surveillance du curé et d'un prêtre qu'il désigne.

L'association se compose de membres titulaires payant une cotisation mensuelle et de membres honoraires, protecteurs de la Société.

Pour être membre titulaire de la Société, il faut avoir 17 ans au moins et assister à trois séances consécutives.

Les associés se réunissent une fois par mois, le dimanche, à 7 heures du soir, dans l'église de leur paroisse.

La séance est consacrée à des instructions religieuses et à des lectures sur des sujets d'histoire ou de science.

A la fin de chaque séance, des récompenses sont tirées au sort entre les associés présents.

Des diplômes d'honneur sont distribués solennellement à la fin de chaque année aux membres qui ont assisté régulièrement aux séances, en récompense de leur assiduité.

Fondée en 1827, à l'école d'adultes des Frères des Écoles chrétiennes de la paroisse Saint-Nicolas-des-Champs, cette Œuvre s'est répandue dans un grand nombre de paroisses de Paris.

## CAISSES DES LOYERS

Ces Caisses ont été établies pour faciliter aux pauvres l'acquittement d'une de leurs charges les plus lourdes, leur loyer, et pour leur donner des habitudes d'économie et de prévoyance.

Elles reçoivent, chaque semaine, les sommes si minimes qu'elles soient, qu'ils ont pu prélever sur le gain de leur travail; elles mettent l'argent en sûreté contre les tentations de dépenses auxquelles les pauvres pourraient être exposés, et elles le leur rendent avec une forte prime au moment de l'échéance du terme. Les dépôts réclamés avant cette échéance ne portent pas intérêt.

Cette Œuvre fonctionne dans un grand nombre de conférences de Saint-Vincent-de-Paul, et elle a pris dans quelques paroisses un certain développement.

S'adresser aux présidents des conférences, ou au secrétariat général de la société de Saint-Vincent-de-Paul, rue Furstenberg, 6, ou dans les paroisses.

## HABITATIONS ÉCONOMIQUES

### DE LA SOCIÉTÉ PHILANTHROPIQUE

Avenue de Saint-Mandé, 3 (XIIe arrond.).
Rue Jeanne-d'Arc, 45 (XIIIe arrond.).
Boulevard de Grenelle, 65 (XVe arrond.).

En 1888, la Société philanthropique (voir chap. IV) a voulu créer à Paris suivant le type adopté à Londres et imité à Rouen et à Lyon, des installations et des logements d'ouvriers, propres à restaurer la vie de famille en rendant l'intérieur attrayant. Dans le but de recevoir les ouvriers et leur famille dans les meilleures conditions d'hygiène et de convenances, il a été construit aux adresses indiquées ci-dessus des maisons renfermant un grand nombre de logements dont les prix varient, suivant l'étendue et l'étage, de 169 francs à 360 francs par an. Les locataires ont la faculté de se libérer soit par trimestre, soit par mois et même par semaine.

Pour les locations, il faut se faire inscrire d'avance en s'adressant sur place à l'inspecteur des habitations, boulevard de Grenelle, 65, ou à l'*agent général* de la Société philanthropique, M. Albert Laporte, rue des Bons-Enfants, 21.

*Président :* M. le prince Auguste d'ARENBERG.

## SOCIÉTÉ DES HABITATIONS ÉCONOMIQUES

**Siège social : rue Pigalle, 56 (IXe arrond.)**

Cette Société, fondée en 1890, a pour but d'élever des maisons divisées en logements à bon marché, sur le type des constructions de la Société philanthropique (voir ci-dessus). Plusieurs maisons ont été élevées, entre autres rue Dunois (XIIIe arrond.) et rue Coriolis, 54 (XXe arrond.).

A prix égal, la préférence est donnée aux locataires ouvriers ou employés des chemins de fer d'Orléans et de Paris-Lyon-Méditerranée. A leur défaut, les logements sont loués à ceux qui se sont fait inscrire.

*Président :* Le prince d'ARENBERG, rue de la Ville-l'Évêque, 20.

*Administrateur délégué :* M. le comte de MONTALIVET, rue Roquépine, 14.

## SOCIÉTÉ FRANÇAISE DES HABITATIONS A BON MARCHÉ

**Reconnue d'utilité publique par décret du 20 mars 1890.**

**Rue de la Ville-l'Évêque, 15 (VIIIe arrond.).**

Cette société, qui a pour but l'étude et la propagande des meilleurs modes d'habitations économiques, a été créée en 1889. Elle ne construit pas elle-même, mais elle réunit les meilleurs exemples, rassemble et prépare les plans, ouvre des concours, stimule l'initiative privée et suscite la formation des sociétés locales.

Elle peut donner d'utiles renseignements aux personnes qui, en favorisant ces constructions, désirent mettre à la disposition des ouvriers des logements sains et reconstituer la famille par l'amélioration du foyer domestique.

*Président :* M. Georges PICOT, membre de l'Institut, rue Pigalle, 54.

*Vice-président :* M. CHEYSSON, inspecteur général des ponts et chaussées, boulevard Saint-Germain, 115.

*Trésorier :* M. Charles ROBERT, ancien conseiller d'État, rue de la Banque, 15.

## LOGEMENTS INSALUBRES

**Loi du 13 avril 1850.**

La loi s'est préoccupée des inconvénients qui peuvent résulter, pour les indigents, de leur habitation dans des logements malsains ou dangereux. Elle permet, dans certains cas, d'intervenir et de signaler à l'autorité compétente les logements notoirement insalubres.

Une commission, nommée par le conseil municipal, est chargée de rechercher et d'indiquer les moyens d'assainissement dans les logements mis en location et habités par d'autres que le propriétaire ou l'usufruitier. (Art. 1er.)

Le propriétaire peut être forcé, par l'autorité municipale, à exécuter les travaux nécessaires, s'il est reconnu que les causes d'insalubrité soient dépendantes de sa volonté. (Art. 7.)

Il est passible d'une amende s'il refuse ou diffère l'exécution des travaux au delà du délai fixé. (Art. 8.)

Si le logement n'est pas susceptible d'assainissement, l'autorité municipale peut en interdire d'une manière provisoire la location. L'interdiction définitive ne peut être prononcée que par le conseil de préfecture. (Art. 10.)

Les travaux d'assainissement et d'ensemble peuvent être exécutés par les communes, qui ont droit d'acquérir et exproprier les terrains nécessaires. (Art. 13.)

Les amendes sont attribuées en entier au bureau de bienfaisance.

Ce service dépend à Paris de la préfecture de la Seine, 2e division, 2e bureau.

---

# CHAPITRE XI

**Mariages. — Assistance judiciaire. — Secrétariat des pauvres.**

---

## MARIAGES

### Pièces à produire à la mairie.

Les actes de naissance des futurs époux. — Le consentement notarié des père et mère ou leur présence. — S'il y a dissentiment, l'acte qui constate le refus de la mère. — Si les père et mère (ou l'un d'eux) sont morts, les actes de décès. A défaut des père et mère, le consentement notarié des aïeuls et aïeules ou leur présence; s'ils sont morts, les actes de décès. — Si les futurs époux n'ont pas 21 ans et que leurs ascendants soient décédés, le consentement du conseil de famille. — S'il y a lieu, les actes respectueux prescrits par les art. 151 et suivants. — En cas d'absence des ascendants, l'acte de notoriété exigé. — Pour l'enfant naturel non reconnu (mineur), le consentement d'un tuteur *ad hoc* nommé par un conseil de famille. — Les divorcés doivent présenter leurs actes de divorce. — Si les futurs époux (ou l'un d'eux) sont veufs, les actes de décès qui le constatent. — En cas d'opposition, le jugement de main-levée. — S'il s'agit d'un mariage entre oncle et nièce, tante et neveu, beau-frère et belle-sœur, les dispenses du chef de l'État (art. 164, *Loi du* 16 *avril* 1832, *décret du* 20 *prairial an XI*). Il faut, dans ce cas, s'adresser au ministère de la Justice. — Si le futur n'a pas trente ans, il devra justifier de sa position au point de vue du recrutement (loi du 27 juillet 1872, art. 44), et présenter son livret militaire ou le récépissé constatant le dépôt de ce livret à la gendarmerie. — S'il est militaire, l'autorisation exigée par le décret du 16 juin 1808. — Après 30 ans, aucune pièce militaire n'est nécessaire. — S'il y a contrat de mariage, un certificat délivré par le notaire.

Toutes ces pièces doivent être sur papier timbré; elles doivent en outre être légalisées par le président du tribunal civil de l'arrondissement, si elles émanent d'un département autre que celui de la Seine ou du grand duché du Luxembourg et de l'Alsace-Lorraine.

Les pièces d'origine étrangère devront être légalisées par le consul français du lieu de la délivrance ou à son défaut par le résident français le plus voisin, visées au ministère des affaires étrangères, traduites par un interprète juré assermenté, timbrées à l'administration, et enregistrées.

Les étrangers devront fournir un certificat de coutume de leur ambassade.

L'homme ne peut se marier avant 18 ans, la femme avant 15 ans révolus, à moins de dispense d'âge; — une veuve, qu'après dix mois révolus depuis la mort de son mari.

Chacun des futurs époux doit produire un certificat constatant une résidence de plus de six mois. Ce certificat doit être délivré par le propriétaire et visé par le commissaire de police.

S'il y a lieu à la légitimation d'enfants naturels, en prévenir le bureau de la mairie et produire en même temps les extraits de naissance.

## LOI DU 10 DÉCEMBRE 1850

### Mariage des indigents.

Cette loi permet d'obtenir gratuitement les pièces nécessaires pour le mariage des indigents.

L'article 1er déclare que les pièces pour le mariage, la légitimation des enfants naturels et pour le retrait de ces enfants déposés dans les hospices, peuvent, sur la demande du maire, être réclamées et transmises par les procureurs de la République.

Les extraits des registres de l'état-civil, les actes de notoriété, de consentement et de publications, les certificats de libération du service militaire, les dispenses pour cause de parenté, d'alliance ou d'âge, les actes de reconnaissance des enfants naturels, les actes de procédure, les jugements et arrêts dont la production est nécessaire pour la légitimation de ces enfants et leur retrait des hospices, sont visés pour timbre et enregistrés, s'il y a lieu, gratuitement. (Art. 4.)

La taxe des expéditions des actes de l'état-civil nécessaires au mariage des indigents est de 30 centimes, et 50 centimes s'il y a lieu à légalisation. (Art. 5.)

Pour être admis au bénéfice de cette loi, il faut produire un certificat d'indigence, délivré par le commissaire de police, ou par le maire des communes où il n'existe pas de commissaire de police; ce certificat s'accorde sur le vu d'un extrait du rôle des contributions constatant que les parties intéressées payent moins de 10 francs, ou d'un certificat du percepteur constatant qu'elles ne sont pas imposées. Le certificat d'indigence doit être visé par le juge de paix du canton. (Art. 6.) Ce certificat doit accompagner chaque demande d'acte.

Les actes ainsi délivrés et destinés à la célébration du mariage ne peuvent servir à une autre fin, sous peine de 25 francs d'amende, outre le payement des droits. (Art. 7.)

Cette loi est aussi applicable au mariage entre Français et étrangers. (Voir chap. XVIII.)

Les actes de naissance ou de décès peuvent être demandés au maire de la commune ou au greffier du tribunal de première instance de l'arrondissement.

### Mariage religieux.

Il faut à l'église présenter, outre la pièce constatant le mariage civil, l'acte de baptême de chacun des futurs.

On doit, pour les dispenses religieuses, s'adresser dans sa paroisse au prêtre chargé du service des mariages; il donnera les indications nécessaires.

## SOCIÉTÉ CHARITABLE DE SAINT-FRANÇOIS-RÉGIS

**Rue Servandoni, 20 (VIe arrond.).**

La Société de Saint-François-Régis a été fondée, en 1826, par M. Gossin, dans le but de faciliter le mariage civil et religieux des indigents du diocèse de Paris, et la légitimation de leurs enfants naturels. Sont considérés comme indigents ceux qui, n'étant pas imposés au rôle des contributions directes ou payant moins de 10 francs de contributions, peuvent obtenir un certificat d'indigence, suivant les dispositions de la loi du 10 décembre 1850. (Voir, ci-dessus, *Mariages*.)

La Société se charge de procurer gratuitement aux futurs tous les actes, les jugements, les dispenses nécessaires à la célébration du mariage civil et religieux. Elle ne distribue pas de secours, mais elle remet à chaque future une alliance en argent et une médaille destinée à servir de pièce de mariage.

Les futurs doivent se présenter le dimanche, de midi à deux heures, rue Servandoni, 20, près Saint-Sulpice, porteurs d'une lettre de recommandation, soit de MM. les curés et prêtres du diocèse de Paris, de MM. les maires ou adjoints, soit des sœurs de Charité, des membres du bureau de bienfaisance ou des Œuvres de charité.

Si leurs parents existent encore, les futurs doivent apporter des lettres constatant que les parents ont été consultés sur le mariage projeté, et qu'ils donneront leur consentement. Ces lettres ne suffiront pas pour la célébration du mariage; mais la Société, certaine du consentement des parents, pourra faire avec assurance les démarches et les déboursés nécessaires pour obtenir à ses frais les actes réguliers des consentements. A moins d'empêchement grave, les deux futurs doivent se présenter ensemble.

Les futurs déjà inscrits, qui ont des renseignements à demander, doivent se présenter le mercredi, de 10 heures à 2 heures. Dans les cas urgents, on peut se présenter tous les jours.

Une messe est dite le premier dimanche de chaque mois, dans une chapelle de l'église Saint-Sulpice, à l'intention des personnes qui ont été précédemment mariées par les soins de la société; elles sont averties des jours et heures de cette messe.

Des sociétés analogues, avec lesquelles la Société de Paris correspond, sont établies dans un grand nombre de villes de France et de l'étranger, particulièrement en Belgique.

Les cotisations et les dons peuvent être remis aux membres du bureau; les lettres doivent être adressées à M. le président, au siège de la société.

*Conseiller d'honneur :* M. le curé de Saint-Sulpice.

*Président :* M. Léon Gossin, boulevard Saint-André, 2.

## COMITÉS DES MARIAGES

### SOUS LA DIRECTION

### DES CONFÉRENCES DE SAINT-VINCENT-DE-PAUL

Les conférences (voir chap. IV, *Société de Saint-Vincent-de-Paul*) ont organisé dans chaque arrondissement un comité qui s'occupe du mariage des indigents.

### LISTE DES COMITÉS ET DES PAROISSES QUI EN DÉPENDENT

### INDICATION DES ENDROITS OU L'ON PEUT S'ADRESSER

*Comité des Ier et IIe Arrondissements.*

| | |
|---|---|
| Saint-Germain-l'Auxerrois. | N.-D.-de-Bonne-Nouvelle. |
| Saint-Eustache. | N.-D.-des-Victoires. |
| Saint-Roch. | Saint-Leu. |

Les mardis de 1 heure à 2 heures à l'école des Frères, place de l'École, 3.

### *Comité du IVe Arrondissement.*

Saint-Merry.
Saint-Gervais.
Saint-Paul-Saint-Louis.
Notre-Dame.
Saint-Louis en l'Ile.
N.-D.-des-Blancs-Manteaux.

Chez les sœurs, rue Poulletier, 7.

### *Comité du Ve Arrondissement.*

Saint-Séverin.
Saint-Nicolas du Chardonnet.
Saint-Étienne du Mont.
Saint-Jacques du Haut-Pas.
Saint-Médard.

Les lundis matin, de 9 à 10 heures, rue Lhomond, 59.

### *Comité des VIe et VIIe Arrondissement.*

Saint-Sulpice.
Saint-Germain-des-Prés.
N.-D.-des-Champs.
Sainte-Clotilde.
Saint-François-Xavier.
Saint-Thomas-d'Aquin.
Saint-Pierre du Gros-Caillou.

Les mercredis, de 9 à 10 heures, rue Stanislas, 11; les mardis, jeudis, samedis, de 9 heures et demie à 10 heures et demie, rue Saint-Dominique, 105.

### *Comité des VIIIe et IXe Arrondissements.*

Sainte-Madeleine.
Saint-Augustin.
Saint-Philippe-du-Roule.
Sainte-Trinité.
N.-D.-de-Lorette.
Saint-Louis d'Antin.

Les vendredis, à 4 heures et demie, avenue Portalis, 8 (salle des Œuvres).

### *Comité du Xe Arrondissement.*

Saint-Vincent-de-Paul.
Saint-Laurent.
Saint-Eugène.
Saint-Martin.

Les jeudis, de 8 heures et demie à 10 heures et demie, rue Bossuet, 12.

### *Comité du XIe Arrondissement.*

Sainte-Marguerite.
Saint-Ambroise.
Saint-Joseph.

Les mardis et jeudis à 4 heures, à l'Œuvre des Flamands, rue de Charonne, 181.

### *Comité du XIIe Arrondissement.*

Saint-Antoine. | N.-D. de Bercy.
Saint-Éloi. | N.-D. de l'Immaculée-Conception.

Les mardis, de 9 heures à 11 heures, rue de Reuilly, 77; les jeudis de 1 heure et demie à 2 heures et demie, rue Ruty, 3.

### *Comité du XIIIe Arrondissement.*

Saint-Marcel de la Maison-Blanche. | Saint-Marcel de l'Hôpital.
N.-D. de la Gare.

Les lundis et vendredis, de midi à 3 heures, boulevard d'Italie, 50.

### *Comité du XIVe Arrondissement.*

Saint-Pierre de Montrouge. | N.-D. de Plaisance.

Les lundis, de 2 à 4 heures, rue d'Alembert, 16.

### *Comité du XVe Arrondissement.*

Saint-Lambert de Vaugirard. | Saint-Jean-Baptiste de Grenelle.

Les dimanches à 10 heures trois quarts, dans une salle au chevet de l'église.

### *Comité du XVIe Arrondissement.*

Saint-Pierre de Chaillot. | Saint-Honoré.
L'Annonciation de Passy. | N.-D. d'Auteuil.

Rue Largillière, 2.

### *Comités du XVIIe Arrondissement.*

Sainte-Marie des Batignolles. | Saint-Ferdinand des Ternes.
Saint-Michel des Batignolles. | Saint-François-de-Sales.

Les premiers et troisièmes vendredis du mois, rue Truffaut, 77, (Bibliothèque paroissiale), à 9 heures du soir, les deuxièmes et quatrièmes dimanches, de 2 à 3 heures, rue de Tocqueville, 59.

### *Comités du XVIIIe Arrondissement.*

Saint-Pierre de Montmartre. | Saint-Bernard de la Chapelle.
N.-D. de Clignancourt. | Saint-Denis de la Chapelle.

Les dimanches, de 9 heures à midi; les jeudis, de 2 à 4 heures, rue du Ruisseau, 25; les jeudis, à 2 heures, rue Caulaincourt, 39.

### *Comité du XIX^e Arrondissement.*

Saint-Jacques-Saint-Christophe.
Saint-Georges.
Saint-Jean-Baptiste de Belleville.

Les dimanches, de 7 heures et demie à 9 heures du matin, rue de Crimée, 146.

### *Comité du XX^e Arrondissement.*

N.-D.-de-la-Croix de Ménilmontant.
Saint-Germain de Charonne.

S'adresser à l'Œuvre des Flamands, rue de Charonne, 181.

### *Comité de Vincennes.*

Les dimanches à 4 heures, rue de Fontenay, 54, à Vincennes.

### *Comité de Bois-Colombes.*

Asnières, rue de Paris, 74.
Bois-Colombes, à Asnières, rue de Paris, 74.
La Garenne-Colombes. rue de la Pointe, 80.

### *Comité de Saint-Denis.*

Les vendredis, à 8 heures du soir, rue Compoise, 63.

### *Comité de Neuilly.*

Pour Neuilly et Levallois-Perret, avenue de Neuilly, 164.

### *Comité de Charenton-Ivry.*

Pour Saint-Maurice, Joinville, Maisons-Alfort, Alfortville, cité Saint-Pierre, 11, à Charenton.
Pour Ivry et Villejuif, rue Raspail, 4, à Ivry.

## ŒUVRE DES MARIAGES INDIGENTS

**Rue de Vanves, 178 (XIV^e arrond.).**

La directrice de l'École chrétienne libre est secrétaire de cette Œuvre.

## MARIAGES DES ÉTRANGERS

Les pièces à fournir, ainsi que les formalités spéciales pour les étrangers, sont indiquées au début de ce chapitre.
Voir aussi chap. XVIII, *Œuvre des Flamands.*
Bureau spécial pour le mariage des étrangers.

## ASSISTANCE JUDICIAIRE

**Loi du 22 janvier 1851.**

L'admission à l'assistance judiciaire devant les tribunaux civils, les tribunaux de commerce et les juges de paix, est prononcée par un bureau spécial établi au chef-lieu judiciaire de chaque arrondissement et composé de cinq membres. Le bureau d'assistance, établi près d'une Cour d'appel, de la Cour de cassation et du Conseil d'État, se compose de sept membres.

Toute personne qui réclame l'assistance judiciaire adresse sa demande sur papier libre au procureur de la République du tribunal de son domicile.

Elle doit fournir :

1° Un extrait du rôle de ses contributions, ou un certificat du percepteur de son domicile, constatant qu'elle n'est pas imposée;

2° Une déclaration attestant qu'elle est, en raison de son indigence, dans l'impossibilité d'exercer ses droits en justice, et contenant l'énumération de ses moyens d'existence, quels qu'ils soient.

L'assisté est dispensé provisoirement du payement des sommes dues au Trésor pour droits de timbre, d'enregistrement et de greffe, ainsi que de toute consignation d'amende...., des sommes dues aux greffiers, aux officiers ministériels et aux avocats pour droits, émoluments et honoraires. Les actes de la procédure faits à la requête de l'assisté sont visés pour timbres et enregistrés au débet.

... Les actes et titres produits par l'assisté sont pareillement visés pour timbre... Les frais de transport des juges, des officiers ministériels et des experts, les honoraires de ces derniers et les taxes des témoins,... sont avancés par le Trésor.

Des défenseurs d'office sont donnés aux accusés devant les cours d'assises et les tribunaux correctionnels, aux prévenus détenus préventivement, lorsqu'ils en feront la demande, et que leur indigence sera constatée.

## ŒUVRE DU SECRÉTARIAT DES PAUVRES

**Société de Saint-Vincent-de-Paul.**

Cette Œuvre a pour but d'aider les pauvres secourus par la Société de Saint-Vincent-de-Paul à rédiger ou à écrire leurs lettres, requêtes, pétitions, et de les seconder dans leurs démarches. Elle est répandue dans un grand nombre de quartiers.

S'adresser aux conférences de la Société de Saint-Vincent-de-Paul dans les paroisses, ou au secrétariat général, rue Furstenberg, 6.

## SECRÉTARIATS DU PEUPLE

Siège central : rue des Petits-Carreaux, 14 (IIe arrond.).

Cette Œuvre rend à toutes les personnes, sans distinction d'opinions religieuses ou politiques, qui s'adressent à elle par l'*intermédiaire de ses délégués*, les services suivants : 1° Consultations juridiques gratuites; 2° Démarches pour naturalisations, légitimations, régularisations de mariages, etc.; 3° Rapatriements, placements d'enfants, de vieillards, etc.; 4° Consultations médicales gratuites, médicaments à prix réduits.

L'Œuvre ne fournit ni argent, ni secours en nature.

*Secrétariats actuellement établis :* rue des Petits-Carreaux, 14; — rue Truffaut, 77; — rue Championnet, 172 *bis;* — Impasse des Bœufs, 6; — rue Bobillot, 71; — rue Bausset, 11; — rue Vercingétorix, 59. — A Clichy, rue du Landy, 7. — A Argenteuil, Grande-Rue, 80. — A Courbevoie, rue Saint-Denis, 21. — A Pantin, rue de Paris, 128. — A Issy, Grande-Rue, 70.

*Président d'honneur et fondateur :* M. Harmel.

*Président :* M. Lauras.

*Secrétaire général :* M. Michel Joly, rue d'Athènes, 22.

Écrire pour les renseignements soit au secrétaire général, soit aux Présidents des Secrétariats.

## SECRÉTARIAT DES FAMILLES

Rue de Sèvres, 93 (VIIe arrond.).

Œuvre paroissiale de Saint-François-Xavier. Son but est de rendre gratuitement aux classes laborieuses tous les services dont elles peuvent avoir besoin, tels que procurer les papiers nécessaires au mariage, obtenir l'assistance judiciaire à ceux qui sont dans la nécessité de poursuivre leurs droits devant les tribunaux, faciliter les démarches lorsqu'une demande doit suivre la filière administrative, aider au placement des vieillards ou des enfants, etc. etc.

*Président :* M. l'abbé Laurent, vicaire à Saint-François-Xavier.

Le secrétariat est ouvert les dimanches de 10 à 11 heures du matin, et les jeudis de 2 à 4 heures.

## CHAPITRE XII

### Correction. — Réhabilitation. — Préservation.

---

### CORRECTION PATERNELLE

**Articles 371 et suiv. du code civil.**

Lorsqu'un enfant donne à sa famille de graves sujets de mécontentement, s'il a moins de 16 ans, son père peut demander au Président du tribunal de première instance son admission dans une maison de correction; cette admission ne peut être refusée. La durée du séjour n'excède pas un mois; mais on peut le renouveler plusieurs fois.

Si l'enfant a 16 ans, la demande doit être faite pour un temps qui ne peut dépasser six mois, par le père, la mère ou le tuteur, au Président du tribunal.

La mère survivante et non remariée ne peut faire détenir son enfant qu'avec le concours des deux plus proches parents paternels (art. 381).

Le tuteur ne peut demander la mise en correction de son pupille qu'après y avoir été autorisé par le conseil de famille (art. 468).

Quelle que soit la décision du Président du tribunal, il n'y aura, dans tous les cas, aucune écriture ni formalité judiciaire, si ce n'est l'ordre d'arrestation, qui n'énoncera pas les motifs.

La demande peut être répétée lorsque l'enfant tombe dans de nouveaux écarts.

Tout parent a le droit de demander au Président du tribunal d'indiquer, sur l'ordonnance de mise en correction, l'établissement d'éducation correctionnelle où il désire que le mineur subisse la détention, à la charge par le père de s'engager à payer les frais d'entretien et de nourriture. La liste de ces établissements se trouve ci-après. A défaut d'indication spéciale, les mineurs sont placés, à Paris, dans la maison de la Petite-Roquette, rue de la Roquette, 143; ils sont renfermés dans des cellules, dans un quartier séparé des autres condamnés.

Les jeunes filles, à Paris, étaient enfermées chez les religieuses de Saint-Michel. Depuis 1887, elles sont envoyées à la prison cellulaire de Nanterre.

Dans les départements, elles sont placées dans les maisons d'arrêt et séparées des autres quartiers de détenues (Cadillac).

Voir *pour les jeunes filles protestantes*, chap. XVII.

Si les parents justifient de leur indigence, le Président du tribunal peut décider que le mineur sera reçu gratuitement.

## JEUNES DÉTENUS

### Ministère de l'Intérieur.

Les enfants de l'un et de l'autre sexe, âgés de moins de 16 ans, traduits en justice sous l'inculpation de crimes ou délits, sont, suivant les circonstances, acquittés comme ayant agi sans discernement (art. 66 du Code pénal) ou condamnés à une peine (art. 67) dont les tribunaux déterminent la durée.

Lorsque l'enfant est déchargé de la responsabilité de ses actes, il peut être remis à sa famille, si elle présente des garanties de moralité, ou envoyé dans une maison de correction, pour y être détenu et élevé pendant un certain nombre d'années, qui ne doit pas dépasser l'âge de 20 ans accomplis.

S'il est décidé, au contraire, qu'il a agi avec discernement, il est condamné à une peine qu'il subira dans une prison départementale, dans un quartier spécial si elle ne dépasse pas six mois; dans une colonie pénitentiaire, si elle ne dépasse pas deux ans; dans un quartier correctionnel, si elle excède ce dernier chiffre.

Quant aux jeunes filles mineures de 16 ans, elles sont, dans tous les cas, qu'elles aient été acquittées comme ayant agi sans discernement, par application de l'art 66 du Code pénal, ou condamnées à l'emprisonnement, par application de l'art. 67, placées dans des *Maisons pénitentiaires*, dont la plupart sont des établissements privés, dirigés, sous le contrôle de l'État, par des congrégations religieuses.

D'après les prescriptions de la loi du 5 août 1850 (Règlement et Législation), les établissements de jeunes détenus sont publics ou privés. Les premiers sont ceux fondés et administrés par l'État; les seconds, dus à l'initiative privée, reçoivent du gouvernement un prix de journée et des subventions pour l'entretien des enfants dont l'éducation leur est confiée.

A la sortie des maisons d'éducation correctionnelle, les jeunes détenus des deux sexes sont placés par les soins des sociétés de patronage.

La nomenclature suivante comprend les différentes catégories d'établissements dont il vient d'être parlé, avec l'indication des professions qu'on y enseigne.

## Colonies pénitentiaires publiques pour les garçons.

| | |
|---|---|
| Belle-Ile-en-Mer (Morbihan) . . | Travaux agricoles et école maritime. |
| Les Douaires, par Gaillon (Eure). | Travaux agricoles. |
| Saint-Maurice (Loir-et-Cher). . | *Id.* |
| Saint-Hilaire (Vienne) . . . . | *Id.* |
| Le Val-d'Yèvre (Cher) . . . . | *Id.* |
| Aniane (Hérault) . . . . . . . | Travaux industriels et horticoles. |

## Quartiers correctionnels (garçons).

| | |
|---|---|
| Dijon (Côte-d'Or). . . . . . . | Travaux industriels. |
| Lyon (Rhône). . . . . . . . . | *Id.* |
| Rouen (Seine-Inférieure) . . . | *Id.* |
| Villeneuve (Lot-et-Garonne) . | *Id.* |
| Nantes (Loire-Inférieure) . . . | *Id.* |

## Colonies pénitentiaires privées pour les garçons.

| | |
|---|---|
| Bar-sur-Aube (Aube) . . . . | Travaux agricoles et vinicoles. |
| Bologne (Haute-Marne). . . . | Travaux industriels. |
| Jommelières, par Javerlhac (Dordogne) . . . . . . . . . . . | Travaux agricoles. |
| La Loge, par Baugy (Cher) . . | *Id.* |
| Le Luc, par Alzon (Gard). . . | *Id.* |
| Mettray (Indre-et-Loire) . . . | Travaux industriels et agricoles. |
| St-Éloi (Chaptelat, Hte-Vienne). | *Id.* |
| St-Ilan (Côtes-du-Nord) . . . | *Id.* |
| St-Joseph, par Gy (Hte-Saône). | *Id.* |
| Ste-Foy (Dordogne). . . . . . | *Id.* |

Cet établissement est spécialement affecté aux jeunes gens du culte réformé.

La colonie pénitentiaire de Mettray (voir même chap.) peut recevoir, dans un quartier spécial, des pensionnaires payants, placés par leur famille.

**Établissement public pour les filles.**

| | |
|---|---|
| QUARTIER ANNEXÉ A St-LAZARE, A PARIS. . . . . . . . . . . | Travaux industriels. |

**Établissements privés pour les filles.**

| | |
|---|---|
| CADILLAC (Gironde) . . . . . . | Direction laïque. |
| BAVILLIERS, près Belfort . . . . | Sœurs de la Providence. |
| LIMOGES (Haute-Vienne) . . . . | |
| MONTPELLIER (Hérault). . . . . | Atelier-refuge. |
| SAINTE-ANNE-D'AURAY (Morbihan). | Sœurs de Marie-Joseph. |
| INSTITUTION DES DIACONESSES, A PARIS. . . . . . . . . . . | Voir chap. XVII, *Œuvres protestantes.* |
| MAISON DE REFUGE ISRAÉLITE . . | Voir ch. XVII, *Œuvres israélites.* |

On trouvera dans ce chapitre l'indication d'un grand nombre d'établissements où les enfants et les adultes peuvent être placés sans l'intervention de l'administration.

## SOCIÉTÉ GÉNÉRALE DES PRISONS

**Reconnue d'utilité publique par décret du 2 avril 1889.**

Siège social : place Dauphine, 14 (1er arrond.).

**La Société a pour but d'étudier toutes les questions pénitentiaires et toutes les questions de patronage des libérés. Au dernier égard, son secrétariat général a constitué un bureau de renseignements utiles pour toutes les personnes qui désirent s'occuper du placement d'un libéré.**

**Elle a organisé, en mai 1893, un congrès national de toutes les sociétés françaises de patronage. Entre autres vœux, le congrès a exprimé le désir qu'un lien commun fût établi entre toutes les œuvres de patronage de libérés, et qu'un *Bureau central,* émanation de toutes les Œuvres existantes, fût ouvert pour réaliser ce lien.**

***Président :*** **M. Félix VOISIN, conseiller à la Cour de cassation, rue de Milan, 11 *bis.***

***Secrétaire général :*** **M. Albert RIVIÈRE, rue d'Amsterdam, 52.**

## COMITÉ DE DÉFENSE DES ENFANTS PRODUITS EN JUSTICE

Cette Société, complètement indépendante des Œuvres diverses de patronage concernant les enfants, a pour objet unique de poursuivre, par sa propagande et son action, l'amélioration des lois et des procédures applicables aux mineurs de 16 ans; d'organiser d'une façon pratique, avec le concours du barreau et l'appui des pouvoirs publics, la défense des enfants arrêtés; d'étudier et de signaler les différentes questions pouvant se rattacher à la préservation, à l'éducation et à la réhabilitation de ces enfants, et de provoquer en province la création d'œuvres semblables.

*Président :* M. CRESSON, ancien préfet de police, ancien bâtonnier.

Les communications doivent être adressées au *Secrétaire général,* M. Adolphe GUILLOT, membre de l'Institut, juge d'instruction au Palais de justice.

## COLONIE AGRICOLE ET PÉNITENTIAIRE DE METTRAY (INDRE-ET-LOIRE)

Bureau à Paris, à l'Office central des Institutions charitables, boulevard Saint-Germain, 175.

Société reconnue d'utilité publique par décret du 21 juillet 1853.

### Garçons.

Cet établissement, le premier de ce genre qui ait été fondé en France, a été créé, en 1839, par MM. de Metz et le vicomte de Bretignières de Courteilles, à Mettray, près Tours. Il est consacré aux enfants qui, reconnus coupables d'un délit, ont été acquittés comme ayant agi sans discernement, mais doivent rester entre les mains de la justice jusqu'à l'âge de 20 ans au plus tard, par application de l'article 66 du Code pénal.

Le nombre des places est de 800. Le gouvernement accorde à la colonie, pour chaque enfant présent, une indemnité déterminée.

Ils sont envoyés par l'administration pénitentiaire.

La Colonie reçoit également des enfants assistés, qui lui sont confiés par les préfets et les administrations hospitalières et des enfants placés par leur famille ou leurs protecteurs, moyennant une pension déterminée. Les enfants de cette catégorie n'ont subi aucune condamnation.

Les jeunes colons sont occupés aux divers travaux qui se rattachent à l'agriculture et reçoivent, en outre de l'instruction religieuse, l'instruction primaire la plus complète. Il y a aussi plusieurs ateliers industriels pour les enfants impropres aux travaux des champs.

A leur sortie de la Colonie, ils sont placés, autant que possible, à la campagne, chez des cultivateurs. Ils restent, pendant un temps illimité, sous le patronage de la Société paternelle.

La Société paternelle, fondatrice de Mettray, nomme le conseil d'administration de la Colonie, et s'occupe de l'éducation morale, religieuse, agricole et professionnelle de ses protégés.

Tous les 3 ans, il est rendu compte de la situation morale et financière de la Société, dans une séance publique à laquelle sont convoqués tous les souscripteurs.

La Société se compose de membres fondateurs ayant versé une somme de 100 francs une fois donnée, et de membres souscripteurs, s'engageant à payer, chaque année, une souscription qui ne peut être inférieure à 10 francs.

*Président du Conseil d'administration :* M. E. Gouin, sénateur, rue de Lisbonne, 33.

*Vice-Président :* M. le vicomte de Villiers, rue de Bourgogne, 29.

*Secrétaire général :* M. G. Picot, de l'Institut, rue Pigalle, 54.

*Directeur de la Colonie :* M. CLUZE, capitaine de frégate en retraite.

Les souscriptions et les demandes de renseignements peuvent être adressées au Directeur de la Colonie, à Mettray, ou à Paris, à l'Office central des institutions charitables, boulevard Saint-Germain, 175.

## SOCIÉTÉ GÉNÉRALE DE PROTECTION

### POUR L'ENFANCE ABANDONNÉE OU COUPABLE

Rue de Lille, 47.

Voir chap. 1er.

## UNION FRANÇAISE POUR LE SAUVETAGE

### DE L'ENFANCE

Rue Pasquier, 10.

Voir chap. 1er.

## PATRONAGE DE L'ENFANCE ET DE L'ADOLESCENCE

Rue Herschell, 6.

Voir chap. 1er.

## SOCIÉTÉ DE PATRONAGE

### POUR LES JEUNES DÉTENUS ET LES JEUNES LIBÉRÉS DU DÉPARTEMENT DE LA SEINE

Reconnue d'utilité publique par ordonnance du 5 juin 1843.

Rue de Mézières, 9 (VIe arrond.).

Cette Société a été fondée en 1833. Elle a pour but de préserver des dangers de la récidive, et de rendre aux habitudes d'une v.. honnête et laborieuse les jeunes détenus et les jeunes libérés du département de la Seine.

La Société fait de l'envoi en correction un moyen de moralisation. Plusieurs membres de la Société vont voir les enfants envoyés en correction, et demandent la mise en liberté provisoire de ceux qui manifestent du repentir et donnent quelque espoir d'amendement. Lorsque l'enfant est en liberté, il est placé en apprentissage et surveillé. S'il se conduit bien, il reste en liberté jusqu'à sa libération définitive; mais, s'il se conduit mal, il est réintégré et replacé sous le coup du jugement qui l'a soumis à la correction. Cette possibilité de réintégration permet à la Société d'exercer une utile influence sur la conduite des enfants.

Tous les dimanches, ils se réunissent à la maison où siège la Société, rue de Mézières, 9; on leur donne des vêtements en échange de ceux qu'ils laissent, et qu'ils retrouvent propres le dimanche suivant. Ils suivent des cours de lecture, d'écriture, de musique vocale et de gymnastique. Le premier dimanche du mois, il y a une réunion solennelle, où l'un des membres de l'Œuvre est chargé de leur adresser la parole.

On donne des récompenses aux plus méritants.

*Président :* M. Gabriel Joret-Desclosières, avocat à la Cour d'appel.

*Vice-Présidents :* M. Petit, conseiller à la Cour de cassation;

M. Adolphe Guillot, membre de l'Institut, juge d'instruction.

*Secrétaire général :* M. Christian de Corny, avocat à la Cour d'appel, rue de la Boëtie, 19.

*Trésorier :* M. Théodore Mallet, banquier.

S'adresser, pour tous renseignements, à l'Agence, rue de Mézières, 9.

## SOCIÉTÉ GÉNÉRALE

### POUR LE PATRONAGE DES LIBÉRÉS

Reconnue d'utilité publique par décret du 4 novembre 1875.

Cette Œuvre a été fondée, en 1871, par M. de Lamarque, chef de bureau à l'Administration pénitentiaire (ministère de l'Intérieur). Elle a pour but d'assister les libérés, hommes et femmes, qui manifestent la ferme intention de revenir à une vie laborieuse et honnête, en leur procurant du travail. Elle facilite, sur leur demande, leur rapatriement, leur engagement dans l'armée ou leur expatriation.

Elle provoque leur réhabilitation, lorsque, par une bonne conduite, ils se sont rendus dignes de l'obtenir.

La Société se compose de donateurs, de membres titulaires, de membres honoraires et de délégués pour le placement.

Une cotisation de 100 francs par an ou le versement en une fois d'une somme de 500 francs assurent le titre de *donateur*.

La Société a ouvert un asile pour les femmes, rue de Lourmel, 49 (xv^e^ arrond.), et deux asiles pour les hommes, rue de la Cavalerie, 4 *bis* (vii^e^ arrond.), et rue des Cévennes, 25 (xv^e^ arrond.). Ce dernier (fondation Laubespin) est particulièrement réservé aux libérés conditionnels par application de la loi du 14 août 1885.

*Président :* M. Bérenger, membre de l'Institut, sénateur.

*Secrétaire général :* M. P. de Boutarel.

S'adresser, pour les renseignements, dons, admissions, au bureau central, rue de l'Université, 174, de 9 heures à 11 heures du matin.

## ŒUVRE DES LIBÉRÉES DE SAINT-LAZARE

Reconnue d'utilité publique par décret du 26 janvier 1885.

Secrétariat : place Dauphine, 14 (1er arrond.).

Asiles temporaires à Billancourt (Seine).

Cette Œuvre, fondée en 1870, a pour but de préserver les femmes en danger de se perdre, et de fournir aux libérées de la prison, sans distinction de culte ni de nationalité, les moyens de se relever.

A leur sortie de prison, les libérées peuvent se présenter tous les jours au Secrétariat, où elles reçoivent des secours en vêtements, bons de nourriture, argent, etc. On cherche à leur procurer du travail ou un placement.

Les Asiles temporaires recueillent pour un temps plus ou moins long les femmes sortant de prison sans famille et sans ressources. Les enfants y sont reçus avec leur mère.

Pour les renseignements et les dons, soit en argent, soit en vêtements, s'adresser à la *Directrice*, Mme Isabelle Bogelot, au secrétariat, place Dauphine, 14.

## BUREAU CENTRAL
## DES SOCIÉTÉS DE PATRONAGE DES LIBÉRÉS

Place Dauphine, 14 (1er arrond.).

Ce Bureau, constitué le 23 décembre 1893, a pour but de servir de lien aux œuvres de patronage des libérés, sans toutefois porter atteinte à leur indépendance; il se propose, par l'envoi de renseignements et de documents utiles ainsi que par l'établissement de rapports réguliers, de faire profiter chacune d'elles de l'expérience des autres, et de faciliter ainsi le placement des libérés.

Il a comme organe la *Revue de patronage*, publiée chaque mois par le *Bulletin de la Société générale des prisons.*

En outre des représentants des Sociétés de patronage, il reçoit les adhésions de membres *donateurs*, *bienfaiteurs* ou simples *adhérents.*

La cotisation annuelle est de 10 francs au moins.

*Président :* M. le docteur Th. Roussel, sénateur.

*Vice-Présidents :* M. le professeur Barthélemy, à Lyon, et M. E. Cheysson, boulevard Saint-Germain, 115.

*Secrétaire général :* M. Louiche-Desfontaines, avocat, rue Washington, 31.

## ŒUVRE DU PATRONAGE DES PRÉVENUS ACQUITTÉS

Asile : rue Broca, 136 (XIII$^e$ arrond.).

Cette Œuvre a été fondée, en 1836, par M. de Metz, conseiller à la Cour de Paris, avec le concours notamment de MM. Lamy, Rigal, Casenave et Picot, magistrats du tribunal de première instance de Paris.

Elle a pour but de procurer un asile temporaire et de donner quelques secours à un certain nombre de prévenus (hommes et femmes) paraissant dignes d'intérêt, qui, après avoir été reconnus innocents, ont été mis en liberté par les juges d'instruction ou acquittés par les tribunaux de Paris.

Les individus assistés sont reçus pendant quelques jours, sur la présentation d'une lettre d'admission, signée par un magistrat, dans un Asile appartenant à l'Œuvre, rue Broca, 136. On leur facilite le moyen soit de trouver du travail, soit de rejoindre leur famille.

Le comité se compose principalement de magistrats, et l'Œuvre est sous le patronage spécial du tribunal de première instance de la Seine.

La souscription est de 10 francs par an.

*Président :* M. AUBÉPIN, président du tribunal civil de la Seine.

*Secrétaire général :* M. DE LALAIN-CHOMEL, juge au tribunal civil de la Seine, rue de l'Université, 5.

*Trésorier :* M. SEGOND, notaire, rue Laffitte, 7.

## SOCIÉTÉ DE PROTECTION

### DES ENGAGÉS VOLONTAIRES ÉLEVÉS SOUS LA TUTELLE ADMINISTRATIVE

Reconnue d'utilité publique par décret du 8 août 1881.

Siège social : rue de Milan, 11 *bis* (IX$^e$ arrond.).

Cette Société a été fondée en 1878, dans le but d'encourager les engagements volontaires des jeunes gens élevés :

1° Dans les maisons d'éducation correctionnelle, publiques ou privées;

2° Sous la tutelle de l'Assistance publique en qualité soit d'enfants assistés, soit d'enfants moralement abandonnés qui, ayant atteint l'âge de l'engagement pour les armées de terre (18 ans) et de mer (16 ans), se sont montrés dignes d'aide et de protection par leur bonne conduite et leur assiduité au travail.

L'action protectrice de la Société, à l'égard de ces jeunes gens, s'exerce pendant la durée de leur séjour au corps, dans les conditions et les limites déterminées par les autorités militaires ou maritimes, mais sous une forme entièrement secrète, afin de ménager leur position et leur avenir; elle les accompagne au moment de leur rentrée dans la vie civile, en les aidant à se procurer les moyens de gagner honorablement leur vie.

La sollicitude de la Société s'étend également aux jeunes gens qui, frappés d'une condamnation, ont été appelés au service militaire par la loi du recrutement, si, pendant leur détention, ils ont témoigné d'un véritable repentir et donné des gages certains de leur retour à des sentiments honnêtes.

On peut faire partie de la Société comme *fondateur*, *sociétaire* ou *adhérent*. Un grand nombre de conseils généraux, de municipalités, cours d'appel, tribunaux, lui accordent des subventions annuelles.

*Président :* M. Félix Voisin, conseiller à la Cour de cassation.

*Trésorier :* M. Auguste Mollet.

# RÉHABILITATION ET PRÉSERVATION

## MAISON ET ŒUVRE DU BON-PASTEUR

Reconnue d'utilité publique par décret du 28 août 1858.

Rue Denfert-Rochereau, 71 (XIVe arrond.).

L'Œuvre du Bon-Pasteur date du XVIIe siècle; elle a été reconstituée, en 1819, par M. l'abbé Legris-Duval et Mme la marquise de Croissy. Les dames de l'Œuvre s'occupent de ramener au bien les jeunes filles tombées dans le désordre, particulièrement celles qui sont traitées dans les infirmeries de Saint-Lazare. A leur sortie, l'Œuvre les recueille et leur donne un asile entièrement gratuit. Elles entrent au Bon-Pasteur librement et sont toujours libres d'en sortir; mais elles peuvent, si leur conduite est bonne, y rester jusqu'à leur mort.

On les admet de 16 à 23 ans.

En outre, l'Œuvre place dans d'autres refuges celles qu'elle ne peut recevoir, paye le voyage de retour dans leur famille ou aide à se plâcer celles qui sortent de la Maison.

Les bâtiments, entièrement brûlés le 24 mai 1871, ont été reconstruits; ils abritent environ 150 pénitentes et pourraient en recevoir un plus grand nombre.

La Maison est tenue par les dames de Saint-Thomas de Villeneuve.

Les ressources de l'Œuvre consistent dans le produit du travail fait dans l'établissement, et dans les dons ou souscriptions qui peuvent être adressés aux membres du Bureau.

Le Comité des dames de l'Œuvre est assisté d'un comité consultatif d'hommes.

*Présidente :* Mme Fouques-Duparc, rue Saint-Honoré, 372.

*Trésorière :* Mme Ozanam, rue Saint-Simon, 2.

*Secrétaire :* Mme Ruyneau-Fontaine.

## ŒUVRE DE LA PRÉSERVATION
### ET DE LA RÉHABILITATION DES JEUNES FILLES DE 15 A 25 ANS

Cette Œuvre, dans le but de moralisation et de relèvement, exerce son patronage en faisant visiter par les Dames associées les jeunes filles détenues au dépôt ou dans les prisons, et en recevant dans un asile temporaire, ouvert à Argenteuil, rue de Calais, 25, sous la direction des Sœurs de Marie-Joseph, celles de ces jeunes filles qui ont été l'objet d'ordonnances de non-lieu; celles condamnées avec le bénéfice de la loi de sursis; les prisonnières qui ont achevé leur peine et celles pour lesquelles le patronage aurait obtenu la suspension de leur peine ou la liberté conditionnelle.

L'Œuvre se met en rapport avec les familles, rapatrie à ses frais les jeunes filles de province, et prend toutes les mesures en son pouvoir pour assurer leur persévérance dans le bien. Elles reçoivent à Argenteuil une éducation religieuse, morale et professionnelle, qui leur permet de gagner honnêtement leur vie.

L'Œuvre se soutient au moyen de souscriptions et de cotisations, dont le minimum est fixé à 10 francs par an.

*Présidente :* Mme AUBER, rue de Penthièvre, 11.

*Vice-Présidente :* Mme LANNELONGUE.

*Trésorière :* Mme J. RAIMBERT, avenue Montaigne, 41.

*Secrétaire :* Mlle SAULNIER.

## ŒUVRE DES PETITES PRÉSERVÉES

### Asile Marie-Joseph.

Rue Violet, 54 (passage Lemaire, 7, xve arrond.).

Cette Œuvre, fondée en 1892, a pour but d'assurer la préservation des petites filles de moins de 13 ans, se trouvant en état d'abandon ou de danger moral, par suite de l'arrestation de leurs parents ou de leur propre arrestation pour des délits légers, tels que le vagabondage ou la mendicité, mais n'ayant pas commis d'actes de nature à rendre leur contact pernicieux pour les autres enfants.

Des dames de l'Œuvre, déléguées à cet effet, se mettent en rapport avec les magistrats, et vont visiter les enfants détenues au cours de l'instruction ; lorsque le patronage paraît pouvoir s'exercer utilement, elles sollicitent la mise en liberté. Dans ce cas, si une ordonnance de non-lieu intervient, l'enfant est admise, avec le consentement de ses parents, à l'Asile, où elle est placée sous le patronage spécial d'une des dames, et reçoit pendant le temps nécessaire une éducation morale, chrétienne et professionnelle. L'Œuvre s'occupe aussi des parents, et s'efforce de maintenir, en les moralisant et en les surveillant, les rapports de l'enfant avec sa famille.

L'Œuvre se compose : 1° de membres *fondateurs* versant une cotisation annuelle de 200 francs, somme fixée pour l'entretien d'une enfant; 2° de membres *sociétaires* (cotisation annuelle, 50 francs); 3° de membres *participants* (cotisation annuelle, 10 francs).

*Présidente :* Mme la Comtesse DE BIRON.

*Vice-Présidentes :* Mme la Vtesse Gabriel de CASTRIES ; Mme Auguste DREYFUS; Mme Georges GAMARD.

*Secrétaires :* Mme la baronne DE BULLY; Mme Georges ROLLAND; Mlle APPERT ; Mlle Madeleine Adolphe GUILLOT.

Les demandes d'admission doivent être adressées au siège de l'Œuvre, rue Violet, 54 (passage Lemaire, 7).

## VESTIAIRE DES PETITS PRISONNIERS

Cette Œuvre, fondée en 1892, par Mme la comtesse de Biron, et annexée sous sa direction à l'Œuvre des Petites Préservées, a pour objet de vêtir les enfants des deux sexes qui sortent de prison après une ordonnance de non-lieu ou un jugement d'acquittement, afin qu'ils ne soient pas remis dans la rue avec les haillons qu'ils portaient à leur entrée, et exposés ainsi à redevenir des vagabonds ou des mendiants.

Cette Œuvre a été autorisée par le ministre de l'Intérieur (le 12 mai 1892) à installer son vestiaire au Dépôt, au Palais de Justice.

*Présidente de l'ouvroir du vestiaire :* Mme la duchesse DE NOAILLES.

*Secrétaire :* Mme la comtesse FRIGNET.

Les offrandes en argent ou en vêtements doivent être envoyées au Dépôt, au Palais de Justice, au nom de M. Adolphe GUILLOT, juge d'instruction. La cotisation est de 5 francs par an.

## ŒUVRE DE LA PRÉSERVATION

Rue de Vanves, 185 (xve arrond.).

Dirigée par les religieuses du Saint-Nom-de-Jésus.

Cette Œuvre a pour but de pourvoir à l'éducation des jeunes filles, en les préservant des dangers auxquels elles pourraient être exposées dans le monde. Après l'enseignement primaire, elles sont mises à divers genres de travaux afin de pouvoir ensuite gagner honorablement leur vie.

L'admission a lieu à tout âge ; le prix de la pension se traite de gré à gré avec la Supérieure.

Les religieuses s'occupent de placer les jeunes filles à leur sortie, et continuent à veiller sur elles.

S'adresser à la Supérieure, rue de Vanves, 185.

## PETIT OUVROIR DE SAINT-VINCENT-DE-PAUL

Rue du Cherche-Midi, 120 (vie arrond.).

Cet établissement, fondé en 1849 par une pauvre ouvrière, Mlle Léocadie Lavarde, est destiné à recueillir les petites filles pauvres, orphelines ou délaissées, chez lesquelles se manifestent de précoces dispositions au vice, et qui, à cause de cela même, ne seraient pas reçues dans les ouvroirs ou orphelinats ordinaires.

En 1877, l'Académie française, voulant reconnaître le dévouement de Mlle Lavarde, lui décerna un prix Monthyon. Mlle Lavarde mourut quelques mois après, et l'ouvroir fut confié aux Sœurs de Saint-Vincent-de-Paul.

Les enfants ne sont pas reçues après leur première communion, mais on les admet dès l'âge de 5 ans, et elles ne sortent que lorsqu'elles sont corrigées de leurs défauts.

Instruction primaire, couture, soins du ménage.

La pension est de 420 francs par an.

Pour faire partie du comité, il faut s'engager à recueillir pour l'Œuvre une somme annuelle de 50 francs.

*Présidente :* Mme Aignan, rue Clément-Marot, 22.

*Secrétaire :* Mme Desvallières, rue Saint-Marc, 14.

S'adresser, pour les admissions, à la Supérieure de l'Ouvroir.

## ASILE-OUVROIR DE GÉRANDO

**Reconnu d'utilité publique par ordonnance du 2 août 1843.**

Rue Blomet, 82 (xve arrond.).

Cet asile, fondé en 1839 par le baron de Gérando, est placé sous la direction des Sœurs de Marie-Joseph. Il est destiné à recevoir les jeunes filles victimes d'une première faute, et que leur état d'abandon expose, à leur sortie de l'hôpital, à tous les dangers de la corruption et de la misère.

La maison renferme 50 lits; elle est ouverte gratuitement aux convalescentes de 16 à 24 ans, qui y restent un temps plus ou moins long, suivant les circonstances. L'Œuvre, à leur sortie, s'occupe de les placer et continue à les patronner autant qu'il est possible.

Les ressources de l'établissement consistent dans les subventions de l'Administration, le travail des pensionnaires, les quêtes et les dons.

*Président :* M. le comte P. DE KERGORLAY, avenue Friedland, 11.

*Trésorier :* M. BUCHÈRE, rue Saint-Sulpice, 24.

## ASILE SAINTE-MADELEINE

Voir chap. VI.

## ASILE SAINT-RAPHAEL

Voir chap. VI.

## REFUGE DE NOTRE-DAME DE CHARITÉ

### DIT SAINT-MICHEL

Rue Saint-Jacques, 193 (Ve arrond.).

Cet établissement a été fondé, le 29 septembre 1724, dans le but de recueillir les jeunes filles et les femmes qui se sont écartées de la bonne voie, et de les ramener à une vie régulière; mais, si édifiante que puisse devenir leur conduite, elles ne sont jamais admises au rang des religieuses.

Une classe spéciale, dite de *Persévérance,* a été créée pour celles des pénitentes qui veulent finir leur existence dans la maison.

L'Œuvre compte actuellement 300 enfants ou jeunes filles de la classe ouvrière amenées par leur famille. Une rétribution de 15 à 20 francs par mois est demandée.

Un atelier de buanderie et repassage occupe environ quatre-vingts ouvrières; d'autres sont employées aux travaux de couture.

Une classe de *préservation* est fondée depuis peu pour les jeunes filles exposées, mais n'ayant fait aucune faute et qui ne peuvent être placées au Refuge, à cause du contact qui leur serait nuisible.

Le prix de cette division est de 20 à 25 francs par mois. Il y a 60 francs à verser en entrant pour frais de literie et de costume.

Une autre division, sous le nom de *Saint-Joseph*, a été formée en 1874. Elle est entièrement séparée des autres et destinée aux jeunes personnes ou jeunes femmes d'un rang plus élevé, appartenant à d'honorables familles, mais ayant donné à leurs parents quelques motifs de plainte.

Plusieurs pensionnaires ont leur chambre à part. Le prix de cette catégorie se règle avec la maison, selon le régime demandé.

Depuis 1887, l'administration a cessé d'envoyer à Saint-Michel les jeunes filles enfermées par suite d'une décision du président du tribunal. (Voir, même chapitre, *Correction paternelle*.)

## OUVROIR DE NOTRE-DAME DE LA MISÉRICORDE

Rue de Vaugirard, 340 (xv$^{e}$ arrond.).

Sœurs de Marie-Joseph.

Cette maison reçoit des jeunes filles de 15 ans et au-dessus, pour les préserver des dangers qu'elles pourraient courir dans les ateliers. Le travail spécial est le corset. L'apprentissage est de 3 ans au moins. La pension est de 180 francs par an; elle peut diminuer lorsque les jeunes filles travaillent assez pour gagner leur vie.

## ŒUVRE DU REFUGE DE SAINTE-ANNE

Reconnue d'utilité publique par décret du 10 août 1861.

Rue de Paris, 17, à Châtillon-sous-Bagneux (Seine).

Cette Œuvre a été fondée, en 1854, par M$^{lle}$ Chupin, ancienne dame inspectrice de Saint-Lazare, dans le but de secourir les filles égarées, en les gardant un certain temps dans la maison, pour leur donner des habitudes de religion, d'ordre, de régularité et de travail.

Le Refuge compte deux classes :

1° Une première classe pour les filles nouvellement admises, quels que soient leurs antécédents. Elles doivent être âgées au moins de 15 ans;

2° Une seconde classe pour celles qui, après un certain temps de séjour (une année au moins), auraient montré de bonnes dispositions d'ordre et de travail. Celles qui se sont signalées par une conduite exemplaire peuvent, sur leur demande, être admises dans une congrégation auxiliaire sous le nom de *Petites Sœurs*, et être employées dans la maison comme surveillantes.

Les admissions sont gratuites. Les ressources de la maison se composent du produit du travail des jeunes filles et des offrandes des personnes charitables.

L'Œuvre est administrée par un conseil, dont Mgr d'Hulst est président, et M. J. Nolleval, trésorier.

Un comité de Dames, adjoint à l'Œuvre, s'occupe de lui procurer des ressources.

La maison est dirigée par les religieuses Dominicaines, dont elles forment la maison mère.

Les offrandes et les demandes d'admission doivent être adressées à la Prieure de la maison, rue de Paris, 17, à Châtillon-sous-Bagneux.

*Présidente du comité des Dames :* Mme la princesse DE MONTLEART.

*Vice-Présidentes :* Mme la comtesse FRIGNET et Mlle DE LA BAUME.

*Trésorière :* Mme J. NOLLEVAL.

*Secrétaire :* Mme CHARPENTIER.

## SOCIÉTÉ DE PATRONAGE DE JEUNES FILLES

Reconnue d'utilité publique par décret du 22 octobre 1871.

Maison à Châtenay (Seine), rue d'Antony, 13.

Cette Société a été fondée, en 1837, par Mme de Lamartine et Mme la marquise de La Grange, née Caumont-La-Force. Elle était établie à Paris, rue de Vaugirard, 71, et elle a été transférée à Châtenay en 1888.

Elle a pour but de moraliser, instruire, placer et patronner les orphelines, les filles abandonnées et celles qui, sans avoir été détenues, sont exposées aux dangers du vagabondage ou d'une mauvaise conduite.

La maison est toujours à la disposition du gouvernement pour recevoir les jeunes détenues, mais depuis quelques années elle n'en a aucune.

Les orphelines ou filles abandonnées sont reçues depuis 8 ans jusqu'à 16 ans et gardées jusqu'à 21 ans, moyennant une pension annuelle de 300 francs de 8 à 14 ans; gratuite ensuite. L'entrée est de 30 francs pour les enfants de 8 à 14 ans, et de 150 francs après cet âge.

Quand les jeunes filles ont atteint 21 ans, l'Œuvre les place, leur donne un trousseau, les patronne dans la nouvelle situation où elles se trouvent. Quand elles sont sans place, on les reçoit momentanément à la maison de Châtenay.

L'Œuvre est dirigée par les Sœurs de Marie-Joseph et administrée par un comité de Dames et un comité consultatif d'hommes.

*Présidente du comité des Dames :* Mme de Ricault d'Héricault, place de Rennes, 5.

*Vice-Présidente :* Mlle de Séligny.

*Président du comité consultatif :* M. de Ricault d'Héricault, place de Rennes, 5.

## CONFLANS-CHARENTON (Seine)

### (Bon-Pasteur d'Angers.)

Rue Camille-Moniquet, 6.

La congrégation de Notre-Dame du Bon-Pasteur, dont la maison mère est à Angers (voir *Établissements en province*), est répartie dans les cinq parties du monde; elle compte 200 monastères, dont 34 en France et 3 en Algérie. Le nombre des jeunes filles des diverses catégories reçues dans ces maisons atteint 50000.

Son Œuvre spéciale est de recevoir les jeunes filles qui, après avoir eu une mauvaise conduite, désirent revenir au bien. Elles peuvent se présenter elles-mêmes ou être confiées par leur famille ou par d'autres personnes s'intéressant à elles. Elles ne sont pas admises avant 14 ans. La maison de Conflans peut en contenir de 100 à 120.

La pension varie de 200 à 400 francs par an, suivant la position des familles et le régime alimentaire que l'on veut faire suivre.

Quand il n'y a pas de pension possible, l'Œuvre se contente d'une somme de 200 francs une fois donnée, et si une jeune fille se trouve sans ressource et en danger de se mal conduire, on la reçoit gratuitement, même après une faute.

Les enfants travaillent à la lingerie, à la buanderie (lavage et repassage), et à tout ce qui se rapporte aux soins du ménage.

Il existe en plus dans la maison une classe dite de *Préservation*, composée d'enfants et de jeunes filles d'un caractère difficile, mais non complètement vicieuses, et que leurs parents ne pourraient suffisamment surveiller. Elles sont admises dès l'âge de 6 à 7 ans, moyennant une pension de 300 à 360 francs par an, et 100 francs d'entrée pour la literie et le trousseau, lorsque ces objets ne peuvent être fournis par les familles.

Elles reçoivent l'instruction classique et professionnelle, et sont entièrement séparées des autres.

Les conditions d'admission dans les maisons du Bon-Pasteur varient selon les localités et les ressources des monastères; mais le but est le même partout, et l'Œuvre fait toutes les concessions nécessaires pour l'atteindre.

Outre la liste générale des maisons du Bon-Pasteur, on a indiqué à part quelques-uns de ces établissements, qui peuvent recevoir des jeunes filles de Paris.

MAISONS DU BON-PASTEUR D'ANGERS EN FRANCE

Angers (maison mère).
Amiens.
Angoulême.
Annonay.
Arles.
Arras.
Avignon.
Bastia.
Bourges.
Cambrai.
Chambéry.
Cholet.
Dôle.
Ecully (près Lyon).
Grenoble.
Lille.
Loos.
Lyon.
Moulins.
Nancy.
Nazareth (près Angers).
Nice.
Orléans.
Paris (transféré à Conflans en 1852).
Pau.
Perpignan.
Poitiers.
Le Puy.
Reims.
Saint-Omer.
Saumur (St-Hilaire-St-Florent).
Sens.
Toulon.
Troyes.
Alger.
Oran.
Constantine.

---

# ÉTABLISSEMENTS DIVERS EN PROVINCE

## ALENÇON (Orne).

### Orphelinat et Refuge du Petit-Châtelet.

Sœurs de Marie-Joseph.

Pour les jeunes filles vicieuses, mais non entièrement perverties.

Voir, pour les conditions, Alençon, *Orphelinat de filles*, chap. II, 1e section.

## ANGERS (Maine-et-Loire).

### Rue Brault, 2.

Monastère général et Maison mère du Bon-Pasteur.

Voir, pour les conditions générales de l'Œuvre, *Conflans-Charenton*, ci-dessus.

A Angers :

1° **Une classe de pénitentes**, reçues à tout âge à partir de 15 ans;

2° **Une classe de pénitentes converties**, qui peuvent rester toujours dans la maison;

3° **Une classe à Saint-Nicolas-du-Bon-Pasteur**, composée d'enfants d'un caractère difficile, et que les parents ne peuvent surveiller; on les reçoit de 10 à 15 ans;

4° **Une classe ou Orphelinat à Saint-Nicolas**;

5° **Un orphelinat à Saint-Michel**, rue Tournemine, à Angers, où les enfants sont reçues à 8 ans;

6° **A Nazareth-du-Bon-Pasteur**, deux classes d'enfants.

Toutes ces classes sont entièrement séparées les unes des autres.

On reçoit pour une somme une fois donnée de 150 francs pour celles qui entrent de 15 à 21 ans; de 250 francs, de 12 à 15 ans; de 350 francs, de 8 à 12 ans, à la condition de rester jusqu'à 21 ans. Si les enfants partent avant 21 ans, il faut payer une indemnité.

On demande un petit trousseau pour l'entrée.

## ANGLET-BAYONNE (Basses-Pyrénées).

### Notre-Dame du Refuge.

Sœurs Servantes de Marie.

Cet établissement est destiné à servir d'asile aux filles repenties. Elles s'adonnent à la culture de la terre et à divers travaux de couture et de broderie.

Aucune pension n'est exigée. On reçoit à titre d'aumône ce que les bienfaiteurs ou les familles veulent donner.

Un orphelinat de jeunes filles est annexé au Refuge. L'admission en est gratuite, mais elle est réservée exclusivement aux enfants de Bayonne; le Refuge, au contraire, reçoit des pénitentes de tous les départements.

## AURILLAC (Cantal).

### Maison du Bon-Pasteur, avenue du Pont-Rouge.

Sœurs de la Sainte-Famille.

Refuge pour les filles repenties, reçues à tout âge.

Orphelinat et préservation, entièrement séparés du Refuge.

Admission à 12 ans, moyennant 120 francs par an et un trousseau.

## BESANÇON (Doubs).

Rue de la Vieille-Monnaie, 14.

### Orphelinat. — Préservation. — Refuge.

Religieuses de Notre-Dame de Charité.

Les filles sont reçues dans l'orphelinat dès 4 ans, et dans les classes de préservation de 13 à 21 ans.

Les prix varient de 12 à 25 francs par mois.

Admission au Refuge depuis l'âge de 14 ans, moyennant une pension de 120 ou 150 francs par an.

35 francs d'entrée pour l'uniforme.

## MAISONS DE BÉTHANIE

A Montferrand (Doubs), maison mère.
A Viry-Châtillon (Seine-et-Oise).
A la Sainte-Baume, plan d'Aups (Var).
A Fontenailles, par Écommoy (Sarthe).

Religieuses Dominicaines.

Cette Œuvre, fondée par le R. P. Lataste, des Frères Prêcheurs, reçoit les femmes libérées qui, en sortant des maisons centrales, où elles se sont converties, veulent vivre dans la pénitence et aspirent à la vie religieuse.

Divisées en plusieurs catégories qui les font arriver progressivement à la vie religieuse, les réhabilitées, après une pénitence et une conversion longuement éprouvées, sont admises dans la communauté sans aucune distinction entre elles et les autres Sœurs.

Les libérées qui n'ont pas l'attrait ou les aptitudes nécessaires pour la vie religieuse, sont néanmoins conservées dans les maisons de Béthanie.

L'Œuvre reçoit aussi des jeunes filles abandonnées; elles sont admises dans les classes dites de Préservation.

## BLOIS (Loir-et-Cher).

Rue de la Paix, 9.

### Préservation et refuge pour les jeunes filles.

Religieuses de Notre-Dame de Charité.

Préservation : Admission de 6 à 14 ans. Sortie à 21 ans, à moins de renvoi pour quelque grave motif de santé ou de conduite.

500 francs une fois donnés, ou une petite pension annuelle jusqu'à 15 ans.

Cette catégorie est complètement distincte de celle du Refuge.

Refuge : Admission à tout âge, au-dessus de 14 ans, moyennant une somme de 200 francs une fois donnée.

Les pénitentes peuvent rester aussi longtemps qu'elles le désirent, sauf leur renvoi pour quelque motif grave.

Couture. Blanchissage. Jardinage.

## BOLOGNE (Haute-Marne).

### Colonie et école industrielle pour les garçons.

Maison exclusivement réservée aux pupilles du Ministère de l'Intérieur (enfants condamnés en vertu de l'art. 66 du Code), de l'Assistance publique et de quelques départements qui y envoient des enfants insoumis ou vagabonds.

Il n'y a pas de placement direct par les familles.

Classes jusqu'au certificat d'études.

Apprentissage industriel complet : limeurs, ajusteurs, polisseurs, etc.

Les élèves touchent, à leur sortie, le pécule qu'ils ont pu amasser par leur travail.

## BORDEAUX (Gironde).

Rue Sainte-Eulalie, 64.

### Maison de la Miséricorde.

Sœurs de la Miséricorde.

Refuge ouvert gratuitement aux jeunes filles et aux femmes ayant eu une mauvaise conduite et voulant se repentir. Elles ne sont pas admises avant l'âge de 15 ans. Elles doivent entrer par un acte de leur volonté et ne sont pas gardées contre leur gré.

L'épilepsie, l'idiotisme, la tendance à la folie, les maladies contagieuses, sont des motifs d'exclusion.

Blanchissage. Repassage. Couture. Triage de gommes et légumes.

### Refuge de Nazareth. — Préservation pour les jeunes filles.

Rue Saint-Genès, 239.

Sœurs de Marie-Joseph.

Asile pour les enfants des détenus.

Admission dès l'âge de 5 ans, moyennant une pension de 180 fr. par an, et une entrée de 30 francs.

La chaussure est à la charge des familles.

Les jeunes filles sortent à la libération des parents ou à 21 ans.

Lingerie. Travail à la machine à coudre. Ménage.

## BOULOGNE-SUR-MER (Pas-de-Calais).

Rue de Maquetra.

### Refuge.

Religieuses Dominicaines, de Châtillon.

Cette maison est semblable à celle de Châtillon (voir ci-dessus), sauf que toutes les jeunes filles sont réunies dans une seule classe. Elles sont principalement occupées au blanchissage.

Les admissions sont gratuites.

Adresser les demandes d'admission et les offrandes à la Prieure de la maison, rue de Maquetra, à Boulogne.

## BOURGES (Cher)

Avenue de la Gare.

### Asile et refuge.

Sœurs du Bon-Pasteur, d'Angers.

Le Refuge reçoit les jeunes filles de tout âge qui y viennent volontairement ou conduites par leurs parents, à la condition qu'elles ne soient pas dépourvues d'intelligence, ni atteintes de maladies contagieuses. Elles peuvent rester aussi longtemps qu'elles le désirent.

Pour l'entrée, on donne une somme modique et un petit trousseau.

L'Orphelinat reçoit les enfants que l'on s'engage à laisser jusqu'à 21 ans, moyennant une pension de 150 à 180 francs, ou une somme une fois donnée de 300 à 500 francs, suivant l'âge.

## BRIGNAIS (Rhône).

### École d'apprentissage pour les garçons.

Le but de cet établissement est de préserver du vice les enfants trop exposés et de redresser l'éducation des enfants déjà vicieux.

Admission à partir de 9 ans.

Divers ateliers.

400 francs par an. Quelques places gratuites.

## CAEN (Calvados).

Quai Vendœuvre, 12.

### Préservation et refuge pour les jeunes filles.

Religieuses de Notre-Dame de Charité.

Admission depuis l'âge de 7 ans, moyennant une pension de 200 francs par an et 50 francs d'entrée.

L'établissement est libre, et ne reçoit pas les jeunes filles condamnées à la détention.

## CHANTENAY-LÈS-NANTES (Loire-Inférieure).

Avenue Bouchaud.

### Œuvre du travail réparateur.

Œuvre fondée en 1879, et Asile ouvert aux jeunes filles après une première faute, moyennant une pension de 30 francs par mois jusqu'à la naissance de l'enfant. Elles sont conduites pour ce moment à l'Hôtel-Dieu de Nantes, puis elles reviennent ensuite à l'établissement et y restent gratuitement aussi longtemps qu'elles le veulent. Elles doivent élever et nourrir leur enfant s'il est possible.

On cherche à les ramener au bien par le travail, la vie de famille et les sentiments religieux.

Les personnes étrangères au département, admises après la naissance de leur enfant, doivent verser en entrant une somme de 100 francs et payer pour l'enfant 12 francs par mois.

Au bout de trois ans de séjour, si une femme désire se placer, elle a le droit de laisser son enfant à l'Asile, en payant pour lui 15 francs par mois.

Les garçons sont gardés jusqu'à 7 ans, et les filles jusqu'à 21 ans.

La pension ne se paye que jusqu'à 14 ans.

## CHAPTELAT, près Limoges (Haute-Vienne).

### Saint-Éloi, école de réforme pour les garçons.

Sœurs de Marie-Thérèse, dites du Bon-Pasteur.

Outre les jeunes garçons envoyés par l'Administration pénitentiaire, on en reçoit un certain nombre placés par leur famille.

Les conditions se traitent avec la Supérieure.

## CHOLET (Maine-et-Loire).

### Bon-Pasteur.

Sœurs du Bon-Pasteur, d'Angers.

Voir à Paris, Conflans.

Il y a dans la maison diverses catégories entièrement séparées les unes des autres. Les jeunes filles pénitentes sont reçues de 15 à 21 ans, et peuvent ensuite sur leur désir entrer dans la section dite des Sœurs Madeleines, où elles suivent une règle particulière et font divers travaux.

Les enfants de l'orphelinat sont reçues de 7 à 8 ans, moyennant une pension annuelle qui varie de 200 à 300 francs, ou une somme une fois donnée de 400 ou 500 francs suivant l'âge ; dans ce dernier cas, elles doivent rester jusqu'à 21 ans.

## CLERMONT-FERRAND (Puy-de-Dôme).

Rue Saint-Allyre.

Sœurs de Saint-Joseph du Bon-Pasteur.

Trois classes entièrement séparées :

1° **Refuge.** Admission au-dessus de 15 ans, moyennant une très petite entrée.

2° **Préservation.** Admission de 13 à 18 ans, de jeunes filles ayant subi plus ou moins de mauvaises influences;

200 francs une fois donnés et un trousseau.

3° **Orphelinat.** Admission dès 6 ans.

300 francs par an.

## DARNÉTAL (Seine-Inférieure).

Rue Saint-Pierre, 51.

### Orphelinat-ouvroir Sainte-Marthe.

### Œuvre des enfants moralement abandonnées.

Sous la direction des Sœurs et d'un prêtre du diocèse.

On reçoit les enfants moralement abandonnées, recommandées

par des personnes honorables, et les jeunes libérées proposées par les Sœurs de la prison.

Elles sortent lorsqu'elles en expriment formellement le désir. Sinon, les unes sont reprises par leurs familles, et les autres, après épreuve suffisante, sont placées par le patronage de l'Œuvre. Quelques-unes restent à la maison comme auxiliaires.

**L'Orphelinat** reçoit des orphelines au-dessus de 13 ans.

Le prix se règle suivant les circonstances, l'âge et les aptitudes, soit par une pension, soit par une somme une fois donnée de 200 à 500 francs.

## DOULLENS (Somme).

### Solitude Marie-Joseph.

Cet établissement a été fondé, en 1859, par les Sœurs de Marie-Joseph, pour recevoir les libérées de la prison Saint-Lazare et celles de la maison centrale de Doullens. Il renferme deux catégories entièrement séparées l'une de l'autre.

La première admet les jeunes filles perdues ou en danger de se perdre.

A partir de 16 ans, elles sont reçues gratuitement. Elles sont toujours libres de quitter la maison.

La seconde catégorie, désignée sous le nom de **Sauvetage**, reçoit les petites filles depuis l'âge de 6 ans, moyennant une pension annuelle de 200 francs et 30 francs d'entrée.

Ces enfants, recueillis par des personnes charitables, appartiennent en général à de mauvaises familles ou sortent du dépôt de la Préfecture de police.

Voir, même chap., *Œuvre des petites préservées.*

Quelques enfants, d'un caractère difficile, sont placées par leurs parents.

## FAVERNEY (Haute-Loire).

Religieuses Dominicaines, de Châtillon.

Admission de 13 à 21 ans des jeunes filles dites *préservées*, que l'incurie de leurs parents ou de mauvaises influences pourraient porter au mal.

Gratuit, sauf une entrée dont le chiffre est fixé entre les parents ou bienfaiteurs et la Prieure.

Adresser les demandes d'admission et les offrandes à la Prieure de la maison, à Faverney.

## LAVAL (Mayenne).

Rue de Paradis, 27.

### Refuge de Notre-Dame de la Miséricorde.

Congrégation de Notre-Dame de la Miséricorde.

Cette œuvre, fondée en 1818, reçoit les jeunes filles depuis l'âge de 14 ans; on les garde aussi longtemps qu'elles veulent rester.

L'admission est gratuite, ou moyennant une somme une fois donnée de 200 francs environ.

Couture.

## LILLE (Nord).

Rue de la Préfecture.

### Bon-Pasteur.

Religieuses du Bon-Pasteur.

Les filles repenties sont reçues à leur majorité, si elles se présentent volontairement, ou avant leur majorité si elles sont amenées par leurs parents.

Il existe une classe dite de *préservation*, où les enfants sont admises dès l'âge de 8 ans, moyennant une pension minime

Le Refuge de Lille a une succursale à Marcq-en-Barœul.

## LIMOGES (Haute-Vienne).

Rue des Pénitents-Blancs, 3.

### Refuge. — Préservation. — Orphelinat.

Sœurs de Marie-Thérèse, dites du Bon-Pasteur.

Préservation pour les jeunes filles trop âgées pour entrer à l'Orphelinat.

150 francs par an.

Voir chap. II, *Orphelinats de filles*.

**Refuge** (Asile Sainte-Madeleine). Les pénitentes sont reçues moyennant une faible rétribution.

### Bon-Pasteur.

### Refuge. — Préservation. — Orphelinat.

Sœurs de Marie-Thérèse, dites du Bon-Pasteur.

Les jeunes filles sont reçues, selon les catégories, depuis l'âge de 12 ans jusqu'à 25 ans, à des prix divers, depuis 200 francs par an.

Le prix est moindre pour les personnes du diocèse.

## LISIEUX (Calvados).

Rue Bon-Ange.

### Refuge de Notre-Dame de la Miséricorde.

Même communauté et mêmes conditions qu'à Laval. Voir ci-dessus.

## LOOS (Nord).

### Orphelinat et Préservation.

Sœurs du Bon-Pasteur, d'Angers.

**Orphelinat.** Admission de 12 à 13 ans. Sortie à 21 ans.

200 francs par an. 25 francs d'entrée.

Couture.

**Préservation.** Admission à 15 ans et au-dessus des jeunes filles n'ayant commis aucune faute, mais qui, par leur légèreté ou les défauts de leur caractère, seraient en danger d'en commettre.

500 francs une fois donnés.

Les deux classes sont complètement séparées l'une de l'autre.

## LYON (Rhône).

Rue de l'Antiquaille, 8.

### Refuge de Notre-Dame de la Compassion.

Reconnu d'utilité publique par décret du 12 mars 1856.

Religieuses de Sainte-Élisabeth.

On reçoit les jeunes filles de 14 à 25 ans, gratuitement ou moyennant une somme une fois donnée ou une pension annuelle.

Elles sont divisées en deux sections :

1° Classe de **préservation**, pour les plus jeunes;

2° Classe de **pénitentes**, ou Refuge proprement dit.

Rue des Macchabées.

### Orphelinat — Préservation. — Refuge.

Religieuses de Notre-Dame de la Charité.

On ne reçoit que par exception les jeunes filles qui n'appartiennent pas au département du Rhône.

Les conditions varient selon les circonstances.

## LE MANS (Sarthe).

### Refuge dit du Bon-Pasteur.

Religieuses de Notre-Dame de Charité.

Admission des filles et femmes de mauvaise conduite, saines de corps et d'esprit et décidées à se convertir.

Les prix se traitent de gré à gré avec la Supérieure.

On reçoit moyennant une faible pension ou une somme une fois donnée et un trousseau, les jeunes filles que leurs parents veulent faire enfermer.

Il y a une catégorie spéciale pour les converties qui veulent rester dans l'établissement et une pour les pensionnaires libres et les pénitentes d'un rang plus élevé.

Au Refuge est annexé un Orphelinat et une classe de préservation pour les enfants de 8 à 21 ans.

Ces diverses sections sont entièrement séparées les unes des autres.

Lingerie. Une catégorie est employée aux travaux du jardin et de la basse-cour.

## MARC-EN-BARŒUL (Nord).

### Bon-Pasteur.

Succursale de la maison de Lille.

## MARSEILLE (Bouches-du-Rhône).

### Asile de N.-D. de la Garde, pour les jeunes filles pauvres et les jeunes libérées.

A Saint-Just (banlieue de Marseille).

Sœurs de Marie-Joseph.

Les jeunes filles âgées de 13 ans révolus sont reçues et gardées jusqu'à 21 ans, et au delà si elles le désirent, moyennant une entrée de 50 francs et une pension de 180 francs par an. Cette pension peut varier selon l'âge et les aptitudes des jeunes filles.

Celles qui se présentent de 13 à 16 ans, doivent être munies d'un livret.

Actes de naissance et de baptême à produire.

Boulevard Baille, 155.

### Refuge.

Religieuses de Notre-Dame de Charité.

On reçoit *gratuitement* toute femme de mauvaise conduite qui veut changer de vie, à la condition qu'elle soit saine de corps et d'esprit et exempte de maladie contagieuse.

On reçoit, moyennant *une somme peu importante et une fois donnée*, les jeunes filles de 14 à 18 ans que leurs parents veulent faire enfermer.

Elles doivent apporter un trousseau.

Une troisième catégorie, dite de *Préservation*, est destinée aux filles de 8 à 10 ans.

Le prix en est de 180 francs par an. 50 francs d'entrée et un petit trousseau.

Les demandes doivent être adressées à la Supérieure.

### Maison du Saint-Cœur de Marie.

Au Cabot, près Marseille.

Religieuses de Notre-Dame de Charité.

**Préservation** pour les jeunes filles.

**Pensionnat** pour les enfants.

**Maison de retraite** pour les dames pensionnaires.

Ces diverses catégories sont séparées les unes des autres.

Les prix se traitent de gré à gré avec la Supérieure.

## MONTAUBAN (Tarn-et-Garonne).

### Refuge et préservation pour les jeunes filles.

Religieuses de Notre-Dame de Charité.

**Préservation** : 180 francs par an de 7 à 13 ans; 150 francs après 13 ans. 20 francs d'entrée et un trousseau.

**Refuge** : Admission après 15 ans pour une somme une fois donnée de 150 ou 200 francs.

10 francs pour l'uniforme et un petit trousseau.

Le Refuge comprend deux classes, l'une pour les très jeunes filles difficiles ou légères, l'autre pour les personnes plus âgées dont la conduite a été irrégulière.

Pour le département de Tarn-et-Garonne, le prix d'admission est de 100 francs seulement.

### NANCY (Meurthe-et-Moselle).

Rue de Toul, 31

**Bon-Pasteur.**

Sœurs du Bon-Pasteur, d'Angers.

Diverses catégories de pensionnaires.

Les préservées sont reçues au prix de 200 francs la première année, 100 francs la seconde, avec diminution successive ensuite.

D'autres enfants sont reçues à des prix variant de 300 à 400 fr. par an. On en admet aussi, dans certaines conditions, pour 200 fr. une fois donnés.

### NANTES (Loire-Inférieure).

**Préservation. — Refuge.**

Religieuses de Notre-Dame de Charité.

**Préservation** : Admission des filles de 10 à 13 ans moyennant une pension annuelle de 120 francs.

La pension d'une classe spéciale est de 200 ou 300 francs par an. Après 13 ans, elles peuvent être reçues pour une somme de 200 francs une fois donnée.

Les jeunes filles sont admises au **Refuge** depuis l'âge de 15 ans, moyennant une somme une fois donnée de 130 ou 150 francs, suivant la classe où elles entrent. Elles peuvent rester aussi longtemps qu'elles le désirent.

### NARBONNE (Aude).

Religieuses de Notre-Dame du Refuge.

**Classe de Préservation.** Les jeunes filles ne sont pas admises au-dessus de 13 ans.

**Classe de Refuge** : Admission et sortie à tout âge.

Pour les deux catégories, le prix est de 300 francs une fois donnés et un petit trousseau.

### PAU (Basses-Pyrénées).

Rue Carrerot, 2.

**Préservation. — Maison du Saint-Cœur de Marie.**

Sœurs de la Charité, de Nevers.

Admission de 10 à 15 ans des jeunes filles n'ayant pas commis de fautes, mais en danger d'en commettre.

Diverses catégories.

240 francs par an. Trousseau à fournir.

## PERPIGNAN (Pyrénées-Orientales).

Rue du Quai.

### Refuge.

Sœurs du Bon-Pasteur, d'Angers.
Admission dès 13 ans. Elles peuvent rester toute leur vie.
Lingerie. Broderie.

## QUIMPER (Finistère).

### Refuge de Notre-Dame de la Miséricorde.

Même communauté et mêmes conditions qu'à Laval.
Voir ci-dessus.

## RENNES, SAINT-CYR (Ille-et-Vilaine).

### Refuge et Préservation.

Religieuses de Notre-Dame de Charité.

**Préservation** : Les filles de 7 à 10 ans sont reçues moyennant une somme de 1 000 francs une fois donnée; au-dessus de 10 ans, 300 francs une fois donnés.

**Refuge** : Les jeunes filles pauvres sont reçues moyennant une somme de 100 francs une fois donnée.

Les enfants malades ou infirmes ne sont pas admis.

### Solitude Saint-Hélier.

Faubourg Saint-Hélier, 43.

Sœurs de Marie-Joseph.

Admission à tout âge, moyennant une somme une fois donnée ou une pension, suivant les circonstances.

## LA ROCHELLE (Charente-Inférieure).

### Préservation et Refuge.

(Dames Blanches).

Religieuses de Notre-Dame de Charité.
Admission après 13 ans.
200 francs par an.

### RODEZ (Aveyron).

Rue Seguy, 13.

**Bon-Pasteur.**

Sœurs de la Sainte-Famille, de Villefranche.

Admission depuis 14 ans.

Les pensionnaires peuvent rester autant qu'elles veulent.

50 francs d'entrée et un trousseau à fournir.

Couture.

### ROUEN (Seine-Inférieure).

Route de Darnetal, 33.

Religieuses de Saint-Aubin-Jouxte-Boulleng (Seine-Inférieure).

**Maison d'éducation pour les jeunes filles détenues**, envoyées administrativement par plusieurs départements. Travaux industriels et agricoles. Exploitation d'une ferme de 175 hectares. Tous les travaux sans exception sont exécutés par les jeunes filles. Jardinage, lingerie.

**Patronage des jeunes filles libérées.** On s'occupe de les placer et on les reçoit lorsqu'elles sont malades ou sans place.

### SAINTE-ANNE D'AURAY (Morbihan).

**Préservation pour les jeunes filles.**

Sœurs de Marie-Joseph.

Outre le quartier d'éducation pénitentiaire, où ne sont admises que les enfants envoyées par l'Administration, la maison contient un quartier de préservation pour les jeunes filles placées librement.

Elles sont admises à partir de 12 ans et sortent à 20 ans, à moins qu'elles ne désirent rester plus longtemps.

La pension est de 180 francs par an.

### SAINT-BRIEUC (Côtes-du-Nord).

Montbareil.

Religieuses de Notre-Dame de Charité.

Cette maison contient quatre œuvres différentes, entièrement séparées les unes des autres.

**Un Pensionnat**, 400 francs par an et un trousseau.

**Un Orphelinat-Ouvroir**, 200 francs par an. Admission à 9 ans accomplis.

**Un Refuge**, comprenant une classe de préservation, pour les jeunes filles en danger de se perdre et une classe dite de **Sainte-Madeleine**, pour les personnes ayant eu une mauvaise conduite.

On ne peut être admis dans ces deux classes avant l'âge de 15 ans.

150 francs la première année; 20 fran … an ensuite.

## SAINT-GENEST-LERPT, près Saint-Étienne (Loire).

Bureau à Saint-Étienne, place Paul-Bert, 7.

### Maison paternelle pour les garçons.

M. l'abbé Cœur, directeur.

Admission à tout âge, depuis 7 ans. L'âge de la sortie n'est pas fixé.

La pension varie de 400 à 600 francs par an, suivant les catégories.

50 francs d'entrée.

### École primaire et secondaire. — École professionnelle.

Comprenant agriculture, horticulture, moulin à vapeur, travaux industriels, fonderie de cuivre et de fonte, cordonnerie, menuiserie, etc.

La base du système d'éducation est le régime militaire, exercices du corps, discipline, obéissance, uni à une direction paternelle selon les aptitudes et les caractères divers.

Une **Maison de famille** a été créée dans un quartier séparé, pour recevoir des jeunes gens au-dessus de 21 ans, travaillant au dehors.

Les conditions se traitent de gré à gré avec le Directeur de la Maison paternelle.

## SENS (Yonne).

Rue de la Banque, 8.

### Jeunes filles.

Ateliers d'apprentissage : imprimerie, brochage, etc., et travail pour les jeunes filles sortant du Bon-Pasteur, et pour celles qui, par la négligence ou l'abandon de leurs parents, se trouvent exposées aux dangers de la rue.

*Présidente :* Mme DE CANCHY.

*Secrétaire générale :* Mlle Marie GUYOT.

## TOULOUSE (Haute-Garonne)

### Refuge et préservation pour les jeunes filles.

Religieuses de Notre-Dame de Charité.

150 francs une fois donnés.

**Refuge :** 150 francs par an pour la classe de **Préservation.**

On ne reçoit que les jeunes filles qui se présentent volontairement.

Les malades ne sont pas admises.

### TOURS (Indre-et-Loire).

### Maison paternelle, près Mettray.

M. de Metz, l'un des fondateurs de Mettray, a établi auprès de cette colonie, dans un local tout à fait séparé, une Maison paternelle, sorte de collège de répression, destiné à recevoir les fils de famille indisciplinés, les élèves paresseux que les parents envoient pour redresser leur caractère et réformer leurs habitudes. Les études sont continuées, mais les enfants sont placés sous une discipline sévère. Ils sont entièrement séparés les uns des autres, ne se voient jamais entre eux et ne sont désignés que par leur prénom.

Le prix de la pension est de 200 ou 300 francs par mois, suivant l'âge.

L'élève doit apporter un trousseau.

S'adresser à M. le Directeur de la Maison paternelle, à Mettray, ou à Paris, à l'Office central des Institutions charitables, boulevard Saint-Germain, 175.

### Préservation et refuge.

Religieuses de Notre-Dame de Charité.

Mêmes conditions qu'à Blois.

Voir ci-dessus.

### LA TRONCHE, par Grenoble (Isère).

### Préservation pour les jeunes filles.

Religieuses Franscicaines de l'Immaculée-Conception.

Les jeunes filles ayant besoin de surveillance sont reçues gratuitement dès l'âge de 15 ans et gardées jusqu'à 30 ou 35 ans. Elles doivent être en état de se livrer à un travail de couture.

La maison prélève 75 centimes par jour sur le travail de la jeune fille; ce que celle-ci fait en plus est à son profit.

### VALENCE (Drôme).

### Refuge et préservation.

Religieuses de Notre-Dame de Charité.

Admission dans les classes de Préservation à 6 ou 7 ans.

Admission au Refuge dès 14 ou 15 ans; le prix pour les deux catégories est de 200 francs par an.

Il faut fournir un trousseau.

### VALOGNES (Manche).

#### Ouvroir. — Préservation. — Refuge.

Religieuses de Notre-Dame de Charité.

Admission dès 6 ans.

100 francs par an pour le Refuge; 200 francs pour les autres catégories. 50 francs d'entrée.

Couture. Repassage. Ménage.

### VERSAILLES (Seine-et-Oise).

Rue du Refuge, 3.

#### Préservation. — Orphelinat. — Refuge pour les jeunes filles.

Religieuses de Notre-Dame de Charité.

Cette Œuvre a été fondée à Versailles en 1804.

Les enfants sont reçues dans les classes de Préservation et à l'Orphelinat depuis l'âge de 4 ans, moyennant une pension de 360 francs. Dans cette catégorie, il n'y a pas de places gratuites.

Les jeunes filles sont reçues au Refuge depuis l'âge de 13 ans gratuitement ou moyennant une pension.

### LE VIGEAN, par Blanquefort (Gironde).

Sœurs du Bon-Pasteur de la Visitation.

Asile de Préservation et Orphelinat pour les enfants délaissées ou orphelines.

S'adresser à la Supérieure pour les conditions.

### VILLEFRANCHE (Aveyron).

#### Bon-Pasteur.

Sœurs de la Sainte-Famille, de Villefranche.

Admission de 14 à 25 ans. Rien de fixé pour la sortie.

100 francs d'entrée et un trousseau.

Couture. Tapisserie. Broderie.

# CHAPITRE XIII

## Reconnaissance légale des Œuvres. Secours des ministères et de la ville de Paris. Pensions. — Loteries.

---

## RECONNAISSANCE DES ŒUVRES

### COMME ÉTABLISSEMENTS D'UTILITÉ PUBLIQUE

Les Œuvres peuvent être reconnues d'utilité publique par le Conseil d'État.

**Modèle des statuts, arrêté par le Conseil d'État** (séance du 22 novembre 1883) **pour les associations, sociétés, etc., qui sollicitent cette reconnaissance.**

Article 1er. — L'association dite ..., fondée en ..., a pour but de...

Elle a son siège...

Art. 2. — L'association se compose de membres titulaires et de membres (fondateurs, donateurs, bienfaiteurs, souscripteurs, perpétuels, honoraires, auxiliaires, correspondants).

Le conseil d'administration peut conférer le titre de donateur ou de bienfaiteur aux membres qui ont versé une somme de...

Art. 3. — Le conseil d'administration se compose de membres élus pour... ans par l'assemblée gén 'e. Il choisit parmi ses membres un bureau composé des président, vice-président, secrétaire, trésorier. Le bureau est élu pour un an. Le conseil se réunit (autant que possible tous les deux mois) et chaque fois qu'il est convoqué par son président ou sur la demande du quart de ses membres. En cas de vacance, le conseil pourvoit au remplacement de ses membres, sauf ratification par la plus prochaine assemblée générale. Le renouvellement du conseil a lieu tous les ans (moitié, quart ou cinquième). Les membres sortants sont rééligibles. La présence du... (le minimum du tiers paraît nécessaire) des membres du conseil d'administration est nécessaire pour assurer la validité des délibérations. Il est tenu procès-verbal des séances. Les procès-verbaux sont signés par le président et le secrétaire.

Art. 4. — Les délibérations relatives à l'acceptation des dons et legs, aux acquisitions ou échanges d'immeubles sont soumises à l'approbation du gouvernement.

Art. 5. — Les délibérations relatives aux aliénations, constitutions d'hypothèques, baux à long terme et emprunts, ne sont valables qu'après l'approbation par l'assemblée générale.

Art. 6. — Le trésorier représente l'association en justice et dans tous les actes de la vie civile.

Art. 7. — Toutes les fonctions de l'association sont gratuites.

Art. 8. — Les ressources de l'association se composent :

1° Des cotisations et souscriptions de ses membres;

2° Des dons et legs dont l'acceptation aura été autorisée par le gouvernement;

3° Des subventions qui pourraient lui être accordées; du produit des ressources créées à titre exceptionnel avec l'autorisation du gouvernement (*quêtes, conférences, loteries, concerts, bals et spectacles autorisés à son profit*);

5° Enfin du revenu de ses biens et valeurs de toute nature.

Art. 9. — Les fonds disponibles seront placés en rentes nominatives 3 0/0 sur l'État ou en obligations nominatives de chemins de fer dont le minimum d'intérêt est garanti par l'État.

Art. 10. — Le fonds de réserve comprend :

1° Le dixième de l'excédent des ressources annuelles;

2° Les sommes versées pour le rachat des cotisations;

3° La moitié des libéralités autorisées sans emploi.

Art. 11. — Les moyens d'action de l'association sont : *Bulletin, publications et mémoires, conférences, comités départementaux, création d'écoles, musées et expositions, bourses et pensions, concours, prix et récompenses, secours.*

Art. 12. — L'association peut se diviser en différentes commissions annuelles.

Art. 13. — Aucune publication ne peut être faite au nom de l'association sans l'examen préalable et l'approbation du bureau.

Art. 14. — L'assemblée générale des membres de l'association se réunit, au moins une fois par an. Son ordre du jour est réglé par le conseil d'administration. Son bureau est celui du conseil. Elle entend les rapports sur la gestion du conseil d'administration, sur la situation financière et morale de l'association. Elle approuve les comptes de l'exercice clos, vote le budget de l'exercice suivant, et pourvoit au renouvellement des membres du conseil d'administration.

Le rapport annuel et les comptes sont adressés, chaque année, à tous les membres, au préfet du département et au ministre de l'Intérieur.

Art. 15. — La qualité de membre de l'association se perd :

1° Par la démission;

2° Par la radiation prononcée, pour motifs graves, par l'Assemblée générale à la majorité des deux tiers des membres présents, sur le rapport du conseil d'administration et le membre intéressé dûment appelé à fournir des explications.

Art. 16. — Les statuts ne peuvent être modifiés que sur la proposition du conseil d'administration ou de 25 membres, soumise au bureau au moins un mois à l'avance. L'assemblée extraordinaire spécialement convoquée à cet effet ne peut modifier les statuts qu'à la majorité des deux tiers des membres présents. L'assemblée doit se composer du quart au moins des membres en exercice. La délibération de l'assemblée est soumise à l'approbation du gouvernement.

Art. 17. — L'assemblée générale appelée à se prononcer sur la dissolution de l'association et convoquée spécialement à cet effet doit comprendre au moins la moitié plus un des membres en exercice. Ses résolutions sont prises à la majorité des deux tiers des membres présents et soumises à l'approbation du Gouvernement.

Art. 18. — En cas de dissolution, l'actif de l'association est attribué par délibération de l'assemblée générale, à un ou plusieurs établissements analogues et reconnus d'utilité publique. Cette délibération est soumise à l'approbation du gouvernement.

Art. 19. — Il sera procédé de même en cas de retrait de l'autorisation donnée par le gouvernement. Dans le cas où l'assemblée générale se refuserait à délibérer sur cette attribution, il sera statué par un décret rendu en forme des règlements d'administration publique.

Art. 20. — Un règlement intérieur, adopté par l'assemblée générale et approuvé par le préfet, arrête les conditions de détail propres à assurer l'exécution des présents statuts.

Il peut toujours être modifié dans la même forme.

### Pièces à produire.

1° Historique par le président.

Motifs : ancienneté de la fondation; importance des travaux; catalogue; secours; but d'utilité publique; justification des ressources proportionnées aux besoins de l'association et pouvant garantir sa durée.

2° Comptes des trois dernières années;

3° Budget de l'année courante;

4° État de l'actif et du passif;

5° Liste de ses membres;

6° Délibération de l'assemblée générale demandant la reconnaissance légale, adoptant les statuts présentés, déléguant deux de ses membres, auxquels elle donne tous pouvoirs pour consentir les modifications qui peuvent être demandées par le gouvernement;

7° Avis favorable du préfet et du ministre compétent.

## LEGS — DONATIONS — ACQUISITIONS — VENTES

Les Œuvres reconnues peuvent acquérir et aliéner leurs propriétés, recevoir les donations et les legs, avec l'autorisation du Gouvernement.

Les pièces à fournir au Préfet du département pour obtenir cette autorisation sont, avec la demande de l'autorisation et la copie du décret de reconnaissance d'utilité publique :

**Pour un legs :**

1° Extrait notarié du testament;

2° Acte de décès du testateur;

3° Acte d'adhésion ou d'opposition des héritiers et du légataire universel, s'il y en a un, à la délivrance du legs.

A défaut de cette pièce, produire un acte extrajudiciaire constatant que les héritiers connus ont été mis en demeure de présenter leurs observations, et si les héritiers sont inconnus, produire un certificat constatant les affiches du testament au chef-lieu de la mairie du domicile du testateur et l'insertion d'un extrait du même testament dans le journal judiciaire du département.

4° Procès-verbal d'estimation si le legs consiste en immeubles ou objets mobiliers.

5° Délibération du conseil d'administration de l'Œuvre (ou de la fabrique ou de la communauté) portant acceptation provisoire et tendant à obtenir l'autorisation d'accepter définitivement.

6° Budget de l'Œuvre, état des recettes et dépenses de l'année précédente, avec l'indication sommaire de l'actif et du passif.

**Pour une donation :**

1° Un acte notarié de donation;

2° Certificat de vie du donateur délivré par le maire ou le notaire;

3° Délibération et budget comme ci-dessus, nos 5 et 6.

**Pour une vente d'immeubles :**

1° Délibération tendant à obtenir l'autorisation de vendre (indiquer l'origine de l'immeuble à aliéner) et d'employer le produit de la vente à...

2° Plan figuré et détaillé des lieux;

3° Procès-verbal d'expertise indiquant la contenance des immeubles et leur valeur estimative;

4° Budget ou état de l'actif et du passif.

**Pour une acquisition d'immeubles :**

1° Délibération tendant à obtenir l'autorisation d'acquérir un immeuble (indiquer sa destination, son prix, les ressources dont on dispose pour en réaliser l'acquisition);

2° Acte par lequel le propriétaire en a consenti la vente, moyennant la somme de...;

3° Procès-verbal d'expertise dressé *contradictoirement* par deux experts et indiquant la contenance et la valeur estimative de l'immeuble;

4° Budget ou état de l'actif et du passif.

Les fabriques et les communautés religieuses reconnues doivent, pour obtenir l'autorisation de recevoir, aliéner ou acquérir, envoyer les pièces indiquées ci-dessus au secrétariat général de l'archevêché ou de l'évêché, aussi bien qu'au Préfet.

Les congrégations de femmes reconnues ne peuvent accepter des donations et des legs qu'à titre particulier; les personnes qui en font partie ne peuvent disposer en faveur de leur communauté ou d'un de ses membres qui n'est pas leur héritier direct, à moins que la libéralité n'excède pas 10 000 francs.

L'acceptation doit être faite par la Supérieure générale, lorsque la communauté est sous la dépendance d'une maison mère; dans le cas contraire, l'acceptation est faite par la Supérieure locale.

Les établissements non reconnus (œuvres ou établissements religieux) ne peuvent être autorisés à accepter des dons et legs. Quand il s'agit de dispositions testamentaires, le Conseil d'État peut, pour donner un effet à la volonté du testateur, changer l'intermédiaire désigné quand son intervention n'est pas une condition absolue; mais jamais il ne peut détourner la libéralité de sa destination.

L'établissement non reconnu, ne pouvant accepter, est remplacé par les représentants-nés des pauvres, qui sont, suivant les circonstances, le maire, le bureau de bienfaisance, la commission administrative de l'hospice, l'Assistance publique. L'autorisation accordée ne confère aucun droit à l'établissement légataire non reconnu; elle ne rend pas son intervention nécessaire. Parmi les conditions favorables à l'acceptation, on peut citer le consentement des héritiers à la délivrance du legs, un état de fortune tel qu'aucun d'eux ne soit dans le besoin, une valeur suffisante dans la libéralité. Il est essentiel que l'établissement légataire ne soit pas une de ces œuvres de charité qui ne s'occupent qu'accessoirement du soulagement des misères temporelles, comme un moyen plus efficace pour parvenir à l'aumône spirituelle.

Les fabriques peuvent être autorisées à accepter le legs fait à des établissements religieux non reconnus, comme les confréries, lorsque le but du testateur est de venir en aide à la fabrique pour donner de la pompe aux cérémonies du culte : tels seraient des fondations de messes, de services religieux, de prédications extraordinaires[1], des legs pour la construction ou l'ornement d'une chapelle, pour le traitement d'un vicaire, etc.

Les dispositions testamentaires qui ne constituent pas des fondations, mais des services religieux une fois payés, ne sont pas soumises à l'autorisation. Quand un legs est fait pour la construction d'une église, la fondation ou l'entretien d'un établissement de bienfaisance ou d'instruction, c'est le maire, et non la fabrique, qui a qualité pour l'accepter.

On peut considérer comme n'étant pas susceptibles d'une autorisation d'accepter, les legs ou donations renfermant une substitution, les donations aux établissements ecclésiastiques, avec réserve d'usufruit en faveur du donateur, les donations anonymes, les dispositions universelles en faveur des communautés religieuses, les legs à des associations défendues, à des personnes incertaines (un legs fait aux pauvres sans autre désignation, est attribué aux pauvres du domicile du testateur), ou avec condition de servir une rente à un taux trop élevé, d'être enterré dans une église, de ne jamais vendre, de fonder un hospice privé, les dispositions que les services religieux seront célébrés exclusivement par tel ou tel prêtre, ou que le donateur pourra élever à ses frais une tribune pour lui et sa famille.

## SUBVENTIONS ET SECOURS

### ACCORDÉS PAR LE MINISTÈRE DE L'INTÉRIEUR

Des subventions peuvent être accordées, par le ministère de l'Intérieur, aux établissements publics de bienfaisance, ainsi qu'aux Œuvres de charité privée.

[1] Il ne faut pas les confondre avec les missions interdites par un décret du 25 septembre 1800.

Les demandes de subvention doivent être adressées au ministère de l'Intérieur avec une notice faisant connaître le but et l'origine de l'Œuvre qui sollicite l'aide du gouvernement, le résumé des recettes et des dépenses de l'année précédente, l'exposé de la situation actuelle, les résultats obtenus, etc. Le bureau qui s'occupe de la répartition de ces subventions est rue Cambacérès, 7 (3e *bureau de la direction de l'assistance et de l'hygiène publiques*).

C'est également au ministère qu'il faut s'adresser pour obtenir des bourses ou des fractions de bourse, des admissions gratuites ou payantes dans les établissements généraux de bienfaisance, ainsi que dans les autres établissements où le ministre dispose de quelques lits. Le bureau qui reçoit ces demandes est rue Cambacérès, 7 (1er *bureau de la direction de l'assistance et de l'hygiène publiques*).

C'est ce bureau qui prépare, en outre, la répartition des pensions des aveugles externes (voir *Quinze-Vingts,* chap. VIII).

Un autre bureau du ministère s'occupe des subventions aux Sociétés de charité maternelle et aux crèches (voir chap. 1er) (2e *bureau de la direction de l'assistance et de l'hygiène publiques*).

Enfin des secours individuels peuvent être accordés, dans des circonstances exceptionnelles, à des personnes tombées dans l'indigence, et qui, par des services publics rendus soit par elles-mêmes, soit par leurs familles, ont des titres à la bienveillance du gouvernement. Le bureau est rue des Saussaies, 11 (*cabinet du ministre, bureau des secours*).

Le montant des sommes affectées sur les fonds de l'État à ces subventions et secours est déterminé annuellement par le vote du budget.

Toutes les demandes doivent être adressées au ministre de l'Intérieur. A Paris, elles peuvent envoyées directement; mais dans les départements il est préférable qu'elles soient transmises par l'intermédiaire des préfets.

## SECOURS DU MINISTÈRE DE LA GUERRE

**Bureaux des secours : rue de l'Université, 173 (VIIe arrond.).**

Le ministère de la guerre accorde des secours quand la nécessité en est bien justifiée :

1° Aux anciens militaires de l'armée de terre qui ne sont titulaires d'aucune pension et qui comptent néanmoins un certain nombre d'années de service ;

2° Aux officiers, sous-officiers et soldats en jouissance d'une pension de retraite, lorsqu'il est reconnu que cette ressource est complètement insuffisante pour les besoins de leurs familles;

3° Aux veuves d'anciens militaires ou fonctionnaires du département de la Guerre;

4° Aux orphelins;

5° Aux ascendants.

Les demandes doivent être adressées au général commandant la subdivision de la région où résident les intéressés.

Elles doivent être accompagnées :

1° **Pour les anciens militaires non pensionnés** : d'un état régulier de leurs services; — d'un certificat de la mairie de leur résidence attestant leur situation malheureuse ;

2° **Pour les officiers, sous-officiers et soldats pensionnés** : d'une copie certifiée du titre de pension; — d'un certificat du maire, comme il est dit ci-dessus;

3° **Pour les veuves** : d'un état des services du mari, ou copie certifiée; — d'un extrait de leur acte de mariage; — d'un extrait de l'acte de décès du mari (pour les veuves pensionnées, la lettre de notification de leur pension, ou une copie certifiée de ce titre, peut remplacer les trois pièces ci-dessus); — d'un certificat de l'autorité civile;

4° **Pour les orphelins** : d'un état des services du père, ou copie certifiée; — des actes de naissance des postulants; — de l'acte de mariage des parents (s'il s'agit d'enfants légitimes); — de l'acte de décès des père et mère (s'il s'agit d'enfants légitimes, ou du père seul, s'il s'agit d'enfants naturels reconnus); d'un certificat délivré par le maire;

5° **Pour les ascendants** : d'un état des services de leurs enfants morts au service, ou copie certifiée; — de l'acte de naissance de ces enfants; — de l'acte de mariage du père et de la mère; — de l'acte de décès du père (si la mère seule existe); — d'un certificat délivré par le maire.

Les demandes de secours, les extraits des actes de l'état civil, délivrés par les maires, sont établis sur papier libre; à défaut des actes de l'état civil, les actes délivrés par les paroisses des localités sont suffisants.

## SECOURS
## DE LA CHANCELLERIE DE LA LÉGION D'HONNEUR

Rue Solférino, 1 (VIIe arrond.).

Le Grand Chancelier de la Légion d'honneur accorde des secours, quand la nécessité en est bien justifiée :

1° Aux légionnaires;

2° A leurs veuves;

3° A leurs orphelins.

Les pièces à produire à l'appui d'une demande de secours sont :

1° Pour les **légionnaires** : l'état des services; — le titre de nomination ;

2° Pour les **veuves** : la copie de l'acte civil de mariage; — les états de services du mari; — la copie de son brevet de légionnaire; — la copie de son acte de décès; — la copie du titre de pension de la veuve;

3° Pour les **orphelins** : l'acte de naissance des enfants; — l'acte de décès du père, — le certificat de nomination du légionnaire.

## CAISSE DES OFFRANDES NATIONALES

### EN FAVEUR DES ARMÉES DE TERRE ET DE MER

**Au ministère de la Guerre, rue Saint-Dominique, 10 (VII^e arrond.).**

Créée par un décret en date du 18 juin 1860, puis réorganisée par un décret du 9 janvier 1873, rendu pour l'exécution de la loi du 27 novembre 1872.

Les revenus de cette Caisse se composent du produit des sommes offertes par les particuliers, ou provenant de crédits ouverts dans le but de compléter les pensions des amputés et des anciens militaires.

Tout ancien militaire qui sollicite une allocation sur cette Caisse doit faire connaître :

1° Ses noms et prénoms;

2° La date et le lieu de sa naissance;

3° Le régiment auquel il appartenait lorsqu'il a été admis à la retraite, et son grade à cette époque;

4° Le montant de la pension dont il jouit sur le Trésor, l'époque de la concession de cette pension et le numéro d'inscription de son titre;

5° La nature et la gravité de la blessure ou de l'infirmité qui a provoqué son admission à la retraite;

6° La campagne pendant laquelle la blessure a été reçue, et où l'infirmité a été contractée;

7° Ses moyens d'existence, ses charges de famille, sa moralité, sa conduite;

8° Le montant des secours qui lui sont alloués chaque année, indépendamment de sa pension, et l'administration qui les lui accorde;

9° Son domicile actuel.

Les Alsaciens-Lorrains qui ont opté pour la nationalité française devront produire, en outre, une copie authentique de leur déclaration d'option.

Ces renseignements devront être adressés au ministre de la Guerre, président du comité, par l'intermédiaire du général commandant le corps d'armée.

## PENSIONS POUR LES VEUVES DES MILITAIRES

### Note des pièces à produire à M. le Sous-Intendant pour l'instruction des demandes de pension ou de secours annuels pour les veuves et les orphelins de militaires.

1° Demande de pension adressée au ministre de la Guerre et apostillée par le maire de la commune ou de l'arrondissement si le domicile est à Paris;

2° Acte de naissance de la veuve;

3° Acte de célébration du mariage;

4° Acte de décès du mari.

Ces pièces doivent être légalisées par le Président du tribunal de première instance de l'arrondissement du domicile, si elles ne sont pas délivrées dans le département de la Seine.

5° L'état des services ou la lettre de pension du mari, ou, à leur défaut, un bulletin indicatif de l'époque de la cessation d'activité ; ce bulletin sera demandé directement au ministère de la Guerre;

6° Certificat délivré par l'autorité civile sur la déclaration de trois témoins, et constatant qu'il n'y a eu entre les époux ni divorce ni séparation de corps, et que la veuve est en possession de ses droits civils.

Si le militaire a été tué sur le champ de bataille, on devra produire :

7° Un rapport du conseil d'administration du corps dont il faisait partie, justifiant l'époque, le lieu et les circonstances, soit des événements de guerre, soit du service commandé où il a été tué.

Si le militaire est décédé à la suite de ses blessures, on devra produire :

8° Un certificat constatant l'époque, le lieu et les circonstances dans lesquelles il a été blessé;

9° Un certificat des officiers de santé qui lui ont donné leurs soins, constatant que lesdites blessures ont été la cause directe et immédiate de sa mort.

Les mêmes justifications 7°, 8° et 9° seraient à produire dans le cas où le mari serait mort à la suite de maladies contagieuses ou d'événements de guerre.

Pour les demandes de secours aux veuves et aux orphelins, voir ci-dessus : *Secours du ministère de la Guerre.*

## PENSIONS POUR LES VEUVES D'EMPLOYÉS CIVILS

### Nomenclature des pièces à fournir.

La demande doit être adressée par la voie hiérarchique et être accompagnée des pièces suivantes :

1° Acte de décès du mari ;

2° Acte de naissance de la veuve ;

3° Acte de célébration de mariage ;

4° Certificat de non divorce ;

5° Certificat de non séparation de corps, délivré par le maire, en présence de trois témoins ou de deux notaires ; dans le cas où il y aurait eu séparation de corps, la veuve doit justifier que cette séparation a été prononcée sur sa demande ;

6° États de services du mari.

La demande doit être adressée au Ministre sous les ordres duquel se trouvait l'employé.

La signature de la veuve doit être légalisée par la mairie.

## CAISSE DES INVALIDES DE LA MARINE

**Rue Royale, 2 (VIII<sup>e</sup> arrond.).**

**Ministère de la Marine et des Colonies.**

Fondée par règlement des 23 septembre 1673 et 6 octobre 1674, en même temps que l'hôtel des Invalides.

Cette caisse donne :

1° Des pensions dites de *demi-soldes* aux marins âgés de 50 ans qui, depuis l'âge de 10 ans, ont accompli 25 ans de navigation, tant au commerce qu'à l'État ;

2° Des suppléments, variant suivant le grade, de 6 à 10 francs par mois, qui sont accordés pour 5 ans de service à l'État ; en outre, un supplément de 9 à 14 francs (dit d'*invalidité*) est accordé quand le demi-soldier atteint 60 ans ;

3° Un supplément par enfant, jusqu'à l'âge de 10 ans, de 2 francs par mois, qui est accordé chaque fois que la demi-solde ne dépasse pas 38 francs ; il est de 3 francs quand la demi-solde est supérieure à ce chiffre ;

4° Des secours annuels et temporaires, jusqu'à 21 ans, aux

orphelins des marins du commerce, décédés avec la pension ou avec le droit de l'obtenir;

5° Des secours :

Aux marins blessés dans un naufrage ou par suite d'accidents de navigation;

Aux marins qui ont perdu des effets ou autres objets personnels dans un sinistre de mer;

Aux familles des marins qui périssent dans les naufrages ou autres accidents de navigation;

Aux père et mère des marins et militaires de la marine qui meurent par suite de faits de guerre ou d'accidents de service;

Aux marins et ouvriers des arsenaux maritimes obligés d'abandonner l'exercice de leur profession avant d'avoir le temps voulu pour la retraite, ainsi qu'aux orphelins et marins non susceptibles d'obtenir le bénéfice des lois sur les pensions de retraite ou les demi-soldes;

Aux familles des officiers, marins et ouvriers qui sont morts sans avoir entièrement accompli les conditions voulues par la loi pour léguer un droit à la pension, mais dont les services sont une recommandation pour leurs veuves, leurs enfants ou leurs ascendants;

Aux anciens pensionnaires dont les infirmités se sont aggravées ou qui sont tombés dans la gêne par maladies ou autres causes;

Aux enfants des anciens ouvriers inscrits, domiciliés depuis un grand nombre d'années dans les ports militaires. Ces secours aux enfants ont pour but de fixer, dans les ports, une population ouvrière qui faisait défaut.

Les demandes de secours doivent être adressées aux commissaires de l'inscription maritime dans les ports, ou aux autorités locales du lieu du domicile.

## ENSEIGNEMENT INDUSTRIEL ET COMMERCIAL

### Ministère du Commerce et de l'Industrie.

Rue de Varenne, 80 (VII° arrond.).

Un crédit spécialement ouvert pour encouragement à l'enseignement industriel et commercial permet au ministre d'accorder des subventions à certaines écoles professionnelles, ou cours industriels et commerciaux, et aux cours techniques des syndicats.

La subvention est habituellement donnée, dans les établissements payants, sous forme de bourses.

## SECOURS DU MINISTÈRE DE L'AGRICULTURE

**Rue de Varenne, 78 (VIIe arrond.).**

Le ministre de l'Agriculture accorde des indemnités aux victimes des accidents tels qu'incendies, inondations, grêles, etc.

Les demandes doivent lui être adressées par l'intermédiaire des préfets, et être accompagnées de pièces constatant les dommages éprouvés, la situation malheureuse des sinistrés et le chiffre de leurs impositions.

## SECOURS DE LA VILLE DE PARIS

### ET DU CONSEIL GÉNÉRAL DE LA SEINE

Des subventions peuvent être votées chaque année, aux œuvres de Paris, par le conseil municipal de Paris et par le conseil général de la Seine.

Pour obtenir une subvention, il faut adresser au préfet de la Seine une demande en faveur de l'Œuvre, avec un exposé de son but et de ses moyens d'action, un compte rendu de la situation et l'état des recettes et dépenses de l'année précédente.

## LOTERIES DE CHARITÉ

**Ordonnance du 29 mai 1844.**

Article 1er. — Les autorisations pour l'établissement des loteries désignées en l'article 5 de la loi du 21 mai 1836 (loteries d'objets mobiliers exclusivement destinées à des actes de bienfaisance ou à l'encouragement des arts) seront délivrées, savoir : par le Préfet de police pour Paris et le département de la Seine, et dans les autres départements, par les préfets sur la proposition des maires. Ces autorisations ne seront accordées que pour un seul tirage; elles énonceront les conditions auxquelles elles auront été accordées, dans l'intérêt du bon ordre et dans celui des bénéficiaires.

Art. 2. — Lesdits tirages se feront sous l'inspection de l'autorité municipale, aux jours et heures qu'elle aura déterminés. L'autorité municipale pourra, lorsqu'elle le jugera convenable, faire intervenir dans cette opération la présence de l'un de ses délégués ou de commissaires agréés par elle.

Art. 3. — Le produit net des loteries dont il s'agit sera entièrement appliqué à la destination pour laquelle elles auront été établies et autorisées, et il devra en être préalablement justifié.

# CHAPITRE XIV

**Associations catholiques. — Paroisses. Communautés. — Missions. — Œuvres. Vocations religieuses. — Retraites. — Pèlerinages.**

---

## PAROISSES DE PARIS

Voir chap. IV, *Liste des Paroisses et des maisons de Charité*.

## COMMUNAUTÉS OU ASSOCIATIONS ECCLÉSIASTIQUES

### DANS PARIS

### Prêtres ou religieux.

ASSOMPTION (*Prêtres de l'*), rue François Ier, 8.
BARNABITES, rue Legendre, 22 bis.
CAPUCINS, rue de la Santé, 15.
CARMES DÉCHAUSSÉS, rue de la Pompe, 53.
DOCTRINE CHRÉTIENNE (*Frères de la*), rue Oudinot, 27.
DOMINICAINS, rue du Faubourg-St-Honoré, 222, et rue du Bac, 94.
EUDISTES, rue Saint-Jacques, 193.
FLAMANDS (*Prêtres*), rue de Charonne, 181.
FRANCISCAINS, rue des Fourneaux, 83.
INSTITUT CATHOLIQUE, rue de Vaugirard, 74.
IRLANDAIS (*Séminaire*), rue des Irlandais, 5.
JÉSUS (*Compagnie de*), rue de Sèvres, 35.
LAZARISTES, rue de Sèvres, 95.
MARIANISTES, rue Montparnasse, 28.
MARIE-THÉRÈSE (*Infirmerie*), rue Denfert-Rochereau, 92.
MARISTES, rue de Vaugirard, 104.
MISÉRICORDE (*Prêtres de la Miséricorde*), rue de l'Assomption, 88.

Missionnaires d'Afrique, rue Cassette, 27.
Missionnaires diocésains, rue Nitot, 17.
Missions étrangères (*Séminaire des*), rue du Bac, 128.
Oblats de Marie-Immaculée, rue Saint-Pétersbourg, 40.
Oratoire (*Prêtres de l'*), rue d'Orsel, 49.
Passionnistes (*Anglais*), avenue Hoche, 50.
Picpus (*Prêtres de*), rue de Picpus, 33.
Récollets (*Prêtres*), rue des Épinettes, 38.
Rédemptoristes, boulevard Ménilmontant, 57.
Résurrectionnistes (*Mission polonaise*), rue Saint-Honoré, 263 *bis*.
Saint-Esprit (*Congrégation du*), rue Lhomond, 30.
Saint-Jean-de-Dieu (*Frères de*), rue Lecourbe, 223.
Saint-Sacrement (*Pères du*), avenue Friedland, 27.
Saint-Sulpice (*Prêtres de*), place Saint-Sulpice.
Saint-Vincent-de-Paul (*Frères de*), rue Dantzig, 1.
Saint-Viateur (*Frères de*), rue du Niger, 27.
Sainte-Famille, de Belley (*Frères de la*), rue Notre-Dame-des-Victoires, 6.
Salésiens (*Prêtres*), rue Boyer, 28.

## COMMUNAUTÉS OU CONGRÉGATIONS DE FEMMES

### DANS LE DIOCÈSE DE PARIS

Adoration réparatrice (*Sœurs de l'*), rue d'Ulm, 36, etc.
Assistance maternelle (*Sœurs de N.-D. de l'*), rue Cassini, 3. (Voir *Gardes-malades*.)
Assomption (*Dames de l'*), rue de Lubeck, 6. Pensionnat.
Assomption (*Petites Sœurs de l'*), rue Violet, 57. (Voir *Gardes-malades des pauvres*.)
Augustines Anglaises (*Religieuses*), boulevard Victor-Hugo, 24, à Neuilly. Pensionnat.
Augustines (*Religieuses*) de Meaux, rue Oudinot, 16. (Voir *Maisons de santé*.)
Augustines (*Religieuses*), du Saint-Cœur-de-Marie, rue de la Santé, 29. (Voir *Maisons de santé*.)
Augustines Hospitalières (*Religieuses*), à l'Hôtel-Dieu. (Voir chap. vi.)
Augustines Hospitalières, de Belgique, à Charenton. (Voir chap. ix.)
Augustines du Saint-Nom de Jésus, rue Vercingétorix, 43. (Voir *Gardes-malades*.)
Auxiliatrices de l'Immaculée Conception (*Sœurs*), rue de la Fontaine, 78. (Voir chap. iv.)

Auxiliatrices des ames du Purgatoire (*Sœurs*), rue de la Barouillère, 16. (Voir chap. iv.)

Aveugles de Saint-Paul, rue Denfert-Rochereau, 88. (Voir chap. viii.)

Bénédictines du Saint-Sacrement (*Dames de l'Adoration perpétuelle*), rue Tournefort, 16.

Bénédictines, dites du Temple (*Adoration perpétuelle*), rue de Monsieur, 20.

Bon-Pasteur, d'Angers (*Religieuses du*), à Conflans. (Chap. xii.)

Bon-Secours (*Sœurs du*), rue Notre-Dame-des-Champs, 20. (Voir *Gardes-malades*.)

Bon-Secours, de Troyes (*Sœurs du*). (Voir *Gardes-Malades*, chap. iv.)

Calvaire (*Sœurs de Notre-Dame du*), rue du Théâtre, 52. (Voir chap. iv, vii, ix.)

Carmélites (*Religieuses*), rue Denfert-Rochereau, 25; avenue de Messine, 23; avenue de Saxe, 26; à Saint-Denis.

Charité (*Filles de la Charité, dites de Saint-Vincent-de-Paul*), Maison mère, rue du Bac, 140. (Voir *Écoles, Orphelinats, Secours, Hôpitaux, Hospices*, etc.)

Charité (*Sœurs de la Charité et de l'Instruction chrétienne*), de Nevers, rue des Martyrs, 77. (Voir *Écoles, Orphelinats, Secours, Hospices*, etc.)

Charles (*Sœurs de Saint-*), de Nancy, rue Lafayette, 190. (Voir chap. xvi, xviii.)

Chrétienne (*Sœurs de Sainte-*), rue Notre-Dame-des-Champs, 19.

Clarisses, impasse de Saxe, 5.

Clotilde (*Dames de Sainte-*), rue de Reuilly, 101.

Cœur-de-Marie (*Sœurs du Saint-*), de Nancy, rue Perceval, 22. (Voir *Orphelinats*.)

Compassion de la Sainte-Vierge, à Saint-Denis.

Croix (*Sœurs de la*), rue de Vaugirard, 233. (Voir chap. iii.)

Croix (*Sœurs de la Croix, dites de Saint-André*), rue de Sèvres, 90. (Voir *Orphelinats*.)

Doctrine chrétienne (*Sœurs de la*), de Nancy, avenue de Villiers, 94.

Domicaines de la Croix (*Religieuses*), rue de Charonne, 92.

Dominicaines (*Religieuses*), à Neuilly. (Voir *Orphelinats*.)

Dominicaines (*Religieuses*), à Châtillon. (Voir chap. xii, *Refuge*, et chap. vi.)

Dominicaines de Sèvres, rue Théophile-Gautier, 57. Pensionnat.

Écoles chrétiennes (*Sœurs des*), de Saint-Sauveur-le-Vicomte, rue de Picpus, 60. (Voir chap. ii et iv.)

Enfant-Jésus (*Sœurs Anglaises de l'*), boulev. de la Saussaye, 3, à Neuilly.

Espérance (*Sœurs de la Sainte-Famille, de Bordeaux, dites de l'*), rue de Clichy, 34; faubourg Saint-Honoré, 106. (Voir *Gardes-malades et Orphelinats.*)

Fidèles Compagnes de Jésus (*Sœurs*), rue de la Santé, 67.

Franciscaines, de Calais (*Sœurs*); boulevard Saint-Marcel, 36. (Voir chap. vi et vii.)

Franciscaines Oblates du Cœur de Jésus (*Sœurs*), rue de Sèvres, 157. (Voir *Gardes-malades.*)

Franciscaines de Sainte-Élisabeth (*Sœurs*), rue de Turenne, 60. Pensionnat.

Immaculée-Conception (*Sœurs de l'*), de Bordeaux, rue de Milan, 16.

Immaculée-Conception (*Sœurs de l'*) d'Avignon, rue de Reuilly, 80.

Immaculée-Conception (*Sœurs de l'*), de Castres, rue Lhomond, 27 (Voir *Orphelinats.*)

Immaculée-Conception, de Buzançais (*Sœurs de l'*), gardes-malades, quai du Louvre, 20.

Jésus au Temple (*Sœurs de*), gardes-malades, rue Ampère, 49.

Joseph, de Belley (*Sœurs de Saint-*), rue de Monceau, 21, etc.

Joseph, de Cluny (*Sœurs de Saint-*), rue Méchain, 21. (Voir ch. ii et iv.)

Joseph du Bon-Secours (*Sœurs de Saint-*), de Toulouse, rue Clavel, 8. (Voir chap. ii.)

Louis (*Sœurs de Saint-*), faubourg Poissonnière, 54, et Juilly (Voir chap. ii.)

Marie (*Sœurs de Sainte-*), rue Bara, 8. (Voir chap. i, ii, iv, vii.)

Marie de la Famille (*Sœurs de Sainte-*), rue Chaptal, 29. (Voir chap. iv.)

Marie Auxiliatrice (*Sœurs de*), rue de Maubeuge, 25. (Voir chap. iii, vi, xiv, xv.)

Marie-Joseph (*Sœurs de*), rue Blomet, 82. (Voir ch. ii et xii).

Marie-Réparatrice (*Sœurs de*), rue de Naples, 18. (Voir chap. xiii et xiv.)

Maur (*Dames de Saint-*), rue de l'Abbé-Grégoire, 8.

Mère de Dieu (*Congrégation de la*), rue de Picpus, 45.

Michel (*Religieuses de Notre-Dame de Charité, dites de Saint-*), rue Saint-Jacques, 193. (Voir chap. xii.)

Miséricorde (*Dames de Notre-Dame de*), rue Tournefort, 39.

Notre-Dame (*Congrégation de*), à l'Abbaye-aux-Bois, rue de Sèvres, 16; les Oiseaux, rue de Sèvres, 86; le Roule, avenue Hoche, 29, etc.

Notre-Dame des Anges (*Sœurs de*), rue Blomet, 147. (Voir ch. ii et vii.)

Notre-Dame de la Retraite au Cénacle, rue de la Chaise, 7. (Voir chap. iii et xv.)

Oblates de l'Assomption (*Sœurs*), cours la Reine, 20. (Voir ch. ii.)

Oblates de Saint-François de Sales (*Sœurs*), rue de Vaugirard, 79. Pensionnat.

Paul, de Chartres (*Sœurs de Saint-*), rue Violet, 77. (Voir ch. i, ii, iii, iv, vii.)

Paul (*Sœurs aveugles de Saint-*), rue Denfert-Rochereau, 88. (Voir chap. viii.)

Petites Sœurs des Pauvres. (Voir chap. vii.)

Présentation de la Sainte-Vierge (*Sœurs de la*), de Tours, rue de Vaugirard, 106. (Voir chap. ii, iii, iv, etc.)

Providence de Portieux (*Sœurs de la*), rue Saint-Roch, 35. (Voir chap. ii, vii.)

Providence (*Sœurs de la*), à Vanves.

Régis (*Sœurs de Saint-*), à Asnières. Gardes-malades.

Sacré-Cœur de Jésus (*Dames du*), boulevard des Invalides, 33; rue de Varennes, 77. Pensionnat.

Sacré-Cœur de Jésus (*Sœurs du*), de Coutances, avenue Saint-Ouen, 39. Pensionnat.

Sacrés-Cœurs de Jésus et de Marie (*Religieuses des*), rue de Picpus, 35.

Sagesse (*Sœurs de la*), de Saint-Laurent-sur-Sèvre, rue Christophe-Colomb, 10. (Voir chap. i, ii, vii, viii.)

Saint-Nom de Jésus (*Sœurs du*), rue de Vanves, 185. (Voir ch. xii.)

Saint-Sacrement (*Religieuses du*), de Romans, rue de Naples, 22.

Servantes de Marie (*Sœurs*), rue Duguay-Trouin, 7. (Voir ch. iii.)

Servantes des Pauvres (*Sœurs*), faubourg Saint-Martin, 122. (Voir *Gardes-malades.*)

Servantes du Sacré-Cœur (*Sœurs*), rue Dombasle, 54. (Voir chap. ii, vii.)

Servantes du Saint-Cœur de Marie (*Sœurs*), rue Lhomond, 41. (Voir chap. ii.)

Servantes du Saint-Sacrement (*Sœurs*), rue Leclerc, 8.

Sion (*Congrégation de Notre-Dame de*), rue Notre-Dame-des-Champs, 61. (Voir chap. xiv.)

Thomas de Villeneuve (*Religieuses de Saint-*), rue de Sèvres, 27. (Voir chap. ii, iv, vi.)

Très-Saint-Sauveur (*Sœurs du*), de Niederbronn, rue Bizet, 23. (Voir chap. ii, iv, vii.)

Trinitaires (*Religieuses*), de Valence, rue Léonie, 6. Pensionnat.

Ursulines (*Religieuses*), de Troyes, rue de Belleville, 155.

Visitation (*Dames de la*), rue Denfert-Rochereau, 68; rue de Vaugirard, 110.

Zélatrices de la Sainte-Eucharistie (*Religieuses*), rue de Douai, 60.

# MISSIONS
# ENTRETIEN DES ÉGLISES PAUVRES

## ŒUVRE DE LA PROPAGATION DE LA FOI

Bureaux à Paris, rue Cassette, 20 (VIe arrond.).
A Lyon, place Bellecour, 31.

L'Œuvre de la Propagation de la Foi, fondée à Lyon, en 1822, s'est répandue en peu de temps dans tous les diocèses de la France et dans la plupart des pays étrangers; elle compte un très grand nombre d'associés et distribue chaque année des sommes importantes.

Elle a pour but unique d'aider, par des prières et des aumônes, les missionnaires catholiques chargés de la prédication de l'Évangile dans les pays d'outre-mer, et de secourir les églises catholiques dans les pays protestants ou schismatiques d'Europe.

L'Œuvre est administrée par deux conseils, composés d'ecclésiastiques et de laïques, qui siègent l'un à Paris, l'autre à Lyon. Chaque conseil a son président et son bureau, et s'entend avec l'autre conseil pour la répartition des fonds entre les différentes missions.

Il y a, en outre, dans les diocèses et dans beaucoup de paroisses, des conseils chargés de recueillir les souscriptions.

Pour être membre de l'Œuvre, il faut :

1° Appliquer à son intention, et une fois pour toutes, le *Pater* et l'*Ave* de la prière du matin et du soir de chaque jour, et y joindre cette invocation : « Saint François Xavier, priez pour nous. »

2° Donner, comme aumône à l'Œuvre, *un sou par semaine* (2 francs 60 centimes par an).

Pour la plus facile perception des aumônes, un souscripteur sur dix est chargé de les recueillir; il en verse le montant entre les mains d'un autre membre de l'Œuvre qui a dix collectes semblables à recevoir, c'est-à-dire cent souscriptions.

Les nouvelles reçues des missions, et une fois par an le compte rendu des recettes et des dépenses sont, par les soins des deux conseils de Lyon et de Paris, publiés dans un recueil paraissant tous les deux mois, et destiné à faire suite aux Lettres édifiantes, sous le titre d'*Annales de la Propagation de la Foi.*

Toute personne qui réunit dix souscriptions, y compris la sienne (soit 26 francs), a droit à un abonnement aux *Annales*, dont elle procure gratuitement la lecture aux neuf autres personnes.

Tous les ans, il est célébré dans l'église des Missions étrangères, rue du Bac, à Paris, une messe pour le repos de l'âme des missionnaires et des souscripteurs décédés; un sermon est prêché en faveur de l'Œuvre.

L'Œuvre de la Propagation de la Foi a son siège à Paris, rue Cassette, 20. C'est là qu'il faut écrire pour tout ce qui concerne l'Œuvre, pour la distribution des *Annales*, pour les souscriptions, etc.

On souscrit aussi dans les paroisses.

Pour les ornements sacerdotaux, linge, missels, tous les objets servant au culte et effets à l'usage des missionnaires, voir ci-dessous, *Œuvre apostolique* et *Œuvre des Partants.*

## ŒUVRE DE LA SAINTE-ENFANCE

Bureaux : rue du Bac, 146 (VIIe arrond.).

Cette Œuvre a pour but le *rachat*, le *baptême* et l'*éducation chrétienne* des enfants nés de parents infidèles en Chine et dans d'autres pays.

Organisée à peu près sur le modèle de l'Œuvre de la

Propagation de la Foi, et lui prêtant un utile concours, elle reçoit comme associés les enfants dès le plus jeune âge, en leur demandant leurs prières et une cotisation de 5 centimes par mois; les zélateurs ou zélatrices, outre leur cotisation personnelle, s'engagent à réunir les cotisations de onze autres personnes.

Le produit des souscriptions est centralisé au conseil de l'Œuvre, et tous les ans il en est fait une répartition entre les divers vicariats apostoliques, pour les aider à sauver les enfants abandonnés en si grand nombre dans certaines contrées, et à soutenir les établissements destinés à recueillir les enfants.

Cette répartition est publiée chaque année dans les *Annales*, que reçoit chaque zélateur ou zélatrice.

Cette Œuvre est organisée dans tous les diocèses de France et dans presque tous les diocèses de l'univers catholique.

*Directeur général, Président :* Mgr Demimuid.

*Secrétaire général :* M. Pernot, Directeur du séminaire des Missions étrangères.

*Trésorier général :* M. Poisson.

Les demandes, réclamations et offrandes doivent être adressées à M. le Directeur de l'Œuvre de la Sainte-Enfance, rue du Bac, 146.

## ŒUVRE DES ÉCOLES D'ORIENT

Bureaux à Paris : rue du Regard, 20 (vie arrond.).

Cette Œuvre, solennellement approuvée par le saint-siège, a pour but d'entretenir et de propager l'unité catholique en Orient, en multipliant les écoles, asiles, crèches, orphelinats, noviciats, séminaires, refuges et communautés catholiques, ainsi que les Œuvres qui s'y rattachent.

Les souscriptions pour l'Œuvre se recueillent par dizaines. Pour constituer une dizaine, il suffit de verser une somme annuelle de 10 francs, soit qu'on la fournisse seul, soit qu'on réunisse plusieurs souscriptions.

Toute souscription de 10 francs donne droit à un abonnement au *Bulletin*, qui paraît tous les deux mois, et qui tient les lecteurs au courant de la situation religieuse et des progrès du catholicisme en Orient.

La répartition des fonds est faite chaque année par le conseil général de l'Œuvre.

Les souscriptions ou offrandes, les correspondances, les demandes d'abonnement ou de secours, doivent être adressées à M. l'abbé CHARMETANT, *Directeur de l'Œuvre,* rue du Regard, 20.

## MISSIONS D'AFRIQUE[1]

Bureaux à Paris : rue Cassette, 27 (VIe arrond.).

Une congrégation religieuse d'hommes a été fondée par S. Ém. le cardinal Lavigerie, lorsqu'il était archevêque d'Alger, dans le but d'amener peu à peu à la foi catholique les Arabes et, en général, les nations infidèles de l'Afrique. Les Pères vivent au milieu des populations indigènes, les secourent et les instruisent pour les préparer aux bienfaits de la foi chrétienne. C'est à cette congrégation que sont confiées la direction et la conservation des Œuvres arabes créées par le cardinal : orphelinats, villages, écoles, séminaires indigènes, ainsi que les missions de l'Afrique centrale. Quatre vicariats apostoliques sont fondés dans l'Afrique équatoriale.

Le séminaire des missionnaires d'Afrique est à la Maison-Carrée, près Alger.

Une Association de prières et de bonnes Œuvres, sous le nom d'Œuvre de Saint-Augustin et de Sainte-Monique, participe, par des adoptions d'orphelins et des offrandes, aux travaux des missionnaires.

Les dons et les souscriptions peuvent être adressés au Directeur de l'Œuvre de Sainte-Monique, à Notre-Dame d'Afrique, près Alger, ou au R. P. Louail, directeur de l'Œuvre des Missions d'Afrique, à Paris, rue Cassette, 27. On peut aussi, à la même adresse, s'abonner au *Bulletin des Missions d'Afrique*, qui paraît tous les deux mois.

## SOCIÉTÉ ANTIESCLAVAGISTE DE FRANCE

Siège social : rue du Bac, 108 (VIIe arrond.).

Son Ém. le cardinal Lavigerie a fondé à Paris une Société destinée à procurer l'abolition de l'esclavage en Afrique, et plus particulièrement dans les territoires placés sous l'influence de la France et dans ceux qui ne dépendent d'aucune puissance européenne.

Des comités locaux d'action et de propagande sont établis à Paris et dans différentes villes de France.

Les moyens à prendre en Afrique par la Société antiesclavagiste, pour arriver au but qu'elle poursuit, doivent avoir un caractère exclusivement pacifique. La Société se propose aussi d'aider les noirs à gagner librement leur vie et à se constituer en société régulière.

Les membres *fondateurs* s'engagent à verser une souscription de 100 fr. par an, ou une somme de 500 fr. une fois donnée.

On est membre de l'Œuvre en payant une souscription annuelle de 20 fr.

*Président du conseil de haut patronage :* M. Jules Simon, sénateur, membre de l'Académie française.

*Secrétaire général :* M. Lefèvre-Pontalis, membre de l'Institut.

*Directeur de l'Œuvre :* Mgr Brincat.

S'adresser pour les renseignements et les souscriptions à Monsieur le Directeur, rue du Bac, 108.

## ASSOCIATION CATHOLIQUE DE S.-FRANÇOIS-DE-SALES

### POUR LA DÉFENSE ET LA CONSERVATION DE LA FOI

Secrétariat, rue St-Simon, passage de la Visitation, 11 *bis* (VIIe arr.).

Cette Œuvre, fondée en 1857 par Mgr de Ségur, a pour but de conserver et de défendre la foi en France et dans les pays catholiques.

Elle concourt, suivant ses ressources, à la fondation et à l'entretien des écoles et des bibliothèques catholiques; elle aide MM. les curés à faire donner des missions; elle favorise la création des Œuvres d'éducation et de persévérance chrétienne, et donne des secours aux églises pauvres menacées d'interdiction.

A Paris, elle contribue à la création de nouvelles églises dans les faubourgs et la banlieue.

Les demandes de secours doivent être apostillées par l'Évêque du diocèse ou par le Directeur diocésain nommé par lui, et à Paris par le Curé de la paroisse.

Le minimum de la souscription est de 60 centimes par an (1 sou par mois).

L'Association publie tous les mois un *Bulletin,* dont un exemplaire est donné à toute personne qui réunit une dizaine d'associés. On a droit aussi à recevoir un *Bulletin* si l'on donne une cotisation représentant au moins le montant d'une dizaine, soit 6 francs par an.

Cette Œuvre est répandue dans tous les diocèses de France et dans un grand nombre de diocèses étrangers. Elle est dirigée par un conseil central.

*Président général :* M. l'abbé Gossin, chanoine honoraire de Paris et de Belley.

*Vice-Président :* le T. R. P. Picard, supérieur général des Augustins de l'Assomption.

*Vice-Président* et *Secrétaire général :* M. le marquis de Ségur.

*Trésoriers généraux :* M. Maurice Denonvilliers, et M. Catillon.

Les lettres et les demandes doivent être adressées à M. Philippe Lermigny, *Secrétaire-Gérant*, rue Saint-Simon, passage de la Visitation, 11 *bis*.

## ŒUVRE APOSTOLIQUE

### SOUS LE PATRONAGE DES SAINTES FEMMES DE L'ÉVANGILE EN FAVEUR DES MISSIONS ÉTRANGÈRES

L'Œuvre apostolique a été fondée, en 1838, par M^lle^ du Chesne et est actuellement établie dans 57 villes de France. Elle relève directement du Souverain Pontife, par décret de S. S. Pie IX, qui a fixé le centre de l'Œuvre à Paris, et elle a seule le droit d'agréger, d'affilier et de communiquer les indulgences.

Cette Œuvre générale a pour but de coopérer à l'extension de la foi dans les pays infidèles. Elle procure aux missionnaires tous les objets nécessaires pour l'exercice de leur ministère sacré, les objets nécessaires pour leur usage personnel, les objets nécessaires pour orner les églises, les objets de piété à distribuer aux nouveaux chrétiens.

L'Œuvre secourt chaque année environ 350 missions et cherche à se rendre utile à 2000 missionnaires de tous pays et appartenant à toutes les congrégations et sociétés religieuses.

Elle tire ses ressources d'offrandes en argent et en nature, de souscriptions, quêtes, sermons et ventes de charité et surtout du travail des dames associées qui utilisent sans dépenses de main d'œuvre les étoffes données ou achetées, et qui confectionnent, chez elles ou dans des ouvroirs, tous les ornements et linges sacrés destinés aux missionnaires.

Une exposition annuelle réunit à Paris, avant la répartition générale, tous les travaux ou dons des ouvroirs de Paris et des villes agrégées et affiliées.

L'Œuvre favorise en outre, autant qu'elle le peut, les vocations indigènes de jeunes infidèles convertis, et contribue aux frais de leur éducation dans des séminaires, sur la demande des vicaires apostoliques.

*Directeur général :* M. l'abbé DE CORMONT, rue de la Ville-l'Évêque, 8.

*Présidente générale :* Mme la duchesse DE CLERMONT-TONNERRE, douairière, rue de l'Université, 41.

*Présidente générale honoraire :* Mme BASSERY.

*Secrétaire générale :* Mme la comtesse D'ERCEVILLE, rue de Grenelle, 42.

## ŒUVRE DES PARTANTS

### Missions étrangères.

Siège de l'Œuvre : rue de Babylone, 26 (VIIe arrond.).

Cette Œuvre a pour but de venir en aide au séminaire des Missions étrangères de Paris, en se chargeant de fournir aux partants du séminaire les objets de première nécessité pour le culte, un modeste trousseau pour le missionnaire lui-même et les frais de voyage jusqu'à destination.

Elle est entièrement distincte de l'*Œuvre apostolique* (voir ci-dessus), qui distribue ses dons aux missionnaires de toutes les Sociétés lorsqu'ils sont déjà en mission.

Un ouvroir est ouvert chez la Présidente tous les mardis, de 8 heures du matin à 6 heures du soir. On y raccommode le linge des élèves, et on y distribue aux associées de bonne volonté du linge à confectionner pour le trousseau des partants.

Cinquante jeunes missionnaires partent environ chaque année.

La cotisation annuelle est de 5 francs.

*Directeur de l'Œuvre :* M. l'abbé PÉAN, au Séminaire, rue du Bac, 128.

*Présidente :* Mme la vicomtesse DE SAINT-JEAN, rue de Babylone, 26.

*Vice-Présidente :* Mme la baronne DE GARGAN, rue de Babylone, 26.

*Trésorière :* Mme la marquise DE LAUBESPIN, rue de Lille, 51.

## ARCHICONFRÉRIE DE L'ADORATION PERPÉTUELLE

### ET DE L'ŒUVRE DES TABERNACLES

**Secours aux églises pauvres.**

Cette association, fondée à Paris en 1846, a été érigée en archiconfrérie en 1858. Elle a pour but le culte dû à la sainte Eucharistie. Chaque associé s'engage à faire une heure d'adoration par mois et à payer, s'il le peut, une cotisation de 1 franc par an. Les souscripteurs ne s'engagent qu'à donner, par an, une somme de 3 francs au moins.

Les quêtes, les souscriptions, les dons en nature, tels que bijoux, vieille argenterie, robes, étoffes de soie, toile, fleurs artificielles, etc., sont employés par l'Archiconfrérie à secourir les églises pauvres. Les dames se réunissent chaque semaine dans les ouvroirs de l'Œuvre, ou travaillent chez elles à confectionner les objets nécessaires au culte.

L'Œuvre est établie dans un certain nombre de diocèses. Les dames zélatrices de chaque localité recueillent les souscriptions et les dons de toutes sortes et les envoient à l'Œuvre de Paris.

Les demandes pour les églises pauvres doivent être déposées à l'évêché de leur diocèse, d'où, après avoir été examinées et approuvées, elles sont adressées à M. le Directeur ou à Mme la Présidente de l'Œuvre, à Paris, le 31 octobre au plus tard, pour qu'il puisse y être fait droit lors de la distribution qui a lieu dans le courant de l'hiver : cette distribution n'est faite qu'après l'exposition annuelle et publique de tous les objets achetés ou confectionnés dans les ouvroirs de l'Œuvre. Les chapelles d'Œuvres et de communautés sont en dehors des conditions nécessaires pour recevoir les dons de l'Œuvre des Tabernacles, réservés spécialement pour les paroisses pauvres de la campagne.

Après avoir satisfait aux demandes faites par les diocèses

affiliés, on répond, s'il est possible, aux demandes des églises les plus pauvres en dehors des diocèses réunis à l'Œuvre. Les secours consistent en ornements, linge d'église, vases sacrés, flambeaux, etc.

*Supérieur de l'Archiconfrérie :* S. Ém. le cardinal Richard, archevêque de Paris.

*Directeur :* M. l'abbé Landon, rue du Vieux-Colombier, 5.

*Présidente :* Mme la comtesse de Moustier, rue de Grenelle, 85.

*Vice-Présidentes :* Mme la comtesse R. de Nicolay, rue de l'Université, 89; Mlle Letronne, quai Voltaire, 17.

*Trésorière.* Mme la marquise de Lur-Saluces, rue de Grenelle, 134.

*Secrétaire :* Mme Marey-Monge, rue de Grenelle, 26.

## ŒUVRE DU TRAVAIL

### POUR LES ÉGLISES PAUVRES DU DIOCÈSE DE PARIS

**Ouvroir Notre-Dame-du-Clergé.**

Rue du Rocher, 50 (VIIIe arrond.).

## ŒUVRE DES CAMPAGNES

Cette Œuvre, fondée en 1857, se propose de procurer des missions, sur la demande de l'autorité ecclésiastique, au plus grand nombre possible de paroisses rurales pauvres; de concourir à l'établissement des Sœurs et à l'entretien des écoles, de répandre de bons livres en contribuant à la fondation ou à l'extension des bibliothèques; de fonder, en un mot, toutes les Œuvres de charité et de piété qui peuvent s'organiser dans les campagnes.

Elle demande à ses membres : 1° de verser dans la caisse centrale une cotisation de 12 francs par an, ou de recueillir douze cotisations de 1 franc; 2° de chercher à créer des conseils diocésains dans le plus grand nombre de diocèses.

L'Œuvre est administrée par un conseil général qui se réunit à Paris. Un comité correspond avec les conseils diocésains.

Toutes les demandes de secours doivent être signées par MM. les curés, apostillées par l'évêque ou par le directeur du conseil diocésain, et adressées au R. P. Truck, *directeur*, rue de Sèvres, 35; à M. le comte de Lambel, *président*, rue de Varenne, 10; à Mme la comtesse de Chabannes, secrétaire de S. A. R. la duchesse d'Alençon, *présidente*, rue de Villersexel, 1; à Mme de la Roquette, *secrétaire générale*, rue de l'Université, 33, ou à Mlle Aubineau, *trésorière*, rue du Cherche-Midi, 23.

L'Œuvre des campagnes publie tous les deux mois un *Bulletin*, qui est envoyé à tous les souscripteurs de 12 fr.

## ŒUVRES RELIGIEUSES

### COMITÉ CATHOLIQUE DE PARIS

Rue de Grenelle, 35 (VIIe arrond.).

Le Comité catholique s'est inspiré de cette pensée que le devoir social fait partie du devoir chrétien, et que la cause de la vérité catholique est aussi la cause du salut national.

Son programme se définit ainsi : propager les œuvres de prières; garantir le respect du dimanche; aider au développement de l'enseignement catholique et préserver sa liberté; favoriser la diffusion des œuvres ouvrières et des publications chrétiennes; travailler au rétablissement de l'harmonie sociale, et enfin concourir par toutes les voies légales à la défense des intérêts religieux.

*Président :* M. Chesnelong, sénateur.
*Vice-Présidents :* M. Keller; M. d'Herbelot.
*Trésorier :* M. H. Salle.
*Secrétaire :* M. Édouard Pontal, archiviste paléographe.

## SALON DES ŒUVRES

### AU CERCLE CATHOLIQUE DU LUXEMBOURG

Rue du Luxembourg, 18 (VIe arrond.).

Le salon des Œuvres est un salon de conversation ouvert aux catholiques de Paris, de la province et de l'étranger, qui s'y font présenter. Les réunions ont lieu tous les mercredis, à 8 heures du soir, sauf pendant les mois d'août, de septembre et d'octobre, dans un local dépendant du cercle catholique du Luxembourg. (Voir chap. III.)

Tous les sujets qui, en dehors de la politique, peuvent intéresser les catholiques, sont traités par des hommes spéciaux, et amènent entre les membres de la réunion des communications utiles aux Œuvres dont ils s'occupent.

*Président :* M. Jules MICHEL, rue de Madame, 77.

Adresser les communications et les demandes d'admission au Président du Cercle ou à M. l'Aumônier.

## UNION DES ASSOCIATIONS OUVRIÈRES CATHOLIQUES

Secrétariat : rue de Verneuil, 32 (VIIe arrond.).

L'Union des Œuvres ouvrières catholiques a été fondée en 1871, dans le but de développer et de propager ces œuvres.

Le bureau central, établi à Paris, a pour mission d'être :

1° *Un centre de renseignements* pour aider à fonder, soutenir et développer les œuvres ouvrières, crèches et asiles, patronages d'ouvriers et d'apprentis, cercles d'ouvriers, cercles militaires, orphelinats agricoles, institutions économiques, associations chrétiennes, etc. ; il cherche à faire profiter chaque directeur d'œuvre ouvrière de la lumière et de l'expérience de tous ;

2° Un *centre de propagande,* par la publication d'un *Bulletin mensuel,* et de nombreux documents relatifs à la fondation des Œuvres, et par le moyen d'un grand congrès annuel des directeurs d'Œuvres, préparé par les soins de l'Union.

*Secrétaire général :* M. le comte YVERT.

*Secrétaire du bureau central :* M. l'abbé LUCAS-CHAMPIONNIÈRE.

On s'abonne au *Bulletin* de l'Union, au bureau central, rue de Verneuil, 32. C'est aussi au secrétariat que doivent être adressées les souscriptions et les demandes de renseignements.

## ASSOCIATION DE NOTRE-DAME DE SALUT

Rue François I^er^, 8 (VIII^e^ arrond.).

Cette Association a pour but de travailler au salut de la France par la prière et la moralisation des ouvriers.

Elle secourt, dans la mesure de ses ressources, toutes les Œuvres ouvrières d'hommes, comme patronages, cercles d'ouvriers, maisons de famille, œuvres rurales, écoles libres, etc., et vient en aide au *Bureau central de l'Union des Œuvres ouvrières,* rue de Verneuil, 32. Elle concourt à l'organisation des grands pèlerinages à Lourdes et à Jérusalem.

Les cotisations annuelles, de 50 centimes, 1 franc et 5 francs, sont recueillies par des chefs de dizaines et des collecteurs.

L'association est dirigée par un conseil général, qui a son siège à Paris, rue François I^er^, 8.

*Directeur général :* le R. P. PICARD, des Augustins de l'Assomption.

*Secrétaire général :* le R. P. BAILLY, des Augustins de l'Assomption.

*Présidente :* M^me^ la duchesse D'ESTISSAC, née de SÉGUR.

*Vice-Présidente-Trésorière :* M^me^ MORILLON.

*Vice-Présidente Secrétaire :* M^me^ la comtesse DE L'ÉPINOIS.

*Secrétaire :* M^me^ CHAUMONT.

## INSTITUT DES DAMES DE SAINTE-GENEVIÈVE

Église Saint-Étienne du Mont.

L'institut a pour but la vie sérieusement chrétienne au milieu du monde, la prière pour l'Église et la France, et le culte de sainte Geneviève, patronne de Paris et de la France, au moyen de prédications, prières et bonnes œuvres.

Pour être associée, il faut se faire inscrire et prendre part aux prières et aux œuvres de l'institut.

La cotisation ordinaire des associées est de 1 franc par an. Les zélatrices se chargent de réunir une ou plusieurs dizaines d'associées.

Réunion des Dames le premier mardi du mois, à neuf heures, à Saint-Étienne du Mont, et le troisième jeudi chez les Religieuses de Notre-Dame du Cénacle (Dames de la Retraite), rue de la Chaise, 7.

S. Ém. le Cardinal-Archevêque de Paris est président de cet institut.

Les vice-présidents sont : M. l'archidiacre de Sainte-Geneviève et M. le curé de Saint-Étienne du Mont.

La présidente et la vice-présidente sont nommées pour trois ans.

S'adresser, pour faire partie de l'Œuvre, à M. le curé de Saint-Étienne du Mont.

## ŒUVRE DU VŒU NATIONAL AU SACRÉ CŒUR

Secrétariat général : rue de Furstemberg, 8 (VIe arrond.).

Vers la fin de 1870, quelques âmes chrétiennes conçurent la pensée de travailler à l'érection d'un sanctuaire dédié au sacré Cœur, pour obtenir la délivrance du souverain Pontife et le salut de la France.

La loi du 25 juillet 1873 a reconnu le caractère national de l'Œuvre, en donnant à S. Ém. le cardinal Guibert, archevêque de Paris, les facilités nécessaires pour l'acquisition des terrains et la construction de l'église votive sur la colline de Montmartre.

L'église est construite par le moyen des dons et souscriptions des fidèles. Elle est desservie par des Pères Oblats de Marie-Immaculée.

Un comité, nommé par le cardinal-archevêque de Paris, a la direction artistique et financière de l'Œuvre.

Les offrandes, les dons en nature, les adhésions, peuvent être envoyés à l'archevêché de Paris, ou rue de Furstenberg, 8, au nom de M. Félix Carré, trésorier de l'Œuvre, ou de M. Rohault de Fleury, secrétaire général, à qui doivent être adressées les demandes de renseignements.

## ŒUVRE DES SAINTES FAMILLES

Société de Saint-Vincent-de-Paul.

Cette association a pour but de faciliter aux familles pauvres la pratique de leurs devoirs religieux et de leur accorder quelques secours.

Les associés, en cas de maladie, sont visités et secourus par les membres de l'Œuvre.

Les réunions se composent d'exercices religieux et de lectures ou récits intéressants. On y ajoute souvent des distributions de vêtements, etc.

Les conférences de Saint-Vincent-de-Paul ont organisé les Saintes Familles dans un grand nombre de paroisses de Paris.

## ŒUVRE DES BAS-BRETONS

Fondée en 1863 par les Pères de la Compagnie de Jésus.

Réunions une fois par mois. Instruction religieuse en langue bretonne. Retraites pascales. Visite des malades.

Cette Œuvre est divisée à Paris en quatre groupes :

1° Saint-Paul-Saint-Louis : réunion à la chapelle des Catéchismes, rue Saint-Paul, 43.

2° Notre-Dame de la Gare : réunion à l'église, place Jeanne-d'Arc.

3° Clichy : réunion à la chapelle de Notre-Dame Auxiliatrice, rue d'Alsace, à Clichy-la-Garenne.

4° Saint-Lambert de Vaugirard : réunion dans la crypte.

Ces réunions sont présidées par le R. P. Rivalain, directeur de l'Œuvre, rue Lhomond, 26.

### Confesseurs en langue bretonne.

Le R. P. Rivalain, chapelle de l'Adoration réparatrice, rue d'Ulm, 36, et dans toutes les églises où a lieu la réunion mensuelle.

M. l'abbé Thoz, aumônier des Filles de la Croix, rue de Vaugirard, 233.

M. l'abbé Merrien, vicaire à Vanves.

M. l'abbé de Kergariou, aumônier de l'hôpital Trousseau, à Saint-Paul-Saint-Louis.

M. l'abbé Letoux, vicaire à Saint-Denis en France, directeur de l'Œuvre à Saint-Denis. Il préside les réunions hebdomadaires qui ont lieu à l'église paroissiale.

L'Œuvre des Bas-Bretons existe aussi à Versailles, sous la présidence du R. P. Monjaret, rue des Bourdonnais, 40. Réunions à Saint-Symphorien, au Petit-Chesnay et à Sèvres.

## ŒUVRE DE NOTRE-DAME DE SION

Reconnue d'utilité publique par décret du 25 juin 1856.

Rue Notre-Dame-des-Champs, 61 (vi[e] arrond.).

La Congrégation de Notre-Dame de Sion a été fondée en 1843 par le R. P. Théodore Ratisbonne.

En dehors de ses nombreux pensionnats, cette Congrégation dirige des ouvroirs et des écoles, elle donne un asile et l'instruction religieuse aux jeunes filles israélites qui demandent le baptême, les recevant et les élevant gratuitement dans ses catéchuménats, avec le consentement de leur parents.

Plusieurs maisons de Notre-Dame de Sion sont établies dans les cinq parties du monde. Celle de Jérusalem, dite de l'*Ecce Homo*, occupe l'emplacement de l'ancien prétoire de Pilate et renferme des œuvres importantes pour les enfants de la Terre-Sainte.

Les demandes de renseignements ou les offrandes doivent être adressées à Mme la Supérieure générale, rue Notre-Dame-des-Champs, 61.

# VOCATIONS ECCLÉSIASTIQUES

## ŒUVRE DES SÉMINAIRES DU DIOCÈSE DE PARIS

Cette Œuvre, fondée en 1882, a pour but de faciliter les études des jeunes gens qui se destinent à l'état ecclésiastique. Elle paye dans les séminaires des demi-bourses, dont le prix est de 300 francs par an.

L'Œuvre est dirigée par un conseil de 20 membres. Ses ressources proviennent :

1° De la cotisation annuelle de 100 francs, payée par les membres du conseil ;

2° Des collectes faites par les dames trésorières, qui s'engagent à verser chaque année le montant d'une ou plusieurs demi-bourses ;

3° De souscriptions et d'offrandes ;

4° Du produit des fondations de bourses ou demi-bourses.

*Président :* M. l'abbé Gossin, chanoine honoraire de Paris et de Belley, rue Denfert-Rochereau, 92.

*Secrétaire :* M. l'abbé Delaage, rue Massillon, 8.

## PETITE COMMUNAUTÉ DES CLERCS DE S.-SULPICE

### ŒUVRE DU CŒUR MISÉRICORDIEUX DE JÉSUS

Impasse Cloquet, à Issy (Seine).

Cette Œuvre, fondée à Paris en 1698, par M. Tronson, troisième supérieur général de Saint-Sulpice, a pour but de favoriser les vocations et de procurer de saints prêtres à l'Église.

Un comité de dames patronnesses s'occupe de réunir des souscriptions personnelles ou collectives pour constituer des *demi-bourses.*

Les offrandes peuvent être remises à Mme la comtesse Alain DE GUÉBRIANT, rue de Varenne, 73, *présidente* du comité; à Mme la vicomtesse DES CARS, cours la Reine, 24, *vice-présidente,* ou à M. le Supérieur de la communauté, à Issy; c'est à lui que doivent être adressées les demandes d'admission.

## ŒUVRE DU BIENHEUREUX DE LA SALLE

### POUR LE RECRUTEMENT DES FRÈRES DES ÉCOLES CHRÉTIENNES

Rue Oudinot, 27 (VIIe arrond.).

Cette Œuvre a pour but de favoriser les vocations religieuses au moyen de soucriptions volontaires, et par la création de bourses pour les noviciats des Frères des Écoles chrétiennes. La bourse, pour le petit noviciat, est fixée à 400 francs par an. Trois ans de petit noviciat, où les jeunes gens sont admis de 13 à 14 ans, suffisent ordinairement pour préparer au grand noviciat.

Il existe des petits noviciats à Paris, Annecy, Avignon, Bayonne, Besançon, Béziers, Bordeaux, Caen, Clermont, Gramat (Lot), Lille, Lyon, le Mans, Marseille, Mende, Nantes, le Puy, Quimper, Reims, Rodez, Saint-Maurice-l'Exil (Isère), Saint-Omer, Toulouse.

L'Œuvre est dirigée par un conseil, dont S. Ém. le cardinal RICHARD, archevêque de Paris, est *président*.

Un *Bulletin* trimestriel est envoyé à tout souscripteur d'une somme de 10 francs au moins par an.

## INSTITUT APOSTOLIQUE
## DES FRÈRES DE SAINT-VINCENT-DE-PAUL

Rue de Dantzig, 1 et 3 (xv^e arrond.).

L'Institut des Frères de Saint-Vincent-de-Paul, dans le but de préparer des hommes dévoués aux besoins de la classe ouvrière, a fondé :

1° Une École apostolique à Chaville (Seine-et-Oise), rue de Jouy, 6, où des jeunes gens de 13 à 19 ans étudient leur vocation et les matières de l'enseignement classique;

2° Un séminaire proprement dit, à Paris, rue de Dantzig, 1 et 3. Les jeunes gens, soit ecclésiastiques, soit laïques, achèvent de se préparer à l'apostolat et à la conduite des Œuvres.

On prend part à cette Œuvre en souscrivant pour une somme annuelle, ou en donnant comme fondateur, soit une bourse de 500 francs ou une demi-bourse de 250 francs pour l'École apostolique; soit une bourse de 600 francs ou une demi-bourse de 300 francs pour le séminaire proprement dit.

Les offrandes et les demandes d'admission doivent être adressées au Supérieur de la maison ou aux membres du comité des dames patronnesses, dont M^me la marquise DE GONTAUT-SAINT-BLANCARD, rue Saint-Thomas-d'Aquin, 2, est *présidente*.

## ŒUVRE DES ÉCOLES APOSTOLIQUES

Le Bouscat (Gironde), rue de la Harpe, 40.
Poitiers (Vienne), rue des Buissons, 11.
Lons-le-Saulnier (Jura), Notre-Dame de l'Ermitage.
En Angleterre, à Littlehampton (Sussex), S. Joseph's College.

Cette Œuvre, fondée à Avignon, en 1865, par les Pères de la compagnie de Jésus, a pour but d'augmenter le nombre des missionnaires dans les deux mondes. Elle élève dans les écoles, pour un prix modique et même gratuitement au besoin, les enfants qui remplissent les conditions de la vocation apostolique, et qui lui sont confiés par leurs parents.

Les conditions d'admission sont : une naissance légitime, 12 ans accomplis, une bonne santé, la piété et le désir d'une sincère vocation.

Les parents s'engagent, par écrit, à ne pas s'opposer à la vocation de l'enfant, et à se conformer aux règlements de l'Œuvre.

Le titre de *fondateur* est donné aux personnes qui assurent à l'Œuvre un capital de 10000 francs ou une rente annuelle de 500 francs pour une bourse, ou une somme de 5000 francs pour une demi-bourse.

Le titre de *protecteur* est réservé à ceux qui se chargent de l'entretien d'un élève pendant son séjour à l'école. Les *souscripteurs* payent une cotisation annuelle de 20 francs ; les *associés* donnent une somme inférieure à 20 francs.

L'Œuvre a fourni déjà un grand nombre d'élèves soit aux missions lointaines, soit aux noviciats des ordres apostoliques, soit aux grands séminaires.

Adresser les demandes d'admission, de renseignements et les offrandes, au Directeur de chaque école.

## ASSOCIATION DE NOTRE-DAME DES VOCATIONS

### MAISON DES RR. PP. AUGUSTINS DE L'ASSOMPTION

Rue François I^er^, 8 (VIII^e^ arrond.).

Cette Œuvre est exclusivement destinée à procurer aux enfants pauvres qui veulent devenir prêtres les moyens de faire leurs études ecclésiastiques.

Ils sont libres de choisir et de diriger leurs études soit vers les missions, soit vers la vie religieuse ou le clergé séculier.

On peut faire partie de l'Association comme *fondateur,* en assurant une bourse de 300 francs par un capital de 6000 francs, ou en adoptant un enfant pour lequel on donne 300 francs par an jusqu'à son entrée dans les ordres;

Comme *souscripteur,* par une offrande personnelle ou collective de 30 à 50 francs par an;

Comme *bienfaiteur,* par toute autre offrande, depuis 2 sous par mois.

Adresser les dons ou souscriptions, et les demandes de renseignements, aux RR. PP. Augustins de l'Assomption, rue François I^er^, 8; au couvent des Dames de l'Assomption, à Paris; en province, dans les diverses maisons des Pères; à Londres, Kensington-Square, 24; à Richmond (Yorkshire); en Espagne, à Madrid et à Malaga.

## PETITE ŒUVRE DU SACRÉ-CŒUR

### POUR LES VOCATIONS SACERDOTALES

Établie à Issoudun (Indre).

Cette Œuvre, fondée en 1866, chez les missionnaires du Sacré-Cœur, à Issoudun, a pour but d'élever les enfants qui ont la vocation de devenir prêtres missionnaires. Les élèves ne sont pas destinés au ministère ordinaire des paroisses : leur vocation a un caractère apostolique, et ils sont destinés d'une manière toute spéciale à répandre la dévotion au sacré Cœur.

L'enfant, pour être admis gratuitement dans la maison, doit appartenir à une famille chrétienne et honorable, être âgé de 12 à 15 ans, assez avancé dans les études, avoir une bonne santé et annoncer d'heureuses dispositions.

Les ressources de l'Œuvre reposent sur la cotisation d'*un sou par an*, demandée aux associés et sur les dons des personnes charitables. Les zélateurs ou zélatrices qui donnent 5 francs par an reçoivent les *Annales de Notre-Dame du Sacré-Cœur*. Le titre de *protecteur* est délivré à toute personne qui s'engage à donner 500 francs par an pour la pension d'un enfant pendant le temps de ses études.

La Société des missionnaires d'Issoudun est chargée du vicariat apostolique de la Mélanésie et de la Micronésie (Océanie).

## PROVIDENCE DU PRADO

Rue Sébastien-Gryphe, 75, à Lyon.

Cette école, fondée par le Père Chevrier, a pour but de favoriser la vocation religieuse de quelques jeunes gens qui ne peuvent aller au séminaire.

L'enfant doit remplir les conditions suivantes : appartenir à des parents honnêtes et chrétiens ; avoir une naissance légitime; avoir fait sa première communion ; n'avoir pas plus de 14 ans; avoir de bons certificats du curé de la paroisse et des instituteurs; avoir un certain degré d'instruction ; et enfin écrire de sa main une lettre composée par lui-même, exprimant au Directeur de l'école son désir d'admission.

Il devra de plus subir un examen qui décidera de son entrée. L'école ne garde pas les enfants qui ne présentent pas les marques sérieuses de vocation ecclésiastique.

L'élève admis doit apporter un petit trousseau et se fournir les livres et les vêtements qui lui sont nécessaires. Il n'y a pas de pension à payer.

L'Œuvre ne subsiste que par les aumônes qui lui sont faites par les parents et les bienfaiteurs des enfants.

(Voir, chap. I, *Première communion, même maison*).

## BERCEAU DE SAINT-VINCENT-DE-PAUL

**École secondaire libre.**

A Saint-Vincent-de-Paul, près Dax (Landes).

Cet établissement est destiné à élever des enfants pauvres ou orphelins, et à les préparer, par un cours d'études complet, à embrasser l'état ecclésiastique. (Voir, chap. III, *Berceau de Saint-Vincent-de-Paul.*)

Le prix de la pension est de 350 francs par an, 100 francs d'entrée.

Pièces à produire : acte de naissance, acte de baptême, certificat de vaccine.

## ÉCOLE APOSTOLIQUE

**Institution Saint-Joseph, à Mesnières, par Neufchâtel (Seine-Inférieure).**

Pères du Saint-Esprit et du Saint-Cœur de Marie.

Les jeunes gens qui se destinent à l'état ecclésiastique et aux missions sont admis moyennant une pension annuelle de 500 francs.

Ils suivent les cours du collège de l'institution, où ils constituent une section séparée, et ils reçoivent une éducation en rapport avec le but qu'ils poursuivent (voir *Mesnières, orphelinat de garçons*, chap. II, 3e section).

## ÉCOLE CLÉRICALE

**Providence Saint-Isidore, à Seillon, par Bourg (Ain).**

(Voir, chap. II, *Orphelinats pour les garçons*, Seillon).

# RETRAITES

## MAISON DES RELIGIEUSES DE NOTRE-DAME DU CÉNACLE

Rue de la Chaise, 7 (VIIe arrond.).
Rue de la Barre, 30 (XVIIIe arrond.).

Les Religieuses de Notre-Dame du Cénacle, connues aussi sous le nom de Dames de la Retraite, se proposent pour but spécial de donner l'enseignement de la doctrine chrétienne aux enfants et aux adultes, de recevoir chez elles et d'aider les femmes de toutes conditions qui veulent consacrer un temps plus ou moins long au soin exclusif de leur salut, dans les exercices d'une retraite particulière ou commune. Des directeurs éclairés prêtent leur concours aux retraitantes.

Les retraites communes durent 8 jours et commencent à des époques déterminées.

Les retraites particulières ne durent pas moins de 3 jours; elles ont lieu dans tous les temps de l'année.

Une bibliothèque est ouverte dans la maison. (Voir chap. XV.)

La maison est aussi le siège de l'Œuvre des Institutrices. (Voir chap. III.)

Les Religieuses de Notre-Dame du Cénacle ont une maison à Lyon, place de Fourvières; à la Louvesc (Ardèche); à Versailles, rue de la Vieille-Église, 2; à Nancy, au Sauvoy, route de Metz; à Lille, rue de Roubaix, 45; à Paray-le-Monial (Saône-et-Loire); à Tours, rue Saint-Symphorien, 8; à Marseille; à Montpellier; à Bordeaux; en Italie; en Angleterre; à New-York.

## DAMES DU SACRÉ-CŒUR

Boulevard des Invalides, 33 (VIIe arrond.).

Retraites générales et particulières.

## RELIGIEUSES DE MARIE RÉPARATRICE

Rue de Naples, 18 (VIIIe arrond.).

**Retraites générales** à époques déterminées pour les dames, les jeunes filles, les institutrices, les personnes en service, et **retraites particulières** durant toute l'année.

**Instruction religieuse** pour les enfants, les adultes, les protestants, etc.

**Ouvroirs**, œuvres diverses. Bibliothèque (voir chap. XV). — Conférences et association pour les membres de l'enseignement (voir chap. III).

**Association pour les personnes en service.**

Les Religieuses de Marie Réparatrice ont une maison à Toulouse, rue de l'Inquisition, 7; à Pau, route Batsalle; à Notre-Dame de Liesse (Aisne); à Nantes, rue Mondésir; au Mans, boulevard Négrier, 31; en Allemagne; en Espagne; en Italie; en Belgique; en Angleterre; en Irlande; à Jérusalem; en Afrique, etc.

## INSTITUT DE MARIE AUXILIATRICE

Rue de Maubeuge, 25 (IXe arrond.).

**Retraites particulières** sous une direction ecclésiastique. — **Pensionnat.** — **Cours.** — **Dames pensionnaires** (voir chap. VII). — **Bibliothèque** (voir chap. XV).

Maisons du même ordre et vouées aux mêmes œuvres, à Paris, avenue d'Iéna, 8; à Lyon, place Saint-Clair, 1;

à Villepinte, hôpital pour les poitrinaires (voir chap. VI); à Londres, mêmes œuvres qu'à Paris; à Naples, pensionnat.

## RETRAITES POUR LES HOMMES

Les hommes peuvent faire des retraites et passer un temps plus ou moins long, suivant les circonstances, à Clamart, rue Fauveau, 5 (Seine), sous la direction des Pères de la compagnie de Jésus; et à Paris, rue de Sèvres, 95, chez les Lazaristes.

## ŒUVRE DES PÈLERINAGES

Conseil général : rue François Ier, 8 (VIIIe arrond.).

Le conseil général des Pèlerinages s'est formé, en 1872, dans le but de favoriser en France le mouvement des pèlerinages, soit en les organisant lui-même, soit en aidant les initiatives individuelles par des démarches auprès des compagnies de chemins de fer.

Il se met en relation avec les directeurs des sanctuaires où devront se faire les pèlerinages, afin de régler les préparatifs, fait connaître les conditions des pèlerinages décidés et provoque la formation en province de comités locaux. Ceux-ci sont chargés de la direction des pèlerinages de leurs diocèses respectifs.

Les principaux pèlerinages organisés par l'Œuvre sont ceux de *Rome*, *la Salette*, *Paray-le-Monial*, *la Grande-Chartreuse*, *Fourvières*, *Lourdes*, et le pèlerinage de pénitence à *Jérusalem*.

Le pèlerinage national à Lourdes a lieu une seule fois chaque année, dans l'octave de l'Assomption.

Les personnes qui désirent faire partie du train des malades de ce pèlerinage, doivent se faire inscrire dès le mois de juin.

Les pièces exigées sont : 1° la demande écrite par le malade;

s'il est mineur ou trop malade, par le tuteur ou les parents; si la malade est mariée, il faut l'autorisation de son mari; 2° une lettre de recommandation donnée par un prêtre, de préférence par le curé de la paroisse; 3° un certificat de médecin constatant la nature et la gravité de la maladie.

On peut contribuer au pèlerinage des malades par des offrandes diverses. La dépense du voyage d'un malade est évaluée à 100 francs; on peut aussi assurer le départ d'un malade par une offrande de 50 francs, la moitié des frais de voyage restant à la charge de l'Œuvre.

*Directeur :* Le R. P. Picard, supérieur général des Augustins de l'Assomption, rue François Ier, 8.

*Président :* M. le vicomte de Damas.

Adresser les demandes de renseignements au secrétariat de l'Œuvre, rue François Ier, 8.

---

# CHAPITRE XV

**Bibliothèques. — Art chrétien. — Encouragement au bien.**

---

## BIBLIOTHÈQUES

---

### SOCIÉTÉ BIBLIOGRAPHIQUE ET DES PUBLICATIONS POPULAIRES

Rue Saint-Simon, 5 (VIIe arrond.).

La Société bibliographique a été fondée en 1868, et s'est unie en 1879 à la Société des Publications populaires. Elle a pour but la publication et la diffusion des ouvrages utiles à la religion et à la science. Elle sert de lien entre les hommes d'étude et les hommes consacrés aux bonnes œuvres, en venant en aide aux premiers dans leurs travaux et en renseignant les seconds sur les publications bonnes à répandre.

La Société a pour organe un *Bulletin mensuel*, qui donne tous les détails relatifs à l'Œuvre, et renferme une *Bibliographie populaire* contenant l'analyse des ouvrages admis par la section des Publications populaires.

Pour faire partie de la Société, il faut être présenté par deux membres et payer une cotisation annuelle de 10 francs.

Les membres de la Société ont droit à une remise de 20 % sur le prix des livres qu'ils achètent par l'intermédiaire de la Société.

Les principales publications faites sous les auspices de la Société sont :

Le *Polybiblion*, *Revue bibliographique universelle*, paraissant tous les mois, qui tient au courant des publications nouvelles ;

Un *Catalogue de livres choisis* à l'usage des gens du monde ;

Un *Catalogue de livres pour les bibliothèques populaires et les distributions de prix ;*

Plusieurs collections populaires : *Bibliothèque à 25 centimes; Classiques pour tous, Brochures sur la Révolution française*, à 20 centimes ; *Petite bibliothèque variée*, à 15 centimes ; *Questions du jour* (*Écoles primaires, Lycées de filles, Lois fiscales contre les congrégations, Budget des cultes*, etc.), à 10 centimes ; *Tracts* ou feuilles volantes, à 10 francs le mille ; *Images historiques et coloriées*, etc.) ;

Un *Almanach illustré*, l'almanach du bon Français.

La Société encourage la fondation des *Bibliothèques populaires* et surtout des *Bibliothèques circulantes* par des primes (40 francs de livres pour une commande de 100 fr.), portant sur des ouvrages de son catalogue, adoptés par la section des Publications populaires. Elle fait elle-même des dons de livres aux bibliothèques populaires et aux écoles libres pour les distributions de prix.

L'œuvre des *Bibliothèques circulantes*, fondée en 1886 par les dames patronnesses de la Société bibliographique, permet de créer des dépôts de livres destinés à être mis en lecture dans les familles. Les livres sont répartis par séries de 50 volumes.

Certains dépôts sont de deux et même trois séries.

Chaque année, tous les livres rentrent au siège de l'Œuvre. Les volumes sont réparés et de nouvelles séries sont envoyées aux dépôts, suivant un tableau de roulement établi d'avance.

Il résulte de cette combinaison la possibilité pour les écoles, patronages, cercles d'ouvriers, etc., d'avoir des bibliothèques toujours renouvelées, et par conséquent plus intéressantes pour les lecteurs.

S'adresser, pour les adhésions et les demandes, au secrétariat de la Société, rue Saint-Simon, 5.

*Président :* M. le marquis DE BEAUCOURT.

*Vice-Présidents :* M. Marius SEPET; M. C. DE KIRWAN.

*Secrétaire général :* M. le comte DE BIZEMONT.

*Présidente des dames patronnesses :* Mme la comtesse DE BIZEMONT.

## ŒUVRE SAINT-MICHEL

### POUR LA PUBLICATION ET LA DIFFUSION DES BONS LIVRES

Librairie de l'Œuvre : rue du Cherche-Midi, 33 (VIe arrond.).

Cette Œuvre se propose, avec le secours de la charité, de publier et de propager les bons livres au meilleur marché possible. Elle publie, chaque année, un certain nombre d'ouvrages nouveaux et elle en réédite d'anciens. Elle procure à ses associés ces livres et d'autres non édités par elle, avec d'importantes remises, et aide ainsi à la formation des bibliothèques populaires.

Depuis la mort du R. P. Félix, son fondateur, le R. P. Monsabré en est devenu le Directeur spirituel. Un conseil d'administration, composé d'hommes, et des comités de dames en province et à Paris, assurent le fonctionnement de l'Œuvre.

Les *associés* payent une cotisation annuelle qui varie de 5 à 100 francs.

Les *zélateurs* procurent à l'Œuvre, outre leur cotisation personnelle, celles d'un certain nombre de personnes.

*Président du conseil d'administration :* M. le marquis DE GOUVELLO, rue de l'Université, 80.

*Vice-Président :* M. BOURNISIEN, rue Jean-Goujon, 24.

*Trésorier :* M. LIBMAN, rue de Clichy, 57.

*Secrétaire :* M. l'abbé ROQUETTE, rue Denfert-Rochereau, 92.

*Présidente du comité de Paris :* Mme la duchesse D'UZÈS, avenue des Champs-Élysées, 76.

*Trésorière :* Mlle DE VILLENOISY, rue Washington, 32.

*Secrétaire :* Mme BOULARD DE VILLENEUVE, rue Bonaparte, 6.

Les manuscrits, les demandes de livres et les fonds doivent être adressés à M. Téqui, libraire-éditeur, rue du Cherche-Midi, 33.

## ŒUVRE DES BIBLIOTHÈQUES

### DES SOUS-OFFICIERS ET SOLDATS

Reconnue d'utilité publique.

Cette Œuvre a été fondée, en 1873, par M. le comte de Madre, dans le but de procurer des bibliothèques aux hôpitaux militaires, aux casernes et aux corps de garde. Elle s'est développée avec l'assentiment du ministre de la Guerre, et, à l'aide d'une entente commune, elle a fondé des cercles dans plusieurs casernes.

Les bâtiments sont fournis par l'État; leur appropriation est au compte de l'Œuvre.

Le génie et l'intendance prêtent les tables et les bancs, donnent le chauffage et l'éclairage. L'autorité militaire désigne un sous-officier et deux soldats pour la surveillance du cercle. L'Œuvre pourvoit aux livres, aux jeux, aux fournitures de bureau, etc.

Des circulaires ministérielles ont réglé ce fonctionnement pour la France et l'Algérie.

Les cercles ne peuvent être établis que dans les casernes; il en existe trois à Paris (casernes de l'École-Militaire, du Château-d'Eau, du Mont-Valérien).

L'Œuvre demande 1 200 francs pour la fondation d'un Cercle.

Elle fournit isolément :

1° Une bibliothèque de cercle ou de caserne, composée

de 500 volumes reliés, atlas et cartes de géographie pour 900 francs;

2° Une bibliothèque d'hôpital avec boîte en menuiserie fermant à clef pour 140 francs; une bibliothèque de corps de garde avec même boîte pour 60 francs. Le surplus de la dépense est payé par la caisse centrale de l'Œuvre.

Les bibliothèques sont envoyées par le ministère de la Guerre à l'adresse du commandant de place, aux frais de l'État jusqu'à destination.

L'Œuvre a organisé des comités locaux dans un grand nombre de villes.

Les souscripteurs sont libres d'affecter leur offrande à une ville, à un corps de garde ou caserne, etc.

Les souscriptions et les demandes doivent être adressées à M. le comte DE MADRE, boulevard des Invalides, 35.

## BIBLIOTHÈQUES PAROISSIALES

Il existe, dans la plupart des églises de Paris, des bibliothèques dirigées par les membres du clergé. On s'y abonne moyennant une cotisation minime.

S'adresser à la sacristie des paroisses.

## BIBLIOTHÈQUES CHRÉTIENNES

### Maison des Religieuses de Notre-Dame-du-Cénacle.

Rue de la Chaise, 7 (VII^e arrond.).

La **Bibliothèque des bons livres**, fondée en 1868, met à la disposition des personnes qui désirent s'y abonner, moyennant une offrande de 10 francs par an, les ouvrages les plus remarquables sur la religion, l'histoire, la littérature, etc.

Ouverte de 2 heures à 4 heures, les lundis, mercredis, vendredis, excepté les jours de fête.

### Maison des Religieuses de Marie-Auxiliatrice.

Rue de Maubeuge, 25 (IXe arrond.).

Bibliothèque ouverte moyennant une minime cotisation; les livres peuvent être emportés à domicile.

### Maison des Religieuses de Marie-Réparatrice.

Rue de Naples, 18 (VIIIe arrond.).

Bibliothèque des femmes chrétiennes comprenant deux sections. La première (10 francs par an) renferme un grand choix de livres; elle est ouverte les lundis, vendredis et samedis, le matin, de 10 heures et demie à 11 heures et demie, et l'après-midi, de 2 heures et demie à 4 heures. La seconde est surtout destinée à propager les bonnes lectures dans la classe ouvrière; elle est ouverte le dimanche, de 1 heure à 2 heures.

## BIBLIOTHÈQUES POPULAIRES

Dans un grand nombre d'arrondissements on a ouvert des bibliothèques populaires et gratuites. Le choix des livres est fait, en général, par des commissions municipales, dans le sens des idées qu'elles représentent.

## ŒUVRE DES VIEUX PAPIERS

### EN FAVEUR DES ŒUVRES MILITAIRES

Rue Gît-le-Cœur, 11 (VIe arrond.).

Cette Œuvre, fondée en 1869, pour venir en aide aux Œuvres militaires (chapelles, cercles, bibliothèques, etc.), réunit dans ce but les vieux papiers, les livres de tous genres et en tout état, cartes de visites, cartons, journaux, objets de piété.

Tout ce qui est utilisable est employé en nature; les livres sont examinés avec soin, et suivant les circonstances sont donnés ou lacérés, ainsi que les correspondances et les vieux papiers, pour être vendus au profit de l'Œuvre.

Un collecteur se présente chez les personnes qui en font la demande à M. l'abbé de Bonniot.

Pour la province, les envois se font par paquets en toile d'emballage avec l'indication *Vieux papiers* (petite vitesse), à l'adresse de M. l'abbé DE BONNIOT, directeur de l'Œuvre, rue Gît-le-Cœur, 11.

Mgr DE L'ESCAILLE en est le Président.

Les dons en argent, et les objets nécessaires au culte et pouvant être utilisés par les chapelles militaires, sont également reçus au siège de l'Œuvre.

## ŒUVRE DES VIEUX-PAPIERS

A Langres (Haute-Marne).

L'Œuvre des Vieux-Papiers, fondée à Langres par M. Menne, en 1869, reçoit tous les papiers, quels qu'ils soient : livres, ouvrages complets ou dépareillés, circulaires, journaux, cartes de visite, papiers de tous genres, vieux cartons, etc.

Les bons livres sont vendus comme ouvrages à lire. Les mauvais livres, les papiers de famille, les correspondances, sont lacérés avant d'être mis au pilon et vendus.

Le produit des ventes est envoyé chaque année au Saint-Père, comme annexe au Denier de Saint-Pierre.

Les emballages se font dans des toiles d'emballage ou dans des caisses, autant que possible de 100 kilogrammes au moins, par petite vitesse, à l'adresse de M. l'abbé GARNIER, *Directeur de l'Œuvre des Vieux-Papiers*, à Langres.

La déclaration d'envoi et l'adresse doivent porter, outre le nom de l'expéditeur, la mention : *Déchets de vieux papiers*.

*Directeur :* M. l'abbé GARNIER, Supérieur du petit séminaire.

*Secrétaire :* M. PICHON.

# ART CHRÉTIEN

## SOCIÉTÉ DE SAINT-JEAN

### POUR LE DÉVELOPPEMENT DE L'ART CHRÉTIEN

Rue du Bac, 46 (VIIe arrond.).

Reconnue d'utilité publique par décret du 6 mars 1878.

La Société de Saint-Jean, fondée en 1872, a pour but de ramener l'art sous toutes ses formes, et particulièrement l'art religieux, à l'idéal chrétien.

Elle s'efforce de relever le niveau des œuvres artistiques de toute sorte, celles surtout qui sont destinées au culte de Dieu. Elle patronne les artistes qui agissent dans ce sens.

Elle a groupé les jeunes architectes, sculpteurs, peintres, graveurs, archéologues, etc., qui poursuivent encore leurs études spéciales ou qui les ont terminées.

Le dimanche, exercices religieux. Pendant la semaine, ateliers particuliers, cours de dessin, de mathématiques, d'anatomie, etc.

Une revue mensuelle, ayant pour titre : *Notes d'art et d'archéologie*, sert d'organe à la Société de Saint-Jean.

Tous les associés la reçoivent gratuitement.

La cotisation annuelle est de 20 francs.

La Société de Saint-Jean a son exposition permanente, composée surtout d'œuvres d'art religieux, boulevard Saint-Germain, 226, où l'on peut s'adresser pour tout ce qui regarde la vente.

*Président :* M. le baron D'AVRIL, rue du Bac, 46.

*Directeur :* Le R. P. CLAIR, rue de Sèvres, 33.

### ÉCOLE SAINT-LUC

Rue de la Monnaie, 39, à Lille (Nord).

Enseignement de l'art chrétien.

Classe préparatoire en faveur des élèves qui désirent entrer dans l'une des deux sections suivantes :

1re section : cours d'architecture ; — 2e section : cours de décoration, ornement, figure, etc.

## ENCOURAGEMENT AU BIEN

### PRIX MONTHYON

Académie française.

M. de Monthyon a légué à l'Académie française une somme pour la fondation d'un prix annuel, à décerner au Français pauvre qui aura fait l'action la plus vertueuse. L'Académie divise cette somme en plusieurs prix et en un certain nombre de médailles, dont la valeur est fixée lors du jugement de chaque concours.

Les personnes qui connaissent des actions dignes d'être offertes à la reconnaissance publique, peuvent rédiger un mémoire qui expose les faits avec détail ; ce mémoire est remis à l'autorité municipale, qui le fait parvenir au secrétariat de l'Institut.

Tous les renseignements relatifs à l'obtention d'un prix de vertu, les pièces authentiques à l'appui et les certificats légalisés, doivent parvenir au secrétariat de l'Académie française, palais de l'Institut, avant le 15 janvier de chaque année.

### SOCIÉTÉ NATIONALE D'ENCOURAGEMENT AU BIEN

Secrétariat : rue Caumartin, 66 (IXe arrond.).

Autorisée par décision du Ministre de l'Intérieur des 5 septembre 1862 et 20 avril 1877.

Cette Société, fondée en 1862, par M. Honoré Arnoul, a pour but de propager dans toutes les classes les principes de religion, de moralité, les habitudes d'ordre, d'économie, de tempérance et de dévouement.

Elle distribue tous les ans des récompenses consistant en médailles d'honneur et en diplômes; elle encourage la publication de livres moraux et instructifs.

On peut faire partie de la Société à divers titres, suivant l'importance des souscriptions. La cotisation annuelle est de 10 francs.

*Président :* M. Jules SIMON, sénateur, membre de l'Académie française.

*Secrétaire général :* M. CONSCIENCE, rue Caumartin, 66.

Pour faire partie de la Société ou pour se procurer les renseignements nécessaires, s'adresser au secrétaire général.

## PRIMES D'ENCOURAGEMENT

Société philanthropique : rue des Bons-Enfants, 21 (1er arrond.).

### Jeunes ouvriers.

La Société philanthropique (voir chap. IV) distribue chaque année des primes d'encouragement fondées par MM. Wolf, Nast, Goffin et Mathieu Laffite, pour favoriser ou développer l'établissement de jeunes ouvriers méritants.

La condition indispensable pour profiter des legs est d'avoir, selon les vœux des testateurs, un commencement d'établissement, ou une volonté expresse de s'établir, en offrant des garanties sérieuses comme moralité et aptitudes.

La demande doit être adressée, avant le 1er mars, au président de la Société, et une enquête est faite avant toute décision.

*Président :* M. le prince Auguste D'ARENBERG.

*Agent général :* M. Albert LAPORTE, rue des Bons-Enfants, 21.

## SUBVENTIONS AUX ÉCOLES PROFESSIONNELLES DES SYNDICATS, ETC.

(Voir, chap. XIII, *Ministère du Commerce*).

## SOCIÉTÉ INTERNATIONALE
### DES ÉTUDES PRATIQUES D'ÉCONOMIE SOCIALE

**Reconnue d'utilité publique par décret du 15 mai 1869.**

Secrétariat : rue de Seine, 54 (VIe arrond.).

Cette Société, fondée à Paris, le 27 novembre 1856, par M. F. Le Play, se propose surtout de constater par l'observation directe des faits, dans toutes les contrées, la condition physique et morale des personnes occupées aux travaux manuels, et les rapports qui les lient, soit entre elles, soit avec les personnes appartenant aux autres classes.

Elle se compose :

1° De membres honoraires donnant une subvention annuelle de 100 francs au moins ;

2° De membres titulaires dont la cotisation est de 25 fr. par an.

Tous les membres reçoivent gratuitement la *Réforme sociale*, revue bi-mensuelle fondée par M. F. Le Play, ainsi que les *Ouvriers des deux mondes*, recueil de monographies de familles; ils peuvent acquérir à prix réduit les publications faites par les soins de la Société.

*Président pour* 1893 : M. Welche, conseiller d'État honoraire, ancien ministre.

*Secrétaire général :* M. Alexis Delaire, boulevard Saint-Germain, 238.

*Trésorier :* M. Chotard, auditeur à la Cour des comptes.

## UNIONS DE LA PAIX SOCIALE

**Comité de Paris.**

Secrétariat : rue de Seine, 54 (VIe arrond.).

Préoccupés des dissensions politiques et religieuses qui menacent une partie de l'Occident, les membres du Comité font appel à tous ceux qui voudraient aider au rétablissement de la paix dans les foyers et dans les ateliers. Ils proposent aux adhérents de rechercher les faits utiles à la réforme, en suivant la méthode scientifique d'observation, et en s'inspirant des idées émises sur ce sujet par M. Le Play dans ses importants ouvrages.

Les Unions s'interdisent absolument tous les débats politiques, nationaux et religieux. Elles forment de petits groupes indépendants.

Les membres versent 15 francs par an, et reçoivent la *Réforme sociale,* revue bi-mensuelle qui forme par an 2 volumes in-8° de 1000 pages chacun.

Les communications scientifiques, les adhésions et les cotisations doivent être adressées au secrétariat, rue de Seine, 54.

## LIGUE POPULAIRE

### POUR LE REPOS DU DIMANCHE EN FRANCE

Sur le vœu exprimé par le Congrès international du repos hebdomadaire, tenu en septembre 1889, à l'Exposition universelle de Paris, il a été constitué une association française destinée à poursuivre l'œuvre de ce congrès.

Cette association a pour but de démontrer la nécessité et les bienfaits du dimanche au point de vue de l'hygiène, de la morale, de la vie de famille, et de chercher à en assurer la jouissance à tous, spécialement aux ouvriers et aux employés.

Les principaux moyens d'action de la Ligue sont : les conférences, les publications, les démarches auprès des industriels, des administrations, etc.

On devient membre de la Ligue en adhérant à ses statuts et en payant une cotisation annuelle d'au moins un franc.

Une cotisation de 10 francs confère le titre de membre donateur.

Le Comité de Paris favorise la formation en province de groupes locaux, fondés sur les mêmes principes et poursuivant le même but.

Un *Bulletin*, publié par l'Association, est envoyé à tous ses membres.

*Président :* M. Léon SAY, sénateur.

*Trésorier :* M. H. DE VILMORIN, quai de la Mégisserie, 4.

## ASSOCIATION

### POUR L'OBSERVATION DU REPOS DU DIMANCHE

Rue de Grenelle, 35 (VIIe arrond.).

Fondée en 1854. Réorganisée par le Comité catholique.

Cette Association publie un *Bulletin* mensuel intitulé *le Repos du Dimanche* (1 franc par an), où les questions relatives au repos du 7e jour sont étudiées au point de vue religieux, économique et social.

*Président :* M. E. KELLER.

*Secrétaire :* M. Ch. BAUDON DE MONY.

*Directeur du Bulletin :* M. P. HUBERT-VALLEROUX.

## SOCIÉTÉ FRANÇAISE DE TEMPÉRANCE

### ASSOCIATION CONTRE L'ABUS DES LIQUEURS ALCOOLIQUES

Reconnue d'utilité publique par décret du 5 février 1880.

Cette Association a été fondée, en 1872, dans le but de combattre les progrès incessants et les effets désastreux de l'ivrognerie; elle emploie, pour y parvenir, tous les moyens indiqués par l'expérience.

La Société publie quatre fois par an un *Bulletin* intitulé *la Tempérance*.

*Président :* M. Albert DESJARDINS, membre de l'Institut, rue de Condé, 30.

*Secrétaire général :* M. le docteur A. MOTET, rue de Charonne, 161.

*Trésorier :* M. Jules ROBYNS, rue Bridaine, 5 (Batignolles-Paris).

## SOCIÉTÉ CONTRE L'ABUS DU TABAC

Autorisée par arrêté du 15 février 1877.

Siège social : rue Saint-Benoît, 20 *bis* (VIe arrond.).

L'Association, fondée en 1868, se propose de prémunir toutes les classes de la société, tous les âges et principalement la jeunesse, contre les inconvénients de l'usage et les dangers de l'abus du tabac.

Pour atteindre son but, elle multiplie les conférences, les publications spéciales, les communications aux sociétés savantes; elle décerne des encouragements et des récompenses, en séance solennelle.

Un *Bulletin* est publié tous les mois.

La cotisation annuelle est de 10 francs.

*Président :* M. E. Decroix, rue Bonaparte, 52.

*Secrétaire général :* M. Rassat.

Les cotisations et les communications doivent être adressées au Président, au siège de la Société, rue Saint-Benoît, 20 *bis*.

# CHAPITRE XVI

## Alsaciens-Lorrains.

---

### SOCIÉTÉ DE PROTECTION
### DES ALSACIENS-LORRAINS DEMEURÉS FRANÇAIS

Reconnue d'utilité publique par décret du 23 août 1873.

Rue de Provence, 9 (IXe arrond.).

La Société de protection a été créée, dès les premiers mois de l'année 1872, dans le but de venir en aide aux nombreux Alsaciens-Lorrains forcés de quitter leur pays par suite de l'annexion de l'Alsace et de la Lorraine à la Prusse.

Elle s'occupe notamment :

De réunir, par voie de souscription ou autrement, des fonds à distribuer en secours temporaires ;

De procurer du travail, des emplois et des secours à ceux qui n'ont pas de moyens suffisants d'existence ;

De donner, à ceux qui les réclament, des renseignements, avis ou consultations légales.

Il faut, pour avoir droit aux secours de la Société, présenter un certificat d'option pour la nationalité française, et une pièce constatant que l'on a quitté l'Alsace et la Lorraine depuis l'annexion à la Prusse de ces deux provinces. Les Alsaciens-Lorrains établis à Paris ou dans les autres parties de la France, avant la guerre, sont en dehors de l'action de la Société.

La Société facilite le rapatriement des militaires libérés du service, revenant du Tonkin;

Elle paye en totalité ou en partie la pension d'un certain nombre d'enfants des deux sexes, placés à la demande de leurs parents dans des établissements d'instruction publique ou privée, et elle a fondé, au Vésinet, un orphelinat de jeunes filles (voir ci-après).

Enfin elle a créé, dans la province d'Alger, trois villages: Haussonvillers, Boukhalfa et le camp du Maréchal, construisant les maisons et faisant aux colons alsaciens-lorrains les avances nécessaires. Ceux-ci les ont remboursées peu à peu, et se trouvent à présent libérés vis-à-vis de la Société, et propriétaires des concessions obtenues par elle.

On peut faire partie de la Société comme *souscripteur*, par une cotisation annuelle de 12 francs; *adhérent*, par une cotisation annuelle de 30 francs; *fondateur*, en versant une somme de 200 francs au moins.

*Président:* M. le comte D'HAUSSONVILLE, rue Saint-Dominique, 41.

*Secrétaire général:* M. H. PENOT, rue de Provence, 9.

## ORPHELINAT ALSACIEN-LORRAIN

Au Vésinet (Seine-et-Oise).

La généreuse libéralité d'un des membres de la Société de protection des Alsaciens-Lorrains (voir ci-dessus) a permis à cette Société de fonder, au Vésinet, un orphelinat destiné à recevoir les orphelines et jeunes filles abandonnées, originaires de l'Alsace ou de la Lorraine, et se trouvant dans les conditions générales de la Société.

Les jeunes filles qui ont encore leur père ou leur mère ne sont admises que si les parents signent l'engagement de les laisser à l'orphelinat jusqu'à l'âge de 21 ans. Elles sont reçues depuis l'âge de 5 ans jusqu'à 15 ans.

Le prix de la pension est de 400 francs par an et 100 francs d'entrée pour le trousseau.

La Société dispose d'un certain nombre de places gratuites.

On peut fonder une bourse, une demi-bourse ou un quart de bourse, moyennant une somme de 8000, 4000 ou 2000 francs une fois payée, ou le versement annuel de 100 francs. La désignation de l'enfant qui devra en profiter appartient aux fondateurs de bourse ou de fractions de bourse. Cette enfant devra être Alsacienne ou Lorraine, et orpheline de père et de mère.

La maison contient 40 lits et est confiée aux Sœurs de Saint-Charles, de Nancy.

S'adresser, pour les souscriptions, les renseignements, les demandes d'admission, à M. le secrétaire général de la Société de protection des Alsaciens-Lorrains, rue de Provence, 9.

## SOCIÉTÉ DE PATRONAGE DES ORPHELINS D'ALSACE-LORRAINE

Siège social : rue Casimir-Périer, 2 (VIIe arrond.).

Cette Société a été fondée après la guerre de 1870-1871, sous les auspices de Mme la maréchale de Mac-Mahon, par M. le marquis de Gouvello, dans le but de recueillir et d'adopter, avec le consentement de leurs parents ou tuteurs, les orphelins pauvres, nés dans les provinces cédées à la Prusse, de les placer dans des établissements ruraux, et de leur donner une éducation chrétienne.

En 1893, elle s'est fusionnée avec la Société de patronage des *Orphelinats agricoles* (voir chap. Ier). La direction et le mode d'action des deux Sociétés sont les mêmes.

Les demandes, pour les enfants qui pourraient encore se trouver dans les conditions d'admission, et les souscriptions destinées aux orphelins alsaciens-lorrains, doivent être adressées au siège de la Société de patronage des orphelinats agricoles, rue Casimir-Périer, 2.

## ŒUVRES DES SŒURS DE SAINT-CHARLES DE NANCY

Rue Lafayette, 190 (xe arrond.).

Les Sœurs de Saint-Charles ont dans le même arrondissement les œuvres suivantes :

1° Rue de Château-Landon, 23. **École gratuite** pour les enfants du quartier (classe spéciale pour les filles alsaciennes-lorraines);

2° Même adresse. **Patronage de jeunes ouvrières;**

3° Rue de l'Aqueduc, 30. **Asile provisoire et placement** de jeunes filles alsaciennes-lorraines, étrangères et autres, munies de bon certificats (spécialement femmes de chambre et bonnes d'enfants);

4° Rue Lafayette, 184. **Externat et pensionnat** de jeunes filles (cours spéciaux de sciences, lettres, anglais, allemand, musique, peinture). Externat de jeunes garçons;

5° Rue Lafayette, 190. **Bureau de renseignements**, ouver de 3 à 5 heures, tous les jours excepté le dimanche.

## MISSION DE SAINT-JOSEPH

### POUR LES ALSACIENS-LORRAINS

Rue Lafayette, 214 (xe arrond.).

Cette mission possède une église où l'on confesse et l'on prêche en allemand, des écoles gratuites où l'on enseigne le français et l'allemand, des patronages pour les jeunes gens alsaciens-lorrains de l'un et l'autre sexe.

## MISSION DE SAINTE-ÉLISABETH DE HONGRIE

### POUR LES ALSACIENS-LORRAINS

Boulevard de la Gare, 161 (xiiie arrond.).

École. Patronage. Conférence de Saint-Vincent-de-Paul. Cette Œuvre est sous la direction des Lazaristes de la maison de Sainte-Rosalie (voir chap. III), qui s'occupe d'une manière spéciale des Alsaciens-Lorrains du quartier. Ils sont visités par des prêtres parlant la langue allemande.

## ŒUVRE DE NOTRE-DAME DE GRACE

Rue Lourmel, 29 (XVe arrond.).

Frères de Saint-Vincent-de-Paul.

Patronages et Œuvres diverses pour les Alsaciens-Lorrains. (Voir *Patronages de la Société de Saint-Vincent-de-Paul*, chap. III.)

## SOCIÉTÉ D'ALSACE-LORRAINE

Rue de Courtray, 6, à Lille (Nord).

La Société de protection pour les Alsaciens-Lorrains a pour *président* M. Gand, ancien magistrat, rue de Courtrai, 6, à Lille.

Il existe des sociétés analogues dans plusieurs villes de France, à Marseille, Lyon, etc.

# CHAPITRE XVII

## CULTES DISSIDENTS

**Œuvres hospitalières et charitables pour les indigents protestants et israélites.**

---

# CULTE PROTESTANT[1]

---

### SECOURS AUX PAUVRES

### ASSOCIATION PROTESTANTE DE BIENFAISANCE

**Reconnue d'utilité publique par décret du 5 mars 1875.**

Cette Association a été fondée, en 1825, par Mlle Cuvier. Elle donne des secours aux indigents, place les vieillards dans les maisons de retraite et les enfants dans des orphelinats. Elle reçoit aussi des familles pauvres dans des maisons qu'elle a prises à bail. (Voir ci-dessous.)

*Présidente :* Mlle de Neuflize.

### ŒUVRE DES LOYERS A PRIX RÉDUITS

Trois maisons, prises à bail par l'Association de bienfaisance, sont occupées par des familles pauvres qui payent à l'Œuvre un loyer réduit.

1 Le chapitre XVIII (*Œuvres en faveur des étrangers*) contient l'indication de quelques Œuvres protestantes spéciales pour les étrangers qui ne sont pas mentionnées dans ce chapitre.

Ces maisons sont situées rue Tournefort, 24; rue Vauvenargues, 3; rue de Reuilly, 52.

Une Œuvre des loyers a été fondée, en 1879, pour le quartier des Ternes. Les fonds déposés par les protégés de l'Œuvre reçoivent une prime de 5 % et quelques secours supplémentaires.

La *présidente* est Mme LALOT, boulevard Péreire, 152.

## SOCIÉTÉ DE BIENFAISANCE

### DES JEUNES GENS DE L'ÉGLISE RÉFORMÉE

Cette Société, fondée en 1867, donne des secours aux indigents protestants.

*Président :* M. DELBRUCK, rue de Lauriston, 82.

## SOCIÉTÉ DES AMIS DES PAUVRES

Secours aux indigents.

*Président :* M. RENCKOFFEN, rue Tournefort, 19.

## COMITÉ DES DAMES DE L'ÉTOILE

Avenue de la Grande-Armée, 54 (XVIe arrond.).

Secours aux indigents. Œuvre fondée par M. le pasteur Bersier.

## ŒUVRE DES FAMILLES OU DES DIZAINES

Comité central : rue des Petits-Hôtels, 24 (Xe arrond.).

Groupes de dix personnes s'occupant d'une même famille.

## ŒUVRE DU VESTIAIRE

Rue de Lévy, 73 (XVIIe arrond.).

Vêtements pour les pauvres.

*Présidente :* Mme A. CHANU.

## ŒUVRE DES MARIAGES POUR LES INDIGENTS

Papiers et formalités à remplir.

*Agent général des deux Consistoires :* M. Louis Blind, rue du Caire, 26.

## SOCIÉTÉ PROTESTANTE DE COLONISATION

(Société Coligny).

Protection des familles protestantes émigrant en Algérie (province d'Oran).

*Président :* M. Ch. Thierry-Mieg, rue de Penthièvre, 2.

*Secrétaire général :* M. Réveillaud, Porte-de-Buc, à Versailles.

---

# ŒUVRES POUR LES ENFANTS

## ORPHELINATS PROTESTANTS A PARIS

### Pour les filles.

Orphelinat des Billettes, rue des Archives, 22 (IIIe arrond.).

Orphelinat, rue de Reuilly, 97 (XIIe arrond.). Attenant à la maison des Diaconesses.

Boulevard Bourdon, 62 *bis*. Asile Lauderdale. 300 francs par an.

Rue Pernetty, 63 (XIVe arrond.). 360 francs par an. 55 francs d'entrée.

Rue Clairaut, 15 (XVIIe arrond.). 300 francs par an.

Rue Championnet, 174 (XVIIIe arrond.). 300 francs par an.

Pensionnat, rue des Billettes, 16 (IVe arrond.).

Orphelinat, impasse de Longchamp, 9, à Neuilly (Seine).

Orphelinat, avenue Verdier, 39, à Montrouge (Seine).

### Garçons.

Orphelinat de Bon-Secours, rue Alexandre-Dumas, 95 (XIe arr.).

A Neuilly (Seine), rue d'Orléans, 6. 360 francs par an. 60 francs d'entrée.

## ORPHELINATS PROTESTANTS HORS PARIS

Anduze (Gard). Filles. Gratuit.

Avallon, par la Tremblade (Charente-Inférieure). Filles. 150 francs par an. 50 francs d'entrée.

Barnave, par Luc-en-Diois (Drôme). Filles.

Brassac (Tarn). Filles.

Castres (Tarn). Garçons. Ateliers divers.

Crest (Drôme). Filles. 150 francs par an.

Dely-Ibrahim, près Alger. Garçons et filles.

Foëcy (Cher). Garçons.

Ferney (Ain). Garçons et filles.

Jouy-en-Josas (Seine-et-Oise). Filles.

Lemé (Aisne). Garçons. 300 francs par an.

Lyon (Rhône). Société des orphelines, place Saint-Clair, 4.

Marseille (Bouches-du-Rhône). Plusieurs maisons pour les garçons et les filles.

Montauban (Tarn-et-Garonne). Maisons pour les garçons et les filles.

Montbéliard (Doubs). Orphelinat de la Croix-d'Or, pour les filles.

Nantes (Loire-Inférieure). Garçons et filles.

Nérac (Lot-et-Garonne). Filles. 120 francs par an.

Nîmes (Gard). Filles. 250 francs par an. Garçons.

Orléans (Loiret). Filles. 200 francs par an.

Orthez (Basses-Pyrénées). Filles. Gratuit ou prix réduit.

Pontoise (Seine-et-Oise). Garçons et filles.

Saverdun (Ariège). Institut agricole pour les garçons. 80 francs d'entrée.

Sedan (Ardennes). Filles. 250 francs par an.

Tonneins (Lot-et-Garonne). Garçons et filles. Admission de 2 à 7 ans.

Vallon (Ardèche). Asile agricole pour les garçons. 200 francs par an.

Velizy, par Chaville (Seine-et-Oise). Garçons.

---

## APPRENTISSAGE. — PATRONAGE

### CHATEL-CENSOIR (Yonne).

Cette Œuvre, connue sous le nom de Pépinière évangélique, n'est pas un orphelinat. Les enfants (garçons et filles) sont placés en apprentissage à la campagne et surveillés par la direction.

# A PARIS

## ECOLE PROFESSIONNELLE
### DES JEUNES FILLES DE L'ÉTOILE

Avenue de la Grande-Armée, 52 (XVII$^{e}$ arrond.).

Fondée, en 1877, par M. le pasteur Bersier.

Externat. 12 francs par mois.

Couture. Comptabilité. Dessin et peinture sur étoffes et sur porcelaine. Préparation aux examens pour les postes et les télégraphes.

## PATRONAGE DES JEUNES APPRENTIS
### DE L'ÉGLISE RÉFORMÉE

Agence : rue de l'Oratoire Saint-Honoré, 4 (1$^{er}$ arrond.).

Œuvre fondée, en 1853, par MM. F. Delessert et de Triqueti, pour le placement et la surveillance des jeunes apprentis.

*Président :* M. le pasteur Ch. FROSSARD.

## COMITÉ DE PATRONAGE DES APPRENTIS
### ET DES JEUNES OUVRIÈRES

Rue de Charonne, 99, et prochainement rue Titon, 4 (XI$^{e}$ arr.).

Le Comité s'occupe du placement des apprentis des deux sexes. Maison ouvrière pour les jeunes ouvriers qui désirent y être logés.

## ATELIER-ÉCOLE

Avenue du Maine, 220.

Maison d'apprentissage fondée par M$^{me}$ de Pressensé. Confections et robes.

Admission à 13 ans. 3 ans d'apprentissage. 360 francs par an.

*Présidente :* M$^{me}$ SUCHARD DE PRESSENSÉ.

## ŒUVRE DE LA CHAUSSÉE DU MAINE

Reconnue d'utilité publique en 1890.

Rue des Fourneaux, 74 (xv$^e$ arrond.).

Fondée, en 1871, par M$^{me}$ de Pressensé.

**Asile temporaire** pour les enfants dont les mères sont à l'hôpital, 1 franc par jour.

**Colonies de vacances** pour envoyer les enfants à la campagne en été, 1 franc par jour (voyage compris).

**Ouvroir pour les ouvrières sans travail** (transféré boulevard Saint-Michel, 129).

**École maternelle.**

## ASSISTANCE PAR LE TRAVAIL

Agence : rue du Château-d'Eau, 55 (x$^e$ arrond.).

Intermédiaire gratuit et charitable entre les patrons et les ouvriers sans travail; emploi de ceux-ci à divers travaux.

*Président :* M. Georges Wickham.

*Secrétaire :* M. Georges J. Boissard.

## ŒUVRE DU TRAVAIL

Rue de Berlin, 4 (viii$^e$ arrond.).

Travail pour les femmes.

*Présidente :* M$^{me}$ Suchard de Pressensé, boulevard de Port-Royal, 85.

## LE FOYER DE L'OUVRIÈRE

Rue d'Aboukir, 60 (ii$^e$ arrond.).

Réfectoire à prix minime pour les ouvrières sans famille, qui peuvent passer dans la maison les heures où elles ne travaillent pas.

## ASILE MATERNEL

### POUR LES JEUNES FILLES MORALEMENT ABANDONNÉES

Rue Clavel, 26 (xixᵉ arrond.).

360 francs par an. Un trousseau de 60 francs en entrant.

## ŒUVRE DES JEUNES FILLES

### DES MAGASINS DE PARIS

Rue Jean-Jacques-Rousseau, 27 (1ᵉʳ arrond.).

Réunions. Patronage. Asile.

## UNION INTERNATIONALE

### DES AMIES DE LA JEUNE FILLE

Bureau à Paris : rue de Courcelles, 151 (xviiᵉ arrond.).

Renseignements. Placement gratuit. Protection des jeunes filles institutrices, gouvernantes, etc., recommandées par l'Union, qui a des bureaux dans plusieurs villes de France et de l'étranger.

## ASILE POUR LES DOMESTIQUES PROTESTANTES

### A PARIS

Rue Legendre, 85 (xviiᵉ arrond.).

Asile momentané pour les femmes sans place, au prix de 1 franc 50 centimes par jour.

## MAISON HOSPITALIÈRE PROTESTANTE

Rue Fessart, 36 (xxᵉ arrond.).

Asile de jour et de nuit pour les ouvriers sans travail. Œuvre fondée par M. le pasteur Robin.

## ASILE TEMPORAIRE PROTESTANT

### POUR LES FEMMES

Rue de la Villette, 48 (xixᵉ arrond.).

## CORRECTION A PARIS

### ŒUVRE DES DIACONESSES

Rue de Reuilly, 95 (XIIe arrond.).

*Retenue* pour les jeunes filles vicieuses de 14 à 21 ans, placées par leurs parents ou envoyées par le tribunal en correction paternelle (voir, ch. XII, *Correction paternelle*). La pension est de 400 francs par an.

*Disciplinaire* pour enfants plus jeunes. 300 francs par an (voir *Œuvres pour les malades*).

### ŒUVRE DU REFUGE

Rue des Buttes, 20 (XIIe arrond.).

Pour les jeunes filles déchues.

*Présidente :* Mme la comtesse DE LÉAUTAUD.

### ŒUVRE PROTESTANTE DES PRISONS DE FEMMES
à Paris.

Visite des femmes enfermées à Saint-Lazare.

Patronage. Atelier de travail et asile temporaire pour les femmes libérées, boulevard de Vaugirard, 4.

*Présidente de l'Œuvre :* Mme H. MALLET, rue de Lisbonne, 49.

*Présidente de l'Asile :* Mme DE WITT, rue de la Boëtie, 56.

### SOCIÉTÉ DE PATRONAGE
DES PRISONNIERS LIBÉRÉS

Rue Fessart, 36 (XIXe arrond.).

Pour les hommes, même Œuvre que la précédente (voir ci-dessus : *Maison hospitalière*).

## COLONIE AGRICOLE DE SAINTE-FOY

A Port Sainte-Foy (Gironde).

### Correction pour les garçons.

Cet établissement a pour but la répression et la correction des enfants vicieux appartenant au culte protestant.

Comme établissement *répressif*, il est ouvert aux enfants protestants âgés de moins de seize ans, acquittés par les tribunaux comme ayant agi sans discernement, mais soumis à être enfermés dans une maison de correction pendant un certain nombre d'années.

Voir chap. XII, *Jeunes détenus* et *Colonies pénitentiaires*.

Comme établissement *préventif*, il est ouvert à tout enfant vicieux n'ayant pas subi de jugement, et remplissant les conditions suivantes :

1° Être âgé de moins de seize ans;

2° Avoir commis des actes qui le placeraient sous le coup de la loi, s'ils étaient déférés aux tribunaux;

3° Fournir une pension de 300 francs (susceptible de réduction en cas d'indigence), un trousseau de 80 francs, et un certificat constatant que l'enfant a été vacciné et qu'il n'est atteint d'aucune maladie contagieuse.

Une section, dite *Asile maternel*, reçoit comme éducation préventive les enfants de 7 à 12 ans. On reçoit aussi des vieillards.

*Président du comité, à Paris :* M. A. André, rue de la Boëtie, 49.

---

## ŒUVRES PROTESTANTES POUR LES MALADES à Paris.

## MAISON DES DIACONESSES DE FRANCE

Rue de Reuilly, 95 (XIIe arrond.).

Reconnue d'utilité publique par décret du 1er février 1860.

Maison de santé pour les femmes et les enfants.

Places gratuites et places payantes à 2 francs par jour.

On reçoit les petites filles scrofuleuses au prix de 30 fr. par mois.

École maternelle. Salle d'asile. Refuge (voir ci-dessus).

## ŒUVRE DES DIACONESSES DE PAROISSES

Rue Bridaine, 7 (XVII^e arrond.).

Soin des malades. Consultations gratuites les mardis et jeudis de 3 à 5 heures.

## MAISON DE SANTÉ

DITE DE LA CITÉ DES FLEURS

Boulevard Bineau, 57, à Neuilly (Seine).

**Pour les hommes.**

Places gratuites et places payantes à 3 et 5 fr. par jour.

## HOPITAL ANGLAIS

Voir *Œuvres pour les étrangers*, chap. XVIII.

## MAISON DE CONVALESCENCE

Rue de Longchamp, 127 (XVI^e arrond.).

Les femmes sortant des hôpitaux de Paris ou soignées à domicile sont reçues gratuitement.

## ŒUVRE DE LA VISITE DES MALADES PROTESTANTS

DANS LES HOPITAUX DE PARIS

*Présidente :* M^me Ph. HOTTINGUER, rue Lafitte, 14.

---

## BAINS DE MER ET EAUX THERMALES

## ÉTABLISSEMENTS PROTESTANTS

POUR LES MALADES ET LES ENFANTS INDIGENTS HORS PARIS

A **Aix-les-Bains.** Asile évangélique, 2 et 4 fr. par jour.

Le **Lazaret**, à Cette (Hérault). Bains de mer.

Au **Grau-du-Roi**, près Aigues-Mortes (Gard). Bains de mer.

A **Cannes** (Alpes-Maritimes). Établissement Dolfus pour les enfants scrofuleux ou rachitiques. Hôpital marin, 2 fr. par jour.

A **Beuzeval-sur-Mer** (Calvados). Bains de mer.

A **Vichy** (Allier). Eaux thermales. 5 francs par jour.

A **Menton** (Alpes-Maritimes). Villa Helvetia pour les jeunes filles.

A **Vialas** (Lozère). Sanatorium pour les enfants maladifs, ouvert de juin à la fin de septembre.

## ŒUVRE DES TROIS-SEMAINES

Séjour à la campagne des enfants pauvres de Paris. Station maritime à Bernières (Calvados). Station permanente à Montjavoult (Oise).

Les frais de séjour et de voyage sont environ de 40 fr.

S'adresser à Mme Lorriaux, rue de Cormeilles, 59, à Levallois-Perret (Seine).

---

## ASILES

## POUR LES VIEILLARDS ET LES INFIRMES

## à Paris.

### ASILE DE LA MUETTE

Rue des Boulets, 91 (xie arrond.).

Maison protestante pour les vieillards des deux sexes. Ils ne peuvent être reçus avant l'âge de 60 ans. La pension est de 35 francs par mois.

### ASILE FRANÇOIS-DELESSERT

Rue Lekain, 5, 7, 9 (xvie arrond.).

Cet asile reçoit gratuitement un petit nombre de femmes protestantes âgées.

## ASILE LAMBRECHTS

40 lits pour vieillards et 70 lits d'enfants.

Rue de Colombes, 46, à Courbevoie (Seine).

Cette maison a été fondée, en 1823, par M. le comte Lambrechts, ancien ministre, en faveur de personnes protestantes soit de l'Église de la confession d'Augsbourg, soit de l'Église chrétienne réformée.

Elle est administrée par un conseil, sous la surveillance de l'Assistance publique.

On y reçoit des vieillards des deux sexes, des enfants et des aveugles indigents.

Les aveugles doivent être âgés de 30 ans au moins; les hommes infirmes peuvent être admis à 55 ans, et les femmes à 50 ans; les vieillards valides doivent avoir au moins 70 ans.

## HOSPICE DEVILLAS

A Issy (Seine).

Assistance publique.

Bien que les hospices de Paris reçoivent les indigents sans distinction de culte, il existe à l'hospice Devillas (voir chap. VII) une section spéciale pour les protestants. Les places sont à la nomination des deux consistoires.

## ASILE DE NANTERRE

Rue Saint-Denis, 5, à Nanterre (Seine).

Reconnu d'utilité publique en 1880.

Asile protestant pour les femmes infirmes et les enfants de 18 mois à 7 ans.

360 francs par an et 100 francs d'entrée pour les femmes; 240 francs par an et 30 francs d'entrée pour les enfants.

## ASILE DE VIEILLARDS

A Port-Sainte-Foy (Gironde).

Voir ci-dessus : *Correction pour les garçons.*

## ASILES DE LA FORCE

A la Force (Dordogne).

Reconnus d'utilité publique par décret du 7 septembre 1877.

Cet établissement, fondé à la Force, par le pasteur John Bost, comprend un certain nombre d'asiles distincts :

1° Pour les orphelins de tout âge, les jeunes filles pauvres placées dans des conditions difficiles ou issues d'unions illégitimes, la pension est de 250 francs par an;

2° Pour les jeunes filles ou femmes pauvres, infirmes, aveugles ou menacées de le devenir, la pension est de 300 francs;

3° Pour les jeunes filles idiotes et épileptiques, même pension;

4° Pour les garçons infirmes ou aveugles, même pension que pour les filles;

5° Pour les garçons idiots ou épileptiques;

6° Pour les femmes infirmes, institutrices âgées, malades ou sans ressources, ou dont l'esprit est affaibli sans folie déclarée;

7° Pour les servantes infirmes;

8° Catégorie spéciale pour les idiots des deux sexes, épileptiques, incurables et gâteux.

Cet établissement est dirigé par un pasteur.

## ÉTABLISSEMENT DE SOURDS-MUETS

A Saint-Hippolyte-du-Fort (Gard).

Reconnu d'utilité publique par décret du 3 mai 1865.

Les enfants des deux sexes, protestants, sourds-muets, sains de corps et d'esprit, sont admis de 6 à 12 ans. Ils doivent séjourner au moins huit années.

Le prix de la pension annuelle varie depuis la gratuité jusqu'à 500 francs.

Il faut fournir un trousseau.

Ateliers de cordonniers et de vanniers pour les garçons et de couture pour les filles.

### ASILE LAMBRECHTS

A Courbevoie.

**Aveugles.**

Voir ci-dessus, *Asile Lambrechts*.

---

# CULTE ISRAÉLITE

---

## COMITÉ DE BIENFAISANCE ISRAÉLITE

Ce comité distribue des secours aux Israélites indigents de Paris.

S'adresser au secrétariat du Consistoire israélite, rue Saint-Georges, 17, et rue Saint-Claude, 1 et 3.

*Président :* M. le baron Edmond DE ROTHSCHILD.

## HOPITAL ET HOSPICE ROTHSCHILD

Rue de Picpus, 76 (XIIe arrond.).

Cet établissement, fondé par M. le baron James de Rothschild, reçoit gratuitement :

1° Les malades des deux sexes (enfants et adultes) israélites, et, en cas d'urgence, sans distinction de culte;

2° Les incurables israélites des deux sexes, sans distinction d'âge ni de domicile;

3° Les vieillards israélites des deux sexes, âgés de 70 ans au moins et ayant résidé 10 ans à Paris.

Consultations et médicaments gratuits tous les jours pour tous les malades, sans distinction d'origine.

S'adresser, pour les admissions, au directeur de l'hôpital.

## HOPITAL JAMES-NATHANIEL DE ROTHSCHILD

**Fondé par le baron James-Édouard de Rothschild.**

à Berck-sur-Mer (Pas-de-Calais).

Cet hôpital reçoit les enfants des deux sexes atteints de paralysie, coxalgie, scrofule, atrophie des membres.

*Directrice :* Mme KATZ.

## FONDATION ISAAC PÉREIRE

A Levallois-Perret.

Voir chap. VI, *Consultations gratuites.*

## ŒUVRE DES FEMMES EN COUCHES

Aide gratuit de la sage-femme. Secours en argent, linge, vêtements, layettes, vivres, etc.

*Présidente :* Mme Georges HALPHEN, rue Chaptal, 24.

## ORPHELINAT ROTHSCHILD

Rue Lamblardie, 7 (XIIe arrond.).

**Garçons et filles.**

Fondé par M. le baron Salomon de ROTHSCHILD pour les enfants israélites.

## ÉCOLE DE TRAVAIL

### POUR LES JEUNES FILLES ISRAÉLITES

Boulevard Bourdon, 13 (IVe arrond.).

Fondation Bischoffsheim.

*Directeur :* M. Maurice BLOCH.

*Président :* M. GOLDSCHMIDT.

## APPRENTISSAGE DES JEUNES FILLES

Société de dames pour la mise en apprentissage, le patronage et la surveillance des jeunes filles.

Subvention mensuelle aux familles des apprenties.

On donne par an deux ou trois dots de 1500 francs.

*Présidente :* Mme la baronne Nathaniel DE ROTHSCHILD, rue du Faubourg-Saint-Honoré, 33.

## SOCIÉTÉ DE PATRONAGE

### DES APPRENTIS ET OUVRIERS ISRAÉLITES

Rue des Rosiers, 4 (IVe arrond.).

*Directeur :* M. REBLAUD.

## ASSISTANCE PAR LE TRAVAIL

Rue Saint-Charles, 129 *bis* (XVe arrond.).

Ouvroir de couture, fondé par Mme Ferdinand Dreyfus, pour les femmes sans travail.

## ÉCOLE JACOB-RODRIGUES PÉREIRE

A Rueil (Seine-et-Oise).

**Pour les sourds-muets israélites.**

*Directeur :* M. MAGNIAT.

## REFUGE DU PLESSIS-PICQUET

Par Sceaux (Seine).

**Garçons.**

On reçoit les garçons abandonnés appartenant au culte israélite, de la circonscription de Paris, confiés à l'Œuvre par l'autorité administrative ou judiciaire ou par leurs bienfaiteurs.

*Président :* M. HIRSCH, ingénieur en chef des ponts et chaussées, rue Castiglione, 1.

*Secrétaire :* M. René DREYFUS, avocat à la Cour d'appel, rue de Monceau, 83.

## MAISON DE REFUGE ISRAÉLITE

**Boulevard de la Saussaye, 19, à Neuilly (Seine).**

**Jeunes filles.**

Même but qu'au Plessis-Picquet.

*Présidente :* Mme Coralie CAHEN.

*Directrice :* Mlle R. LÉVY.

## MAISON DE RETRAITE POUR LA VIEILLESSE

**Boulevard de Picpus, 46 (XIIe arrond.).**

**Femmes.**

Fondation Moïse Léon.

Admission à 60 ans, moyennant une pension annuelle de 600 francs.

# CHAPITRE XVIII

## Œuvres en faveur des étrangers.

---

### SECOURS AUX INDIGENTS ÉTRANGERS

Les étrangers sont reçus dans les hôpitaux de Paris dans les mêmes conditions que les Français. Ils sont, dans les cas d'urgence, secourus par l'Assistance publique et par la charité privée, sans distinction de nationalité. Leurs enfants sont reçus au même titre que les enfants français dans les écoles communales ou libres.

Mais l'admission des étrangers dans les hospices ne s'obtient qu'après un long séjour en France; diverses catégories de secours ne peuvent leur être accordées, et il existe dans Paris un certain nombre d'œuvres spéciales en leur faveur.

Pour le mariage des étrangers, outre les indications contenues dans ce chapitre, on trouvera les renseignements nécessaires au chap. XI. (*Pièces à produire à la mairie.*)

---

## ALLEMANDS

### CONSULAT GÉNÉRAL

Rue Gœthe, 7 (XVIe arrond.).

Tous les jours, de 1 heure à 4 heures.

Rapatriement des indigents et secours.

### SOCIÉTÉ DE BIENFAISANCE ALLEMANDE

Rue de Bondy, 86 (Xe arrond.).

Bureau ouvert le lundi et le jeudi.

Secours aux indigents. Rapatriement.

### ŒUVRE DE SAINT-JOSEPH DES ALLEMANDS

Rue Lafayette, 214 (x$^{e}$ arrond.).

Œuvres et exercices religieux pour les Alsaciens-Lorrains (voir chap. xvi) et pour les Allemands.

### ŒUVRE DES SŒURS DE SAINT-CHARLES DE NANCY

Rue Lafayette, 190 (x$^{e}$ arrond.).

Placement et patronage des jeunes filles allemandes (voir chap. xvi).

---

## AMÉRICAINS

### SOCIÉTÉ DE BIENFAISANCE AMÉRICAINE

Rue du Faubourg-Saint-Honoré, 233 *bis* (viii$^{e}$ arrond.).

Bureau ouvert le mardi et le samedi, de 8 à 11 heures, et le mercredi, à 3 heures.

### AMERICAN CHARITABLE FUND ASSOCIATION

Bureaux : rue de la Paix, 15 (ii$^{e}$ arrond.).

Ouverts les samedis à 5 heures.
*Président :* M. le docteur Thomas W. Evans.

---

## ANGLAIS

### MISSION ANGLAISE

Avenue Hoche, 50 (viii$^{e}$ arrond.).

Chapelle et maison des RR. PP. Passionnistes.

Service religieux catholique et œuvres spéciales pour les Anglais et les Américains.

Conférence de Saint-Vincent-de-Paul, destinée à secourir les Anglais pauvres résidant à Paris.

## ENGLISH CATHOLIC HOME

Rue de l'Arc-de-Triomphe, 13 (XVII$^e$ arrond.).

On reçoit les institutrices et gouvernantes anglaises catholiques, et l'on s'occupe de leur placement.

Cette maison est sous le haut patronage des Pères Passionnistes.

## COUVENT ANGLAIS (CATHOLIC HOME)

Rue des Acacias, 18 (XVII$^e$ arrond.).

Sœurs Pauvres Servantes de la Mère de Dieu.

Classe (payante) pour les enfants anglais et français.

Patronage pour les jeunes filles.

Chambres pour les institutrices et autres personnes anglaises (prix modérés). On s'occupe de leur placement.

## ASSOCIATION CHARITABLE POUR LES ANGLAIS (BRITISH CHARITABLE FUND)

Avenue Wagram, 35 (XVII$^e$ arrond.).

Cette Association, fondée en 1823 et placée sous le haut patronage de l'ambassade d'Angleterre, a pour but de venir en aide aux Anglais, sans distinction de culte, habitant Paris et se trouvant dans la misère.

Les ressources consistent dans les souscriptions recueillies parmi les Anglais.

S'adresser avenue Wagram, 35, le mercredi, à 2 heures et demie.

## SOCIÉTÉ AMICALE DE JEUNES FILLES (GIRLS FRIENDLY SOCIETY)

Rue de Provence, 48 (IX$^e$ arrond.).

Sous le patronage de M$^{me}$ la marquise DE DUFFERIN ET AVA.

*Directrice :* M$^{me}$ KNAPPE.

## HOPITAL ANGLAIS

(HERTFORD BRITISH HOSPITAL)

A Levallois-Perret (Seine), rue de Villiers, 62.

30 lits.

Fondé par sir Richard Wallace, en mémoire du marquis de Hertford, et uniquement réservé aux Anglais sans distinction de religion. Il est entièrement gratuit.

Les admissions sont faites d'après l'avis des médecins. Se présenter à la consultation les lundis et vendredis à 9 heures du matin.

## MISSION HOME

FOR ENGLISH AND AMERICAN YOUNG WOMEN

Avenue Wagram, 77 (XVIIe arrond.).

Asile pour les institutrices, femmes de chambre, etc., sans emploi. — Placement gratuit. (Maison protestante.)

## THE BRITISH AND AMERICAN CHILDREN'S HOME

A Neuilly (Seine), boulevard Bineau, 35.

Fondation Galignani. (Maison protestante.)

Orphelinat pour les jeunes enfants.

## THE VICTORIA HOME

A Neuilly (Seine), rue Borghèse, 22.

Maison de retraite pour les vieillards.

Les conditions exigées sont d'être de nationalité anglaise, être âgé de 65 ans au moins et avoir résidé en France au moins 30 ans. Il faut fournir de bons renseignements et avoir, au minimum, 25 francs par mois de ressources assurées.

Jusqu'ici les femmes ont été seules admises. (Œuvre protestante.)

## AUSTRO-HONGROIS

### SOCIÉTÉ DE BIENFAISANCE AUSTRO-HONGROISE

Villa Saint-Michel, 14 (avenue de Saint-Ouen, 46, XVIIIe arrond.).

Reconnue d'utilité publique par décret du 5 février 1875.

Société fondée en 1873. Secours en argent et en nature. Soin des malades à domicile. Placement des vieillards et des enfants. Il faut justifier de sa nationalité et prouver son indigence.

On reçoit le dimanche, de 8 à 9 heures du matin, et le mercredi, de 2 à 3 heures.

*Secrétaire :* M. A. DE BERTHA.

---

## BELGES

### SOCIÉTÉ DITE « LA WALLONNE »

Siège social : rue Boissy-d'Anglas, 22 (VIIIe arrond.).

Secours mutuel et caisse de bienfaisance.

---

## ESPAGNOLS

### MISSION ESPAGNOLE

Sermons et retraites pendant le carême, instruction religieuse et préparation à la première communion, par des prêtres espagnols, dans la chapelle du *Corpus Christi* (chapelle des Pères du Saint-Sacrement), avenue Friedland, 27.

### MAISON SAN FERNANDO

Avenue du Roule, 101, à Neuilly (Seine).

Œuvre pour les pauvres espagnols : secours, rapatriements, mariages, etc.

La maison est ouverte les mardis et vendredis toute la journée, sous la direction d'une sœur de Saint-Vincent-de-Paul.

*Présidente :* Mme l'ambassadrice d'Espagne.

*Vice-Présidente :* Mme DE YTURBE, avenue du Bois-de-Boulogne, 30.

---

## FLAMANDS

### ŒUVRE DES FLAMANDS

Rue de Charonne, 181 (XIe arrond.).

Cette Œuvre a pour but de donner des secours temporels et spirituels aux Flamands qui habitent Paris. Elle est dirigée par des prêtres flamands et est placée sous le patronage de l'épiscopat belge.

Le centre de l'Œuvre est rue de Charonne, 181. C'est là que se font les réunions du patronage, qui ont lieu les dimanches, les jours de fêtes et les lundis, de 3 heures et demie à 10 heures du soir.

Un billard, des livres, des journaux en langue flamande sont à la disposition des jeunes gens.

Une Société de secours mutuels leur garantit des secours en cas de maladie.

### MARIAGES

Un bureau pour le mariage des indigents est établi à l'Œuvre des Flamands, rue de Charonne, 181.

L'Œuvre se charge de faire venir les papiers et d'en faire la traduction pour les mariages des étrangers. (Voir chap. XI).

Le bureau est ouvert tous les jours de la semaine, de 8 heures à 9 heures et demie le matin, et de 4 à 6 heures du soir; et le dimanche, aux mêmes heures le matin, et de 1 heure à 3 heures le soir.

### CONFÉRENCE DE SAINT-LIÉVIN DES FLAMANDS

Une conférence de Saint-Vincent-de-Paul est établie au centre de la population flamande de Paris, dans le faubourg Saint-Antoine. Elle est composée de Flamands qui viennent en aide à leurs compatriotes tombés dans la misère.

Les réunions ont lieu le dimanche à midi, rue de Charonne, 181, au siège de l'Œuvre des Flamands.

*Président :* M. Galens.

---

## HOLLANDAIS

### SOCIÉTÉ NÉERLANDAISE DE BIENFAISANCE

Rue de l'Oratoire, 4 (1er arr.), à l'église protestante de l'Oratoire.

Les indigents, à quelque culte qu'ils appartiennent, peuvent s'y adresser le vendredi de 4 heures à 6 heures.

---

## HONGROIS

### SOCIÉTÉ DE BIENFAISANCE HONGROISE

Rue Saint-Louis-en-l'Ile, 14 (ive arrond.).

*Président :* M. Munkacsy.

*Agent de la Société :* M. Michel Kiss.

---

## IRLANDAIS

Séminaire, rue des Irlandais, 3.

---

# ITALIENS

## SOCIÉTÉ DE BIENFAISANCE ITALIENNE

Au consulat général d'Italie : rue Vézelay, 4 (VIIIe arrond.).

Les demandes doivent être adressées à M. le consul général.

Les bureaux du consulat sont ouverts tous les jours, de 11 heures à 3 heures.

## ŒUVRE DE NOTRE-DAME DE GRACE

Rue Lourmel, 29 (XVe arrond.).

Chapelle des Frères de Saint-Vincent-de-Paul.

Réunions pour les ouvriers italiens.

## ŒUVRE DE L'ASSISTANCE DES PAUVRES ITALIENS A PARIS

Cette Œuvre, placée sous le patronage de Notre-Dame du Saint-Rosaire, a été approuvée par S. Ém. le cardinal archevêque de Paris.

Son but est l'assistance corporelle et spirituelle des pauvres italiens à Paris, principalement des malades. Elle se propose également d'enseigner le catéchisme aux enfants.

L'Œuvre est confiée aux Sœurs de Saint-Vincent-de-Paul.

Elle comprend cinq sections :

1° La Villette. — Maison des Sœurs, rue de Crimée, 160.

2° Reuilly. — Maison de la Providence-Sainte-Marie, rue de Reuilly, 77.

3° Saint-Médard. — Maison des Sœurs, rue de Buffon, 69.

4° Saint-Ferdinand des Ternes. — Maison des Sœurs, rue Guersant, 30.

5° Notre-Dame des Champs. — Maison des Sœurs, rue de Vaugirard, 149.

Une sœur italienne est chargée spécialement, dans chaque maison, du soin des pauvres italiens de sa section.

Un comité de dames a été formé dans le but de recueillir les ressources nécessaires à l'entretien de l'Œuvre, qui a pour *Directeur* M. le directeur des Œuvres diocésaines.

*Présidente :* Mme la vicomtesse DES CARS, Cours-la-Reine, 24.

*Vice-Présidente :* Mme la comtesse DE BERTEUX, rue du Cirque, 3.

## ŒUVRE ITALIENNE DE SAINT-PAUL

Rue Legendre, 22 *bis* (XVIIe arrond.).

Cette Œuvre, fondée et dirigée par les RR. PP. Barnabites, s'occupe de l'instruction religieuse des adultes et des enfants de nationalité italienne. Elle donne aux premiers des retraites annuelles et organise pour eux des réunions mensuelles; elle prépare les seconds à la première communion.

Un ouvroir attaché à l'Œuvre fournit des objets de vestiaire aux plus indigents.

Un bureau, ouvert tous les lundis de 3 à 5 heures, se charge de faire venir d'Italie les papiers nécessaires pour le mariage des Italiens et d'en faire la traduction en français.

Les réunions pour les adultes et les catéchismes pour les enfants ont lieu dans la chapelle des catéchismes de Saint-Jacques-Saint-Christophe de la Villette et dans les chapelles de l'Œuvre, rue de l'Ourcq, 3, et rue de Buffon, 69. A l'occasion de Pâques, des retraites ont lieu aussi à Levallois-Perret (Seine) et à Sèvres (Seine-et-Oise).

# POLONAIS

## MISSION POLONAISE

Église de l'Assomption, rue Saint-Honoré, 263 *bis* (1er arrond.).

La mission polonaise, établie en 1839 et dirigée par les Pères de la Résurrection, a pour but de donner des secours spirituels aux Polonais.

Elle a pour Supérieur le R. P. Grabowski.

## CONFÉRENCE DE SAINT-CASIMIR

Cette conférence de Saint-Vincent-de-Paul, composée de Polonais et visitant des familles polonaises, se réunit chez les Pères de la Résurrection, rue Saint-Honoré, 263 *bis*.

## SOCIÉTÉ DE BIENFAISANCE DES DAMES POLONAISES

### VISITE DES PAUVRES MALADES POLONAIS

La Société de bienfaisance, fondée en 1834, a pour but de secourir les malades, les veuves et les orphelins, et de procurer aux pauvres les moyens de gagner leur vie. Elle distribue de l'argent, des vêtements, des outils, des bons de pain et de viande; des médecins, attachés à la Société, traitent gratuitement les malades et leur font livrer, aux frais de l'Œuvre, les médicaments nécessaires. Les dépenses sont couvertes par une quête annuelle.

Les réunions ont lieu chez les RR. PP. de la Résurrection, rue Saint-Honoré, 263 *bis*.

*Présidente des deux œuvres :* Mme la comtesse Dzialynska, née princesse Czartoryska, hôtel Lambert, rue Saint-Louis-en-l'Ile, 2.

## SOCIÉTÉ DES IMPOSÉS VOLONTAIRES

Fondée au moment de l'émigration polonaise, en 1831, cette Société se propose de venir au secours de tous les

Polonais malheureux, moyennant une imposition volontaire que ses membres s'engagent à payer. Depuis 1862, elle s'occupe plus spécialement des vétérans et des enfants, qu'elle place dans des maisons particulières, et elle accorde des pensions viagères aux invalides polonais.

*Administrateur délégué :* M. Joseph RASTEJKO, rue Saint-Louis-en-l'Ile, 2.

## ŒUVRE DU CATHOLICISME EN POLOGNE

Cette Œuvre a été établie, en 1864, afin de venir au secours des Polonais persécutés pour la foi, et les encourager par tous les moyens que suggère la charité à se maintenir dans leur fidélité à l'Église catholique. Elle fait tous ses efforts pour subvenir aux premiers besoins des exilés polonais, pour leur procurer du travail, et leur fournir les moyens de s'instruire en les faisant entrer dans les écoles et dans les séminaires.

Les membres de l'Œuvre s'occupent des exilés, les guident par leurs conseils, et cherchent à adoucir les difficultés de leur position.

S'adresser au R. P. LESCŒUR, de la congrégation de l'Oratoire, rue d'Orsel, 49.

## ŒUVRE DE SAINT-CASIMIR

### ORPHELINAT POUR LES JEUNES FILLES ET MAISON DE RETRAITE POUR LES VIEILLARDS

Reconnue d'utilité publique par décret du 16 juin 1869.

Rue du Chevaleret, 119 (XIIIe arrond.).

Les Sœurs de Saint-Vincent-de-Paul polonaises élèvent gratuitement dans cet établissement les orphelines polonaises admises par l'Œuvre de Saint-Casimir.

L'Œuvre a reçu, du comte et de la comtesse de Montessuy, une maison à Juvisy (Seine), où sont installés les vieillards et les petits garçons également admis par l'Œuvre.

*Présidents de l'Œuvre :* M. le prince CZARTORYSKI, hôtel Lambert.

Le prince et la princesse Dominique RADZIVILL, rue Lamennais, 8.

*Trésorière :* Mme la comtesse DE MONTESSUY, rue Saint-Dominique, 108.

## INSTITUTION DE L'HOTEL LAMBERT

Rue Saint-Louis-en-l'Ile, 2 (IVe arrond.).

Cette Institution a été fondée en 1844, et soutenue par les princes Czartoryski, dans le but de donner aux filles des émigrés une instruction qui leur permette de se placer ensuite comme institutrices. Elles y restent de 12 à 18 ans, étudient la langue et la littérature polonaises et françaises, et se préparent aux examens pour le brevet de capacité.

L'Institution est placée sous le patronage et la haute direction de Mme la comtesse DZIALYNSKA, née princesse CZARTORYSKA.

## ÉCOLE POLONAISE DES BATIGNOLLES

Reconnue d'utilité publique par décret du 8 avril 1865.

Rue Lamandé, 15 (XVIIe arrond.).

Cette école a été fondée par la Société polonaise d'éducation des enfants émigrés polonais.

Le conseil d'administration, chargé de la direction de l'école, a pour *Président* M. le docteur Xavier GALEZOWSKI.

## BIBLIOTHÈQUE POLONAISE

Reconnue d'utilité publique.

Quai d'Orléans, 6 (IVe arrond.).

Fondée en 1838, par la Société historique et littéraire polonaise.

Elle s'est enrichie de dons considérables et possède aujourd'hui environ 50000 volumes, touchant pour la plupart à l'histoire de la Pologne, et 10000 gravures.

Ouverte au public tous les jours, excepté le dimanche et les jours de fêtes, de 11 heures à 4 heures.

En 1893, la Société historique et littéraire a remis cette bibliothèque à l'Académie des sciences de Cracovie, qui la fait diriger par un délégué spécial envoyé par elle dans ce but.

---

## RUSSES

### SOCIÉTÉ RUSSE DE BIENFAISANCE

Siège social : rue Malar, 14 (VIIe arrond.).

Cette Société, due à l'initiative de Mme la baronne de Morenheim, a été fondée en 1891. Son but est de secourir les sujets russes indigents résidant ou de passage à Paris, à l'exclusion des mendiants de profession.

Secours, soin des malades, placement, etc.

---

## SUISSES

### SOCIÉTÉ HELVÉTIQUE DE BIENFAISANCE

Autorisée par décision ministérielle du 27 novembre 1821.

Siège social : rue Hérold, 10 (Ier arrond.).

Cette Société a pour but de secourir, sans distinction de religion, les Suisses en résidence ou en passage à Paris, et principalement les malades, les vieillards, les orphelins et les familles nombreuses. La cotisation annuelle des membres payants est de 20 francs pour les hommes et 10 francs pour les femmes.

Bureau ouvert tous les jours, excepté le dimanche, de 10 heures à midi.

## SOCIÉTÉ SUISSE DE SECOURS MUTUELS

Bureau : cour des Petites-Écuries, 8 (xe arrond.).

Cette Société, fondée en 1842, a pour but : 1° l'assistance mutuelle en cas de maladie pendant 3 mois environ ; 2° une caisse de pension en faveur des sociétaires âgés ou infirmes, après 30 années de sociétariat ; 3° l'assistance, autant qu'il est possible, des sociétaires nécessiteux.

Le bureau est ouvert tous les soirs, excepté les jeudis, les dimanches et jours de fêtes, de 7 à 9 heures.

## HOME SUISSE

Rue Descombes, 25 (xviie arrond.).

On reçoit, sans distinction de religion, les jeunes personnes suisses, munies de bonnes recommandations, venues à Paris pour se placer, ou se trouvant momentanément sans asile. Le prix de la pension est de 1 franc 50 par jour. (Maison protestante.)

*Directrice :* Mlle Guignard.

## ASILE SUISSE POUR LES VIEILLARDS

Avenue Saint-Mandé, 25 (xiie arrond.).

Les conditions d'admission sont les suivantes :

Être originaire de Suisse, sans distinction de canton ni de religion ;

N'avoir subi aucune condamnation infamante ;

N'avoir ni famille ni ressource suffisante ;

Être âgé de 65 ans au moins ;

Être domicilié à Paris depuis 30 ans au moins ;

Être exempt de maladie ou d'infirmité grave.

La pension est de 360 francs par an.

Il faut fournir un trousseau et la literie.

Les demandes d'admission peuvent être adressées à

M. O.-F. Krauss, *Président* de la commission de l'Asile, rue de Provence, 29, ou au *Régisseur* de l'Asile, avenue de Saint-Mandé, 25.

Les dons peuvent être adressés directement au *Trésorier*, M. F. Glattli, rue de Trévise, 32.

---

## SERVICES RELIGIEUX

### CONFESSEURS EN LANGUES ÉTRANGÈRES

**Pour les Allemands.**

MM. Binz, à Saint-Philippe-du-Roule.
Brach, à Neuilly.
Cordonnier, à Sainte-Clotilde.
Lerebourg, à Saint-Philippe du Roule.
Kleinclaus (Joseph), à la Villette.
Muller, à l'église des Carmes.
Le R. P. Pierling, rue de Monceau, 11.
Roos, à Saint-Jacques du Haut-Pas.
De la Rousselière, à Saint-Denis du Saint-Sacrement.
Schwalm, à Saint-Antoine.
Ségaux, à l'Immaculée-Conception.
L'aumônier de Notre-Dame-de-Grâce, rue Fondary, 6.
Les Chapelains de l'église Saint-Joseph, rue Lafayette, 214.
Les Lazaristes, à Sainte-Rosalie, boulevard d'Italie, 50.
Les Rédemptoristes, boulevard Ménilmontant, 55.

**Pour les Anglais.**

MM. de Broglie, à l'église des Carmes.
Curtin, à la Madeleine.
Genest, à Saint-Jean-Saint-François.
Jeandel, à Saint-Lambert.
Koenig, à Saint-Eustache.
Kwiatkowski, à Notre-Dame des Blancs-Manteaux.
Ménard, à Saint-Roch.
Les prêtres Passionnistes, avenue Hoche, 50.
Les Chapelains de l'église Saint-Joseph, rue Lafayette, 214.

**Pour les Bretons.**

Voir chap. xiv, *Œuvre des Bas-Bretons.*

## Pour les Espagnols.

MM. Grandjean, à Saint-Jean-Baptiste de Grenelle.
Lechatellier, à l'église des Carmes.
Perrot, à Saint-Jean-Baptiste de Grenelle.
De Sauvejunte, à Saint-Ferdinand des Ternes.
Souques, à Saint-Pierre du Gros-Caillou.
Vigneron, à Saint-Honoré.
Les Chapelains de l'église du *Corpus Christi*, avenue Friedland, 27.

## Pour les Flamands et les Hollandais.

Les Chapelains de la mission flamande, rue de Charonne, 181.

## Pour les Italiens.

MM. Aïcardi, à Notre-Dame de Clignancourt.
Alessandro, à Saint-Philippe-du-Roule.
Barboni, aux Lilas.
Boudinhon, à l'église des Carmes.
Brunati, à Saint-Médard.
Caillebotte, curé de Notre-Dame-de-Lorette.
Calisti, à Saint-Étienne-du-Mont.
Casabianca, à Saint-Ferdinand des Ternes.
De Fouchécour, à Sainte-Marie des Batignolles.
Gasparri, à l'église des Carmes.
Jacquet, rue de Picpus, 60.
Léonetti, à Maisons-Alfort.
Mancone, rue Legendre, 22 *bis*.
Olive, à Sainte-Marguerite.
Oricelli, à Notre-Dame de Bercy.
Le R. P. Pierling, rue de Monceau, 11.
Tapie, rue Notre-Dame-des-Champs, 19.
Torré, à Notre-Dame-des-Victoires.

## Pour les Polonais.

MM. Kwiatkowski, à Notre-Dame des Blancs-Manteaux.
Les RR. PP. de la Résurrection, rue Saint-Honoré, 263.

# TABLE ANALYTIQUE



## CHAPITRE I

### ŒUVRES POUR L'ENFANCE

### PREMIÈRE SECTION

**Premier âge. — Crèches. — Écoles.**

PREMIER AGE



CRÈCHES



ÉCOLES



### DEUXIÈME SECTION

**Œuvres pour les enfants et les orphelins.**

PREMIÈRE COMMUNION



ENFANTS MALADES



## CHAPITRE II

### ORPHELINATS



### PREMIÈRE SECTION

**Institutions charitables et Orphelinats dans Paris pour les garçons.**



### SECONDE SECTION

**Institutions charitables dans Paris pour les filles.**

## TROISIÈME SECTION

### Institutions charitables hors Paris pour les garçons.



**Orphelinats.**

## QUATRIÈME SECTION

### Institutions charitables hors Paris pour les filles.

## CHAPITRE III

### ŒUVRES POUR LA JEUNESSE

**Apprentissage. — Patronage. — Cercles et maisons de famille. Placement, etc.**

#### APPRENTISSAGE ET PATRONAGE



#### CERCLES ET MAISONS DE FAMILLE



#### PLACEMENT. — TRAVAIL

PATRONAGES INTERNES



## CHAPITRE IV

### SECOURS AUX PAUVRES ET AUX MALADES

**Secours à domicile aux indigents, aux malades et aux blessés.**
**Bureaux de bienfaisance. — Fourneaux.**
**Dispensaires. — Voitures d'ambulance. — Service de désinfection.**

SECOURS AUX INDIGENTS



ŒUVRES DE SECOURS POUR LES INDIGENTS



ASSISTANCE PAR LE TRAVAIL

FOURNEAUX



SOIN DES MALADES



DISPENSAIRES



SŒURS GARDES-MALADES



BLESSÉS

## CHAPITRE V

### ASILES TEMPORAIRES



## CHAPITRE VI

### HÔPITAUX

**Hôpitaux. — Maisons de santé. — Convalescence. — Asiles pour les femmes enceintes. — Hôpitaux marins. — Eaux thermales.**

#### HÔPITAUX



#### HÔPITAUX GÉNÉRAUX



#### HÔPITAUX SPÉCIAUX

### HÔPITAUX POUR LES ENFANTS



### HÔPITAUX MILITAIRES



### HÔPITAUX PARTICULIERS



### MAISONS DE SANTÉ



### ASILES POUR LES FEMMES ENCEINTES

CONVALESCENCE



HÔPITAUX MARINS — BAINS DE MER



EAUX THERMALES



# CHAPITRE VII

## HOSPICES

**Maisons de retraite pour les vieillards et les incurables.**

MAISONS HORS PARIS, DANS LE DÉPARTEMENT DE LA SEINE

MAISONS DANS LES DÉPARTEMENTS

## CHAPITRE VIII

**Œuvres pour les sourds-muets. — Bègues. — Aveugles.**

### SOURDS-MUETS



### ÉTABLISSEMENTS PRIVÉS POUR LES SOURDS-MUETS

### BÈGUES



### AVEUGLES



### ÉTABLISSEMENTS PRIVÉS HORS PARIS

MAISONS DE TRAVAIL POUR LES AVEUGLES



CLINIQUES POUR LES MALADIES DES YEUX



## CHAPITRE IX

### Œuvres pour les aliénés. — Idiots. — Épileptiques.

ALIÉNÉS



IDIOTS. — ARRIÉRÉS. — ÉPILEPTIQUES

## CHAPITRE X

**Épargne. — Prévoyance. — Secours mutuels. — Loyers. Habitations économiques.**



## CHAPITRE XI

**Mariages. — Assistance judiciaire. — Secrétariat des pauvres.**



## CHAPITRE XII

**Correction. — Réhabilitation. — Préservation.**

### CORRECTION

RÉHABILITATION ET PRÉSERVATION



ÉTABLISSEMENTS DIVERS EN PROVINCE

## CHAPITRE XIII

**Secours des ministères et de la ville de Paris. — Pensions. Reconnaissance légale des Œuvres. — Loteries.**



MINISTÈRE DE L'INTÉRIEUR



MINISTÈRE DE LA GUERRE

MINISTÈRE DE LA MARINE



MINISTÈRE DU COMMERCE



MINISTÈRE DE L'AGRICULTURE



VILLE DE PARIS



LOTERIES DE CHARITÉ



## CHAPITRE XIV

**Associations catholiques. — Paroisses. — Communautés. Missions. — Œuvres. Vocations religieuses. — Retraites. — Pèlerinages.**

PAROISSES DE PARIS



MISSIONS. — ENTRETIEN DES ÉGLISES PAUVRES



ŒUVRES RELIGIEUSES

VOCATIONS ECCLÉSIASTIQUES



RETRAITES



PÈLERINAGES



## CHAPITRE XV

**Bibliothèques. — Art chrétien. — Encouragement au bien.**

BIBLIOTHÈQUES



ART CHRÉTIEN



ENCOURAGEMENT AU BIEN

## CHAPITRE XVI

### Alsaciens-Lorrains.



## CHAPITRE XVII

### CULTES DISSIDENTS

### Œuvres hospitalières et charitables pour les indigents protestants et israélites.

---

### CULTE PROTESTANT

#### SECOURS AUX PAUVRES



#### ŒUVRES POUR LES ENFANTS



#### APPRENTISSAGE ET PATRONAGE



#### A Paris

---

## CULTE ISRAÉLITE

## CHAPITRE XVIII

### Œuvres en faveur des étrangers.

ITALIENS



POLONAIS



RUSSES



SUISSES



SERVICES RELIGIEUX



---

# TABLE ALPHABÉTIQUE

## A

## B

## C

## D

## E

## F

## G



## H

## I

## J



## K



## L

## M

## N

## O



## P

## Q



## R

## S

## T

## U



## V

## Y



## W



---

24506. -- Tours, impr. Mame.

Documents manquants (pages, cahiers...)

NF Z 43-120-13